国家出版基金项目
NATIONAL PUBLICATION FOUNDATION

国家出版基金资助项目

青藏铁路

科学技术卷 · 装备篇

《青藏铁路》编写委员会

中国铁道出版社

2016年 · 北京

编写委员会

青藏铁路格拉段地理位置图

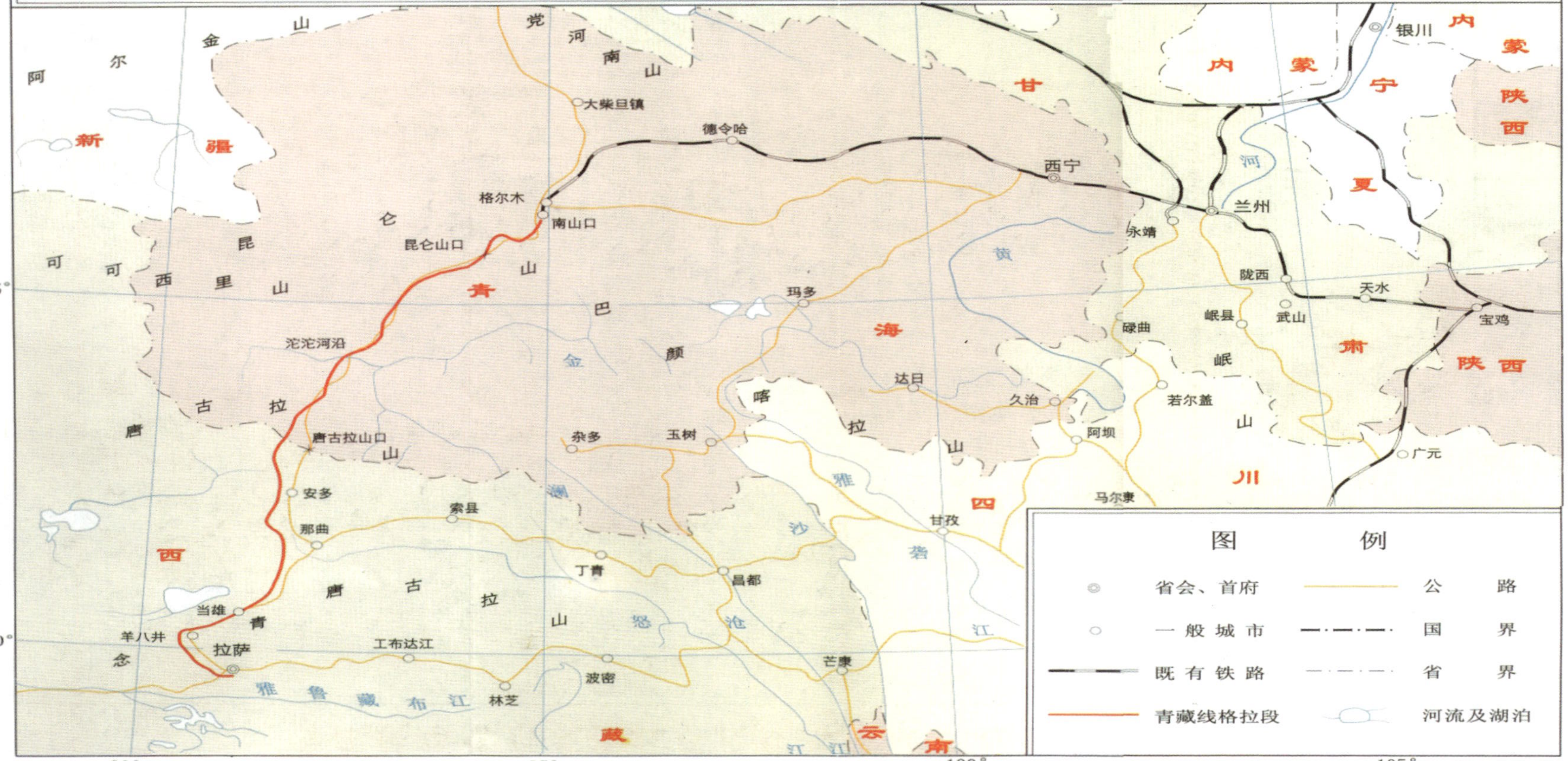

青藏铁路格尔木至拉萨段线路平纵断面示意图

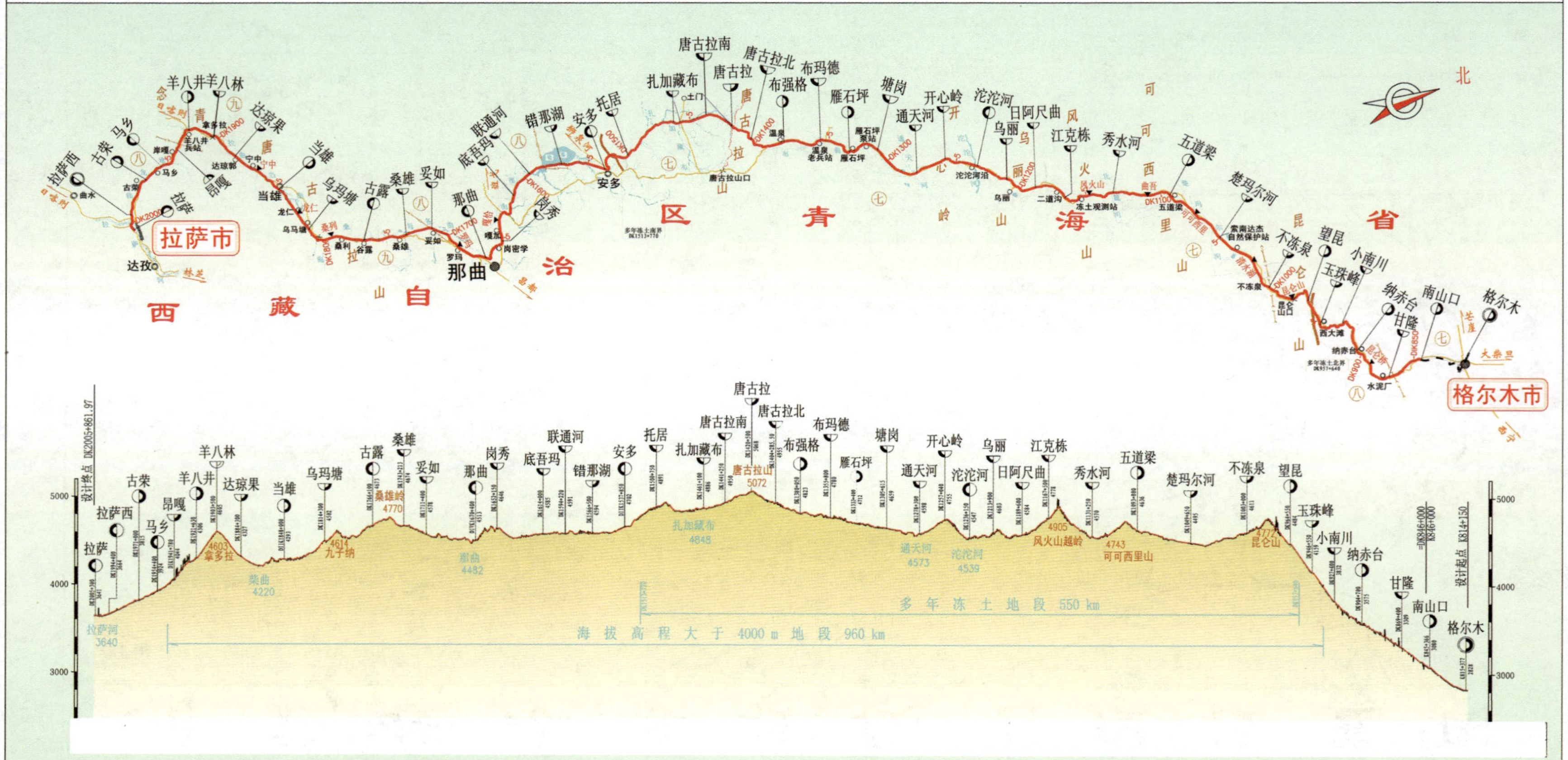

胡锦涛同志在青藏铁路通车庆祝大会上的讲话

（2006年7月1日）

同志们：

今天，我们在格尔木和拉萨两地同时集会，热烈庆祝青藏铁路全线建成通车，号召全党全国各族人民学习和弘扬挑战极限、勇创一流的青藏铁路精神，为全面建设小康社会、把中国特色社会主义伟大事业继续推向前进而团结奋斗。

青藏铁路建成通车，是我国社会主义现代化建设取得的又一个伟大成就。在这里，我代表党中央、国务院，向青藏铁路建成通车，表示热烈的祝贺！向为青藏铁路建设作出突出贡献的全体建设者，表示崇高的敬意！向关心和支持青藏铁路建设的沿线各级党委、政府和各族干部群众、各有关方面人士、国际友人，表示衷心的感谢！

建设青藏铁路是几代中国人梦寐以求的愿望，党和政府始终高度重视。1958年，党中央决定建设青藏铁路西宁至格尔木段，1984年5月这段铁路建成通车。进入新世纪，党中央从推进西部大开发、实现各民族共同发展繁荣的大局出发，作出了修建青藏铁路格尔木至拉萨段的重大决策，提出了建设世界一流高原铁路的目标。现在，经过全体建设者和各方面的顽强拼搏、艰苦奋斗，几代中国人特别是沿线各族干部群众的心愿终于实现了。

青藏铁路是世界上海拔最高、线路最长的高原铁路，沿线高寒缺氧，地质复杂，冻土广布，工程十分艰巨。修建这样一条铁路，不仅是对我国综合实力和科技实力的检验，也是对人类自身极限的挑战。铁道部和各参建单位坚持以邓小平理论和“三个代表”重要思想为指导，全面贯彻落实科学发展观，周密部署，严格管理，确保了青藏铁路建设高起点、高标准、高质量地向前推进。在5年的建设过程中，全体参建人员始终牢记党和人民的重托，以国家需要为最高需要，以人民利益为最高利益，奋战在条件异常艰苦的雪域高原上，以惊人的毅力和勇气战胜了各种难以想象的困难，用自己的心血和汗水谱写了人类铁路建设史上的辉煌篇章。这不仅是中国铁路建设史上的伟大壮举，也是世界铁路建设史上的一大奇迹。这一成功实践再次向世人昭示，勤劳智慧的中国人民有志气、有信心、有能力不断创造非凡的业绩，有志气、有信心、有能力屹立于世界先进民族之林。建成青藏铁路这一壮举将永载共和国的史册。

从青藏铁路建设的伟大实践中，我们得到许多重要启示。

第一，必须紧紧抓住发展这个党执政兴国的第一要务，不断增强我国的综合国力。这次建成的青藏铁路格尔木至拉萨段，施工难度之大、设备可靠性和安全性要求之高在世界铁路建设史上是前所未有的。在特殊的地理和气候条件下，我们仅用5年时间就建成了这条1 100多公里的高原铁路。这一巨大成就的取得，是改革开放20多年来我国综合国力不断增强的重要体现。这一事实再一次充分说明，只要我们紧紧抓住发展这个党执政兴国的第一要务，不断增强我国的综合国力，我们就一定能够不断夺取社会主义现代化建设的新胜利。

第二，必须加快科技进步和创新，大力提高我国的自主创新能力。青藏铁路建设面临多年冻土、高寒缺氧、生态脆弱三大世界性工程难题。解决这些难题，世界上没有现成的经验。广大科技工作者和全体建设人员在充分借鉴世界铁路先进技术的同时，发扬自力更生精神，大力推进科技创新，开展大量科学试验，取得一系列重大成果，为进行多年冻土施工、发展高原医学事业、保护生态环境积累了宝贵经验。这一事实再一次充分说明，中华民族是富有创造精神的民族，只要我们坚持不懈地提高自主创新能力，不断增强科技实力、攀登世界科技高峰，我们就一定能够为世界科技进步作出更大贡献。

第三，必须发挥社会主义制度的政治优势，形成万众一心共创伟业的生动局面。在建设青藏铁路的过程中，从中央到地方上百个单位、十几万建设大军同舟共济、团结协作，自觉服从大局，全力保证大局，形成了青藏铁路建设的强大合力。这一事实再一次充分说明，只要我们坚持发挥社会主义制度能够集中力量办大事的政治优势，并善于把这一优势与市场经济体制的优势有机结合起来，我们就一定能够推动关系国计民生的重大建设项目更快更好地完成。

第四，必须大力弘扬艰苦奋斗、自强不息的精神，坚韧不拔地创造历史伟业。艰苦奋斗、自强不息的精神，是几千年来中华民族生生不息、发展壮大的重要精神支撑。青藏铁路建设者表现出来的挑战极限、勇创一流的精神，就是这种伟大精神的生动体现。这一事实再一次充分说明，只要我们大力发扬艰苦奋斗、自强不息的精神，我们就一定能够战胜前进道路上的任何艰难险阻，不断开创中国特色社会主义事业新局面。

青藏铁路建成通车，这对于青藏两省区加快经济社会发展、改善各族群众生活，对于增进民族团结和巩固祖国边防，都具有十分重大的意义。铁路部门要切实管好、用好青藏铁路，牢固树立以人为本和安全发展的理念，确保广大职工劳动安全，确保广大乘客身体健康，确保青藏铁路运输安全。要充分认识搞好青藏高原环境保护的极端重要性，严格落实各项环保措施，教育广大干部职工和乘客增强环保意识，自觉爱护青藏高原的山山水水、一草一木，切实保护好沿线生态环境。

青藏铁路建成通车，为青藏两省区经济社会发展带来了历史性机遇。青藏两省区要抓住有利时机，全面贯彻落实科学发展观，进一步完善发展思路，科学规划产业布局，促进资源优化配置，推动经济结构调整，加快形成具有地区优势和民族特色的经济发展格局。要科学规划和开发铁路沿线旅游资源，创建高原特色旅游品牌，加快旅游产业发展。要适应青藏铁路通车的新情况，积极开发利用优势资源，千方百计增加就业岗位，促进农牧民增收致富，提高沿线各族群众生活水平。国家有关部门要加强指导和协调，同铁路部门和青藏两省区一道努力，把青藏铁路沿线逐步建设成经济发展、社会和谐、环境优美的地区。

铁路作为国民经济的大动脉、国家重要基础设施和大众化交通工具，在我国经济社会发展中具有重要作用。希望铁路系统广大干部职工认清使命，抓住机遇，再接再厉，开拓进取，为加快我国铁路发展步伐，全面建设小康社会、加快推进社会主义现代化作出新的更大的贡献。

建好管好和用好世界一流高原铁路的伟大功绩永载史册

——《青藏铁路》总序

原铁道部党组书记、部长　　　　傅志寰
中国铁路总公司党组书记、总经理　盛光祖

建设青藏铁路是几代中国人梦寐以求的愿望。1958 年,党中央决定建设青藏铁路西宁至格尔木段,1984 年 5 月建成通车。进入新世纪,党中央决定修建青藏铁路格尔木至拉萨段,提出了建设世界一流高原铁路的目标。青藏铁路格尔木至拉萨段于 2001 年 6 月 29 日开工建设,线路全长 1 142 公里,其中海拔 4 000 米以上地段 960 公里,连续多年冻土地段 550 公里。沿线地质复杂、高寒缺氧、生态脆弱,气候之恶劣、工程之艰难在人类铁路建设史上前所未有。经过广大建设者 5 年的艰苦奋战,于 2006 年 7 月 1 日建成了这条世界上海拔最高、线路最长的高原铁路,谱写了中国铁路建设的新篇章,创造了世界铁路建设史上的奇迹。

青藏铁路通车运营十年来,铁路部门努力最大限度地挖掘青藏铁路的巨大发展潜力,最大限度地发挥青藏铁路的强大辐射作用,全面加强青藏铁路运营管理工作,实现了安全持续稳定,运输畅通无阻,服务优质高效,环保全面达标,有力促进了青藏两省区的经济社会发展。

青藏铁路建成和通车运营是党中央正确决策和坚强领导的结果。新中国成立后,党和国家高度重视和关怀民族地区经济发展和人民群众生活,把修建进藏铁路摆上重要日程。1956 年,毛泽东主席发出了修建青藏铁路的号召,要求尽快建设。1958 年,国家在十分困难的情况下,决定开工建设青藏铁路。在毛泽东、周恩来、邓小平等老一辈领导人的亲切关怀下,青藏铁路西宁至格尔木段于 1984 年 5 月建成通车。经过 20 多年的改革开放,国家综合实力显著增强,科学技术水平显著提高,为继续修建青藏铁路奠定了强大物质基础。进入新世纪,以江泽民同志为核心的党的第三代领导集体,从推进西部大开发、实现各民族共同繁荣的大局出发,作出了修建青藏铁路格尔木至拉萨段的重大决策。2001 年开工以来,胡锦涛、朱镕基、吴邦国、温家宝、贾庆林、黄菊、李长春、贺国强、曾培炎等中央领导同志亲临青藏铁路建设工地,检查指导工作,作出一系列重要指示。国务院成立了青藏铁路建设领导小组,先后十一次召开会议,协调解决建设中的重大问题,保证了青藏铁路建设高标准、高质量、高效率推进。2006年7月1日,时任中共中央总书记、国家主席、中央军委主席胡锦涛同志亲临格尔木,出席青藏铁路通车庆祝大会,发表重要讲话,并考察青藏铁路,为我们管好用好世界一流高原铁路指明了方向,提供了强大动力。

党的十八大以来,以习近平同志为总书记的党中央立足实际,着眼长远,作出一系列重大决策部署,为雪域高原绘就了面向未来的宏伟蓝图。随着青藏铁路重要延伸线拉日铁路于2014年8月16日通车运营,拉萨至林芝等铁路建设的顺利进行,一个由铁路、公路、航空等多种运输方式组成的现代综合交通运输体系,正以崭新的面貌呈现在世界屋脊上。

青藏铁路建成和通车运营是铁路部门全面贯彻党中央决策部署的伟大实践。在青藏铁路建设中,铁路部门和各参建单位认真贯彻中央关于青藏铁路建设的一系列决策和部署,把以人为本和全面协调可持续发展的各项要求,落实到工程建设的各个方面。制定了“拼搏奉献,依靠科技,保障健康,爱护环境,争创一流”的青藏铁路建设方针,提出了列车快速通过高原、设备高可靠少维护、减少沿线运营管理人员的原则,把建设世界一流高原铁路的要求体现到工程建设全过程。在工程实施中,建立工程质量、环境保护、健康安全、工期、投资控制体系,实施质量—环境—职业健康安全一体化管理,全面强化工程建设的环境保护和卫生安全工作,取得了我国铁路建设管理的新突破,实现了人与自然相和谐,铁路建设与生态、环境、资源相协调,物质文明和精神文明双丰收,向党和人民交上了一份合格答卷。青藏铁路格拉段投入运营后,铁路部门借鉴青藏铁路建设时期的成功做法,采取有力措施保护高原生态环境,青藏铁路沿线绿化长度达到808.5公里,占可绿化地段的80%。同时,不断完善和改进节能减排措施,保证了三江源“中华水塔”不受污染;列车运行实现了污物“零排放”,列车污水、生活垃圾等,由车站流动吸污车和垃圾清运车集中进行无害化处理,实现了铁路发展与生态环境的和谐统一。

青藏铁路建成和通车运营是我国铁路科技创新的成功典范。青藏铁路建设面临多年冻土、高寒缺氧、生态脆弱三大世界性工程技术难题。各参建单位依靠科学,尊重规律,积极探索,勇于创新,攻克了一个又一个工程建设难题,创造了一项又一项具有自主知识产权的先进技术,为青藏铁路建设提供了有力技术保障。针对多年冻土难题,在长期进行科技攻关的基础上,制定了多年冻土区勘察、设计、施工技术标准和规范,确立了“主动降温、冷却地基、保护冻土”的设计思想,实现了对冻土环境分析由静态转变为动态,对冻土保护由被动保温转变为主动降温,对冻土治理由单一措施转变为综合施治的“三大转变”,形成了冻土工程成套技术,在冻土工程理论与实践的有机结合上取得重大突破,冻土区列车运行速度达到每小时100公里,是世界高原铁路的最高运营速度。针对高寒缺氧难题,坚持以人为本、卫生保障先行的指导思想,提出预防为主、防治结合的总体思路,制定完善适应高原环境的卫生保障机制,创造性地推广应用高压氧舱和防治高原病新技术,加强高原劳动保护和食品卫生安全检查,有效防范鼠疫疫情,取得了“高原病零死亡、鼠疫疫情零传播”的优异成绩，确保了全体建设者的身体健康和生命安全。针对生态脆弱难题，严格执行环保法规，进行环境影响评价，创新环保管理模式，实行环保设施与主体工程同步设计、同步施工、同步投产；建立“四位一体”环保管理体系，在中国铁路建设史上首次实施环保监理制度；开展路基边坡植被保护科技攻关，开创了在高原、高寒地区进行人工植草、植被恢复、植被再造和草皮移植的成功先例；首次设置多种形式的野生动物通道，有效保护了沿线珍稀野生动物、水源水质和自然景观。为确保运营设备高可靠、少维修，按照“先进、成熟、经济、适用、可靠”的原则，自主研发高原供氧旅客列车，采用先进的牵引动力、通信、信号、供电和远程调度指挥技术，建立冻土工程长期观测、大风监测、视频监控等系统，全线技术装备达到了世界领先水平。青藏铁路建成通车以来，全线基础工程和技术装备安全稳定可靠。2009 年 1 月，青藏铁路工程荣获 2008 年度国家科学技术进步奖特等奖。

随着兰青和西格二线电气化铁路的开通，青藏高原铁路技术装备更新升级进一步加快，区域内干线实现了 CTC 运输调度集中指挥系统全覆盖，运输调度指挥和管理的远程化、信息化、智能化水平大幅提升；大功率电力机车相继投入使用，有效提升了运输生产能力。同时，现代化维修大机、先进线路检测监测设备、接触网检测作业车、无缝线路和可动心提速道岔等技术装备的投入使用，为加快青藏铁路现代化建设提供了有力保障。

青藏铁路建成和通车运营是各方面大力支持、密切协作的时代颂歌。在青藏铁路建设中，从中央到地方及上百家企事业单位，瞄准建设世界一流高原铁路的目标，各负其责，团结协作，形成了攻坚克难的强大合力。国家有关部门自觉服从青藏铁路建设大局，认真履行职责，在科技攻关、资金拨付、卫生保障、环境保护、电力供应、应急救援、舆论宣传、安全运输、抗震救灾等方面给予大力支持和帮助，做了大量富有成效的工作。青藏两省区各级党委和政府把青藏铁路建设当作自己的事，急事先办、难事特办，在征地拆迁、建材供应、生活保障、卫生防疫、生态保护、劳务用工、安全运输、反恐防暴等方面提供了有力保障。沿线广大人民群众热切期盼、积极投身铁路建设，在爱路护路、提供劳务等方面发挥了重要作用。青藏铁路建设和运营的成功实践，奏响了一曲社会各界大协作的胜利凯歌，充分展现了社会主义制度集中力量办大事的政治优势。

青藏铁路建成和通车运营是全体建设者挑战极限、勇创一流的历史丰碑。青藏铁路平均海拔 4 000 米以上，大部分路段穿越人迹罕至的“生命禁区”，条件异常艰苦，环境十分恶劣。在 5 年的建设实践中，全体参建人员始终牢记党和人民的重托，以国家需要为最高需要，以人民利益为最高利益，大力弘扬“挑战极限、勇创一流”的青藏铁路精神，以惊人的毅力和勇气战胜了各种难以想象的困难，攻克了多年冻土、高寒缺氧、生态脆弱等一个又一个世界性工程建设难题，高标准、高质量地完成了建设任务，提前一年建成这条世界一流水平的高原铁路。在青藏铁路通车后，铁路部门积极探索高原铁路运营管理规律，全面推行安全风险管理，持续开展安全标准化建设，10 年来没有发生任何行车事故和旅客伤亡事故，确保了青藏铁路运输安全持续稳定。他们用自己的心血、汗水和智慧谱写了中国铁路现代化建设的新篇章。这一成功实践再次向世人昭示,勤劳智慧的中国人民有志气、有信心、有能力屹立于世界先进民族之林,有志气、有信心、有能力不断创造非凡的业绩。

青藏铁路建成和通车运营为促进经济社会发展提供了可靠的运力支撑。青藏铁路建成通车,结束了西藏没有铁路的历史,大大改善了青藏两省区的交通条件,对于扩大青藏两省区对外交流,改善沿线各族群众生活,增进民族团结和巩固祖国边防,促进区域经济社会持续健康发展,都具有十分重大的意义。青藏铁路开通以来,共运送出藏货物344.7万吨、进藏货物2771.0万吨,出藏旅客873.3万人、进藏旅客909.0万人;进出西藏旅客列车由2006年的3.5对增至现在的7对,旅客运输平稳上升。2014年12月,兰新高铁建成通车,标志着青藏高原进入高铁时代。此外,敦煌至格尔木铁路建成通车,库尔勒至格尔木、拉萨至林芝铁路项目正有序推进,青藏两省区路网将形成"东接成昆、南连西藏、西达新疆、北上敦煌"的枢纽型结构。

当前,我国经济社会发展已进入全面建成小康社会决胜阶段。我们要在习近平同志为总书记的党中央领导下,坚持"四个全面"战略布局,牢固树立创新、协调、绿色、开放、共享五大发展理念,大力弘扬新时期铁路精神和青藏铁路精神,在建设和完善国内国际通道联通、区域城乡覆盖广泛、枢纽节点功能完善、运输服务一体高效的综合交通运输体系中,进一步管理好、运营好青藏铁路,建设好"十三五"川藏铁路重点工程,为落实"一带一路"发展战略,实现国家富强、民族振兴、人民幸福的伟大"中国梦"的宏伟目标而奋斗!

为全面做好《青藏铁路》的总结工作,原铁道部、中国铁路总公司、各有关部门和单位本着对历史、对国家、对人民高度负责的态度,力求客观再现青藏铁路建设和运营全过程的曲折历程和宏伟画卷,生动记载取得的巨大成就,深入挖掘和提炼形成的宝贵经验。在各方面的大力支持下,经过编撰人员的辛勤劳动,《青藏铁路》已经呈现在广大读者面前,为社会各界深入了解青藏铁路全过程提供了一部珍贵史料,也为我国铁路现代化建设提供了有益借鉴。值此《青藏铁路》付梓出版之际,特向青藏铁路广大建设者和运营管理人员致以崇高的敬意!

2016年6月

自主创新筑天路　顽强拼搏铸辉煌

——青藏铁路建设的基本经验

孙永福

（2006年12月）

中国铁路建设大军经过连续五年艰苦奋战，在世界屋脊上建成了被誉为“天路”的青藏铁路，实现了几代中国人特别是西藏各族人民百年来梦寐以求的愿望，令国人为之振奋，让世界为之称赞，极大地增强了中华民族的自豪感、自信心和凝聚力。青藏铁路格（尔木）拉（萨）段全长1 142公里，线路位于海拔4 000米以上地段960公里，经过连续多年冻土区550公里，海拔最高点为5 072米，是世界上海拔最高、线路最长的高原铁路。青藏铁路建设面临多年冻土、高寒缺氧、生态脆弱等工程难题，是当今世界高原极具挑战性、最富创造性的宏伟工程项目。在建设过程中，全体建设者始终牢记党和人民的重托，以邓小平理论和“三个代表”重要思想为指导，全面贯彻落实科学发展观，以自强不息的精神战胜重重困难，以自主创新的勇气攻克道道难关，以自立于民族之林的气概勇攀科技高峰，取得了丰硕的工程技术和建设管理创新成果，荣获了国家科学技术进步奖特等奖。青藏铁路建设的伟大实践，谱写了人类铁路建设史上的辉煌篇章，展示了中国铁路建设者的伟大创造精神和崭新时代风貌，积累了自主创新筑天路、顽强拼搏铸辉煌的宝贵经验。认真总结青藏铁路建设经验，对于提高我国重大工程建设水平具有重要意义。

一、坚持高起点、高标准，建设世界一流高原铁路

建设青藏铁路，是党中央、国务院在新世纪之初作出的一项重大战略决策。“把青藏铁路建成世界一流高原铁路”，就是中央领导同志为我们确定的建设总目标。在充分研究借鉴国内外多年冻土工程、高海拔大型工程的科研成果和实践经验基础上，青藏铁路建设立足高起点、高标准，与时俱进迎挑战，瞄准一流攀高峰。

全线开工伊始，铁道部就制定了“拼搏奉献，依靠科技，保障健康，爱护环境，争创一流”的青藏铁路建设方针。明确提出搞好青藏铁路建设，必须把勇于拼搏奉献作为思想基础，把依靠科技进步作为强大动力，把保障人员健康作为根本前提，把爱护生态环境作为神圣职责，把争创世界一流高原工程作为奋斗目标。要求各参建单位坚持以人为本，尊重客观规律，紧密结合工程建设特点，着力体现时代进步要求，正确处理大规模高原铁路建设与联合开展科技攻关、保障职工身体健康和安全、保护沿线生态环境、保证工程建设质量等重大关系问题。各参建单位认真贯彻青藏铁路建设方针，以建设世界一流高原铁路的光荣感、责任感、使命感，激励参建人员，统一思想行动，凝聚智慧力量。坚持依靠科技创新，全力攻克多年冻土工程技术难题，研究试验和总结运用多种冻土工程措施，确保路基桥隧工程稳定可靠、列车运行安全；全力攻克高寒缺氧高原医学难题，努力提高参建人员身体健康水平，确保建设队伍能够上得去、站得稳、干得好；全力攻克高原生态环境保护难题，千方百计保护高原野生动物、植被景观和江河水源，把铁路建设对沿线生态环境的影响降到最低程度。整合优化资源配置，努

力做到设计质量优良，施工质量过硬，设备选型合理，运营管理高效，建设水平一流。

建设世界一流高原铁路必须更新建设理念，强化系统管理，体现科学发展。建设理念具有先导性、基础性、全局性作用，是实现工程目标和建设方针的关键所在。铁道部在项目实施过程中，提出了列车快速通过高原、设备高可靠少维修、减少沿线运营管理人员的原则，使建设世界一流高原铁路的总目标内涵更为鲜明、重点更加突出。强调树立铁路建设新理念，修订勘测设计、施工运营的有关规定，适当加大线路最小曲线半径，运用综合措施处理多年冻土路基，提高桥梁隧道工程耐久性，采用先进运营设备等。这对于确保工程稳定可靠和列车运行安全舒适，具有十分重要的作用。青藏铁路是一项巨型复杂的系统工程，必须统筹安排、科学组织、精心指挥、强化管理。铁道部在项目实施过程中，坚持由北向南分段施工，试验先行，突出重点，密切协调，使全线建设呈现出高效有序推进的良好局面。2001 年开局之年首战告捷，2002 年重点攻坚取得突破，2003 年全面攻坚创出佳绩，2004 年整体推进喜获全胜，2005 年决战决胜高奏凯歌，2006 年 7 月 1 日开通运营，列车以设计速度安全运行。青藏铁路举世瞩目，社会各界对多年冻土工程、高原卫生保障、生态环境保护和运营技术装备等非常关注，必须在项目实施过程中充分体现以人为本和全面、协调、可持续发展的具体要求。铁道部在项目实施过程中，正确处理好局部利益和整体利益、当前利益和长远利益的关系，稳妥解决好保障科研试验、保证人员健康、保护沿线环境和确保质量安全、建设工期、投资控制等影响大局的重点难点问题，做到了建设、设计、科研、施工、监理等各个环节相协调，施工建设与卫生保障、环境保护等各项工作相促进，资源节约、健康安全、环境友好、速度和质量效益相统一，人与自然相和谐，使青藏铁路建设达到了世界一流水平。

二、坚持集中力量办大事，形成团结协作共创伟业的生动局面

青藏铁路是西部大开发的标志性工程，任务十分艰巨，条件十分艰苦，技术十分复杂。建设这项史无前例的宏伟工程，必须建立坚强有力的领导体制和运转高效的工作机制，做到决策高效、组织有力、协作密切，充分发挥社会主义制度能够集中力量办大事的优势。党中央、国务院作出了修建青藏铁路的重大战略决策，作为西部大开发的标志性工程，自始至终都给予了亲切关怀。中共中央总书记江泽民作了重要批示并题词“建设青藏铁路，造福各族人民”。国务院总理朱镕基、副总理吴邦国等分别在格尔木、拉萨主持了全线开工典礼。中共中央总书记胡锦涛在格尔木主持了全线通车典礼。在青藏铁路建设中，有 30 多位党和国家领导人亲临现场考察，听取建设汇报，慰问参建人员，接见劳动模范，发表重要讲话，提出明确要求，使全体建设者深受鼓舞和激励。国务院成立了青藏铁路建设领导小组，每年都召开领导小组会议，总体部署全线工程进展和各年度、各阶段的工作重点，及时研究决策“三大难题”攻关、建设投资调整、先进装备运用、工程治安保卫和重要活动开展等重大问题，组织、协调、动员国家各部门和青藏两省区整合优势资源，集中人力、财力、物力建设青藏铁路。青藏铁路建设领导小组办公室全面履行信息中心、协调中心、服务中心的工作职责，认真负责地督促检查领导小组各项决定落实情况，加强信息沟通，及时交流经验，强化协作配合。

铁道部充分履行行业管理职能，统筹部署、协调推进各项工作，优先保证建设中的人力、物力、财力。在选线、设计、征地、拆迁、施工、运营中，既充分考虑技术上可行、经济上合理，又兼顾地方经济发展需要。铁道部主要领导深入现场，坚持现场办公，提出严格要求，及时解决建设中的重要问题。铁道部机关各有关部门齐心协力，勇挑重担，主动做好各项工作。中央和国家各有关部门，以及上百个科研院所、高等院校的科技工作者，牢固树立全国一盘棋思想，自觉服从大局，全力保证大局，密切配合青藏铁路建设。统筹安排重大事项，深入现场检查指导，及时协调解决资金调拨、建设用地、公路改

造、电力供应、科研攻关、卫生保障、环境保护、审计监督、舆论宣传、表彰先进、治安保卫、重要设施守护等一系列重大问题，积极参与多年冻土、高原病预防和救治、野生动物保护、水土保持、抗震防震、高原供电等技术难题的科研攻关，有力推动了这一重大项目又好又快地完成。青藏两省区党委、政府和沿线各族人民群众，把建设青藏铁路当作自己的事情来办，给予全力支持。两省区主要领导亲自负责支铁工作，设立支铁机构，列为重中之重。两省区各部门制定优惠政策，调集一切可用资源，动员一切可用力量提供有力支持，做到急事先办，难事特办，专题专办，快速高效。沿线地方政府和各族群众自觉讲大局、讲团结、讲奉献，积极配合施工，营造了良好建设环境。新闻工作者宣传报道建设进展和感人事迹，文艺工作者创作演出文艺节目，热情讴歌伟大的青藏铁路精神，为工程建设提供了有力的精神鼓舞。

在整个青藏铁路建设过程中，从中央到地方，从路内到路外，从内地省（区）市到青藏两省区，都把“建设青藏铁路，造福各族人民”作为共同的事业，广泛开展大协作，汇聚智慧攻难关，充分彰显了中国特色社会主义的体制优势和中华民族的强大凝聚力。

三、坚持依靠科技创新，攻克高原冻土铁路工程难题

我国青藏高原处于中低纬度、高海拔地带，其突出特征是：多年冻土分布较广，地震、滑坡、泥石流、风沙、雷电等自然灾害严重。与处于高纬度、低海拔地带的北欧、俄罗斯、北美的多年冻土相比，青藏高原多年冻土更为复杂，筑路技术难度更大，对工程设计和施工提出了很高要求。解决多年冻土路基因冻胀融沉引起的变形病害，是工程建设成败的关键，是世界性的工程技术难题。铁道部瞄准世界冻土科技前沿，依靠科技进步，开展科学试验，坚持自主创新，奋力攻克多年冻土等工程难题，创造出具有自主知识产权的成套多年冻土筑路关键技术，在冻土工程理论与冻土工程实践方面取得了重大突破。

在建设前期工作中，我们充分借鉴国外多年冻土工程的经验教训，结合我国高原冻土科研成果，编制青藏铁路多年冻土区勘察、设计、施工等暂行规定，为工程建设提供技术规范性依据，填补了我国冻土区铁路建设规范的空白。加深地质勘察工作，在铁路建设中首次实行地质勘察监理制度。查明铁路沿线多年冻土分布和特点，提出多年冻土的上限深度和设计参数，建立评价多年冻土稳定性的地温分区和工程分类，确定尽量绕避不良冻土地段的选线原则。在开工之初，我们按照试验先行原则，选取了五处具有代表性的路基、桥梁、隧道冻土工程，先行建设试验段。组织中国科学院寒旱所、中铁西北研究院、中铁第一勘察设计院（简称“铁一院”）及有关院校科研技术人员，对各项冻土工程措施进行高原环境试验，应用联合攻关取得的阶段性成果指导设计和施工，有效避免了工程建设走弯路。突破传统冻土工程的设计理念，确立了“主动降温、冷却地基、保护冻土”的设计思想，实现了对冻土环境分析由静态转变为动态，对冻土保护由被动保温转变为主动降温，对冻土治理由单一措施转变为多管齐下、综合施治的“三大转变”。以调控热传导、辐射、对流为理论基础，以降低地基冻土温度、保持冻土热稳定性为根本前提，系统总结出片石气冷路基、通风管路基、碎石（片石）护坡或护道、热管、铺设保温材料，桥梁采用旋挖钻机干法成孔灌注桩基础，隧道设置防水保温层等成套冻土工程措施。应用多种工程措施综合整治复杂地段冻土路基，对于特别复杂的冻土地段采取“以桥代路”措施用桥梁通过，有效确保了冻土工程的稳定可靠。此外，在综合解决桥梁、隧道混凝土结构耐久性问题、创新成套高原铺架技术、自主创新高原客车制造技术和防风沙、雷电、地震等方面，也取得了可喜成果。

根据多年冻土工程科研需要，我们建立了多年冻土长期观测系统。经过建设期几个冻融循环观测，冻土路基基底地温降低、冷储量增加、冻土上限抬升，路基工后沉降速率小于设计允许值，列车在

冻土区运行速度达到100公里/小时，在非冻土区运行速度达到120公里/小时，创造了世界高原冻土区铁路运行时速最高纪录。参加第六次世界冻土工程会议和亚洲冻土工程会议的中外冻土专家现场考察一致认为，青藏铁路建设成功解决了高原多年冻土区筑路关键技术难题，采取的主要工程措施可靠，能够保证安全稳定，体现了当今世界冻土技术的最好水平，代表了国际冻土工程的最新进展。

四、坚持以人为本思想，确保参建人员身体健康和生命安全

青藏铁路沿线气压低，空气含氧量只有海平面的50%～60%，属于"生命禁区"。沿线地区高寒、干燥、风大，有强紫外线辐射，处于鼠疫自然疫源地，不少地段缺乏可饮用水。这样严酷的工作环境对建设者的身体健康和生命安全构成很大威胁。铁道部和各参建单位坚持以人为本，始终把保障参建人员的健康安全作为全部工作出发点和落脚点，全面构建卫生保障工作体系。

在借鉴国内外高原医学研究成果的基础上，铁道部、卫生部提出了贯彻执行"预防为主、卫生保障先行"的工作方针，联合制定了《青藏铁路卫生保障若干规定》和《青藏铁路卫生保障措施》，以及公共卫生事件应急预案。青藏铁路建设总指挥部和各参建单位结合现场实际，制定了《青藏铁路建设卫生保障实施办法》、《青藏铁路建设站后和零散人员卫生保障管理办法》等具体规定，使全线卫生保障工作规范有序运行。对建设人员开展卫生知识宣传教育，印发《高原卫生知识手册》，实行体检准入和"三检"（即工前体检、工中体检、工后体检）等制度。上场人员先在海拔较低的生活基地习服适应，再到高海拔地区施工现场。医务人员坚持夜间巡诊查铺，防止突发疾病。组织高原医学专家成立"高原生理咨询组"，现场培训医务人员，提高诊断和急救水平，做到高原病早预防、早发现、早治疗、早后送。建立覆盖全线的三级医疗保障网络，工地医院配备3 900多台（套）先进适用的常规医疗设备，现场医务人员与职工比例为1.5%～2.0%，使危重病人及时得到有效救治。在海拔4 500米至5 000米的建设工地配置应用25台高压氧舱，使患者能在高压氧舱内迅速缓解高原反应症状。在海拔4 700米以上地区首次研制出每小时生产24立方米氧气的高原制氧设备，实现了海拔4 905米的风火山隧道掌子面弥漫供氧，隧道内空气含氧量相当于降低海拔1 200米，有效改善了作业环境。这一成果得到广泛采用，在全线设置17个大型制氧站，使过去用于急救的氧气成为参建人员的劳保用品，提高了施工队伍的生产效率。积极推广运用解放军部队"一氧化氮"、"高压氧液"等新技术，探索防治高原病的新途径。加强饮食营养和防寒防晒等劳动保护措施，免费提供医疗、抗缺氧药品和劳保用品，为包括农民工在内的全体建设人员创造了良好的劳动生活环境。青藏铁路沿线动物间鼠疫疫情多有发生，最近的鼠疫发生地距施工现场只有500米左右。在当地政府统一领导下开展路地联防，切实加强宣传教育，严格执行"三不"（不私自捕猎疫源动物、不剥食疫源动物、不私自携带疫源动物及其产品出疫区）、"三报"（报告病死鼠獭，报告疑似鼠疫病人，报告不明原因高热病人和急死病人）制度，建立鼠疫监测系统，及时掌握疫情信息，采取有效预控措施，设立工地医院鼠疫隔离病房，配备相应医疗、防护、消毒等设备，杜绝了建设工地发生人间鼠疫。

青藏铁路建设，每年都有2万至3万多人员在高海拔工地作业。建设期间，全线接诊病人53万余人次，其中470例高原性脑水肿、931例肺水肿患者全部得到有效救治，创造了高原病"零死亡"、鼠疫疫情"零传播"的奇迹。在第六届国际高原医学大会上，中外高原医学专家称赞青藏铁路建设医疗设施配置先进，防治救护卓有成效，人员健康保障科学，创造了高海拔、大群体、长时间作业的卫生保障工作成功经验，为世界高原医学事业作出了重要贡献。

五、坚持人与自然相和谐，建设具有高原特色的生态环保型铁路

青藏高原素有"世界屋脊"、"地球第三极"之称，是我国和南亚地区的"江河源"，是世界山地生

物物种一个重要的起源和分化中心，生态系统十分独特，珍稀特有物种丰富，自然景观多彩多样。但由于海拔高、气温低，生态环境十分脆弱，植被一旦受到扰动破坏，短期内极难恢复，甚至无法恢复，具有不可逆转性。铁道部和各参建单位全面落实保护生态环境这一基本国策，以对子孙后代高度负责为己任，十分珍爱一山一水，努力保护每寸绿地，精心呵护野生动物，依法环保、科技环保、全员环保，把项目实施对生态环境的影响降到最低程度。

在项目实施中，铁道部瞄准“建设具有高原特色的生态环保型铁路”的目标，认真执行国家环保法规，贯彻落实“预防为主、保护优先、开发与保护并重”的原则和“三同时”（环保设施与主体工程同时设计、同时施工、同时投产）制度。编制环境影响评价大纲、环境影响报告书（含水土保持），经国家环保总局和水利部正式批复后组织实施，以环评结论指导设计、施工和环境管理。首次在铁路建设中实行环保监理制度，委托第三方对全线环保工作进行全程监控。建立由青藏铁路公司（总指挥部）统一领导、施工单位具体落实并承担责任、工程监理单位负责施工环保工作日常监理、专职环保监理实施全面监控的“四位一体”环保管理体系。对重要工点做出专项环保工程设计。组织中科院、铁一院等单位的专家开展高原地表植被保护、野生动物通道设置等专题研究。在海拔4 300米至4 700米的高寒草原、草甸地段，选择抗寒效果良好的草种，采用人工播种，辅以喷播、覆膜等培育技术，开展种草试验获得成功，开创了高海拔人工植草先例。总结形成人工种草和移植草皮工法，在全线有条件区段大力推广，路基边坡和水沟采用草皮防护，唐古拉山以南安多至拉萨间形成300多公里的“绿色长廊”。在深入调查野生动物分布习性和迁徙规律的基础上，设计了桥下、隧顶和路基缓坡平交等三种形式共33处野生动物通道，这在我国重大工程项目中尚属首例。经长期观测和研究，最终绝大部分采用桥梁下部通道（取消了路基缓坡平交通道）和全封闭措施，既保障了野生动物自由迁徙，也保证了列车运行安全。铁路穿越长达65公里的湿地时，建造了总长10.56公里的20座桥梁，保持了湿地的连通性。沿线省区环保部门与各参建单位签订环境保护责任书，设立青藏铁路环保行政监察办公室，深入检查并纠正违规现象，保证了铁路工程、设备安装和施工营地符合环保要求。在参建人员中大力普及环保知识，通过40多次专题办班，共培训环保骨干人员4 300多名。把环保工作纳入“建功立业劳动竞赛”和“优质工程”评定范围，实行环保一票否决制。印发《环保手册》，设置环保标牌，采取多种方式深入宣传生态文明观，形成人人关心环保、人人参与环保的良好氛围。每年6月至8月藏羚羊迁徙季节，在可可西里地段的施工队伍主动停工让道，使藏羚羊安然通过施工地段。铁路通过错那湖自然保护区路段，施工队伍用13万条沙石袋垒成20多公里护堤，有效防止了湖水污染。沱沱河站污水处理达到国家规定的生活用水标准，其他车站污水处理达标后用于车站范围内的绿化，有效保护了地表水体。青藏铁路各项环保工程均通过了国家环保验收。

青藏两省区环保部门长期监测结果表明，青藏铁路建设对河流水质无明显影响，区域冻土环境未出现明显改变，沿线野生动物迁徙条件和铁路两侧自然景观未受破坏，沼泽湿地环境得到有效保护。全国人大环资委专题调研认为，青藏铁路建设是落实科学发展观的具体体现，是构建人和自然和谐的重要范例，是依法环保的先进典型。国家环保总局、水利部、林业局等部门多次检查认为，青藏铁路环保管理经验居国内重点工程建设项目领先水平，具有示范意义。

六、坚持质量第一思想，全面创建高原铁路精品工程

工程质量是建设世界一流高原铁路的生命和灵魂，是青藏铁路项目管理的首要任务和核心内容。铁道部和各参建单位始终坚持“百年大计，质量第一”思想，以对国家、对人民高度负责的精神，精心设计，精心施工，加强管理，严格监督，正确处理加快进度、控制投资与保证质量等关系，不断强化安全

质量保证、质量监控和质量评价体系，及时发现和解决质量问题，努力创建全面达标的优质精品工程。

在项目实施中，建设单位认真履行业主职责，构建了以业主负责、企业自控、全面监理、政府监督的“四位一体”工程质量管理体系。严格实行全员、全过程、全方位质量管理，特别重视开工审批、工程试点、质量信誉评价、现场检查观摩、优质工程评选和工程初步验收等项工作，以及隧道衬砌保温防水、桥梁基础和预制混凝土梁、路基填料、防排水系统等关键部位。一般不安排冬季施工，对冬季必须连续生产的轨枕、桥梁及个别工点，都制定了加强保暖防冻、反复检查落实、确保工程质量的施工方案。强化检测监控，实行了委托第三方采用两种以上方法对工程实体进行质量检测和进行线下工程铺轨前质量评估制；采用核子密度仪和 K30 对路基加大检测密度，确保路基密实度达到设计要求。为提高桥梁桩基施工质量，推广采用了钻速快、质量高的旋挖钻机施工工艺；对河边路基防冲刷、路堑边坡防塌滑等防护工程等，也都有效采取强化措施。在格尔木建立耐久性混凝土检测中心，研制和推广使用耐久性混凝土掺加剂，确保了高寒、强辐射恶劣条件下冻土区混凝土工程质量。对 GSM-R、ITCS、CTC、电力和房建给排水、机客车装等站后工程，均全部进行高原现场试验，并及时审查阶段性试验成果，用以指导、完善设计和施工。本着安全、可靠、先进的原则，对关系运输质量的关键设施和设备等增加投入，建立冻土区工程长期监测系统，及时发现问题采取措施，确保线路平顺、运行安全。同时，尽量减少沿线设站、减少运营管理人员，严格控制非生产性支出，做到资金使用向保证工程质量倾斜。设计单位实行项目总体负责制、项目专册负责制和主体工程结构设计负责制等，强化设计图技术咨询、施工图审核，坚持开展寒季和暖季冻胀融沉情况工程调查，完善工程措施，搞好技术交底和施工配合。施工单位建立质量保证体系，健全组织管理，严格管理制度。实行项目经理质量负责制，技术主管质量包保责任制。施工作业队坚持先核对优化再开工、先试点树样板再展开，成立 QC 小组，实施 PDCA 循环，对施工工序和分项、分部、单位工程实施全程质量自检自控，发现问题及时自查自纠。严把原材料进场、机械设备、操作工艺和人员培训各道关口，积极采用新技术，不断提高工程质量。监理单位强化监理责任，实行监理人员持证上岗制，责任监理和专职巡视监理工程师制，施工关键部位、关键工序、隐蔽工程都严格实行旁站监理和监理工程师签证制，对发现的质量问题或不符合施工规范的质量行为，及时发出监理通知，果断责成施工单位限期整改。青藏铁路工程质量监督站依法履行职责，严格检查各单位的质量责任行为和工程实体质量，责令整改存在问题。铁道部行业主管部门每年开展执法监察，强化质量监督，确保工程质量全面达标。

青藏铁路全线各专业的分项分部工程全部合格，工程优良率达到 95% 以上，共创优质样板工程 385 项，冻土区工程质量达到国际领先水平，非冻土区工程质量达到国内先进水平，经受住了通车运营的各种考验。设计建造的拉萨火车站和拉萨河特大桥与布达拉宫交相辉映，成为现代科学技术与藏族传统文化有机结合的标志性工程。

七、坚持项目管理创新，实现我国铁路建设管理新突破

青藏铁路所处环境特殊，工程投资较多，客货运量较少，运营成本较高，虽然项目本身经济效益欠佳，但建成后具有良好社会效益和环境效益，是典型的公益性项目。按照分类建设原则，鉴于青藏铁路的外部正效应特别突出，全部投资由国家安排（其中 75% 为国债，25% 为铁路建设基金），工程建设实行优惠政策，运营给予适当财政补偿。

对于公益性的青藏铁路工程，铁道部没有采用传统的由政府成立指挥部的管理模式，而是积极探索实行公司制管理模式。经报请国务院批准，于 2002 年 9 月 3 日成立了实行项目法人责任制的国有大型企业——青藏铁路公司（此前成立青藏铁路公司筹备组），既管工程项目建设，又管投产运营。

为了便于现场指挥，青藏铁路公司在格尔木设立派出机构——青藏铁路建设总指挥部，由公司主要领导担任指挥长，全面负责现场建设工作的组织实施；在拉萨设立青藏总指拉萨指挥部，具体负责西藏境内安多至拉萨段工程建设。2004 年 6 月 19 日，铁道部将管理青藏铁路西宁至格尔木段运营的兰州铁路局西宁铁路分局并入青藏铁路公司，使建设和运营管理形成一个有机整体，为建好、管好、用好青藏铁路提供了组织保障。围绕实现建设世界一流高原铁路的总目标，建立了以工程质量、环境保护、职业健康安全、工期、投资为主要内容的“五大控制”目标管理体系。按施工年度、工程类别、施工单位进行目标分解、责任分解，自上而下层层展开，自下而上层层保证，实现全员化参与、全方位落实、全过程控制。同时，加强了工程项目合同管理、资源管理、协作管理、技术创新管理等，为实现总体目标提供了强大支撑。青藏铁路工程项目管理体现了时代发展和科技进步的要求，突出了以人为本、可持续发展的思想。这一管理创新成果，已在全国铁路建设系统推广，对提高铁路工程项目管理水平发挥了重要作用。实施质量—环境—职业健康安全一体化综合管理体系，科学协调工程质量（攻克多年冻土难题）、环境保护（攻克生态脆弱难题）和职业健康安全（攻克高寒缺氧难题及施工、交通安全）之间的相互关系，整合质量、环境、职业健康安全各个要素，量化各项指标要求，纳入工程合同实行一体化管理。建设单位把质量、环境、职业健康安全作为一个整体，同部署、同落实、同检查、同考核。施工单位将质量—环境—职业健康安全一体化管理的目标、任务和要求，层层分解到各个工点和岗位。监理单位不仅对工程质量认真把关，而且对环境保护和施工安全进行严格监督。从而避免了一部分管理工作的交叉重复，提高了管理效率和水平。

针对铁路施工企业已与铁道部“脱钩”，不再具有行政隶属关系的重大变化，经铁道部党组批准，在青藏总指建立党的工作委员会，吸纳主要施工企业主管领导为党工委成员。由党工委对施工企业实行党建思想工作的统一领导，做到了对政治工作与工程建设同部署、同落实、同考核，逐步形成了以思想教育为主，辅之以必要的经济、行政手段，既管工程建设、施工队伍，又管党建思想工作的队伍管理新模式。各参建单位全面落实国务院和铁道部关于加强农民工管理的各项要求，把农民工纳入职工队伍管理，实行“三统一”（统一居住条件、统一饮食标准、统一医疗保障）、“两一同”（农民工中的党员与职工党员一同参加党组织活动、农民工同职工一同参加评先表彰）。设置农民工维权举报箱，公布举报电话，建立指挥长“农民工接待日”制度，按时足额发放农民工工资，积极受理农民工投诉，妥善解决处理涉及农民工利益等方面的问题。这些做法充分调动了农民工参建青藏铁路的积极性，创造了高原恶劣环境下保障农民工政治、经济权益的新经验。

八、坚持建路育人宗旨，培育和弘扬青藏铁路精神

面对极其恶劣的施工和生活环境，面对极为艰巨的建设和运营任务，铁道部和各参建单位始终坚持用中国特色社会主义理论和科学发展观武装职工头脑，教育干部群众，指导建设实践。加强项目文化管理，坚持建路育人，锤炼过硬队伍，培育时代精神，培养优秀人才，为建设世界一流高原铁路提供了思想保证和动力支持。

青藏铁路建设充分发挥党工委的政治核心作用、党支部的战斗堡垒作用和党员队伍的先锋模范作用，使广大党员干部在急难险重任务面前率先垂范，在危急关键时刻挺身而出。坚持不懈进行形势任务教育，广泛开展建功立业劳动竞赛，充分尊重参建人员的首创精神，及时总结推广参建人员在实践中创造的新工艺、新技术，引导参建人员在本职工作中创新、创业、创优。把参建人员作为最宝贵资源加以爱护，想方设法多做得人心、暖人心、稳人心的工作。在开工之初高原铁路通信体系尚未建成时，施工单位开展“温馨通话三分钟”活动，免费让职工在节假日用海事卫星电话与亲人通话报平安。

动员职工家属写“家中有我”亲情寄语等活动，解决广大职工最关心、最挂念的问题。组织创作丰富多彩的文艺节目，举办全部属于原创的“高原彩虹”大型文艺晚会，开展“青藏铁路杯”征歌活动（唱响了《天路》等优秀歌曲），举办专题讲座、知识竞赛、对联创作等富有特色的工地文化活动，丰富了广大建设者的精神文化生活。大张旗鼓地表彰奖励模范典型，组织先进事迹报告团巡回演讲，有效增强了参建人员学帮赶超、团结前进的光荣感。来自全国四面八方的铁路建设大军，在雪域高原顽强拼搏、吃苦奉献、建功立业。他们历经高寒考验而斗志更强，饱尝缺氧之苦而信念愈坚，以艰苦不怕吃苦、缺氧不缺精神的勇气，冒严寒、顶风雪、战缺氧、斗冻土；以海拔高追求更高的意志，在“生命禁区”挑战生存极限、体力极限、心理极限。青藏铁路开工之前，有人担心高原环境恶劣，不一定能上得去。但工程招标时，大家踊跃请战，有的单位上百名职工写血书、表决心，坚决要求上高原。开工后，父子同时上高原、妻送丈夫赴青藏、夫妻双双战冰雪的动人事迹和感人场景比比皆是，充分表现出敢于战胜前进道路上各种风险挑战的英雄气概。广大参建人员用远大理想凝聚力量，用崇高信念铸就坚强，用以人为本凝结关爱，用科技创新实现一流，用自己的心血和汗水铸就了“挑战极限，勇创一流”的青藏铁路精神。这是以艰苦奋斗、自强不息为核心的民族精神的生动体现，是以与时俱进、自主创新为核心的时代精神的生动体现，是伟大的中华民族精神在当代中国的生动体现，极大地丰富和升华了新时期的“火车头精神”，成为推动建设世界一流高原铁路的强大精神动力。2006 年 7 月 1 日，胡锦涛总书记在青藏铁路通车庆祝大会上发表重要讲话，号召全党全国各族人民学习和弘扬“挑战极限，勇创一流”的青藏铁路精神，为全面建设小康社会、把中国特色社会主义伟大事业继续推向前进而团结奋斗。这是党中央和全国人民对参建人员的最高褒奖。

伟大的事业孕育伟大的精神，伟大的精神推动伟大的事业。在青藏铁路精神的激励下，不仅全面建成了世界一流高原铁路，而且还涌现出一大批先进集体和模范人物。一批有理想、讲政治、懂技术、会管理的优秀中青年干部接受了考验、经受了锻炼、积累了经验、挑起了大梁，走上了各级领导岗位，为又好又快实施大规模铁路建设提供了可靠的队伍保障和人才支撑。

青藏铁路通车运营后，铁道部认真贯彻落实胡锦涛总书记关于“青藏铁路运营管理创世界一流水平”的重要指示精神，进一步提出了“安全持续稳定、运输畅通无阻、服务优质高效、环保全面达标”的运营管理目标，采取一系列强化措施，完善多年冻土长期观测系统，健全运营安全、环保、人员健康和应急救援等保障体系，加强运输组织和调度指挥，确保列车运行安全，为挖掘青藏铁路发展潜力、强化青藏铁路辐射功能作出了积极贡献。青藏铁路通车运营以来，全线主体工程质量可靠，冻土区路基和桥隧工程基本稳定，各项技术装备运转正常，设备、人员和管理经受住了季节变化考验，没有发生责任行车安全事故，没有对沿线生态环境造成明显影响。青藏铁路已成为雪域高原通往祖国各地的一条现代化陆路大通道，对青藏两省区提升区位优势，扩大对外开放，开发旅游资源，发展特色产业，增强民族团结和经济社会的全面、协调、可持续发展，发挥了重要促进作用，被沿线各族人民群众誉为团结线、致富线、幸福线。高寒缺氧何所惧，奉献青藏写春秋。面对青藏铁路运营的新挑战，我们要高举中国特色社会主义的伟大旗帜，全面深入落实科学发展观，珍惜荣誉，再接再厉，努力实现青藏铁路运营管理创世界一流先进水平的目标，为中国铁路建设事业作出更大贡献！

目　　录

导　言

举世瞩目的青藏铁路于2001年6月29日正式开工建设,2006年7月1日顺利建成并开通运营。事实证明,青藏铁路是当今世界最宏伟的工程之一,是人类铁路建设史上前所未有的壮举,是我国社会主义现代化建设的一个伟大成就,是我国铁路建设史上的伟大奇迹。这是党中央、国务院英明决策和亲切关怀的结果;是国家青藏铁路建设领导小组正确领导的结果;是国家有关部委、青藏两省区政府和沿线各族群众的大力支持的结果;是铁道部党组坚持以科学发展观为指导,精心组织、科学指挥的结果;是各参建单位和广大建设者顽强拼搏、苦干实干的结果。

青藏高原具有独特的地理和气候特征。青藏铁路建设和运营不仅面临"高寒缺氧,多年冻土,生态脆弱"三大世界性难题,还要经受海拔高、气压低、昼夜温差大,风沙、风暴、大雪、雷电、冰雹、地震、风吹雪等多种极其特殊和恶劣自然环境的考验。这不仅对工程技术提出重大挑战,也给机车车辆、通信信号、电力供应、信息工程等技术装备带来前所未有的严峻考验。青藏铁路特殊的运用条件,对主要装备的技术方案、选型、设计、制造、施工提出很高要求,必须适应青藏高原独特的地理和气候特征,满足高安全性、高可靠性、高稳定性的运营需要。同时,还要适应青藏铁路穿越无人区和沿线部分车站无人值守的实际,尽可能减少沿线设备的维修和维护工作量,努力实现少维护、少用人的目标。

按照铁道部党组的决策部署,铁路技术装备有关部门和单位发扬"挑战极限、勇创一流"的青藏铁路精神,奋力攻关,开拓创新,勇于实践,完成了青藏铁路主要技术装备技术方案的确定,设备选型、设计和制造,以及无数次的试验验证、工程施工和系统调试,实现了青藏铁路技术装备"先进、成熟、可靠、经济、适用"的目标和要求。

为全面总结青藏铁路建设取得的丰硕成果和宝贵经验,我们组织编写了《青藏铁路》。全书共分五卷:综合卷、勘察设计卷、科学技术卷、工程管理卷、运营管理卷。本册为科学技术卷装备篇,分为:机车技术、客车技术、信号技术、通信技术、电力技术和信息工程,共6章,真实反映了青藏铁路机车车辆、通信信号、信息工程等技术装备的技术研发、方案设计、生产制造和投入运用历程,全面总结了装备技术方面取得的丰硕成果,集中展现了组织领导、工程技术、设计制造等方面所有参与人员的聪明才智和辉煌业绩。期望本书能够为国内外同行和广大读者了解和研究青藏铁路技术装备提供有益的参考和借鉴。

第一章　机车技术

按照国家和铁道部对青藏铁路建设的总体部署，以及青藏铁路于2006年7月1日开通运营的进度要求，为确保机车在青藏高原极其特殊和恶劣自然环境中的高可靠运用，先后多次进行国内外技术交流、技术考察和反复比选，并在东风$_{8B}$型高原机车进行先期试验、验证、探索和积累经验的基础上，根据青藏高原机车运用和技术要求，经过与美国GE和EMD公司的竞争性谈判，报请有关部门审核、批准，决定直接从美国GE公司一次性采购78台机车。青藏铁路机车采购过程中，通过竞争性谈判的方式，外方在保证青藏铁路供货周期的同时，还做出全面转让大功率交流传动内燃机车技术的承诺。成功实现了降低技术转让成本，最大限度获得技术转让范围的目的，从而使青藏高原机车整车采购与后续引进6000马力大功率交流传动内燃机车做到有机的结合。因此，青藏铁路高原机车的整车采购，不但满足了青藏铁路开通运营的要求，而且奠定了大规模机车技术引进的基础。

第一节　青藏高原机车选型

一、机车选型依据

青藏高原位于中国西南部，具有独特的气候特点，其典型特征为海拔高、气压低、缺氧，多年冻土，昼夜温差大，有风沙、风暴、大雪、雷电、冰雹、地震以及风吹雪等，最大风速可达20～28 m/s。

青藏高原机车选型首先是依据机车要满足高原特殊地理环境下的运用要求而确定的。青藏铁路格尔木至拉萨段线路全长1 142 km（贯通里程1 136.338 km），穿越海拔4 000 m以上地段960 km，最高的唐古拉山垭口海拔5 072 m，年平均气压58 kPa，最低气压54.4 kPa（唐古拉山垭口处）；年平均气温－2～6.9 ℃，极端最高气温35.5 ℃（格尔木），极端最低气温－45.2 ℃（唐古拉山垭口）；沿线年平均大风日数140多天；年平均降水量41.8～428 mm，年平均蒸发量1 317～1 783 mm；最大积雪厚度14～40 cm；平均雷暴日数68～82天。铁路沿线地质复杂，其中穿越多年冻土地带就有550 km（最后实测长度546.45 km）。这条铁路无论是海拔高度、高海拔地区总里程，还是冻土段里程，都位居世界之最，是目前世界上海拔最高、线路最长、穿越多年冻土里程最长的高原铁路。因此，选用的高原机车必须能在此环境条件下可靠使用。

二、机车选型要求

由于青藏铁路沿线大都是无人居住区，其特殊的地理环境和气候条件决定了机车的特殊运用模式，即采用特长交路，实现列车快速通过高原。这对运用于该高原线路的机车提出了极具挑战性的要求，在格拉段1 142 km无机务整备作业点的前提下应具备高可靠性，确保列车牵引功率，同时满足技术先进、环保节能的要求。按此要求，青藏高原机车就内燃和电力机车的选用进行了全面比对。虽然电力机车较内燃机车功率大、效率高，更符合节能环保要求，但电气化线路建设投资大、费用高，而且现有供电能力不足需要增容。如采用内燃机车牵引，则能有效降低线路建设成本、技术难度和风险，只要能确保机车高原牵引功率，适当控制废气排放，则无论从线路建设、配套设施费用，还是从积累运营维护经验等多方面，选用内燃机车在目前条件下都有着比较明显的优势。最终经综合对比和反复论证，其动力方式首选内燃机车，远期预留电气化，相应对机车提出的主要要求：

1. 客、货通用，客运牵引 16 辆客车（960 t），货运牵引 3 000 t 货物列车，站间不停车，快速通过。

2. 列车通过非冻土地带时，最高运行速度达 120 km/h；通过冻土地带时，最高速度要达到 100 km/h。

3. 机车运用可靠性要高，运行过程中无故障、无机破、无途停。

4. 列车起动加速快，运行速度高，牵引性能好，不但机车总牵引功率要大，而且要有较大的功率储备。因此，机车功率的高原修正要少。

5. 低噪声、低排放，以保护青藏铁路沿线的生态环境；机车节约能源，有低的燃油消耗率。

6. 保证机车有良好的微气候，有充足的氧气供给，要为司乘人员创造良好的劳动、生活和休息环境。

三、选用的高原机车

机车选型之初，铁道部组织国内从事机务管理和机车制造的有关专家，赴兰州、西宁、格尔木等地考察既有机车在高原的实际使用情况，调研了青藏高原沿线工程机械、重载卡车等动力机械的使用情况与特殊要求；组织专家组赴南美、秘鲁等国考察高原铁路及其机车使用情况，赴北美调研大功率内燃机车生产和使用情况，加深了对高原环境下高原机车运用的认识以及对国外大功率内燃机车生产情况的了解。同时，铁道部又多次邀请国、内外专家进行技术交流，并先后在 2001 年和 2002 年铁道部科技研究发展计划项目中安排了《青藏铁路（格拉段）机车车辆总体技术条件》和《青藏线高原内燃机车的研制及线路试验》研究项目，组织了国内东风$_{8B}$高原原型机车在青藏铁路的试验和工程铺架作业的应用，确定了机车在青藏高原铁路的运用模式，为高原机车选型奠定了必要的工作基础。

在打造世界一流装备、确保运用安全的思想指导下，拟定了青藏铁路机车的采购方案，经报请国家有关部门批准，由铁道部计划司、财务司、科技司、运输局组织国内相关单位的技术和商务专家，通过对国内外内燃机车产品的反复比较后与美国 GE 和 EMD 公司进行竞争性谈判。鉴于 GE 公司选用的机车柴油机系四冲程、电喷 7FDL 柴油机，而 EMD 公司选用的是 710 型两冲程柴油机，相对而言国内对四冲程的 7FDL 柴油机更为熟悉（ND$_5$ 型机车使用该型柴油机）而对 710 型两冲程柴油机缺乏了解，而且机车柴油机选用四冲程中速柴油机是主流的技术发展方向，加之谈判中 GE 公司承诺在采购青藏高原机车后可进一步转让其最新的 GEVO 柴油机技术，而 EMD 公司拒绝承诺今后进一步转让其最新的 265 型柴油机技术。经综合比对和竞争性谈判，最终确定 78 台青藏高原机车全部采购 GE 公司制造的 NJ$_2$ 型交流传动内燃机车，如图 1-1 所示。

该机车满足青藏铁路对牵引动力的要求。即：在 20‰坡道上，三机牵引 3 000 t 货物列车，运行速度高于 35 km/h，双机牵引 16 辆客车，运行速度高于 85 km/h，平直道最高运行速度 120 km/h。

四、机车设计方案的确定

依据青藏铁路的特殊地理环境和对机车的技术要求，中方专家组与 GE 公司反复讨论和磋商，最终于 2004 年 12 月进行的设计联络会上，确认了 NJ$_2$ 型机车具体设计方案。简述如下：

一是机车减重。GE 原型机车轴重 30 t，而 NJ$_2$ 型机车轴重仅为 23 t，机车需要在满足冷却、排放

(a)　(b)

图 1-1　NJ_2 型机车

性能和双机重联牵引强度要求的前提下，有效实施减重。为此，机车设计采用了单司机室、内走廊车体承载式结构；机车转向架构架由铸造构架改为钢板焊接式构架；更改燃油箱结构使车底架边梁空间得以充分利用等。

二是司机室供氧方式。为尽可能使司乘人员处于舒适的工作环境，保障人身安全和行车安全，司机室选用弥散供氧和面罩供氧两种方式，以适应常态工作和特殊情况下的应急需求。

三是优化司机室布置。在满足操纵功能和便利操纵的前提下，要求优化司机室布置、扩大司机室面积，使司机室更为宽敞、舒适。

四是机车柴油机高原功率修正与保护值的修正。机车设计之初，增压器最高极限转速保护值（降功率点）和最高工作转速同为 22 500 r/min，不尽合理；机车三机重联通过隧道时，第三机处于过度保护状态。经讨论最终设计将增压器最高极限转速保护值提高到 23 500 r/min；依据试验结果对重联机车在隧道运行保护状态进行了合理修正。

五是冷却系统改进。为适应高原应用需要对机车冷却系统进行了改进，加大了散热器尺寸，冷却风扇数量由 AC4400 机车的一个增加为两个，加大通风机功率。

六是增加它车供油功能。它车供油功能是鉴于青藏铁路格拉段长交路的实际运用需要而提出的特殊功能。机车设计之初 GE 公司提出运行过程中不能输送燃油，以免可能产生的燃油泄漏，在我方的再三说明和坚持下，GE 公司最终将设计更改为通过加强燃油输送的安全控制，实现了在运行过程中机车之间的燃油传输。

七是机车防紫外线功能要求。鉴于青藏高原紫外线照射强烈的特殊环境条件，要求机车车窗玻璃具有高的抗紫外线功能以保护司机。

第二节　NJ_2 型机车主要技术特点

一、机车总体

NJ_2 型机车是由额定功率 3 000 kW（海拔 2 880 m、环境温度 20 ℃）的 GE7FDL-16AD1 型柴油机、交流电传动和控制系统（GE5GMG207A 型主发电机、GE5GEB30A1 型牵引电动机、17KG525 牵引变流器、车载控制系统、具有自负荷功能的电阻制动装置、交流辅助传动等）、车体、转向架、润滑系统、冷却系统、燃油系统、空气滤清系统、它车燃油供给系统、设备通风系统、带有电子控制的 26L 型制动机的空气制动系统等部件及系统组成。

为适应青藏高原特殊的气候、地理环境及青藏铁路运用条件，对上述部件及系统中的各项设备进行了特殊的改进，其主要技术特点如下：

1. 采用了客、货运完全统一的机型，以减少机车配备，提高机车周转率和方便运输组织。

2. 采用了簧下质量较轻的交流传动技术，以减少轮轨间的动作用力，最大程度地降低对冻土层的影响，在提高机车工作可靠性的同时，也把对线路的影响降到最低程度。

3. 柴油机在既有成熟机型的基础上，针对高原特点通过增压系统优化、加强冷却能力等技术改进，实现了“两低一高”（低油耗、低排放、高功率修正系数），与东风$_{8B}$型高原机车对比表明，NJ_2 型机车具有更好的高原适应性。

4. 排放性能达到美国环保署 EPA Tier0 指标的要求，满足国家对青藏铁路的环保要求。

5. 动力制动能力强，高原条件下，机车在 0～21.8 km/h 速度范围内的最大电制动力均为338 kN，较国内既有直流传动机车仅能在单一速度 16.8 km/h 下达到最大电制动力 245 kN 有显著提高。在其他速度段也具有较大的制动力，较好地满足了列车在 20‰坡道上对动力制动力的需求，提高了列车在长大坡道运行的安全性。

6. 具有较宽的恒功速度范围（16～120 km/h），拓宽了机车高效工作范围。

7. 针对高原空气密度小、电器绝缘要求高的特点，专门设计了电气元器件，提高了工作可靠性。

8. 实现了微机网络系统控制，人机界面较好，显示内容充实，可实时记录机车各种运行参数，能识别 3 500 个故障种类，提高了机车智能化故障诊断能力。

9. 针对高原运用环境的设计创新。

（1）司机室内加装了面罩式供氧设备，其含氧率达 94%；另配三套便携式供氧设备，可维持 14 h 使用，改善了乘务员的工作条件。

（2）司机室采用 PVB 夹层玻璃，可遮挡射进司机室内光线中 99% 的紫外线；橡胶件具有抗紫外线和抗低温性能。

（3）设置了非直排式卫生间，满足 1 142 km 长交路运行的需要。

（4）重联机车间实现了它车供油、它车辅助供电，可确保运行途中由于一台机车缺油或供电系统故障时列车的正常运行。

10. 预留了无线远程信息传输设备接口，即在信息传输网络建成后，通过加装信息传输设备可以完成机车状态信息的实时远程传输，以进一步提高运输安全。

11. 其他

（1）车体内部采用正压通风。

（2）机车设备的冷却用风，全部采用独立吸风，且每个通风系统中均设置有二级（V 形滤网加旋风式滤清器）或三级（V 形滤网、旋风式滤清器加纸质滤清器）的滤清方式，以保证冷却用风的清洁度。

（3）为了减少油、水对环境的污染，专设了一个油水回收箱，将机车上所有泄漏或排放的油水排入此箱内，集中处理。

二、主要技术参数

1. 轴式	C_0—C_0
2. 轴重	23 t

3. 传动方式　　交流(交—直—交)电传动
4. 机车最高运行速度　　120 km/h
5. 持续速度(AAR 标准状态)　　20.2 km/h
6. 最大轮周牵引功率　　2 580 kW
7. 起动牵引力　　534 kN
8. 持续牵引力　　427 kN
9. 柴油机型号　　GE7FDL-16AD1
10. 柴油机额定功率　　3 000 kW
11. 有效燃油消耗率　　195 × (1 + 3%) g/(kW · h)
12. 燃油箱可用容量　　9 000 L

三、机车高原技术指标及高原适应性

NJ_2 型机车与东风$_{8B}$型高原机车指标(功率修正、油耗、排放)对比如表 1-1 所示,NJ_2 机车具有较好的技术性能和高原适应性。

表 1-1　NJ_2 型机车与东风$_{8B}$型高原机车功率及相关参数

序号	参　数	NJ_2 型机车	东风$_{8B}$型高原机车
1	最高运行速度	120 km/h	100 km/h
2	持续速度	20.4 km/h	22.3 km/h
3	恒功速度范围	16.1 ~ 120 km/h	28.6 ~ 90.2 km/h
4	传动方式	交流传动	交—直流传动
5	起动牵引力	534 kN	442 kN
6	持续牵引力	427 kN	339 kN
7	柴油机型号	GE7FDL16	16V280ZJA
8	柴油机功率	3 240 kW/平原	3 680 kW/平原
		3 000 kW/海拔 2 828 m、20 ℃	3 400 kW/海拔 2 828 m(设计值) 3 100 kW/海拔 2 828 m(运用值)
		2 919 kW/海拔 4 100 m、15 ℃	
		2 707 kW/海拔 5 072 m、10 ℃	2 700 kW/海拔 5 072 m(设计值) 2 300 kW/海拔 5 072 m(运用值)
9	柴油机功率修正系数	0.84(5 072 m/平原)	0.73(5 072 m/平原,设计值) 0.63(5 072 m/平原,运用值)
		0.90(5 072 m/2 828 m)	0.74(5 072 m/2 828 m,运用值)
10	电阻制动功率	2 423 kW/海拔 5 072 m、温度 10 ℃	2 150 kW
11	最大电阻制动力/速度范围	338 kN/(0 ~ 21.8 km/h)	245 kN/(0 ~ 16.8 km/h)
12	燃油消耗率	195.0 × (1 + 3%) g/(kW · h)	208 × (1 + 3%) g/(kW · h)
13	机油消耗率	1.0 g/(kW · h)	2.04 g/(kW · h)
14	燃油喷射系统型式	电子控制燃油喷射系统	机械控制燃油喷射系统
15	排放指标	美国环保署 EPA Tier0: HC:0.55 g/(hP · h);CO:2.2 g/(hP · h) NOx:11.5 g/(hP · h);颗粒:0.45 g/(hP · h) 烟度(稳态):25% 不透明度	参照《铁路牵引用柴油机排放污染物限值及测试规则》(TB/T 2783—1997)标准要求
16	司机室噪声	78 dB(A)	80 dB(A)
17	检修周期	92 天(> 8 万 km)	2 万 km
18	大部件更换(大修)	6 ~ 8 年(180 万 km)	90 万 km

第三节 NJ_2 型机车监造与培训

自2004年6月18日发出询价书后，经过四个月的竞争性谈判于2004年10月15日与美国GE公司签署了NJ_2型机车采购合同，采购数量78台。该合同于2004年12月15日生效。为确保机车质量和交货进度，铁道部依据NJ_2型机车采购合同规定，于2005年8月派出首批6人监造团组赴美执行为期6个月的首批3台样车监造任务。随后又分别派出2人和5人监造团组赴美执行15台机车和后续批量制造机车的监造工作。监造组累计13人次，监造持续累计时间11个月。监造期间，监造组检查、见证了机车整车及主要零部件的加工、组装、例行试验等各阶段的生产情况；督促机车交车进度，密切关注GE公司的生产及发运情况，随时向GE公司提出发现的问题、改进意见并向铁道部通报情况，并及时协商解决。与此同时，青藏铁路公司适时组织了相关人员培训，以保障机车正常运用和维修保养。

一、机车监造中发现的问题及改进

GE公司针对机车监造期间监造组书面提出的问题，予以了答复和解决。如机车排障器设计强度是否能满足合同规定抗击140 kN冲击力的要求，GE公司提供了强度计算报告；机车通过小曲线半径时，扫石器宽度不足，GE公司予以了修正；司机室下部空间太小，零部件安装过于拥挤，为满足运用检修要求，GE公司承诺在检修手册中将相关零部件的拆卸、安装予以详细说明等。监造中及时发现和纠正的问题，有效地提高了NJ_2型机车在青藏铁路运用中的适应性及可靠性。

二、督促生产进度保证及时交货

由于青藏铁路机车采购合同工期短、质量要求高，因此督促GE公司在确保机车质量的前提下按期并尽可能提前交货是合同执行与监造的重要工作之一。经铁道部协调，根据GE公司的生产和质量要求，制定了首批3台机车的生产、试验、装船计划表，确保了首批3台机车的顺利交货。同时，根据实际生产进度，与GE公司商定在2006年4月前在保证合同规定交货数量的基础上再增加交付3台机车，并积极采取措施将交货期提前。最终GE公司的交货期比原合同提前了180多天，在青藏铁路2006年7月1日开通运营时，交付了18台机车，保障了开通初期的运输需求。

三、机车接运

青藏铁路建设工程是国家“十五”计划中的重要工程项目，是世界瞩目的一条高原铁路。在铁道部的领导下，各相关部门经过精心组织，内外协调，团结奋战，克服重重困难，出色地完成了机车接运任务，为青藏铁路运营提供了牵引动力保障。

2005年12月5日首批3台机车样车从美国费城港口装船，于2006年2月到达格尔木，并进行了冬季试验，确保了批量机车的生产进度。2006年6月，18台机车安全到位。截至2007年3月21日最后6台进口机车顺利运抵，历时一年半，整个青藏铁路进口机车的接运工作圆满完成。

加强接运工作的组织协调，每批机车发运前，铁道部运输局装备部都认真组织召开机车接运专项工作会议，对接运的各环节可能出现的问题进行分析（如：美国内陆运输、舱位预订、装船监督、天津港锚地及卸货泊位、吊装方案、机车检查和状态确认、报关和商检、专列开行和押运、交接等），制定预案，逐一落实，保证安全。

经过周密的市场调研，对航运价格、船运公司进行充分比较，提出了周密可行的航运方案，促使外商降低了运价。机车启运后，安排专人及时报告船舶动态、海上气象等详细信息；在时间紧、任务重、要求高的情况下，中国铁路对外服务北京公司全力投入内陆接运工作，夜以继日工作在接运现场，十余次往返于天津港和格尔木之间，安全地完成了机车的内陆运输任务。

首批机车到港时，正值隆冬，接运人员冒着严寒，连夜奋战，顺利地完成 3 台样车和 14 个集装箱卸船、装车等工作；押运人员兢兢业业、尽心尽责，对途中发生的相关问题随时协调、处理，保证了专列的正常运行；提前与海关、商检及时沟通情况，准备票据，确保报关、商检工作的及时完成。

接运工作得到交通部、海关总署和国家质检总局的大力支持。交通部水运司对天津港做出指示，要求将青藏铁路进口机车按国家重要物资对待，运输船只抵达后，优先安排泊位靠港卸货；海关总署做出明确部署，天津新港、西宁海关对我们申报的青藏铁路进口机车和配件的通关开辟绿色通道；国家质检总局青海检验检疫局打破常规，上门服务，与西宁海关并行工作，商检人员与机车同时到达格尔木，现场进行查验，节省了大量的时间。

青藏机车接运工作，在铁道部认真组织下，在国家各相关部门的大力支持下，取得了圆满成功。

四、人员培训

NJ_2 型机车是国内首次批量使用的交流传动内燃机车，机车技术含量高，技术特性与国内传统的直流电传动内燃机车有较大差别，加之青藏铁路运行环境复杂、恶劣，对机车运用、维修和管理人员的素质提出了相当高的要求。为确保青藏铁路正式开通时开行 4 对旅客列车、1 对货物列车和 1 对路用列车所需机车安全有序运用，顺利实现以格尔木为本段的肩回式机车交路，青藏铁路公司非常重视人员培训工作，高质量地完成了人员培训任务，提高了职工的技术素质。具体培训措施主要有以下几个方面。

1. 境外培训与监造。青藏铁路公司先后安排两批从事管理、机车运用和检修的技术人员到美国 GE 公司进行了培训，同时分四批安排技术人员到 GE 公司监造，边监造边学习。

2. 内部培训。组织力量制定培训计划，翻译技术资料、编写教材，按照讲的边教边学、学的边学边干，分项过关、综合考评的原则，采取集中培训与日常学习、脱产和半脱产相结合的方法，以强带弱、以好帮差，对检修职工和乘务人员等重要岗位人员进行了 2000 多人次的业务培训。

3. 依靠技术服务现场组织专项培训。与 GE 服务组共同制定培训计划，对技术、验收人员进行专项培训。要求每名技术员详细了解机车主要原理，跟随 GE 服务组学习判断和处理机车疑难故障的方法及步骤，通过不断地消化吸收，各专业技术员不但能解决日常发生的机车故障，而且能够独立判断、处理各自专业的故障。

4. 结合运用提高解决实际问题的能力。根据格拉段机车运用的实际情况和机务段的现状，为确保机车的正常维修，在格尔木成立了由新分配的大中专毕业生和技术骨干组成的检修车间，负责 NJ_2 型机车的检修。为提高检修职工的技术素质，培养独立完成机车检修和故障判断、处理的能力，与 GE 公司服务组有关人员召开协调会议，制定了工作制度，明确了机车在运用过程中发生的质量问题的处理程序，即对机车回段后乘务员提报的活项，首先由段内检修人员判断和处理，判断不清或处理不了的问题请技术人员分析、判断、处理，技术人员仍无法处理的问题再请 GE 公司服务组人员共同处理解决。以此方式，在实践中培养和提高检修人员工作能力。

通过采取以上措施，人员素质显著提高，特别是乘务人员和检修职工的技术素质和业务水平有了很大的提高，绝大部分的故障都能独立地解决和处理。从格拉段开通后，在各方人员的共同努力下，NJ_2 型机车运用质量稳定，满足了青藏铁路格拉段客、货列车牵引要求。

第四节 NJ_2 型机车高原试验及运用中的技术改进

为确认 NJ_2 型机车性能是否达到技术规范要求，适应高原环境运用，由青藏铁路公司的组织、协调中国铁道科学研究院机车车辆研究所分别在青藏铁路冬、夏两季分两阶段开展了机车型式试验，GE 公司参与了试验的全过程，并在机车投入运用后，针对机车运用中暴露的问题，逐一进行了技术改进。

一、机车高原试验

2006 年 1 月 21 日，3 台 NJ_2 型机车样车（NJ_20001 ~ NJ_20003）到达格尔木，1 月 22 日至 2 月 22 日在青藏铁路格拉段进行了机车牵引、制动、动力学及其他性能的第一阶段（冬季）试验。2006 年 7 月至 8 月进行了机车冷却、排放、主要部件温升等项性能的第二阶段（夏季）试验（图 1-2）。

(a) 机车牵引试验首次通过唐古拉车站

(b) 柴油机油耗测量准备

(c) 排放试验准备

图 1-2 NJ_2 型机车高原试验

冬季试验内容主要包括：(1)格拉段全程运行试验；(2)列车起动加速性能试验；(3)列车通过隧道试验；(4)柴油机组的低温起动性能试验和机车的防寒保温性能试验；(5)柴油机功率试验和燃油消耗量

试验;(6)运行阻力试验;(7)牵引特性试验;(8)电阻制动性能试验;(9)压缩空气设备气密性和空压机打风能力试验;(10)CCB Ⅱ型空气制动系统试验;(11)线路制动试验和单机紧急制动距离试验;(12)机车动力学性能试验(机车运行安全性、运行平稳性以及转向架主要部件的动态负荷特性);(13)转向架关键部位的动应力试验;(14)机车绝缘性能试验;(15)制氧装置性能试验;(16)车体密封性能试验等。

夏季试验内容主要包括:(1)柴油机功率试验(补充试验);(2)牵引性能试验(补充试验);(3)机车冷却系统性能试验;(4)柴油机排放试验;(5)主发电机温升、牵引电机温升、辅助发电机温升以及制动电阻栅温升试验;(6)全程运行试验等。

1. 柴油发电机组功率修正试验

按试验大纲规定分别在海拔 2 828 m、4 100 m、5 072 m 处进行了功率试验,实测机车额定功率如表 1-2 所示。在海拔 4 100 m、环境温度低于 0 ℃的条件下,柴油机功率与合同规定值基本一致,增压器转速达到22 500 r/min限值,涡轮前最高排气温度较合同规定值 550 ℃高 71 ℃;在海拔 5 072 m、环境温度低于 0 ℃的条件下,柴油机功率较合同规定值 2 707 kW 低约 110 kW(4%),增压器转速达到 22 500 r/min 限值,涡轮前最高排气温度较合同规定值 553 ℃高 81 ℃。针对试验暴露的问题,GE 公司对柴油机控制进行了调整,使柴油机功率达到了合同规定的要求。

表 1-2 柴油机额定功率试验结果

海拔高度(m)	环境温度(℃)	大气压力(kPa)	柴油机转速(r/min)	柴油机功率(kW)	增压器转速(r/min)	涡轮前排温(℃)
2 828	2.3	72.4	1 050	2 969.6	21 618	571
	-2.1	72.3	1 050	2 966.1	21 549	570
	-5.7	72.3	1 050	2 963.6	21 562	572
4 100	-4.1	61.0	1 050	2 905.9	22 501	617
	-4.6	61.0	1 050	2 916.6	22 506	621
	-8.4	61.0	1 049	2 912.8	22 491	617
	-11.3	61.1	1 050	2 920.9	22 491	613
5 072	-6.6	53.6	1 049	2 586.0	22 491	634
	-8.1	53.6	1 049	2 580.5	22 487	633
	-9.2	53.6	1 049	2 580.5	22 487	633
	-17.0	53.6	1 049	2 587.5	22 492	633
	-7.6	53.6	1 050	2 632.1	22 497	634

2. 牵引性能试验

(1)在 20‰的上坡道上,3 台机车重联牵引 3 134 t 列车,其平衡速度约为 35 km/h。

(2)第 8 挡位时机车起动牵引力 531.8 kN。

(3)在平均环境温度 -5.5 ℃的条件下,牵引特性试验数据与设计曲线(环境温度 13 ℃)基本一致(如图 1-3 所示)。

(4)冬季试验条件下,3 机重联牵引 3 134 t 列车,能以 40 km/h 左右的速度通过昆仑山隧道,高于机车 18.3 km/h 的持续速度。

3. 动力学性能试验

(1)机车在青藏铁路格拉段进行直线和半径 *R*600 m 曲线动力学性能试验,各项运行安全性指标符合验收标准。

(2)构架主要部位动应力符合验收要求。

(3)试验结果表明被试机车在青藏铁路格拉段动力学性能基本符合运用条件,但需要改进机车的垂向运行平稳性。

4. 制动试验

(1)气密性试验结果表明机车总风缸和附属装置漏泄量、列车管和均衡风缸漏泄量及系统管路保压 20 min 要求均满足技术规范要求。

(2)单台机车(全整备状态)在平直道、120 km/h 速度下,实施紧急制动(纯空气制动),平均制动距离 744.2 m,满足制动距离不大于 800 m 的要求,如图 1-4 所示。制动试验过程中,轮对踏面、闸瓦最高温度均未超过限值要求。

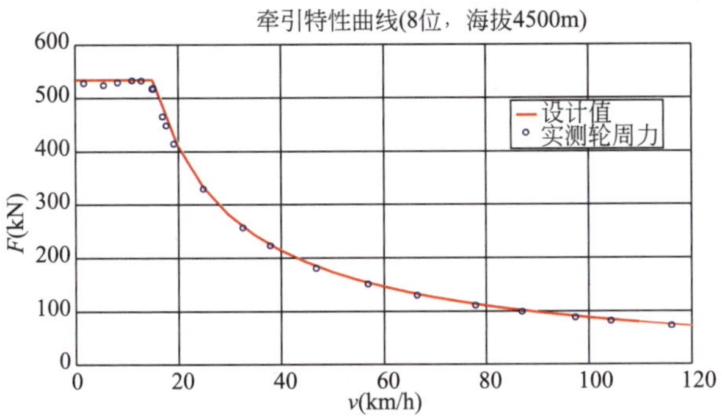

图 1-3 牵引特性试验值与设计曲线比较

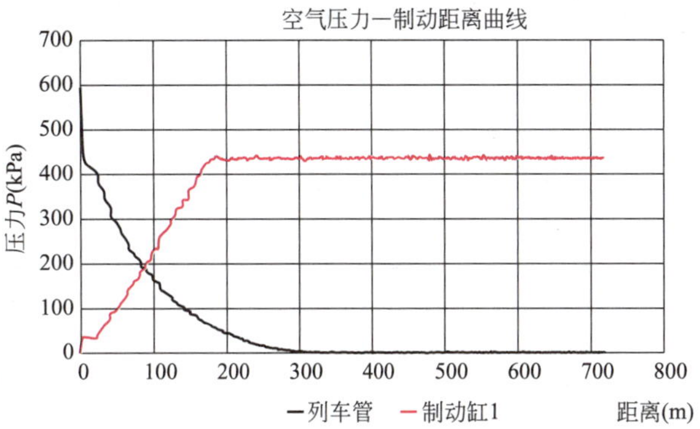

图 1-4 自阀紧急制动试验曲线(制动初速 120 km/h)

(3)100% 电阻制动特性试验曲线与设计曲线基本一致,如图 1-5 所示。

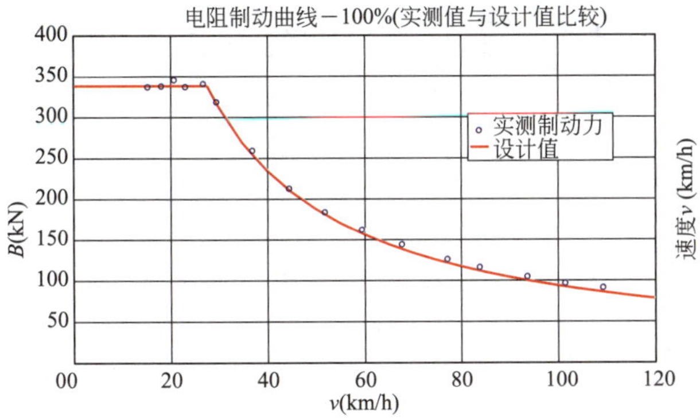

图 1-5 电阻制动试验值与设计曲线比较

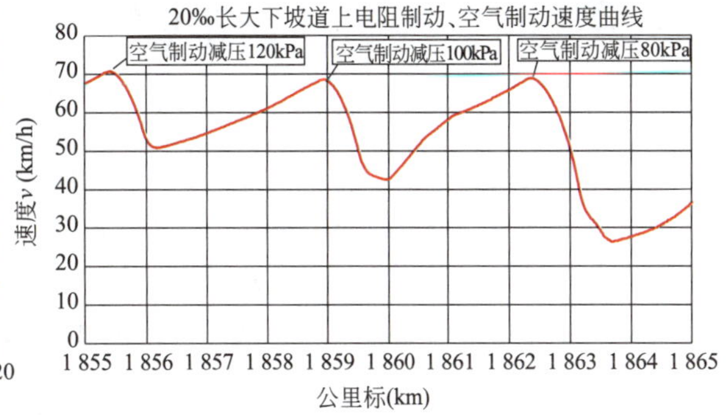

图 1-6 20‰长大下坡道上电阻制动、空气制动联合调速曲线

(4)3 机重联牵引 3 134 t 列车,在 20‰的长大下坡道,机车实施电阻制动、车辆实施空气制动,列车速度可保持在 70 km/h 左右,如图 1-6 所示。

5. 绝缘试验

按试验大纲规定,分别在海拔 2 828 m 和 4 500 m 进行绝缘试验,试验实测绝缘电阻和耐压结果如表 1-3、表 1-4 所示。试验验证结果表明机车电气设备以及牵引回路、辅助电源回路、励磁回路和控制回路的电缆、电线的绝缘强度满足相关标准要求。

表 1-3　绝缘电阻测试结果

测试回路	海拔 2 828 m		海拔 4 500 m		判定
	耐压试验之前	耐压试验之后	耐压试验之前	耐压试验之后	
牵引回路	50 MΩ	50 MΩ	50 MΩ	51 MΩ	通过
辅助电源回路	>100 MΩ	>100 MΩ	>100 MΩ	>100 MΩ	通过
励磁回路	12 MΩ	10 MΩ	10 MΩ	11 MΩ	通过
控制回路	>100 MΩ	>100 MΩ	>100 MΩ	>100 MΩ	通过

表 1-4　耐压试验结果

测试回路	海拔 2 828 m		海拔 4 500 m		判定
	直流试验电压(V)	漏电流(mA)	直流试验电压(V)	漏电流(mA)	
牵引回路	3 250	0.190	2 950	0.175	通过
辅助电源回路	1 700	0.050	1 700	0.063	通过
励磁回路	1 100	0.090	1 100	0.099	通过
控制回路	1 100	0.030	1 100	0.040	通过

6. 工作条件和舒适度检查

分别在海拔 2 828 m、4 100 m，对制氧装置的含氧率进行了测量。实测含氧率结果如表 1-5 所示，符合技术要求。

表 1-5　制氧装置测试结果

海拔高度(m)	大气压力(kPa)	环境温度(℃)	含氧率(%)		
			司机位置	添乘位置	副司机位置
2 828	72.3	-5.4	91.4	91.5	91.8
4 100	61.0	-5.8	92.5	92.7	92.8

7. 机车油耗与排放测量

按试验大纲规定分别在海拔 2 828 m 和 5 072 m 处实测机车油耗和排放指标。表 1-6、表 1-7 所示检测结果表明柴油机燃油消耗和气体排放指标均低于合同规定值，符合技术要求。

表 1-6　额定功率燃油消耗量试验测量结果

海拔高度(m)	环境温度(℃)	大气压力(kPa)	柴油机转速(r/min)	燃油消耗率[g/(kW·h)]	平均值[g/(kW·h)]
2 828	26.0	72.1	1 051	194.9	193.7
	23.9	72.4	1 051	191.9	
	22.0	71.9	1 051	194.1	
	27.7	71.7	1 051	193.4	193.4
5 072	4.0	55.4	1 050	191.6	191.8
	3.7	55.4	1 050	191.9	

表 1-7 排放检测结果 单位:g/(HP·h)

海拔高度(m)	2 828		5 072	
成分	限值	检测值	限值	检测值
碳氢(HC)	0.55	0.29	0.55	0.23
一氧化碳(CO)	2.2	0.96	2.2	1.12
氮氧化物(NOx)	11.5	9.54	12.5	10.57

二、机车运用情况

青藏铁路格拉段客、货列车全部由 NJ_2 型机车担当牵引任务,日均运用 NJ_2 型机车 41 台,其中包括格尔木至拉萨间 4 对进藏旅客列车,使用机车 16 台,使用系数 4.0;2 对货物列车图定使用机车 18 台,使用系数 9.0;开行行包专列一对,使用机车 4 台;路用列车使用机车 3 台(图 1-7、图 1-8)。此外,NJ_2 型机车担当青藏铁路格尔木至西宁间货物列车牵引任务时,双机牵引最高牵引质量可达 4 500 t。

图 1-7 担当旅客列车牵引任务的 NJ_2 型机车

图 1-8 担当货物列车牵引任务的 NJ_2 型机车

NJ_2 型机车投入青藏铁路运用后,经过相应技术改进基本适应了青藏高原的自然环境,机车质量日趋稳定,故障率相对较低,未发生因机车故障而导致客运列车途停事故,满足了青藏铁路客货列车牵引要求。据运用统计至 2009 年 3 月份,共发生行车设备故障(机破)37 件,平均 0.07 件/十万公里,符合合同规定每辆机车每年机破率不超过 0.3 件的要求。机车节能减排效果良好,起机及运用中仅有轻微可见排烟,无冒黑烟现象;2008 年万吨公里油耗统计 NJ_2 型机车为 31 kg/万吨公里,较 DF_{8B} 机车 35 kg/万吨公里明显降低。至 2009 年底 NJ_2 型机车最长走行公里已达 103 万公里,机车主要大部件如机车柴油机、主发电机、牵引电机、散热器等的可靠性经受住了高原环境的考验,主要大部件除日常检修维护外,均无需下车解体修理。虽然 NJ_2 型机车修程、修制与国内机车不能完全直接对比,但仅从机车对应的走行公里而言,同比国产内燃机车走行公里达到 80 至 90 万公里时需经一至两次中修和一次大修的检修要求而言,具有明显优势。

三、主要技术改进

NJ_2 型机车投入运用后,总体运用情况正常,但也陆续暴露出一些机车在高原铁路的适应性问题,GE 公司针对发生的问题进行了分析和整改。主要有以下几个方面:

1. 燃油箱裂损、漏油。NJ_2 型机车采用承载式整体油箱,油箱有效容积 9 000 L。为最大限度实现机车减重,GE 公司更改了油箱设计,即加大了油箱内部隔板间的孔径、减薄了油箱顶板厚度,致使机车运用中，因燃油冲击应力增大，导致油箱顶部塞焊部位开裂漏油。对此，GE 公司重新进行了强度校核计算和试验测试，找出了问题的原因，并对所有机车燃油箱在机务段内进行了改造。

2. 机车轴箱衬板破损、脱落。NJ_2 型机车运用初期，曾普遍发生轴箱磨耗板脱落故障。GE 公司认为导致轴箱磨耗板脱落的原因是由于两点支撑式磨耗板托架不能满足支撑要求，且导框基座与磨耗板安装配合间隙小，随后 GE 公司将两点支撑式托架改变成三点支撑的 J 型托板，同时更换了磨耗板材料、改进了结构，加大了导框基座与磨耗板间的配合间隙。

3. 机车总风缸自动排水阀失效。在前期机车运用中曾出现所有机车的总风缸自动排水阀全部失效，经试验检查确认是由于机车控制软件控制不同步所致，随后对机车控制软件进行了更新，问题得到解决。

4. 微机显示屏黑屏。在前期机车运用中曾出现微机显示屏黑屏、锁屏和通信丢失等现象，经反复试验分析确认一方面是由于软件编程错误和智能显示屏回路断路器的反复重置及软件安装程序的不一致导致了显示控制单元(MCU)损坏；另一方面是由于显示屏电子整流器背景光电路板卡故障。随后采取软件更新升级和硬件设计改进，以及在电路回路断路器处加贴禁止反复重置警告标签，使该问题得到解决。

第五节　东风$_{8B}$型高原机车

一、机车开发背景及其研制

1. 机车开发

为做好青藏高原机车选型工作的开展和青藏铁路建设的需要，铁道部各相关部门先后多次组织各方面专家就“青藏铁路(格拉段)机车技术条件”进行专题研究、讨论。

2002 年 5 月，铁道部科技司根据《青藏铁路(格拉段)机车车辆总体技术条件》与南车戚墅堰机车有限公司(原中国南车集团戚墅堰机车车辆厂，简称“戚厂”)签订了东风$_{8B}$型青藏高原内燃机车样车的研制任务合同。戚厂根据合同要求，2002 年 11 月完成了两台高原样车试制，并投入青藏铁路建设中进行运用考核。

2. 主要研究内容及关键技术

东风$_{8B}$型高原内燃机车是在东风$_{8B}$型货运内燃机车成熟技术设计的基础上研制而成的，机车针对青藏高原特殊的运用环境(高海拔、高寒、大风沙及大坡道)，以保证机车可靠性及便于维修为原则，对总体布置、各系统及零部件进行了优化和设计改进，其主要设计改进有以下几个方面：

(1)提高机车柴油机高原功率修正能力。①机车采用既有的 16V280ZJA 柴油机，按高原环境条件重新匹配了进口 ABB 的 TPL61-A30 型高原增压器，使柴油机装车功率在海拔 2 800 m 处达到 3 400 kW，在海拔 5 100 m 处达到 2 700 kW。②冷却系统采用加压冷却方式(加压量 50 kPa)，以保证在海拔 5 100 m 处，水系统内压力不低于 1 个大气压，水的沸点不低于 100 ℃。

(2)提高低温启动能力。采用低温性能较好的阀控式镍镉碱性蓄电池，以提高机车低温起动能力，同时，使机车减重 1 t。

(3)提高滤清能力。①柴油机空气滤清系统采用四层钢丝网、旋风式空气滤清器、纸质滤芯组成的三级空气滤清系统。电阻制动装置进风口设有滤网。②采用电气室车顶夹层独立通风系统，显著降低车内真空度，既可有效地防止风沙、雨雪侵入，又可确保第Ⅰ司机室供氧不受电气室抽风的影响。

(4)提高车体强度及防寒、保温性能。①车体采用棚式、桁架式侧壁承载结构,车架承载式燃油箱结构,以减轻机车的单位质量,减少对钢轨的冲击力。试验结果表明车体的强度、刚度及单位质量较东风$_{8B}$机车显著提高。②机车采用了自控式预热锅炉,油水管路采用防寒包扎、电伴热装置。车体内壁阻尼浆厚度增大到5~8 mm,以加强隔热、吸振作用。③车体、转向架和冷却装置钢结构等部件钢板采用低温性能好的高强度桥梁钢,以适应青藏铁路高寒、温差大的气候环境。

(5)提高机车电机、电器高原适应性。①机车装用经高原模拟试验验证后改进的电机、电器产品,如同步主发电机选用JF204G型,牵引电动机选用ZD125型,主硅整流柜采用大容量整流元件、铜散热器等。②选用阻燃、无卤、使用温度范围宽的交联聚烯烃机车电缆。

(6)提高机车走行部可靠性。采用滚动轴承抱轴式转向架,二系采用橡胶堆旁承,轮对采用整体车轮,减振垫采用低温性能好、抗辐射的橡胶减振垫。

(7)增加司机室供氧装置。司机室上部安装有变压吸附式制氧机,采用弥散供氧和吸氧面罩两种方式。制氧机工作时,一方面通过风道将氧气送入司机室;另一方面将氧气充入氧气瓶备用。

(8)提高防雷保护能力。车体与转向架侧梁、转向架侧梁与轴箱端盖之间用电缆连接,车轴端部设置接地电刷,以确保将机车车体可能受到的雷电迅速传到钢轨上。

(9)提高抗紫外线能力。①通过试验筛选出耐高寒、抗辐射老化的橡胶件和油漆。②司机室前窗和侧窗玻璃均采用防紫外线镀膜玻璃。

二、机车主要技术参数

1. 轴式	C_0—C_0
2. 轴重	23 t
3. 传动方式	交—直流电传动
4. 机车最高运行速度	100 km/h
5. 持续速度	22.3 km/h
6. 启动牵引力	442 kN
7. 持续牵引力	339 kN
8. 柴油机型号	16V280ZJA
9. 柴油机额定功率	3 400 kW
10. 有效燃油消耗率	208×(1+3%)g/(kW·h)
11. 燃油箱有效容量	7 500 L

三、机车高原试验

2003年1月和8月,分别在青藏铁路格尔木—望昆、格尔木—不冻泉间就东风$_{8B}$型高原机车(东风$_{8B}$9002)的防寒保温性能和功率修正、冷却能力、电机温升等进行了高原试验。

试验结果表明:低温下机车预热锅炉自动点火、熄火功能正常;低温下蓄电池组能顺利启动柴油机;机车在海拔4 500 m处,最大起动牵引力为446.5 kN,满足设计要求(设计值为442 kN);以格尔木为基准点,在海拔5 100 m,大气温度为25 ℃时柴油机功率修正系数为0.761。在海拔高度3 575 m处,除第一级电阻制动最大制动力较设计值低6.3%外,机车电阻制动性能基本满足设计要求。但机车冷却系统性能试验结果表明机车低温冷却能力不足,需要进一步改进设计。

四、机车运用情况

2002 年两台东风$_{8B}$型高原机车在青藏铁路格拉段投入运用考核，担当青藏铁路建设物资运输牵引任务。该型机车与东风$_{4B}$型机车相比具有运用功率大、牵引定吨大、油耗低、故障率低且电阻制动力强等特点，具有较好的经济性和高原适应性，该机车高原技术属于国内首创。

东风$_{8B}$型高原机车的研制及运用考核，不但在青藏铁路建设中发挥了重要作用，而且为青藏高原机车选型工作奠定了良好基础，积累了经验，达到了预期的目的。机车运用中出现的诸如主机油泵泄漏、机车 220 V 电源供电不良、制氧机故障、重联运行时微机系统易死机等故障，为后续机车设计改进提供了宝贵经验。

第六节　救 援 列 车

一、救援列车选型

为保证青藏铁路建设的顺利进行以及青藏铁路竣工后投入运营的需要，2002 年初铁道部组织相关单位开展了铁路救援设备选型研讨工作。2002 年 1 月由青藏办牵头邀请了铁道部运输局装备部、西南交通大学、齐车(集团)公司、大桥局武汉桥梁机械厂等有关单位的专家，就青藏铁路救援设备的有关技术问题进行了研讨;2002 年 8 月组织考察了德国 KIROW 公司及产品配套厂家的生产情况和产品实际使用情况，初步达成了技术合作意向;2002 年 12 月完成了青藏铁路救援起重机总体技术方案和技术条件编制，并通过了专家审查;2003 年 8 月 KIROW 公司组织管理和技术人员来华考察，并与国内技术人员进行了技术交流。鉴于青藏铁路格拉段的大部分区段为高海拔无人区，工作条件恶劣、事故救援难度大，对救援装备要求高等特殊性，青藏铁路救援设备的配置，首选大吨位(160 t)伸缩臂式铁路起重机，且起重机应在技术性能上有高起点，在环境适应性、结构合理性和使用可靠性方面达到更高要求，并以此为契机促进中国铁路起重机在技术上的创新发展，接近或达到世界先进水平。为此，青藏铁路救援列车选型时就对其技术性能提出了明确的要求。

1. 适应性强。能适应青藏高原特殊地理环境(高原缺氧、低温、雷暴、温差大、紫外线辐射强等)要求。

2. 可靠性高。能在最不利的外部环境下，以较短的时间完成救援起复工作。

3. 起吊能力大。根据青藏铁路自然环境恶劣、站间距离大、救援区段长等不利因素，救援起重机应具备较大起吊能力，以保证一台铁路起重机能独立完成较为困难的救援起复工作。

4. 适应范围广。主要用于青藏铁路机车车辆脱轨、颠覆等事故的起复救援，也适用于大型货物的装卸，设备安装及工务更换道岔等维修作业的需要。

5. 技术性能好。动力装置在高原环境条件下，单机功率满足额定起吊质量要求，配置自动恒温电加热装置。吊臂具有带载伸缩能力，采用伸缩式的平衡配重，减少支腿对路基的压力，有效保护高原冻土层。配备能够适合于各种机车车辆起复的专用救援吊具，救援吊具轻量化，尽量减少人员的辅助劳动。钢结构能适应低温、温差变化大的要求。吊臂平车上设有发电机组和供司乘人员生活、休息的宿营间。

经过充分的市场调研和技术论证，首台铁路救援起重机选择德国 KIROW 公司的 160 t 伸缩臂铁路救援起重机产品。

二、主要技术特点与技术参数

1. 主要技术特点

青藏铁路救援起重机，充分考虑了高原铁路救援的基本技术要求，额定起吊质量 160 t、回送速度 120 km/h，采用三节式伸缩臂、长行程伸缩式平衡铁、双回转支撑结构、曲线通过自动平衡系统，具有全面安全监控、各项作业工况自动控制、系统状态自检功能的计算机控制系统，采用新型转向架，配置主—备电喷增压中冷及闭式冷却柴油机，采用 EP 控制泵无级调整液压系统（图 1-9）。总体方案布置紧凑、合理，自动化程度高，整机重心较低，支腿接地压力与国内同类产品相比降低 20%，可减少对路基的破坏作用。在不打支腿或少打支腿的工况下，起重机仍有较大的起重能力。同时，吊臂带载伸缩能力有较大提高。具有事故救援起吊机车车辆、线路铺设、架设桥梁、更换道岔、装卸重大货物等多功能用途。

(a)　　　(b)

图 1-9　160 t 救援吊车

2. 主要技术参数

（1）额定起重量/幅度：160 t/7.0 m，临线吊复机车 360°回转；

（2）最大吊重力矩：1 600 t · m，本线吊复机车 ±10°回转；

（3）带载伸缩功能：额定载荷的 2/3；

（4）回送速度：120 km/h；

（5）制动装置：满足 20‰坡道作业要求。

三、救援列车配置及运用情况

青藏铁路公司分别在西宁、柯柯、格尔木、沱沱河、那曲、拉萨配属 7 组救援列车。起重机 8 台。其中 N 1002 型 2 台（西宁、柯柯），NS 1252 型起重机 1 台（西宁），NS 160 型起重机 4 台（格尔木、沱沱河、那曲、拉萨）、KRC 1600 起重机 1 台（西宁）。共有人员 168 人，管辖区段海石湾—日喀则。其中兰新客专 208 km，普速正线 2 326 km，支线 301 km。如表 1-8 所示。

青藏铁路全线开通前青藏公司已有西宁、柯柯和格尔木 3 组救援列车。全线开通后，在增设拉萨救援车组的基础上，根据实际保障运行抢险救援需要，进一步提高事故处置能力，确保救援工作及时无延误，又分别在沱沱河和那曲增设了救援车组，并整体配备了更为先进、起吊能力强的 NS 1600 型起重机。

表 1-8　救援列车数量及分布表

地点	列数	起重机台数	起重机型号	列车编组	人数	管辖范围
西宁	2	3	KRC1600、NS1252、N1002	160 t 起重机 + 起重机平车 + 工具车 + 发电车 + 餐车 + 指挥车 + 宿营车 + 棚车 + 平板车 + 起重机平车 + 125 t 起重机 100 t 起重机 + 起重机平车 + 棚车 + 平板车	40	高铁：线民和南—浩门 计：208 km 正线：海石湾—西宁—哈尔盖 计：285.3 km 支线：西宁—大通 计：35.8 km 双寨—湟源北 计：33.9 km 哈尔盖—柴达尔—木里 计：194.7 km
柯柯	1	1	N1002	100 t 起重机 + 起重机平车 + 工具车 + 发电车 + 棚车 + 平板车	28	正线：哈尔盖站—欧龙山站 计：451.3 km 支线：察汉诺站—茶卡站 计：36.5 km
格尔木	1	1	NS1600	160 t 起重机 + 起重机平车 + 工具车 + 发电车 + 餐车 + 指挥车 + 宿营车 + 应急硬座 J + 应急硬座 + 棚车 + 平板车	25	正线：欧龙山至楚玛尔河，计 428 km
沱沱河	1	1	NS1600	160 t 起重机 + 起重机平车 + 工具车 + 发电车 + 餐车 + 指挥车 + 宿营车 + 应急硬座 J + 应急硬座 + 棚车 + 平板车	25	正线：楚玛尔河至唐古拉南，计 385 km
那曲	1	1	NS1600	160 t 起重机 + 起重机平车 + 工具车 + 发电车 + 餐车 + 指挥车 + 宿营车 + 应急硬座 J + 应急硬座 + 棚车 + 平板车	25	正线：唐古拉南至当雄，计 367 km
拉萨	1	1	NS1600	160 t 起重机 + 起重机平车 + 工具车 + 发电车 + 餐车 + 指挥车 + 宿营车 + 应急硬座 J + 应急硬座 + 棚车 + 平板车	25	正线：当雄至拉萨，计156 km，拉萨站至日喀则，计 253 km

第二章　客 车 技 术

第一节　青藏铁路高原客车研发过程

研制适用于青藏铁路特殊运用条件的高安全、高标准、高可靠性的高原客车，是把青藏铁路建成世界一流高原铁路的重要内容。青藏铁路海拔高度 4 000 m 以上的线路约 960 km，最高处的唐古拉山车站海拔高度 5 072 m，连续穿越的冻土区段达到 550 km。铁路沿线气候环境恶劣，铁路客车面临高原缺氧、低温低压、多年冻土、生态脆弱、日温差大、紫外线强和大风沙、雨雪、雷击频繁等严峻考验，研发高原客车是青藏铁路建设必须突破的重大课题。列车在青藏高原上行驶如图 2-1 所示。

图 2-1　列车在青藏高原上行驶

在建设青藏铁路之前，国际上运用在海拔 4 000 m 以上的铁路机车车辆，只有秘鲁中央铁路。该线修建较早，但海拔 4 000 m 以上路段长度累计不足 100 km，而且地处热带，不存在高寒问题。因此，世界上还没有真正运行在低温低压、严重缺氧、生态环境十分脆弱的特殊环境下的旅客列车，开发青藏铁路高原客车没有可以借鉴的成熟经验。

铁道部组织中国铁道科学研究院（简称“铁科院”）、四方车辆研究所（简称“四方所”）、客车制造厂以及其他高校、研究院所等单位，对青藏铁路客车的技术条件和技术方案进行了反复的论证。组织四方所、铁科院、国内其他高校和客车制造厂等单位的专家确定了供氧方式主要技术方案，同时确定了主要攻关项目。以 25T 型客车技术为基础，形成青藏铁路高原客车系统集成创新的技术路线，确定了青藏铁路高原客车的技术条件。

青藏铁路高原客车，既采用了国内客车的成熟技术，又针对青藏铁路的特殊要求，开展了一系列试验验证和技术攻关，在较短的时间内成功设计制造出了拥有自主知识产权的中国品牌高原铁路客车，实现了客车供氧、适应高原特殊环境的电气系统和设备、设施等多项技术创新。

青藏高原铁路客车在设计制造过程中和正式投入运营之前，进行了大量的试验验证，包括主要零部件、子系统在平原地区进行的大量的低压仓模拟试验、高原试验车在青藏铁路的系统验证试验、首辆高原客车在青藏铁路的制氧系统和电气系统性能试验，首列车在青藏铁路的综合型式试验，每列车编组后在平原电气化区段的试运行、在青藏铁路安排的试运行。各项试验结果证明，青藏高原铁路客车总体性能可靠，可以满足高原地区特定运用环境下安全、舒适地运输旅客的要求。

一、青藏铁路高原客车技术难题

为适应青藏高原低压、低温、日温差大、强紫外线、高原冻土、大风沙、多雨雪天、频繁雷暴等特殊运用环境条件，主要开展了以下几方面的技术研究：

1. 低温低气压问题

青藏铁路沿线最低气温达 -45.2 ℃，最低气压达 54.4 kPa，为平原气压的 54%，旅客列车需要解决低温低气压带来的一系列问题，从原材料、电器件、各种设备、防寒采暖、空调等方面都要适应高原运行要求。

2. 高原缺氧问题

高原缺氧威胁旅客的生命安全，能否为旅客提供足够的氧气，是青藏铁路高原客车研发成败的关键。经过大量的试验研究，确定了旅客列车的制氧和供氧方式，通过在每辆客车上安装一台膜分离式制氧机，解决了旅客高原旅行的吸氧需求。增加制氧系统，带来用电负荷增大、电气系统控制复杂，特别是电气系统的高原适应性、可靠性问题关系到车辆能否正常运行。能否显著提高车辆整体密封性，关系到车内氧浓度和乘客的舒适度。

3. 生态脆弱问题

青藏铁路沿线生态十分脆弱，冻土带及植被一旦被破坏，难以恢复。因此要求旅客列车不能向车外丢任何垃圾，也不许向车外排水。为了保护青藏铁路的生态环境，采用了适用于青藏高原铁路长交路运用的集便器、集污箱等污物污水收集技术。

4. 大功率发电车及其转向架问题

国内铁路发电车的装机功率只有 3×300 kW，而青藏客车为适应高原环境，增加了制氧、高寒采暖等电气设备，用电需求大大增加，编组列车的最大用电量高达 1 400 kW。

普通发电车在海拔 5 100 m 的区间其功率的衰减量达到 40% 以上，由于受整车质量、空间等因素的制约，配套功率大、质量轻、功率衰减量少的机组是决定青藏发电车成功的关键。

青藏铁路发电车整车质量接近 96 t，轴重 24 t 的铁路客车转向架尚无成熟产品，SW-QD160 型转向架采用了双空气弹簧、无磨耗橡胶复合定位和盘形制动等技术。中央空气弹簧悬挂系统采用了独特的双空簧上进气结构，每侧两空簧通过设于车体枕梁内的附加空气室直接连通。

二、青藏铁路高原客车开发历程

1. 青藏铁路高原客车研发的主要时间节点

2001 年 2 月 8 日，国务院总理办公室审议通过了青藏铁路建设方案。

2003 年 3 月，历时两年，首列青藏公务动车研制成功，在北京铁科院经过了动力学和制动系统等一系列试验，并在青藏铁路进行了大量的试验后，正式上线运行。青藏公务动车作为青藏铁路工程指挥部的“流动指挥车”，在青藏铁路建设中发挥了重要作用。

2003 年，南车四方股份公司的科研团队进行了大量的技术论证，多次赴青藏铁路进行技术考察、客户走访，掌握了第一手资料。

2005 年 2 月，国家发改委下达《青藏铁路客车作为国家重大技术装备研制和重大产业技术开发项目的通知》，要求青藏铁路高原客车要依靠我国自主研发、自主创新。

2005 年 6 月，南车四方股份公司用两辆高原试验车开始了对青藏铁路客车的“实地”研制——进行高原适应性研究即设计前的验证试验。南车四方股份公司、铁科院、四方所等组成的 100 多人的科研团队及两辆高原试验车一同进军青藏铁路。铁道部运输局装备部领导也奔赴青藏铁路，随车试验。高原试验车用两辆 25T 型客车改装而成，试验车上安装了制氧机设备并进行了电气系统的改造。“实地试验”的目的旨在研究高原环境对供氧系统、电气系统、空调系统的影响，并验证其运用可靠性，确定主要部件的选型。高原试验车在海拔 2 828 m 的格尔木和海拔 4 000 ~ 5 000 m 格拉段进行了一系列的试验，行程 5 000 多公里，科研团队感受了高原反应以及多变、恶劣的高原气候，获得了大量的试验数据、性能参数。与此同时，科研人员还在实验室对电气系统的关键部件进行了大量的模拟高原环境下的性能试验。比如直击雷和感应雷及产生的过电压对电气系统和部件的破坏，高海拔造成发热部件的温升的影响，对电气部件的内、外绝缘性能的影响等。在分析了大量的试验数据后，青藏铁路高原客车正式进入实施阶段，开始了全新的设计与制造。由于是全新的产品，多项技术属首创，面对前所未有的压力和考验。

2006 年 2 月，第一列青藏铁路客车在青岛“下线”。为确保青藏铁路客车在高原地区运行的高可靠性，2 月底 ~ 3 月中旬，首列青藏铁路客车在青藏铁路接受“高原实地考验”，在青藏铁路上进行了单车试验、整列线路试验、试运行等。那段时间正是青藏高原天气最恶劣的时候，从格尔木到唐古拉山，科研团队克服沙尘暴、风雪等恶劣气候，多次随车往返试验。铁道部领导、南车四方股份公司领导和公司的研发团队、售后服务人员等多次赴青藏铁路视察、试验。从青藏铁路客车研制到全部车辆竣工交付，相关单位先后有 400 余人次赴藏参加试验试运行工作。

2. 青藏高原铁路客车开发模式

青藏铁路高原客车是世界首创，是我国铁路自主创新的成果。铁道部组织有关高校、科研院所以及南车四方股份公司和四方—庞巴迪铁路运输设备有限公司（BST 公司）等，经多次论证、技术攻关和大量试验，确定了青藏铁路高原客车技术路线和技术方案，通过自主创新，完成了青藏铁路高原客车的研发和制造。开发模式框图如图 2-2 所示。

（1）充分进行设计联络，提高青藏铁路高原客车设计的有效性

2005 年 4 月 27 ~ 29 日和 2005 年 7 月 17 日两次召开青藏客车设计联络会，为青藏客车施工图设计的顺利完成奠定了基础。

（2）通过样车试验，取得了高原适应性试验数据

为验证客车供氧、空调、电气系统的设计方案和高原适应性，给青藏客车的设计提供试验依据，确保高原列车的安全性和可靠性，组织完成了 25T 型样板车向高原试验车的改造和高原试验性试验任务，这项工作得到了铁道部和科研所的大力支持，依据青藏客车的空调、供氧、电气和制动系统等高原适应性试验数据，作出试验结论，对青藏客车的设计、制造和运用具有重要的指导作用。

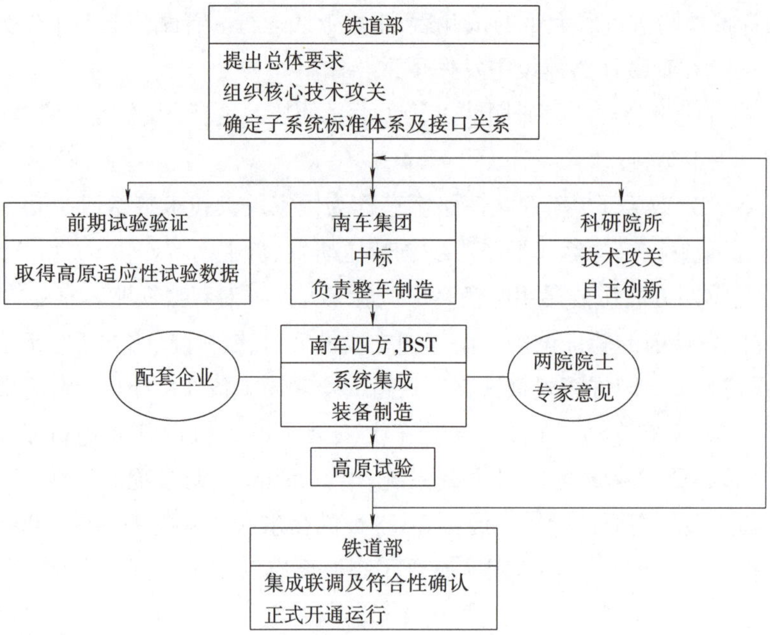

图 2-2　开发模式框图

(3)发挥专家的作用，优化发电车转向架的设计方案

2005 年 5 月 16 日召开了大轴重转向架专家评审会，与会的南车集团、同济大学、铁科院机辆所、西南交通大学(简称"西南交大")、北京交通大学(简称"北京交大")和四方所等单位的专家，经过对大轴重转向架空气弹簧和钢弹簧两种设计方案进行充分讨论，提出了"空气弹簧方案具有进一步设计的可行性"的建设性意见。

(4)联合航天部、两院院士等专家，共同确定高原客车的氧浓度指标

2005 年 5 月 24 日，铁道部运输局装备部在青岛主持召开青藏客车供氧方案的技术咨询会，咨询组成员由工程院院士王浚、中南大学制冷空调研究所博士生导师(所长、教授)廖胜明、北京科技大学机械工程学院气体分离工程研究所博士生导师(所长、教授)刘应书、空军航空医学研究所博士生导师(主任、研究员、教授)肖华军、铁科院首席专家(研究员)黄强等专家组成，对青藏客车所采用的弥散式和分布式相结合的供氧方式给予了肯定。

2006 年 4 月 14 日，铁道部运输局和科技司在北京组织《青藏铁路客车供氧系统技术条件》审查会，并下发运装客车【2006】153 号通知。会议通过供氧技术条件，并明确列车内氧浓度应达到 23.0% ~25.0%。

(5)广泛进行技术交流，提高青藏客车的设计技术水平

青藏铁路高原客车研发中，多次进行技术交流、召开各种设计评审会，对客车的设计完成提供了有效保证。

(6)青藏客车进行了大量的计算和试验工作，以试验保安全

为确保青藏铁路高原客车的可靠性，依据青藏客车合同技术规范和标准要求，除了逐辆进行例行试验外，还进行了大量的计算和型式试验，试验主要包括平原和高原的运行试验及静止试验两部分。

(7)首列青藏客车进行高原综合试验，验证设计的可靠性

2006 年 2 ~3 月，首列青藏客车在格尔木至安多间进行制动性能试验、噪声测试、紫外线测

试和对电器、空调和制氧系统的试验、发电车性能试验以及满载旅客试验等，试验结果表明客车性能基本达到了技术规范的要求，同时试验中暴露出的一些问题在后续交付的车辆上得到逐步改进。

(8)编列青藏客车进行高原试运行试验，确保运行可靠性

2006年3月27日~6月20日，南车四方股份、BST公司制造的所有将上线正式运行的发电车和编列客车分别在高原进行两个往返的运行试验。编列运行试验作为高原客车的例行试验，不仅检验了制造质量，而且为青藏客车运营创造了有利条件。

三、关键项目对策

1. 解决低温低气压难题

提高车体防寒采暖及密封性能；解决低气压环境下的电气系统问题。

2. 解决高原缺氧难题

供氧制式和供氧设施；供氧系统与空调通风系统的匹配集成。

3. 解决客车运行对高原生态脆弱的影响

对废水、废物进行集中收集。

4. 大功率发电车

优化柴油机的进气增压及燃烧，从而解决高原环境下的大功率供电及柴油机组功率衰减问题；优化高原环境下的柴油机及发电机冷却、供油和控制；采用大功率可控 DC 600 V 整流装置。

5. 大轴重转向架问题

高速大轴重冻土路基条件下的动力学性能优化；低温、重载、强紫外辐射条件下的结构强度优化；提高恶劣环境运用条件下的免维护性和高可靠性。

四、技术攻关成果

1. 首创的列车供氧技术，在世界上率先攻克了铁路客车在高原环境下实现补氧的难题。

制氧系统的基本工作原理是，采用物理方式的膜制氧技术，分离出富氧空气、排出富氮空气。外界空气经过压缩机压缩到一定压力空气后，经预处理系统除去油、杂质及大部分的液态水，并预热后进入制氧机分离膜，经膜分离出浓度约35%～45%的富氧空气，并将富氮空气排出。

车内供氧采用弥散式和分布式相结合的方式。弥散式供氧是将制氧机产生的浓度约为40%的富氧空气送入主风道，再与新风和回风混合后送入客室，使客室的氧浓度达到23%～25%，满足大部分旅客的供氧需求。分布式供氧是将制氧机产生的浓度约为40%的富氧空气直接送到每位旅客便于吸氧的位置，可以通过鼻式吸氧气管单独吸氧，满足不同旅客对氧气的需求量。在海拔5 072 m的唐古拉山站，车内氧浓度达到25%时，旅客通过弥散式供氧吸入的氧气相当于海拔3 600 m左右，即相当于在拉萨的氧气量。通过分布式供氧吸入的氧气相当于海拔1 800 m高度的氧气量。

2. 高可靠性的高原电气系统，保证了电气系统的安全、可靠，同时也有效地防范了雷击的威胁，填补了世界高原电气系统的技术空白。

在青藏铁路运行的客车对电气系统的安全性、可靠性有特殊的要求。与平原地区采用的设

备相比，其绝缘强度和介电强度提高了1.5倍以上，电机的绝缘等级达到F级或H级，提高了两个等级，发热性电器负载散热能力要求提高30%左右。为攻克上述技术难关，首先对全列车电气系统进行了优化设计，确定了系统集成方案，然后，确定了电气元器件的技术指标和各部件间、各子系统间的匹配关系。完成系统设计后，对电气元器件和电线电缆进行了筛选，并通过了低压舱模拟试验。经过青藏铁路的型式试验，电气系统的各项技术指标均达到规定的高原电气安全要求。

青藏铁路雷电频繁，为避免雷电对电气系统的破坏，消除对旅客人身安全的威胁，青藏客车首次装用了防雷系统。在综合控制柜DC 600 V输入、DC 110 V输入、网络输入、GPS和广播天线等关键部位增加了浪涌吸收装置，在车端增加了等电位连接，在转向架上安装了4套接地装置，从而保证了客车与客车之间、客车与大地之间形成等电位，有效地防范了雷击的影响。

3. 绿色环保的独特设计，实现了旅客列车在格拉段运行时污物、污水"零排放"的目标。

青藏铁路格拉段有550 km的多年冻土地段，生态环境脆弱，环保要求极高。为满足客车在青藏铁路运行时，"污水污物零排放"的要求，青藏客车对相关系统进行了全新设计。

客车上装用了污物收集装置，排泄物通过真空集便装置和连通管系集中收集到车下吊装的污物箱内，污物箱的容积可以满足连续运行42 h无须排放的要求。客车上还装用了废水收集装置，废水通过排水管系收集到污水箱，污水箱容积600~800 L，可以满足连续运行18 h无须排放的要求。在部分客车上装用了压缩式垃圾箱，加大了垃圾收集能力。根据列车运行图的安排，在格尔木站集中进行吸污作业和垃圾回收作业，污物箱、污水箱和垃圾箱清空后，再进入格拉段运行，运行时间15 h左右，完全可以保证污物污水零排放。

4. 满足高原低气压的设备设施技术，提高了旅客乘坐的舒适性和安全性。

车窗采用自动平衡式结构，中空玻璃夹层周边设有通气孔，使中空玻璃的夹层与车内空气导通，解决高原压差造成的窗玻璃变形、破裂问题。厕所集便装置采用新型的真空发生器，解决了高原低气压对集便系统真空度、抽取真空时间和冲洗循环的影响。电开水炉采用了无机纳米技术过滤和紫外线杀菌措施，经过滤和杀菌的水质达到了国家饮用净水水质标准，满足了低气压下水沸腾温度不足时旅客饮用水的质量要求。

5. 特有的防紫外线、防风沙措施，避免了紫外线直接照射对旅客的伤害，并确保了客车的密封性能。

青藏铁路紫外线强度为15 UVI（紫外线指数）左右，平原地区一般在2 UVI以下，如不采取措施，将对人体造成直接伤害。同时受强风沙和强紫外线的影响，车体及其外露的非金属部件抗老化性能将会下降。

运行途中，车窗是旅客接受紫外线照射的主要界面，为确保车内紫外线强度达到2 UVI以下，车窗玻璃选用了低辐射中空玻璃，紫外线透过率不超过10.2%，经过滤后，车内紫外线强度与平原环境下基本一致。

为提高整车的密封性能，采用了密封式车体钢结构和密封式折棚风挡，首次采用了双唇密封式结构的塞拉门，尽可能减少客车与外界的通路，并对与外界连通的接口采取了发泡和热缩处理的方式，不仅加强了客车的防风沙性能，而且也保证了客车供氧的效果。在减振器上设置防风沙橡胶套，防止风沙进入减振器内部影响减振器性能。

青藏客车外皮采用丙烯酸聚氨酯双组份油漆，经过在青藏铁路1年的暴露试验，表层漆面完好，防紫外线、抗风沙、耐温差的性能完全符合要求。

车辆外露的非金属部件，如转向架空气弹簧、折棚风挡棚布等，采用高耐受紫外线材料，保证了部件的抗老化性。

6. 独有的大功率高原发电车，突破了在高海拔条件下实现正常供电的“瓶颈”，全新设计的新型高原发电车转向架填补了时速160 km大轴重客车转向架的技术空白。

发电车的发电机组随着海拔升高功率逐步下降，在平原地区使用的发电车在海拔达到5 000 m时功率会下降约40%。青藏客车在高原地区使用时，全列供电负荷达到1 400 kW，如果沿用在平原地区使用的发电车根本无法满足要求，必须设计制造一种全新的高原发电车。

青藏发电车选用了适应高原气候环境的、高可靠性的进口发电机组，在海拔高度达到5 100 m时，功率下降控制在29.5%以内，同时采用DC 600 V供电方式，满足了与机车供电的兼容性，优化了布线结构，增加了干线供电功率。

新型大轴重发电车用转向架，采用了双空气弹簧、无磨耗橡胶复合定位、盘形制动等技术。一系悬挂采用双钢簧、橡胶无磨耗定位结构，二系悬挂首次采用独特的双空簧上进气结构，每侧的双空簧通过设于车体枕梁内的附加空气室直接连通，转向架构架选用了耐低温、高冲击韧性的金属钢材，提高了低温冲击值。

第二节　青藏铁路高原客车总体技术

一、青藏铁路对高原客车总体技术的特殊要求

1. 格拉段的特殊运用条件

(1) 旅客列车应满足《青藏铁路运用条件》所描述的青藏铁路运用条件、自然环境情况。

(2) 自然环境：

海拔高度不高于5 100 m；

气温条件(表2-1)：

表2-1　格拉段环境温度表

适用海拔高度(m)	适用最高环境温度(℃)	适用最低环境温度(℃)
2 800～4 500	35	-36
4 500～5 100	25	-45

低气压；

强紫外线；

阵风风速28 m/s以下，偶有30 m/s；

常值侧风风速20 m/s以下；

较长雷区区段；

轨面有一定积雪；

较长的冻土地段，且有热融冻胀现象。

(3) 线路条件：

铁路等级：Ⅰ、Ⅱ级混合标准，线下工程按Ⅰ级设计。

正线数目：单线。

最大坡度：20‰。

区间最小曲线半径：800 m，困难地段600 m。

到发线有效长度:650 m,预留 850 m。

隧道设有机械通风装置。

轨道不平顺动态管理标准按轨道不平顺动态管理标准中 120 km/h 线路执行。

(4)禁止在冻土带和三江水源区域直排污水。

(5)高原电气要求:

①绝缘性能

绝缘强度:在电气产品设计中,必须考虑到在海拔 0 至 5 100 m 范围内,每升高 1 000 m,外绝缘强度降低 8% ~13% 的影响。

电气间隙:

最小电气间隙海拔修正系数按表 2-2 设计。

表 2-2 最小电气间隙海拔修正系数

海拔高度(m)	气压(kPa)	修正系数	海拔高度(m)	气压(kPa)	修正系数
0	101.3	0.79	3 000	70.1	1.14
500	95.5	0.84	4 000	61.7	1.29
1 000	90.0	0.89	5 000	54.0	1.48
2 000	79.5	1.00			

爬电距离:爬电距离通过冲击耐受电压试验验证。

冲击耐受电压值海拔修正系数如表 2-3 所示。

表 2-3 冲击耐受电压值海拔高度修正系数

海拔高度(m)	0	500	1 000	2 000	2 500	3 000	4 000	5 000
气压(kPa)	101.3	95.5	90.0	79.5	74.8	70.1	61.7	54.0
修正系数	1.354	1.260	1.205	1.066	1.000	0.938	0.832	0.726

②散热性能

一般电器:海拔升高时,对一般电器的温升递增率需进行补偿。

电机:通过降低电机的最高环境温度补偿海拔高度的影响,以最高环境温度为 40 ℃,海拔不超过 1 000 m 为基准,电机运行地点得以补偿的最高环境温度修正表如表 2-4 所示。

表 2-4 最高环境温度修正表

海拔高度(m)	温度(℃) 绝缘等级 A	E	B	F	H
1 000	40	40	40	40	40
2 000	34	32.5	32	30	27.5
3 000	28	25	24	20	15
4 000	22	17.5	16	10	2.5
5 000	16	10	8	0	-10

强迫风冷电气设备：推荐采用可调速通风机，根据冷却效果进行调速，以保证散热要求。

电力半导体变流装置：电力半导体变流装置必须按 GB/T 3859. 2《半导体变流器应用导则》附录 B 给出的半导体器件的电流容量随海拔高度变化的关系曲线考虑海拔高度的影响。

③开关电器的通断能力

开关电器的灭弧性能、通断能力和电气寿命必须考虑到高海拔的影响。

④每辆车均需设防雷击设施

2. 列车编组及车种

（1）列车编组

列车编组为 16 辆，其中 1 辆餐车、4 辆硬座车、8 辆硬卧车、2 辆软卧车、1 辆发电车。需要对铁路设施检测时按要求增加红外线检测车、电务试验车或轨道接触网检测车。

（2）车种

高原硬座车

高原硬卧车

高原软卧车

高原餐车

高原发电车

高原轨道接触网检测车

高原红外线检测车

高原电务试验车

二、总体技术

为研发适合在“世界屋脊”全天候运行的旅客列车，中国铁路坚持自主创新，在系统掌握时速 160 km 客车技术的基础上，立足国内，组织各方力量，开展了一系列试验验证和技术攻关，在较短的时间内成功设计制造出了拥有自主知识产权的青藏高原铁路客车，如图 2-3 所示。

图 2-3　青藏高原客车在高原

（一）总体技术概述

青藏铁路高原客车全列车定员 930 人。青藏高原铁路客车编组如图 2-4 所示。

其中：

硬座车　98 人

硬卧车　60 人

软卧车　32 人

餐车　44 人

残疾人厕所硬卧车　54 人

主要技术参数：

运行环境温度　－40 ℃ ～ ＋40 ℃

适应最高海拔高度　5 100 m

适应最大坡度　30‰

列车编组辆数（青藏铁路）　16 辆

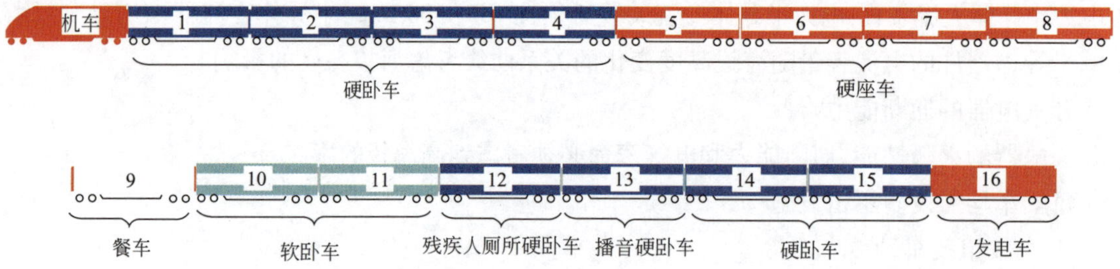

图 2-4 青藏高原铁路客车编组图

构造速度	160 km/h
车体长度	25 500 mm
车体宽度	3 105 mm
车顶距轨面高度	4 433 mm/4 286 mm(发电车)
车钩	密接式车钩(列车两端为 15 号小间隙车钩)
风挡	密封折叠风挡(列车两端为橡胶风挡)
转向架型式	SW-220K 型/SW-QD160 型/AM96 型
制动系统	104 型电空制动机
基础制动	盘形制动装置
紧急制动距离 120 km/h 初速度	800 m/1 100 m(格拉段)
160 km/h 初速度	1 400 m
车窗型式	双层耐压中空玻璃(防紫外线)车窗
车门	双唇密封式塞拉门
制氧方式	列车级供风与单车制氧
供氧方式	弥散式供氧与分布式供氧
环境保护	液态垃圾零排放,固体垃圾压缩与分类回收
安全监控	智能化的列车运行、客车电气、烟火报警和氧气浓度安全监测系统
供电型式 电气化区段	DC 600 V 机车供电
非电气化区段	DC 600 V 发电车供电
空调系统	夏季 26 ℃ ±2 ℃;冬季≥18 ℃
供氧浓度	弥散式供氧 23% ~25%;分布式供氧 35% ~45%

(二)硬 座 车

硬座车座席按 2 +3 组合布置,每组座席间设有茶桌,侧墙上设有车窗。

客室内沿两边侧墙纵向设置行李架,照明采用日光灯或射灯的方式。

车内两端分别设有乘务员室、制氧机室,电开水炉、压缩式垃圾收集装置或分类垃圾收集装置,2 个蹲式厕所,1 个开敞式三人洗脸间。

由客室顶部的空调出风口提供弥散式供氧,在座席下设有分布式供氧插座。成都局青藏公司硬座车平面布置图如图 2-5 所示。上海、北京、广州局硬座车平面布置图如图 2-6 所示。各局硬座车内部布置如图 2-7 所示。

图 2-5 成都局、青藏公司青藏硬座车平面布置图

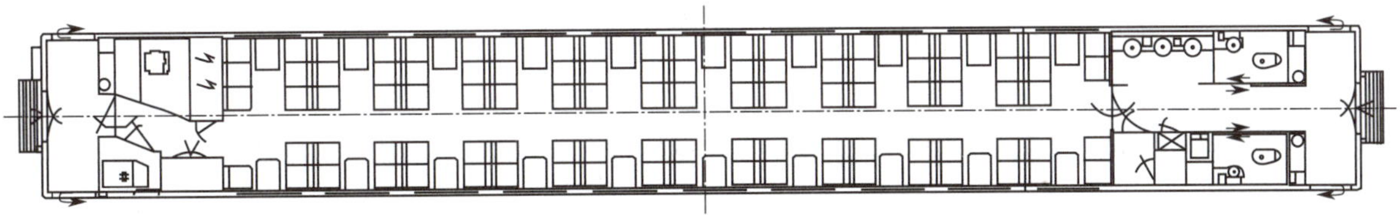

图 2-6 上海、北京、广州局青藏硬座车平面布置

成都局、青藏公司硬座车客室

成都局、青藏公司硬座车行李架

北京、上海、广州局硬座车客室

图 2-7 各局硬座车内部布置图

(三)硬卧车

硬卧车内设置10个半封闭式包间,包间内按上、中、下顺序布置了两排6个铺位,每组铺席间设有茶桌,侧墙上设有车窗。

走廊上部设置了行李台,在包间隔板上装有乘客攀爬的脚蹬和扶手,照明采用日光灯或射灯的方式。

包间外走廊沿侧墙设翻板凳和小茶桌。

车内两端分别设有乘务员室、制氧机室,电开水炉、压缩式垃圾收集装置或分类垃圾收集装置,2个蹲式厕所,1个开敞式三人洗脸间。

每列车中与软卧车相邻硬卧车内设有残疾人厕所,该车的乘务员室内设有安全监控系统的主控站。与软卧车相邻的第二辆硬卧车的乘务员室内设有播音、影视和旅客信息服务设备。

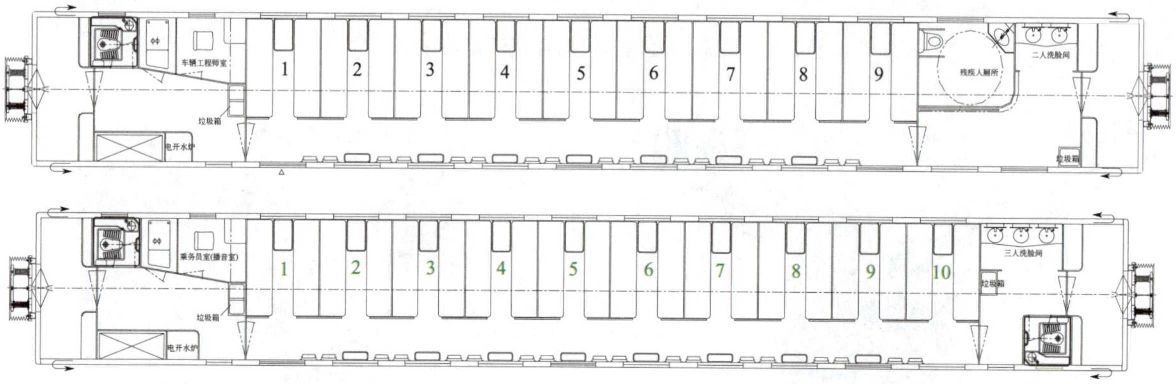

图2-8 成都局、青藏公司青藏硬卧车平面图

由包间顶部的空调出风口提供弥散式供氧,在走廊侧墙和每个铺位的侧墙上设有分布式供氧插座。

列车中部设一辆带残疾人厕所的硬卧车,在该车内二位端设一残疾人厕所。成都局、青藏铁路公司青藏硬卧车平面图如图2-8所示,北京、上海、广州局青藏硬卧车平面图如图2-9所示,硬卧车内部布置如图2-10所示。

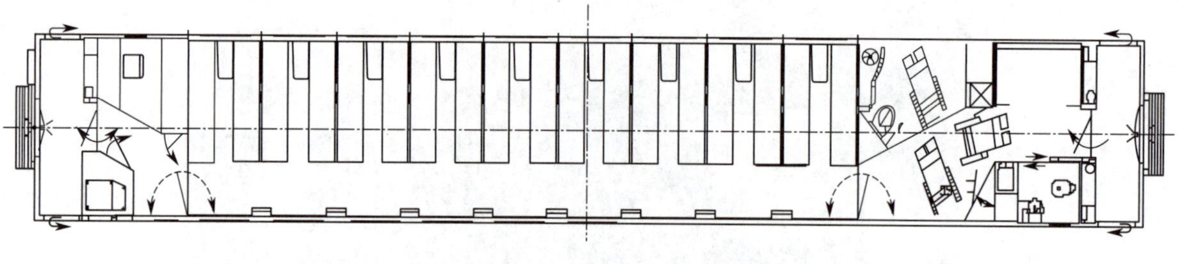

图2-9 北京、上海、广州局青藏硬卧车平面图

(四)软卧车

软卧车车内设置8个封闭式包间,包间内按上、下顺序布置了两排4个铺位。每组铺席间设有茶桌,侧墙上设有车窗。

包间内走廊上部设置了行李台,在包间隔板上装有乘客攀爬的折叠脚蹬,照明采用日光灯或射灯的方式,在每个铺位设有阅读灯。

包间采用拉门,包间内门柱上设有乘务员呼叫按钮、播音音量调节按钮、灯光调节按钮等。

包间每个铺位设有液晶电视。包间外大走廊沿侧墙设翻板凳,在车窗处设扶手杆。

车内两端分别设有乘务员室、制氧机室、电开水炉、压缩式垃圾收集装置或分类垃圾收集装置、1 个蹲式厕所、1 个座式厕所、1 个开敞式三人洗脸间。

由包间顶部的空调出风口提供弥散式供氧,在每个铺位的侧墙上设有分布式供氧插座。成都局、

(a) 硬卧车包间

(b) 三人洗脸间

(c) 硬卧车走廊

(d) 硬卧车三人洗脸室

(e) 硬卧车蹲式厕所

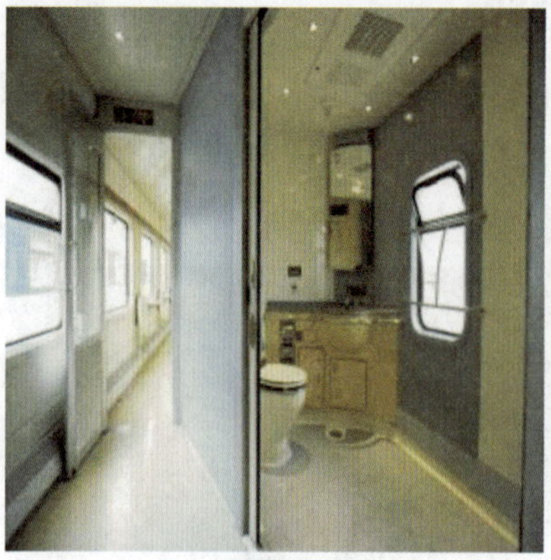

(f) 硬卧车厕所

(g) 硬卧车厕所

图 2-10　硬卧内部布置图

青藏铁路公司软卧车平面布置图如图 2-11 所示，北京、上海、广州局软卧车平面布置图如图 2-12 所示，软卧车内部布置如图 2-13 所示。

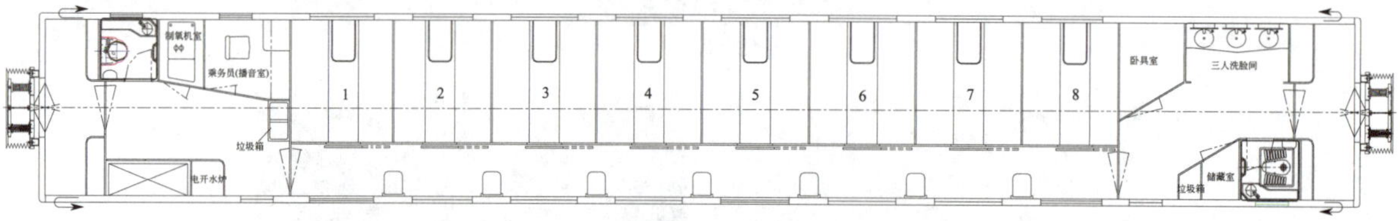

图 2-11　成都局、青藏公司软卧车平面布置图

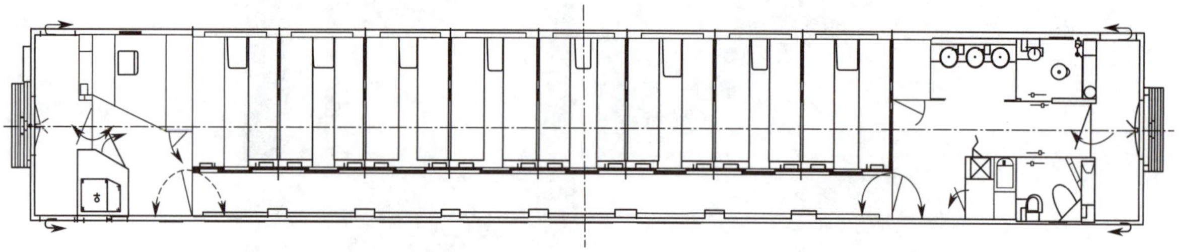

图 2-12　北京、上海、广州局软卧车平面布置图

(五)餐　　车

餐车分作业区和就餐区，作业区设在端部，其余区域为就餐区。

餐车作业区采用电气化厨房设备。

餐车就餐区设 2 人餐席和 4 人餐席，每个餐席对应一处车窗。照明采用日光灯或射灯的方式。

在与作业区相对的就餐区一端设吧台、储藏室、制氧机室、小推车室、配电柜等。

就餐区两端设大屏幕液晶电视。

由就餐区顶部的空调出风口提供弥散式供氧，在每个座椅或餐桌下设分布式供氧插座。

部分餐车厨房间壁采用透明玻璃结构。北京、上海、广州局餐车平面图如图 2-14 所示，成都局、青藏铁路公司平面图如图 2-15 所示，餐车内部布置如图 2-16 所示。

(六)发 电 车

为满足青藏客车在高原运行的用电需求，专门设计生产了时速 160 km 的青藏铁路专用发电车，发电车内按冷却室、柴油机室、控制室和 2 个乘务员休息室顺次分设四个区域。

(a) 软卧车包间

(b) 软卧车走廊

(c) 座式厕所

图 2-13 软卧车内部布置图

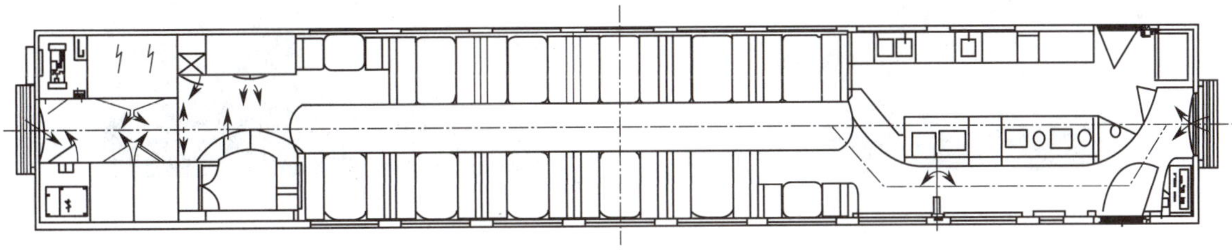

图 2-14 北京、上海、广州局餐车平面布置图

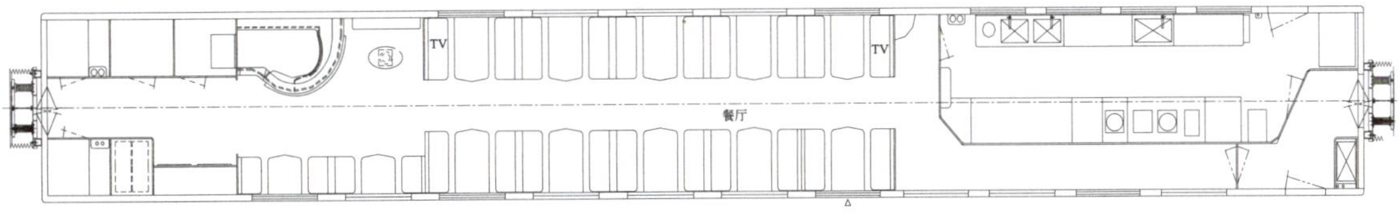

图 2-15 成都局、青藏公司餐车平面布置图

冷却室内设两台机组的集中式冷却装置；柴油机室内设两台大功率柴油发电机组；控制室内设有整车供配电的控制屏、整流柜；乘务员休息室内设 8 个铺位。

发电车靠乘务员休息室一端设卫生间、制氧机室、电开水炉等。

在高原地区，柴油发电机组可连续输出功率为 AC 460 V，800 kW，整车最大可连续输出功率为

(a) 餐车吧台

(b) 餐车内部

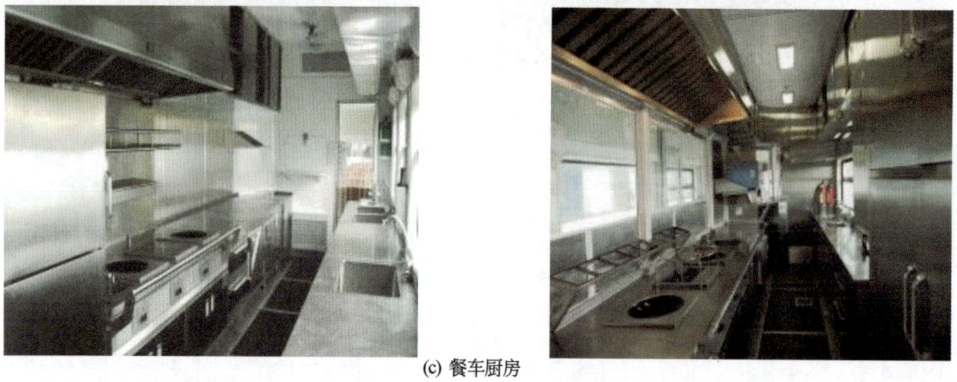

(c) 餐车厨房

图 2-16　餐车内部布置图

DC 600 V,2 ×725 kW。车下油箱容积 7 000 L,可双机满负荷连续运用 17 h,在格尔木至拉萨区间不需中途加油。发电车平面图如图 2-17 所示,冷却室如图 2-18 所示,机室如图 2-19 所示。

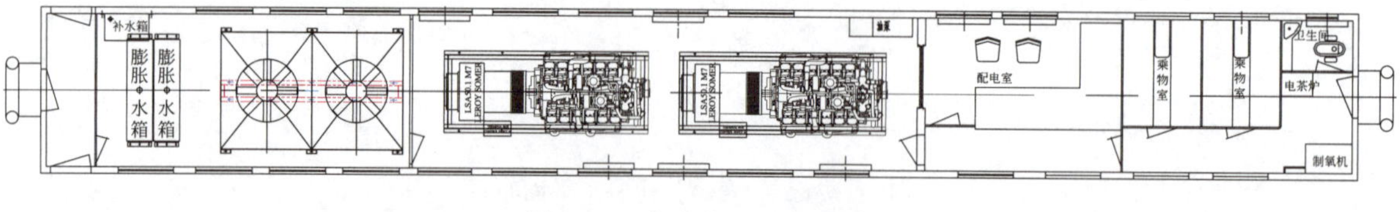

图 2-17　发电车平面布置图

（七）青藏红外线检测车

一位端设通过台、小走廊、制氧室、厕所和洗脸(淋浴)间;二位端设发电室、工作间;中部依次为厨房、3 个软卧包间和会议室。

图 2-18 冷却室

图 2-19 机室

软卧包间内按上、下顺序布置了两排 4 个铺位。每组铺席间设有茶桌,侧墙上设有车窗。

会议室设 42 英寸液晶电视(带数字接口),电视下方设电视柜,并设有 DVD 播放机、功放、音响设备;设有沙发、茶几、抽拉桌、椅子。每侧墙面设 2、3 芯 AC 220 V 插座、供氧口(按座位分布)。设引水机一台。

厨房内设不锈钢操作台、洗池、橱柜、微波炉、电磁炉、吸排油烟机、冰箱、电子消毒柜、不锈钢吊柜、灭火器、冷热水阀等。

蹲式便器厕所设于一位端一位侧,内设蹲式便器、洗手盆、照明灯、电加热器、衣帽钩、手纸架、扶手等必要设施。

洗脸间内设不锈钢洗面器、电热水器及照明灯具,台面上设冷热水阀、梳妆台、毛巾杆、面镜、衣帽钩、烘手器、皂液盒,顶部设自然通风器。

工作间设综合控制柜和检测设备控制柜。

机室设两台柴油发电机组。青藏红外线检测车平面图如图 2-20 所示。

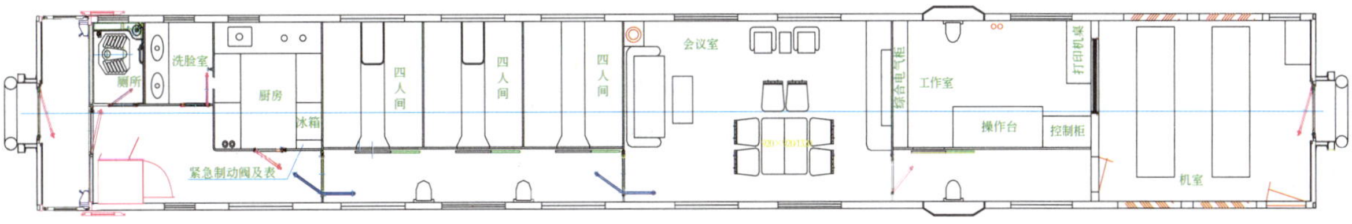

图 2-20 青藏红外线检测车平面

(八)青藏轨道-接触网检测车

一位端设柴油机室、洗脸室、厕所、配电柜、制氧机、厨房等。柴油机室设有两台柴油发电机组;洗脸室内设不锈钢洗脸盆、热水器及冷热水阀、镜子,洗脸盆台面及柜采用不锈钢材质;厕所、洗脸室装用整体玻璃钢盒子间,厕所顶部设排气扇;厨房地板采用防滑不锈钢,内设不锈钢操作台、水盆、橱柜、微波炉、一个双眼电磁炉、电饭锅、排气扇、吊柜、灭火器、冷热水阀等。

中部设 2 个四人包间、观察室(兼作 2 人间)、仪表室和会议室;一位侧为大走廊。四人包间内设

2个下铺、2个上铺,上铺铺宽700 mm,下铺铺宽750 mm;设固定茶桌;下铺下设电加热器;在适当的位置设衣帽钩,书报网架;门上部设行李台;设照明灯具,另设空调送风口、回风口及灯的开关、床头灯、脚蹬拉手等设施。观察室(兼作2人间)下部设储藏室、间壁设两卧铺,二位侧设楼梯。仪表室内根据检测设备要求设有操控台及电源插座;室内装有检测设备配套的主机柜、机架式UPS等设备。会议室设会议桌及折叠座椅等。

二位端设通过台,钢结构外端墙设瞭望窗。青藏轨道-接触网检测车平面图如图2-21所示,一位检测设备如图2-22所示,二位检测设备如图2-23所示。

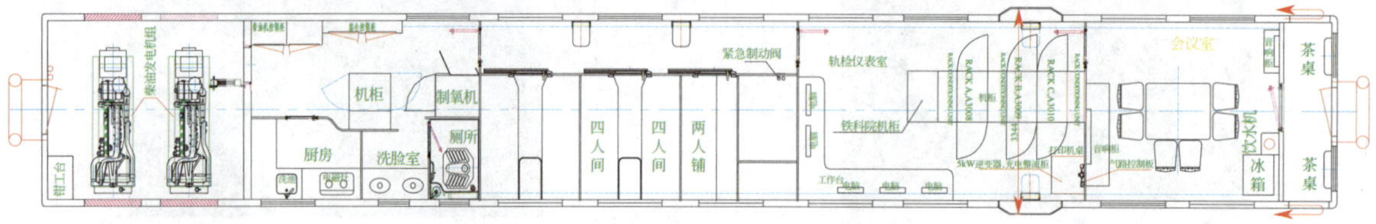

图2-21　青藏轨道-接触网检测车平面

图2-22　一位检测设备

图2-23　二位检测设备

(九)青藏电务试验车

一位端设通过台、厕所、洗脸室、厨房、储藏室、制氧机及小走廊;中部依次为三个软卧包间、会议室、一个工作间、配电室及侧走廊;二位端为机室。

洗脸室设面盆、大面镜、衣帽钩、梳妆台、角灯、晾衣杆、清扫用水阀等。

厕所设低蹲便器、扶手、手纸架、衣帽钩、车窗保护杆、角灯、喷淋头等。

厨房内设不锈钢操作台、洗池、橱柜、微波炉、电磁炉、吸排油烟机、冰箱、电子消毒柜、不锈钢吊柜、灭火器、冷热水阀等。

包间设两层全包软卧铺,底铺下方加装储物抽屉。其中3号包间左侧为上下软卧,右侧为办公桌,办公桌上部分加一个文件资料柜。设衣帽钩、茶桌、出风口、顶灯、扬声器、DC 48 V插座、AC 220 V插座、台灯等。

每个包间设1台DVD,在窗饰带板上设1台20英寸液晶电视。

工作间设工作台、工作椅、出风口、顶灯、扬声器、DC 74 V、DC 48 V、DC 24 V、DC 12 V、DC 5 V、AC 220 V电源等(其中DC 74 V、DC 12 V、DC 5 V电源由检测设备转换)。

会议室设扬声器、顶灯、出风口、壁灯、DC 48 V插座、AC 220 V插座、电话插座等。设影像系统一套(42英寸壁挂式液晶电视一台、功放一台、DVD一台、木制音响一套),配备抽拉式会议桌、折叠椅、黑色皮质沙发、茶几。每侧墙面设两只2、3芯AC 220 V插座。按座位分布设10个供氧口。

配电室设空调控制、柴油机控制、交直流电源控制、5 kW逆变器（供检测仪器等使用）、防滑器主机、轴温报警显示器等。

工作间设工作桌和检测机柜等。青藏电务试验车平面图如图2-24所示，四人包间布置如图2-25所示，发电机室如图2-26所示，会议室如图2-27所示。

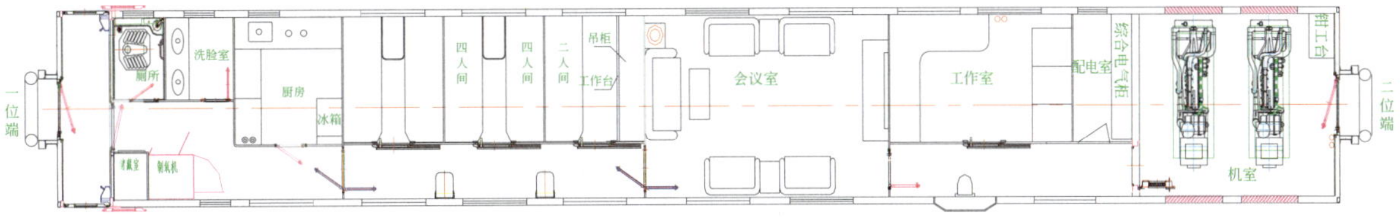

图2-24　青藏电务试验车平面图

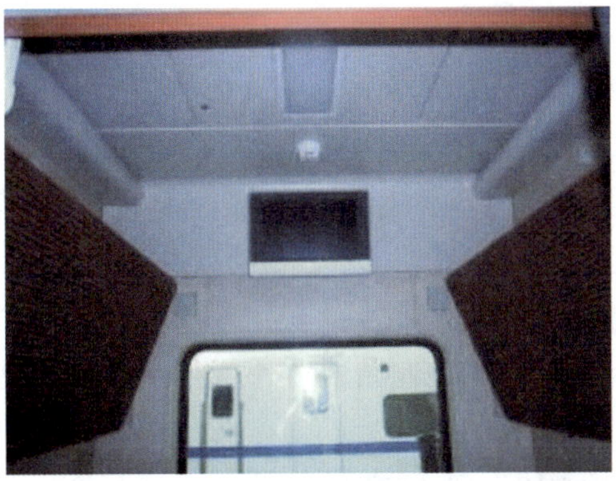

图2-25　四人包间

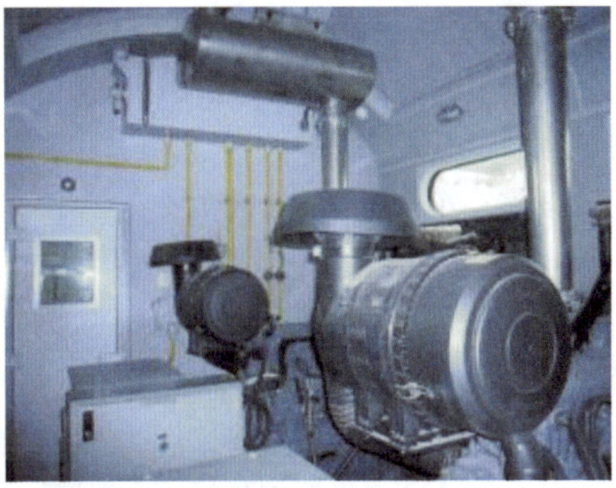

图2-26　发电机室

图2-27　会议室

第三节　青藏铁路高原客车技术创新

一、首创的列车供氧技术

（一）制氧系统的选择

高寒缺氧的特殊气候条件要求进藏客车必须设置空调和供氧系统，而供氧方案的确定是解决客车供氧的首要问题。铁道部制订的有关格拉段机车车辆总体技术条件，对车内压力制式及供氧制式等室内环境控制问题提出了相应要求。根据车辆总体技术条件和对供氧增压的技术探索,结合我国既有铁路客车制造技术水平和经济水平,可供选择的供氧方案大体上有个体分布式供氧、增压增氧和弥散供氧三种。供氧设备目前可选择的有深冷方式、分子筛方式和膜分离技术。

1. 个体分布式供氧

个体分布式供氧采用集中管道式供氧,这种供氧方式普遍应用于医院里。

集中管道式供氧系统要求备有一个集中的氧气供给设备,氧气通过设在侧墙或地板下面的专用供氧管道输送至各个包间铺位上方或座位下方,在管路的末端一般装有通过调节软管和快速插座装置,最后乘客可通过带有快速接头的吸氧设施(氧气面罩、鼻吸管等)吸氧。集中式管道供氧系统要求在每节车厢内布置供氧专用管路,并要处理好末端装置的安装位置与使用方便性的关系,需要乘客会正确使用出口装置和吸氧设施。

个体分布式供氧的优点是系统简单、经济、氧气的利用率高、对氧源能力的要求较低。

2. 增压供氧

增压增氧方式实际上不需要专用氧源,是依靠增压风机或增压器,在耐压强度大、气密性好的座舱中全面提高车内气压的一种环境供氧方式。增压增氧方式也是目前民用飞机上普遍采用的供氧方式。

高原客车车内增压的前提是要有密封性能良好的客车车体,车体钢结构、车窗等承压设备要有足够的强度,车体增压后能保持车体的变形量很小,而且还要考虑高速客车穿越隧道或两车交会时引起的压力波动造成旅客"耳不适感"问题。同时增压系统应能根据海拔高度的变化自行调整,从而能将车内气压稳定在一定水平。除了在列车上配备增压设备和相应的控制装置之外,还要求特别考虑对送风道的设计,既要保证气流组织合理又要加强对噪声的控制。

增压增氧方式可以使旅客的舒适性接近平原环境,从人体生理适应性及防火安全性上考虑,这是最为理想的供氧方法。

3. 弥散供氧

弥散供氧是指以车载制氧机作为氧气源,将制得的氧气通过专用管路进入空调单元(HVAC)的主风道,在那里与空调机送风混合后送出,使车内氧气浓度提高,稳定车内氧分压,从而满足乘客的生理要求。肺泡氧分压是影响人体呼吸的首要因素,在海拔 12 000 m 以下高度只要吸入气能满足肺泡氧气分压力要求,就能满足人体的正常呼吸要求,这就是整车弥散供氧方式的生理学依据。与增压增氧方式相比,弥散供氧对车体气密性及车体强度要求明显降低。

车载制氧机应具有体积较小、噪声低的特点能对车内进行连续供氧,加强列车运行期间的供氧保障能力。另外,这种供氧方式的具体实施要比增压增氧方式,简便易行,只要车厢上留有一定的制氧机安放空间,几乎无需改动车辆的其他方面设计,增强了供氧系统装配的独立操作性。相比之下,无论是单独增压方式,还是既增压又增氧方式,至少要求具有电力、增压设备及送风系统、高指标的车体强度及气密性三大方面的保障能力,而弥散供氧的基本要求是保证电力供应和制氧设备的运行可靠性两方面,从系统的可靠性上考虑,弥散供氧方式具有一定的优势,完全可以满足青藏列车的要求。因此,青藏高原客车采用弥散式供氧方式。

4. 制氧设备的选择

出于保护青藏高原的特殊自然环境的需要,这里主要考虑以空气为原料,纯物理变化,无任何化学反应,无需任何添加剂,清洁无污染的制氧方式。目前主要有深冷制氧设备,膜方式制氧机和分子筛制氧机形式,其中膜方式制氧的浓度一般为 30% ~45% ,深冷法和分子筛制氧的浓度可以达到 90% 以上。

(1)深冷法

深冷法是历史最悠久,也是应用最广泛的技术。主要是把空气降温液化,利用不同气体成分的沸点不同,进行精馏分离而获得纯净氧气。它的技术非常成熟,主要优点是产气量大,纯度高,运行平稳。因此,深冷法在大中型空分领域至今仍占主导地位。但这种设备也存在诸多缺点,主要有以下几点:

①结构复杂、自动化程度低、不便操作。

②可维护性差。采用深冷法的设备在工作期间不准停机,一般性故障要求在不停机条件下排除,因此对维修人员的技术熟练程度要求很高。一旦需要停机排故,再次开机前需要散冷,再次出产品前需要预冷,这要占用大量时间并耗去大量电能。

③能耗高。采用深冷法的设备制取氧氮产品前需要进行预冷,一般预冷需要 6 h 以上时间。

④此种设备在高压、超低温状态下运行,对客车运行来说存在安全上的隐患。

(2)变压吸附法

变压吸附分为加压吸附常压解吸和常压吸附真空解吸两种方法。空气加压经除油、除水、除尘处理后冷却至常温,经过处理后的压缩空气由进气阀进入装有干燥剂和分子筛的吸附塔,空气中的氮气、二氧化碳、水等被吸附,流出的气体即为高纯度的氧气,当吸附塔达到一定的饱和度后,进气阀关闭,冲洗阀打开,吸附塔进入冲洗阶段,过后冲洗阀关闭,解吸阀打开,进入解吸再生阶段(真空解吸流程抽真空),这样即完成了一个循环周期。变压吸附法主要有下列优点:

①设备能在常温常压下工作,安全性好。

②制氧浓度比较高,一般在 90% 以上。

③操作方便,监控设备齐全,几乎可做到无人操作。

④占地面积小,安装方便。

⑤启机方便迅速,约 5 min 即可供气,随用随开。

但车载和高原的高低温风沙恶劣工况将对分子筛的寿命和吸附性能产生影响;也存在设备活动件(主要指阀门)多、维修量大等缺点。

(3)膜分离法

膜分离技术是 20 世纪 80 年代国外新兴的高科技技术,属高分子材料科学。

按膜的结构可将固体膜分为:多孔膜和非多孔膜;按制膜的材质可分为:无机膜和有机膜;气体膜常用的是高分子聚合膜。

对于混合气体分离效率的提高,就一定要选用渗透系数差异较大的膜,即希望膜对混合气中某一组分有较高的选择性和较大的渗透率,而对另一组分只有较低的选择性和较小的渗透率,这样才能获得较满意的纯化效果。

为了增加膜分离表面积,膜分离器的组件单元结构由板框式提高到螺旋卷式、管式以至中空纤维式,每改进一种结构,分离表面积呈几何级数增加,以中空纤维式分离膜表面积最大。

膜材料为有选择性的高分子材料,即在一定的压力作用下,根据不同气体分子在膜中的溶解扩散性能的差异,氧气优先在膜上吸附渗透,从而使氧气与氮气等气体分离。

其过程可简单描述为:氧气在压力作用下优先在高压侧(进气侧)膜上吸附,并快速扩散(与氮气比)至低压侧(渗透侧),由于渗透侧压力低,氧气在渗透侧膜表面解吸。氧气与氮气等气体相比,其溶解扩散速度快而使渗透气(低压富氧气)中的氧气富集,进气中的氧气不断贫化,浓度不断降低,最后在尾气侧排出车厢外。

将聚合物制成超细化中空纤维,由于壁薄、管细,所以表面积大,氧气、氮气的回收率高,膜耐压、节能，因此其使用寿命长，可达10年以上（在无污染的情况下）。气体分离膜是由数百万根中空纤维组成的，每根纤维的直径与人的头发丝相仿。空气中的各种气体（大约78 %的氮气，21%的氧气）在透过膜壁时具有不同的渗透速率，而氧气和水蒸气都是渗透较快的气体，使得氧气和水蒸气由加压的气流中从膜壁渗透出来，从而产生30% ~45%富氧，氮气从膜的末端排出放空。由于该方式制氧过程是一个物理过程，无任何化学反应，无需任何添加剂，空气进与氧气出都经过过滤，富氮空气直接排放至车外，故车内没有任何污染源，因此整个装置使用安全、清洁无污染。膜渗透特性如图2-28所示。

图2-28 膜渗透特性示意图

膜分离法的优点有：

①可靠性高：中空纤维膜制氧装置没有移动的部件，静态运行，没有切换频繁的阀门，只需甚少保养，连续运行可靠性高；

②寿命长：富氧膜分离器具有较高的分离系数和渗透量以及超长的使用寿命，通常超过8年；

③能适应供氧需要，持续简便增容，操作弹性大，氧气纯度和产量均可任意调整；

④体积小，质量轻，占地少，可以做成移动式、壁挂式，投资少，安装费用低；

⑤分离的富氧气体含一定的水分，更适合人的呼吸，在纯度30% ~45%的范围内，具有优越的性能价格比，具有其他空气分离方法所不可比拟的优势；

⑥启动快：即停即开，方便迅速，操作简便，开机3 ~5 min即能产出合格氧气；可实现自动化、计算机化，氧气纯度、温度均可自动控制；

⑦对环境无特殊要求：可在恶劣工况下工作。

经过各方面的比较研究，根据青藏铁路客车的运行条件等因素，最后决定采用膜分离制氧技术。

5. 比较结论

根据以上分析，为了确保系统的可靠性，出于目前国家建筑物内的防火要求的限制，弥散供氧到客室内的氧浓度只能达到一定的浓度，而乘客又存在个体差异，紧急情况下可能需要更多的氧气，集中管道式个体分布供氧就可以满足这方面的要求，因此采用膜法制氧，弥散供氧为主、个体分布供氧为辅的方式是科学合理的。当然还可以采用氧气袋备氧，这样可在列车运行低海拔而无需供氧时利用制氧机对氧气袋充氧。

6. 供氧系统概述

青藏高原车制氧系统的制氧过程是一个物理过程，外界空气在压缩机单元压缩后，达到一定压力，再经预处理系统除去油、尘埃等固体杂质及大部分的气态水，预热后进入膜制氧系统分离出含氧量在30% ~45%的富氧空气。

富氧空气一路通过制氧机上部内侧的不锈钢管进入空调的第一节送风道，在那里富氧空气随空调新风回风混合后弥散到客室，称为弥散式供氧；另一路通过制氧机上部外侧的不锈钢管沿车厢侧墙或地板进入乘客区域，在每个铺位上方或每组座椅的下方均设有富氧空气出口快速插座，称为个体分布式供氧。

空气供给管路在本车一、二位端设有连接接口，压缩空气在各车辆间通过两根快速连接软管互相贯通，气源可在相邻车辆间互相储备和补充。

该系统采用膜分离技术，具有结构简单，体积小巧，连接安装简单，开、停机方便迅速；输出为低压富氧空气，弥散和个体分布供氧结合进行，且与空调自动协调动作，最大限度地保持乘客的舒适度；程序控制和集控网络即时通信，辅以自动报警系统，运行安全可靠。青藏车制氧系统流程如图 2-29 所示。

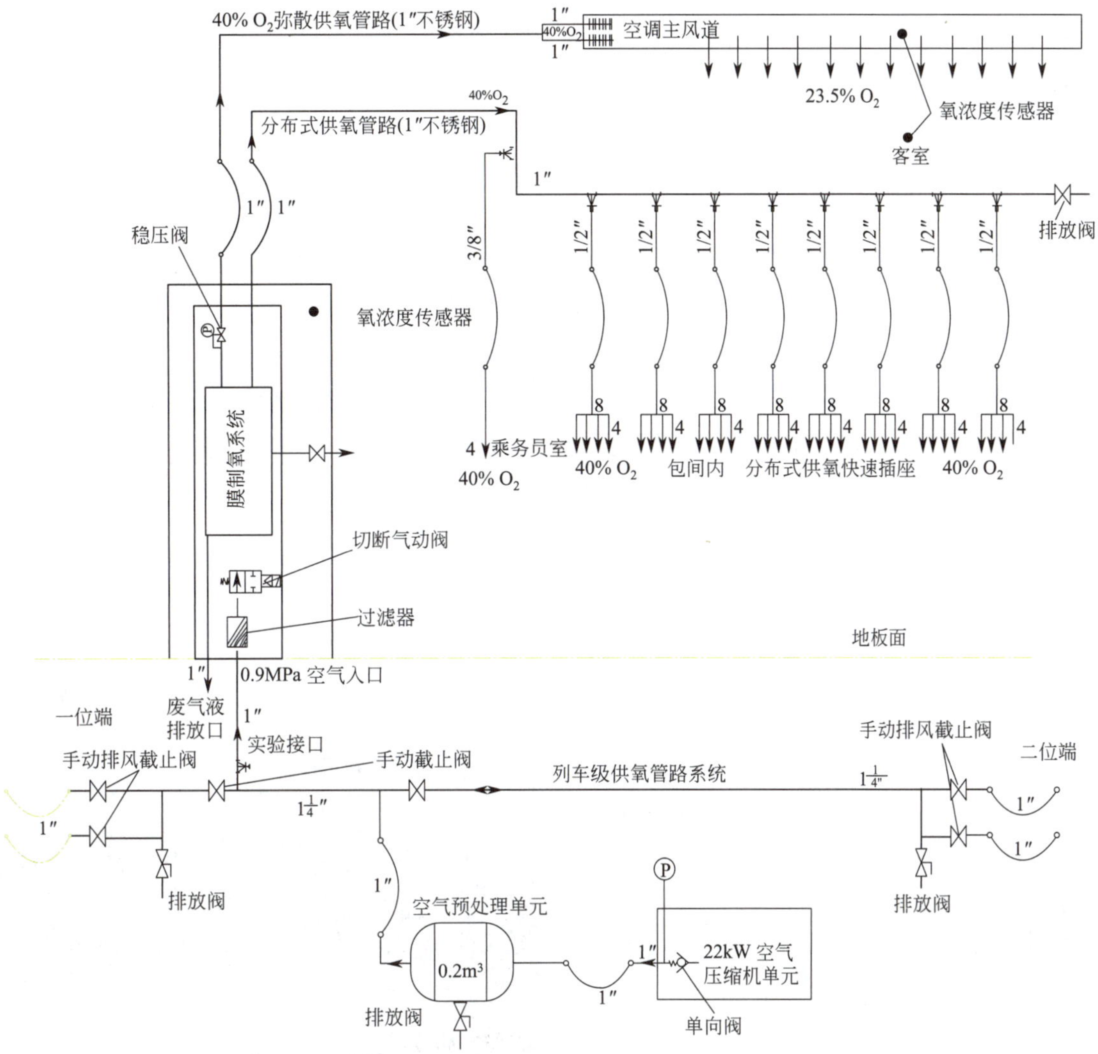

图 2-29 青藏车制氧系统流程

(二)高原地区客车供氧浓度

高原地区客车供氧浓度应达到 23.0% ~25.0% 。

青藏铁路格拉段由格尔木出发经唐古拉山垭口至拉萨，平均海拔在 4 500 m 以上，青藏铁路格拉段海拔最低的是格尔木 2 828 m，最高为唐古拉山垭口 5 072 m，拉萨海拔高度为 3 641 m。表 2-5 为大气压和氧分压随高度的变化表。

根据生理实验，人体肺部允许的最小氧分压相当于海拔 4 500 m处的氧分压力，这是不补偿氧做长时间停留的极限高度；在海拔 2 000 m 以下，人体对氧气分压的降低能够补偿，这一高度为无感觉区。研究表明大部分人在 3 048 m 的高度会发生一定程度的高空反应(高山反应)，所以超过此高度后，必须在呼吸气中补加一定数量的氧气来保证乘客的安全。

表 2-5 大气压和氧分压随高度变化表

海拔高度(m)	大气压力(kPa)	氧分压(kPa)
0	101.2	20.9
1 000	90.7	18.7
2 000	80.0	16.6
3 000	70.1	14.65
3 641	64.2	13.42
4 000	61.6	12.87
4 500	57.7	12.06
5 000	54.0	11.29
5 072	53.5	11.18

美国防火协会标准:NFPA99B 第 3. 3. 4 条:大气压力增加,燃烧速率(滤纸条在氮氧混合气体中以45°燃烧的燃烧速率)增加。该标准表明:在一个大气压下,氧浓度为 23. 5% 时的燃烧速率为 1. 2 cm/s;在 0. 70 个大气压下,氧浓度为 24. 9% 时的燃烧速率为 1. 2 cm/s。也就是说这两种情况下的燃烧速度是一样的,而在青藏铁路上大部分路段海拔在 4 000 m 以上,大气压力是不大于 0. 70 个大气压的。

事实上,在开启制氧系统最低海拔 2 800 m 时,氧浓度提高到 25% 后大气中含氧量为 240 g/m^3,而在平原氧浓度 21% 后大气中含氧量为 280 g/m^3,比前者大得多。

所以在综合考虑了人体的承受能力以及有关氧气浓度安全标准,经过铁道部组织北京航空航天大学、空军航空医学研究所、中南大学、北京科技大学、铁科院、北京铁路局、青藏铁路公司、南车四方股份公司和青岛 BST 公司等单位论证,青藏客车的供氧标准最高定为 25% ,同时在青藏铁路现场进行了燃烧安全试验测试验证。2006 年 5 月 12 日,铁道部运输局《青藏铁路客车供氧系统技术条件》(运装客车【2006】153 号,明确青藏客车在高原运用时车厢内氧气浓度应达到 23% ~25% 。在车厢内氧气浓度达到 25% 时,在最高海拔 5 072 m 的唐古拉山口,车厢内相当于达到拉萨(3 641 m)的氧气含量水平;在平均海拔高度 4 500 m 运行时,车厢内相当于达到海拔 3 100 m 的氧气含量水平。

(三)供氧设备组成

压缩空气经预处理系统除去油、尘埃等固体杂质及大部分的气态水,预热后进入膜分离器,分离出空气中的氧气;系统在 PLC 或 DCS 系统的控制下可实现连续稳定的输出氧气。所以一个完整的膜法富氧系统包括:空气压缩单元;空气预处理单元;制氧机和电控柜;氧气传感器;空气供给管路、氧气供给和分配管路。

1. 空气压缩单元

空气压缩机单元布置在车下的设备舱内,吊装在偏向一位端左侧的钢结构底架横梁上,见图 2-30。

图 2-30　空气压缩单元

空气压缩机主要为后级系统提供一定压力、一定气量的压缩空气,以达到一定的分离压力条件以及分离所需的原料空气流量,为制氧机提供膜分离制氧必需的压缩空气。

压缩机运行状态有加载、卸载、停止三种状态。当压缩机运行时,出气压力达到设定压力时,压缩机自动卸载运行。接到停止命令时 ,压缩机自动卸载,达到停机延时时间后停止运行。

技术参数:

排气量	2. 95 m^3/min(1 bar、20 ℃ 、60%)
排气压力	1 MPa(10 bar)
电机功率	22 kW
压缩形式	螺杆式
外形尺寸(mm)	1 750 ×750 ×600 ($L\times W\times H$)
冷却方式	自然冷却或强制风冷却
排气口径	1 英寸

质量	650 kg
主电源	3N AC 380 V

2. 空气平衡罐(空气预处理)

空气压缩机单元布置在车下的设备舱内,吊装在偏向一位端左侧的钢结构底架横梁上。

空气平衡罐(图 2-31)容积为 200 L,其作用为:一是稳定压缩空气的压力,减少空气压力脉动,使整列互备有相当的缓冲容积空间;二是使压缩空气中的液体(主要是水)沉积分离出来,使其不进入制氧机中而影响膜组件的分离性能和使用寿命。空气储罐中的液体由罐底部设置的自动排水阀定时排出罐外。

图 2-31　空气平衡罐

技术参数:

体积	200 L
工作压力	1 MPa(10 bar)
容器类型	Ⅱ
材料	不锈钢
外形尺寸(mm)	ϕ462 × 1 380
重量	105 kg
接口口径	1 英寸

3. 制氧机和电控柜(见图 2-32)

制氧机和电气柜布置在车内,安装在一位端左侧的制氧室内;分别有单独的机柜,在车上这两部分是通过螺栓连接在一起的,在他们之间有整块钢板来避免制氧机内的氧气进入控制单元。制氧机和电气柜是整个制氧系统的富氧生产和参数控制单元,主要包括以下部件:

(1)联合过滤器

联合过滤器为三级,一级过滤器(3 μm)作为总脱湿器去除离开缓冲罐的脱出的油或水。二级过滤器(1 μm)用于将颗粒和液体含量降低至对膜性能无害的痕迹量水平。三级过滤器是精密联合过滤器(0.01 μm),设计中用于去除最微量的浮质,以进一步保护中空纤维膜组件。

(2)进气加热器

加热器为电热式,其作用除了为膜分离器提供一个最好的操作温度使膜分离器在最佳状态下工作外,其另一个作用是使进入膜分离器的压缩空气露点提高,并保证液体(主要是水)不在膜丝上冷凝,使膜组件能长期稳定可靠地运行。

图 2-32　制氧机和电控柜

(3)膜分离器(也称膜组件)

制氧机的关键核心部件,在保证压缩空气流量的情况下，制氧量的大小和富氧浓度的高低在一定的范围内可通过整定膜分离器的操作压力和温度来调整。

(4)膜前自动阀

备有旁路阀的自动阀作为安全元件用于控制进入车厢的产物氧气的目标质量并保护膜分离器。如果车厢中的氧含量超过分析仪的设定报警点，进气隔断阀将关闭，压缩空气无法进入膜分离器，停止向车厢提供富氧气体；另一方面，当进入膜分离器的压缩空气压力过低，或进入膜分离器的压缩空气进气温度过高时，都会损害膜分离器，进气阀将关闭以防压缩空气进入膜分离器。

(5)背压阀和纯度控制阀

用来控制尾气流速，对系统性能进行微调，并在进气流量超过系统生产能力时保证富氧流量。

(6)废气排放消音器(图2-33)

消音器位于车辆一位端左侧底架下(制氧机的正下方)，利用其内部大口径多孔结构降低膜制氧系统的尾气(氮气)流的压力，达到消音的目的。

(7)控制面板

在制氧机正面门的左侧安装有海拔高度仪、空压机文本显示器、操作旋钮和指示灯，正面门的右侧安装有制氧机控制器。

图2-33　废气排放消音器

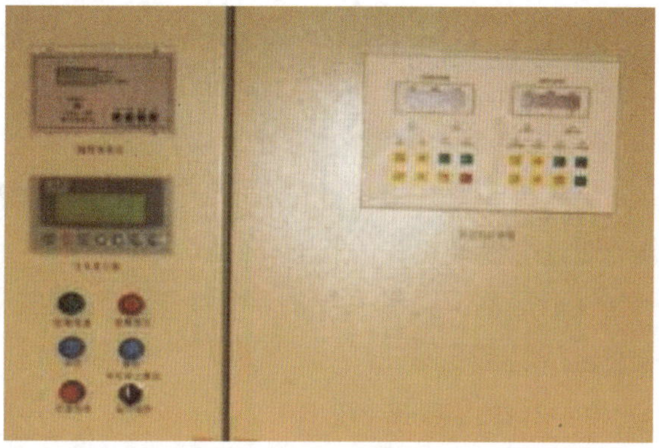

图2-34　PLC控制柜

(8)PLC控制系统

膜制氧系统中的过程控制都由可编程逻辑控制器(PLC)监测和控制。PLC使用微处理器和软件分析各种过程变量并采取相应动作。操作界面(LCD)用户接口显示系统操作参数的信息，并允许改变过程控制、定时器和报警。PLC控制柜如图2-34所示。

(9)海拔高度仪

海拔高度超过3 000 m后，海拔高度仪上的继电器接通，使制氧机能够启动。制氧机在高原运行时，氧浓度值需要靠海拔高度仪测量出的海拔高度进行修正，所以制氧机运行时，海拔高度仪必须正常工作，否则影响氧浓度的测量精度。海拔高度仪工作模式有自动和手动两种，打开制氧机

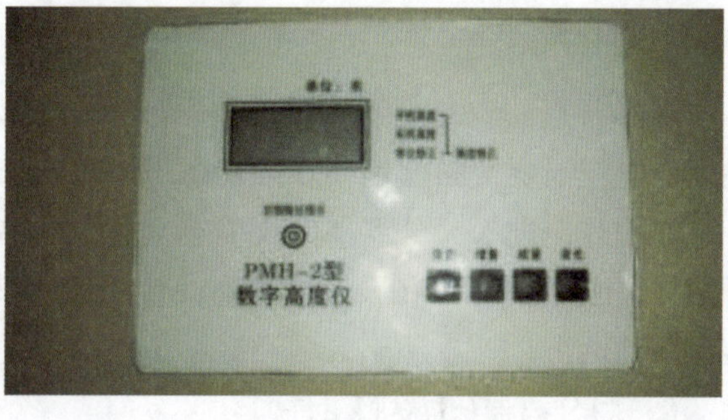

图2-35　海拔高度仪

电控门后，在海拔高度仪的背后有一开关，若扳向自动位，则海拔高度仪处于自动工作状态。海拔高度仪如图 2-35 所示。

(10) 氧分析仪

制氧膜系统采用四个氧分析仪，通过燃料电池型传感器测量产物气流中的氧含量。氧分析仪用空气压缩机出气校准。每个氧分析仪(富氧气氧分析仪除外)配备一个在 0 ~ 30% 氧的操作全程可调的报警输出。报警用于在车厢和制氧室的氧含量超出报警设定时隔断进入膜分离器的压缩空气并发信号给 HVAC(暖通空调)单元控制空调的风门至最大。

(11) 技术参数

技术参数如表 2-6 所示。

表 2-6 技 术 参 数

车 型	软 卧	硬 座	硬 卧	餐 车
定员	32 + 1	98 + 2	60 + 1	44 + 3
制氧量(m^3/h)	28 ~ 30	78	48	40
制氧浓度	35% ~ 45%			
富氧出口压力(MPa)	0.01 ~ 0.02			
制氧机尺寸(mm)	600 × 600 × 1 820	600 × 700 × 2 020		
控制柜尺寸(mm)	300 × 600 × 1 820	300 × 700 × 2 020		
质量(kg)	340	410		
进气口径	1 英寸	1 英寸		
弥散供氧出口	1 英寸	2 × 1/4 英寸	2 × 1 英寸	2 × 1 英寸
紧急供氧出口	1 英寸	1 英寸		
废气排放口径	1 英寸	2 英寸		
氧传感器取样管	ϕ4			

输入功率：

空气加热器 3 kW

箱体加热器 200 W

工作电源：

空气加热器 220 V

箱体加热器 220 V

4. 氧浓度传感器

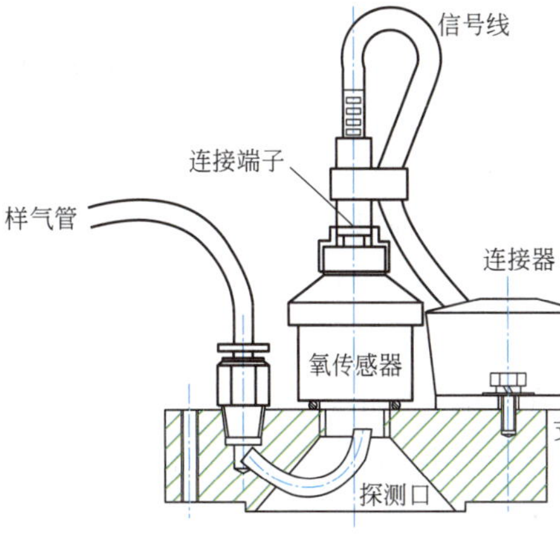

图 2-36 氧浓度传感器

电化学式氧探头测试，用海拔高度传感器来补偿由于海拔高度不同引起的空气中绝对氧含量的不同造成的偏差；用膜前的压缩空气作为样气可自动标校。

青藏车每节车都设置四个氧浓度传感器，在制氧机内部设有两个氧气传感器 AT101 和 AT102 来分别监控富氧和制氧机内部以及制氧室内的氧浓度；在客室走廊中央和主风道中央各设有一个氧气传感器来分别监控客室和主风道内的氧浓度。制氧控制器可将信号发给空调控制器，以决定空调或制氧机是否有进一步的动作；供氧量以客室内氧浓度不超过 25.5% 为限。如果测得车内浓度超过 25%，将新风控制门开大，增大新风量；如果测得车内浓度低，将新风控制门关小，减少新风量。新风量大小根据制氧机输出信号调整，在调整新风量过程中应相应调整废排风量。当氧浓度超过 25.5% 限值，传感器将发出信号给控制单元，系统将根据此信号自动切断压缩空气供应，富氧将停止生产；同时系统将声光报警并把报警信号传到给上位机。氧浓度传感器如图 2-36 所示。

5. 空气供给管路、氧气供给和分配管路

空气供给管路和富氧管路均采用食品级不锈钢管。空气供给管路位于车下，主管路通径为 DN32，输送空压机产生的压缩空气到膜制氧单元；且两车之间有两根 DN25 的软管连通。在整列运行的情况下，压缩空气可通过车辆底架下面的主供风管路互相线贯通，整列互用。富氧管路输送的膜分离系统产生的含氧量为 40%，压力为 0.01 ~ 0.02 MPa 的富氧空气分两路：一路为弥散供氧管路，由制氧机通往空调的第一节送风道；另一路为分布供氧管路，由制氧机通往客室内各紧急供氧出口。

（四）制氧系统工作流程

1. 系统运行模式（图 2-37）

制氧系统在制氧机和电控柜的操作面板上设置运行选择开关，分本机（手动）、停止、集控（自动）三种运行方式。

（1）停止方式

启动命令无效，综合控制柜即使提供 DC 110 V 控制电源，制氧机的所有部分即包括空压机、预热、加热都不能得电，但制氧机控制器处于待机状态，并解除高原制氧工作信号。

（2）本机方式

DC 110 V 控制电源开关接通后，制氧机自动进入运行状态，控制空压机的启动，向车厢内供氧气；并且不受网关控制，和网关通信有效。此时制氧机是否启动运行要受海拔高度仪控制，若海拔高度仪设置在手动状态，制氧机的启动不受海拔高度限制；此时若海拔高度仪设置在自动状态，则必须达到海拔高度仪设置的设定值制氧机才能启动。本方式可以用于系统测试和检验。

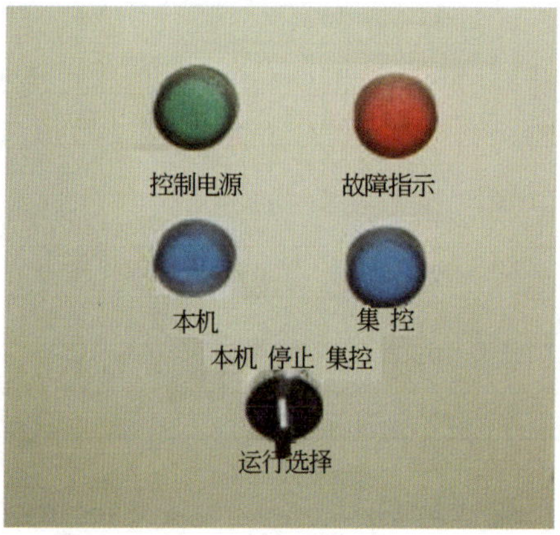

图 2-37　系统运行模式

（3）集控方式

DC 110 V 控制电源开关接通后，制氧机控制器位于等待状态，显示富氧出口的氧浓度。此时可以用控制器上的“运行/停止”键来启/停制氧机，也可以通过网关由主控计算机来启/停制氧机，也能接收制氧机的相关数据。面板上的按键全部有效。在此模式下，制氧机运行受网关控制，与网关通信有效。在网络通信正常的情况下，制氧机的启动或停止直接受网络命令控制，与海拔高度仪无关；在网络连续离线 10 min 以后，制氧系统应根据海拔高度仪自行控制，即使网络恢复正常也不再受网络控制直至重新上电。

2. 系统启动条件

在满足制氧机的控制柜上的运行键处在集控位置上，同时接到集控网络给出允许启动信号或运行键处在本机位置上；且海拔达到 3 000 m（系统设定值）或海拔高度仪处于手动状态，制氧空压机首先启动，必须在得到空调反馈的循环风机工作和风压正常（风压开关）信号后，才允许启动制氧机，输出富氧空气。

运行键处在集控位置上，如制氧机网关超过 10 min 无数据传输，制氧机控制器将根据海拔高度决定是否运行。

在海拔高度未达到启动设定值时，可以把海拔高度仪置手动位运行制氧机。制氧系统控制模式如表 2-7 所示。

表 2-7　制氧系统控制模式

转换开关位置 \ 制氧系统状态			1	2	3	4	5	6	7	8	9
			无反应	启动	无反应	启动	无反应	启动	启动	启动	无反应
制氧机电控柜模式开关	停止		×								
制氧机电控柜模式开关	集控			×	×	×	×	×			
制氧机电控柜模式开关	本机（手动）								×	×	×
海拔高度仪模式开关	自动	达到海拔高度				×				×	
海拔高度仪模式开关	自动	没达到海拔高度					×				×
海拔高度仪模式开关	手动								×		
车辆集控网络模式开关	集控	有 GPS 信号		×							
车辆集控网络模式开关	集控	无 GPS 信号			×	×	×				
车辆集控网络模式开关	手动							×			
备　注				当集控网络在线		当集控网络持续不在线 10 min					

注：制氧空压机启动后，制氧机系统并不能立即输出富氧空气，必须在空调反馈的循环风机工作和风压正常（风压开关）信号后，才允许输出富氧空气，一旦空调反馈的循环风机工作和风压正常信号失效，必须立即停止输出富氧空气。

3. 系统的运行过程

（1）制氧系统的开停

每列车中有 1 辆硬卧车设有 1 个车辆工程师室，该车设有 GPS（全球空位系统）装置。制氧系统的开停采用带工程师车的 GPS 装置和制氧机上的海拔高度仪（外气压）两个信号并联控制，在两个信号都有效时 GPS 信号优先，在 GPS 信号死区区段由制氧机海拔高度仪控制制氧机的信号，并通过网络发给制氧机，制氧机启动点（海拔高度）可以在该车设定。当该车通过网络发出高原可以启动制氧机的信号后，制氧机将向空调系统和网络系统（自动模式）发出工作信号（无源常开触点），表示处于高原制氧工作模式，此时，空调系统应开始进入高原工作模式，并给制氧机回应一个处在高原工作模式的确认信号；当制氧机在同时收到空调系统的确认信号和网络命令工作信号后，制氧机将启动空压机工作，随后将向车厢内供给富氧空气，如下述方式：选择开关置本机或置集控位，制氧机箱体加热自动运行。

模式选择开关置本机（手动）、海拔高度高于 3 000 m（系统设定值）或海拔高度仪置手动位，或模式选择开关置集控位并网关发出运行信号，制氧机启动运行，启动运行包括启动压缩机和制氧机运行。

（2）制氧机开机步骤

综合控制柜给制氧机供电：闭合综合控制柜上制氧机控制电源断路器，此时制氧机上控制电源指示灯（绿色）亮。闭合制氧机加热断路器和压缩机主回路断路器。

（3）控制电源上电

闭合制氧机控制柜内的控制断路器。此时制氧机控制器上电，显示富氧浓度和车厢内氧浓度；海拔高度仪显示海拔高度；压缩机文本显示器高亮显示压缩机的状态参数。制氧机控制器与压缩机控制器、海拔高度仪、网关建立通信,通过按键选择可在制氧机控制器上读出海拔高度、压缩机出口压力、车厢号。

(4)动力电源上电

闭合制氧机控制柜内压缩机主回路断路器和加热回路断路器,如逆变器工作正常,压缩机文本显示器上不再显示无电源。

(5)制氧机开机

集控位:把制氧机运行选择旋钮置集控位,此时集控指示灯亮,制氧机运行由网络控制,网络发出运行命令时制氧机就工作。

本机:把制氧机运行选择旋钮置手动位,如海拔高度仪在手动位或海拔高度超过输出上限值(3 000 m)时,制氧机开机。

自动开机:满足开机条件后,制氧机向网关发出启动请求信号(处于本机位时,制氧机向空压机发出启动信号),网关判断海拔高度和空调运行状况,具备条件后,网关给出允许启动信号,空压机开始启动。当压力达到0.5 MPa时,压力开关输出触点信号,制氧机自动阀门打开,制氧机开始工作。此时空调新风量由制氧机控制。

空压机输出的压缩空气先进入空气储罐,将空气中含有的水分离出来,然后进入膜制氧机的联合过滤器(F101 ~ F103),通过三级过滤去除有害颗粒和液体,颗粒和液体对膜组件的性能和寿命是有害的。过滤后的压缩空气进入空气加热器,加热器自动调节膜前温度到45 ℃左右,加热后的压缩空气再进入膜分离器。

膜分离器在低压渗透侧(透过膜的一侧)排出富氧气体,在膜组件的另一端(没有透过部分)排出尾气(废气,主要是氮气),尾气侧设有背压阀,用于调整膜分离器的操作压力。

富氧气体在稳压器前送入分布(紧急供氧)供氧管路,在稳压器后送入弥散供氧管路中,弥散供氧与空调新风混合后进入车厢中。稳压器的作用在于保证分布供氧压力稳定并优先供给,且使分布供氧供给压力不受分布供氧量的影响。

制氧机产生的富氧浓度和车厢内的氧气浓度通过氧气传感器进行检测并在制氧机显示屏上显示出来。

(6)氧气传感器的校准

在制氧机运行过程中,系统每隔半小时自动校准传感器,也可手动校准。手动校准的过程:在制氧机控制器上按校准键,校准电磁阀动作,向氧传感器吹21%的空气。此时要通过较准电磁阀前的减压阀来调整校准气量在3 ~4SCFH(风量单位,标准立方英尺/h)。

(7)制氧机停机

集控位停机:制氧机工作在集控位时,如网络发出停止命令或制氧机运行旋钮由集控位置停止位,制氧机停机,停加热器,关闭进气阀,停压缩机。

本机位停机:海拔高度仪在自动位且海拔高度低于输出下限设定值(2 800 m)或制氧机运行旋钮由本机位置停止位,制氧机停机,停加热器,关闭进气阀,停压缩机。

4. 系统的气源整列互用

供氧系统采用整列冗余互用设计,车下制氧用压缩空气供风管路全列贯通,当1 ~2台空气压缩机出现故障时,仍能够满足向整列车供氧的需求,且供氧标准不降低。一般情况下,压缩气源会从两端配备两台压缩机的气量充足的硬卧车向中间的配备一台压缩机气量短缺的硬座和餐车供应,压缩空气在制氧系统运行过程中是流动的,且在每车的主管路上和车端设有切断阀,当某车管路系统故障时可通过合理关闭一些阀门实现对前车,本车和后车的隔离,气源整列互用原理图如图2-38所示。

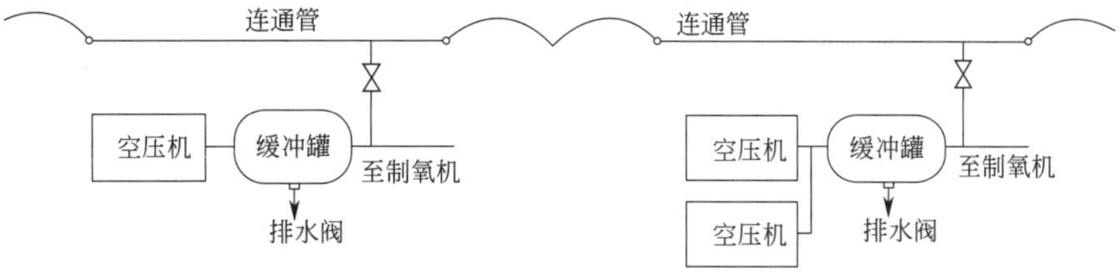

图2-38 气源整列互用原理图

5. 系统的联合控制

(1)制氧机和空压机的关系

制氧机在手动和自动状态下,均能控制空压机启动或停止,并能通过RS485接口接收空压机的压力值和过载、超温等故障信息。

(2)制氧机和海拔高度仪的关系

制氧机在集控位时,并且网络通信正常的情况下,制氧机的启动或停止直接受网络命令控制,与海拔高度仪无关;在网络连续离线10 min以后,制氧系统应根据海拔高度仪自行控制。即使网络恢复正常也不再受网络控制直至重新上电。

海拔高度仪分自动和手动位。

自动位:由本车箱海拔高度仪依据海拔高度自行控制制氧机启动。海拔高度超过3 000 m后,海拔高度仪上的继电器接通,使制氧机启动。

手动(试验测试)位:可以摆脱海拔高度控制仪的约束,从而自由的启动制氧机,此位置主要是便于制氧系统的调试工作。

制氧机在高原运行时,氧浓度值需要靠海拔高度仪测量出的海拔高度进行修正,所以制氧机运行时,海拔高度仪必须正常工作,否则影响氧浓度的测量精度。

(3)制氧机和列车网关的关系

制氧机在集控位时,并且网络通信正常的情况下,制氧机的启动或停止直接受网络命令控制。

制氧机在自动运行状态下,列车主控计算机能通过网关来控制制氧机的全载、半载启动和停机,并能在全载运行时减载一台空压机。制氧机在手动、自动状态下,都能通过网关向主控机提供富氧氧浓度值、客室氧浓度值和空压机压力值,以及相关的运行参数及故障信息。制氧机的空压机启动与逆变器的联锁集成电源控制柜提供DC 110 V控制电源后,在启动命令有效时制氧机做好启动准备,预热、加热部分根据需要可以提前工作。

在制氧机准备启动空压机时,必须先向逆变器发出启动请求信号(保持),等逆变器返回允许启动信号后(此时逆变器为了制氧空压机已经处于停止状态),制氧空压机的接触器应该立即吸合,并撤消启动请求信号(同时逆变器返回的允许启动信号也会自动撤消),如果DC 600 V有电,逆变器5 s后启动;如果发电车还没有提供DC 600 V供电,此时逆变器和制氧机的空压机仍然保持启动的准备,在发电车恢复供电后一起工作。从而保证制氧机的空压机随逆变器的重新输出一起软启动。

整个列车的制氧机空压机不能同时加载或卸载,由制氧机根据网关发送的车厢号,按车厢号顺序延时控制。

(4)客室氧浓度控制

青藏车的客室氧浓度的控制是通过控制空调的新风和废排风门的开度即新风(废排)量来实现的,具体控制逻辑如图 2-39 所示。

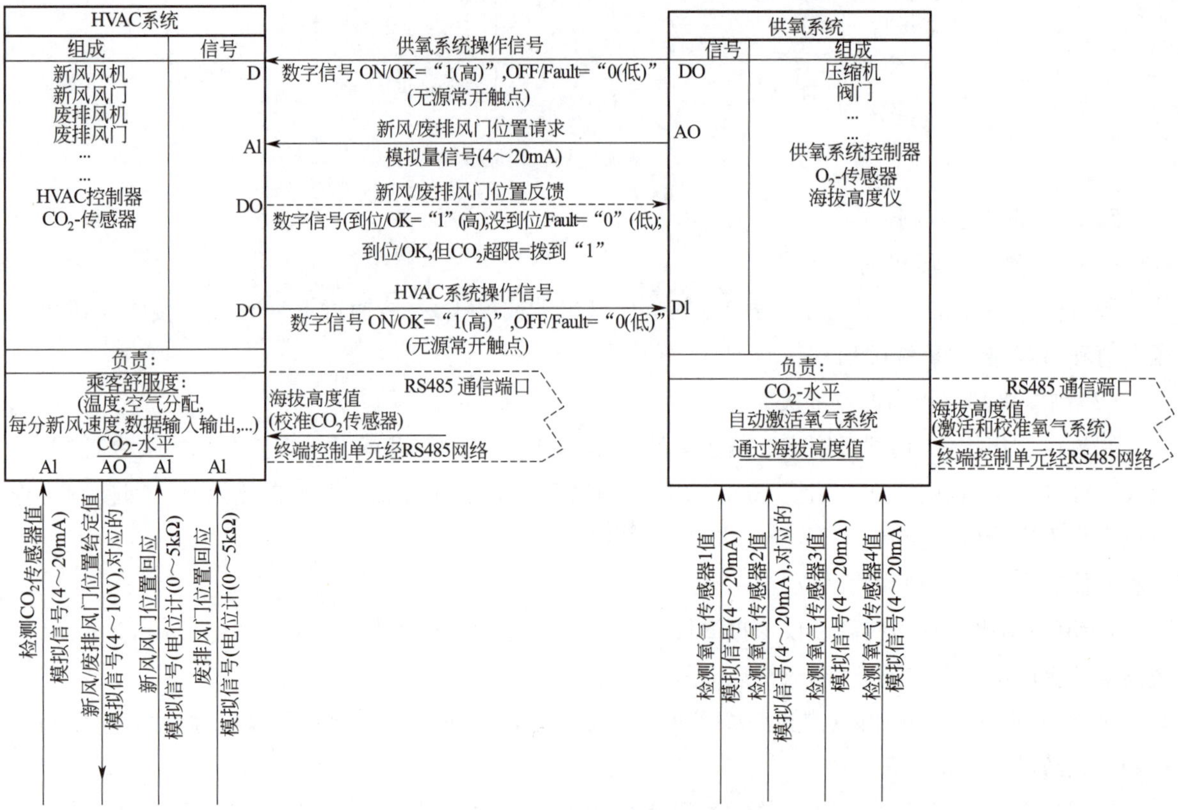

图 2-39 控制逻辑

空调系统中:新风风门(或新风机变频器)、废排风门的反馈、调节和控制在高原制氧工作时由制氧机系统控制并提供相应变送器的电源,空调系统与此相关的信号等全部切断。平原工作时,制氧机系统与此相关的信号等也要全部切断,相互保持电气隔离。

在制氧机准备工作或准备输出富氧空气之前必须先发出制氧机工作信号(无源常开触点),表示处于高原制氧工作模式,空调系统通风转到强风模式,并不再对新风和废排调节和控制,而全部交给制氧系统控制,并由制氧机提供新风调节器的电源和模拟量信号的电源。

特别需要明确空压机启动后,制氧机系统并不能立即输出富氧空气,必须在空调反馈的循环风机工作和风压正常(风压开关)信号后,才允许输出富氧空气,一旦空调反馈的循环风机工作和风压正常信号失效,必须立即停止输出富氧空气。

空调系统提供空调新风调节器(或新风机变频器)反馈的反映新风量大小的模拟量信号(4~20 mA),以及废排风门开度大小的模拟量信号(4~20 mA),这 2 个信号在高原制氧工作时由制氧机系统接收,空调系统与此相关的信号等全部切断。平原工作时,制氧机系统与此相关的信号等也要全部切断,相互保持电气隔离。废排风机由空调系统控制;高原时,废排风机按低速方式运行。高原时制氧机系统根据新风量、废排风量、氧浓度等来控制空调新风和废排。所有氧浓度和新风的调节、控制和安全保护由制氧机自动控制,并做必要的报警或提示。除此之外,制氧机系统向空调提供反映客室氧浓度的模拟量信号。

制氧系统工作，当车内氧气浓度低于设定值时，通过减小空调新风门的开度来减小新风量，从而使车内氧气浓度升高；当车内氧气浓度达到设定值时，空调新风门的开度增大，新风量增大，车厢内的氧气浓度随之降低；当通过增大风门后客室氧气浓度仍然超过限值，制氧系统将报警，并立即自动关闭压缩空气的进气阀门，制氧停止；待氧浓度恢复正常后，系统自动开启进气阀门，恢复向车内供氧。

当车厢客室内二氧化碳浓度超出限值，空调将接管新风调节和控制并至新风量最大，待二氧化碳浓度回到正常值后交给制氧系统控制（仅 BST 公司客车有此功能）。

数据传输：

制氧机通过网关向列车传送的数据：富氧氧浓度值；客室氧浓度值；空压机压缩空气压力值；系统工作状态；氧气浓度超限报警信息；氧传感器故障报警信息；空压机卸载，过载，超温，温度传感器故障信息。

列车通过网关能够控制制氧机的功能如下：

控制制氧机全载启动；停止制氧机运行；减载一台空压机运行；加载一台空压机运行；有烟火报警时停止制氧机运行；向制氧机发送列车车厢号。

6. 车内供氧方式

青藏车共设有三种富氧供给方式：整体弥散式供氧、个体分布式供氧和充袋式供氧。

（1）整体弥散式供氧

弥散式供氧是将制氧机产生的浓度约为 40% 左右的富氧空气通过弥散供氧管路送入到车顶部空调机组的送风道中，与空调送风混合后氧浓度降到 23% ~25% 并通过客车顶板上送风口均匀的弥散到车厢各个空间，以供给所有正常旅客使用，PLC 显示屏如图 2-40 所示。

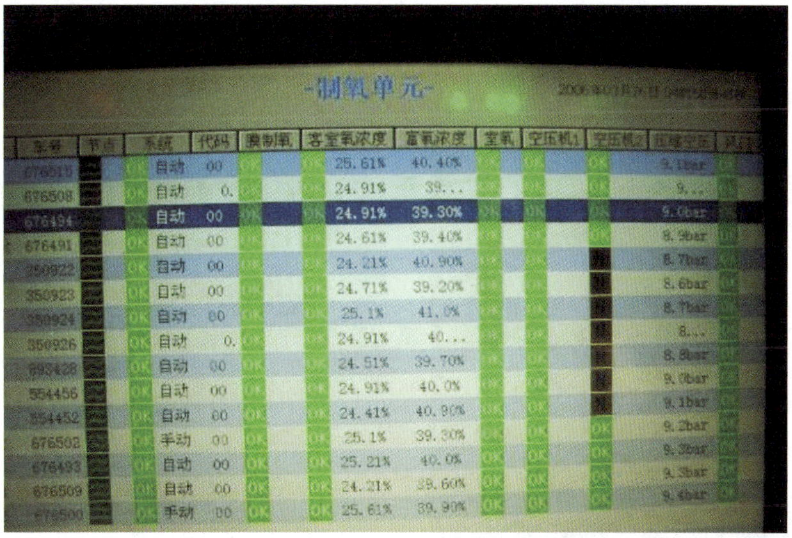

图 2-40　PLC 显示屏

（2）个体分布式供氧

由制氧机制出的富氧空气将通过另一路管路直接铺设在车厢内两侧专用分布供氧管中，且在旅客每个铺位上方、阅读灯下方的侧墙上以及乘务员室的间壁上安装分布供氧盒，内设有即插式接口，可以直接输出 35% ~45% 富氧空气供给有严重的高原反应的旅客使用。同时，制氧机上设充氧口，可以经氧气袋充氧。个体分布式供氧如图 2-41、图 2-42 所示。

(a)向上推开紧急供氧盒的盒盖,将吸氧设施端部的快速接头插进供氧插座

(b)快速插座外环向外弹出,套住快速接头

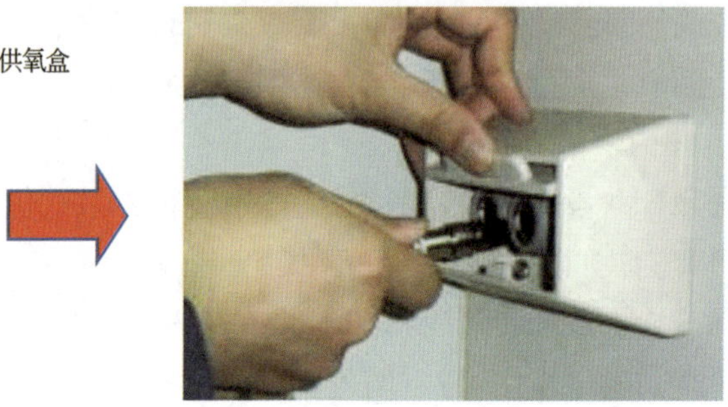

(c)轻推插座外环,释放接头

图 2-41　个体分布式供氧

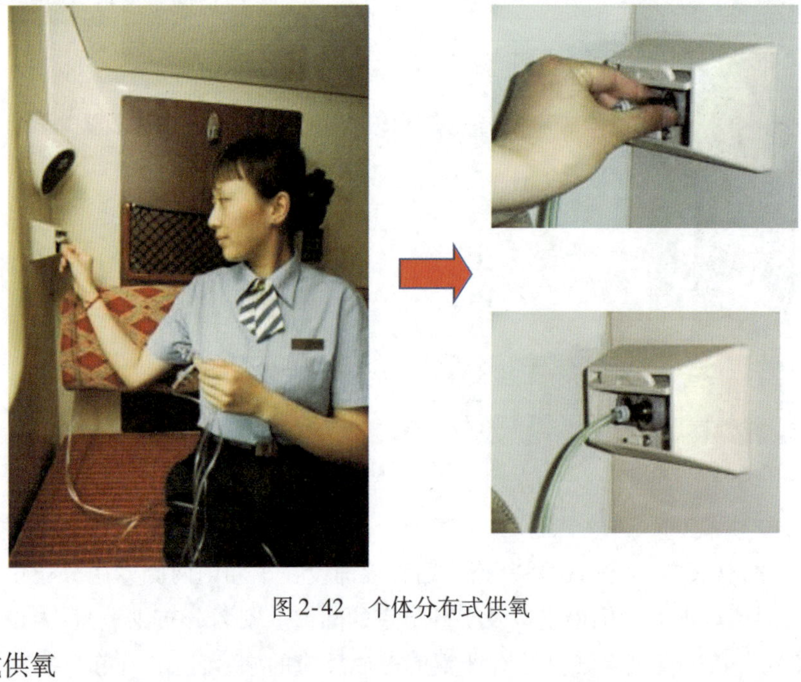

图 2-42　个体分布式供氧

(3)充袋式供氧

在制氧机上设有按照国家统一标准设置的氧气袋充装接口,可以充装便携式富氧空气袋,供有特

殊需求的旅客下车后使用。

打开制氧机的外门，可以看到制氧机的内侧面板，在内侧面板的偏上方有两个不锈钢元件：充氧手柄和充氧口。

充气时只需把氧气袋对准充气口，旋开充氧手柄，就可以往袋内充富氧空气了。此处的富氧空气的氧气浓度为 35% ~45%，压力为 0.01 ~0.02 MPa。充袋式供氧如图 2-43 所示。

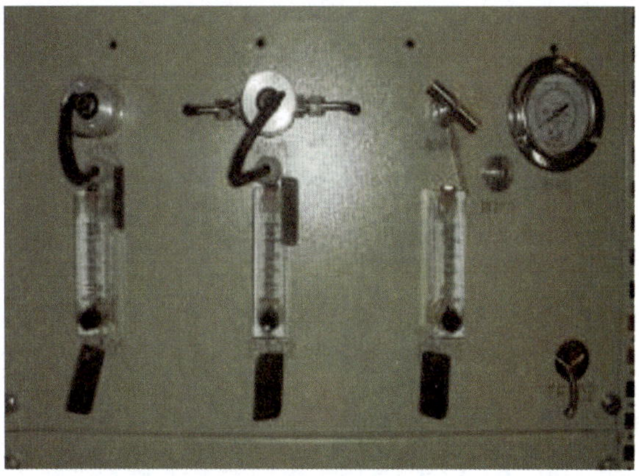

图 2-43　充袋式供氧

（五）制氧系统小结

研究表明，空气中的氧气分压力（氧分压）随着海拔高度的升高而下降，在海拔超过 4 000 m 时，人必须补充氧气。

民航客机采用加压增氧方式，这种方式对结构强度和密封性要求极高，在铁路客车上难以实现。青藏高原客车选择了补充氧气的方式，并通过膜式制氧机实现。

供氧系统采用整列冗余互备设计，车下制氧用压缩空气供风管路全列贯通，当 1 ~2 台空气压缩机出现故障时，仍能够满足向整列车供氧的需求，且供氧标准不降低。

青藏高原铁路客车所采用的弥散式与分布式相结合的制氧、供氧技术，是世界上的首创，并在世界上首次确定增氧浓度为 23% ~25%，车辆制氧系统布置图如图 2-44 所示。

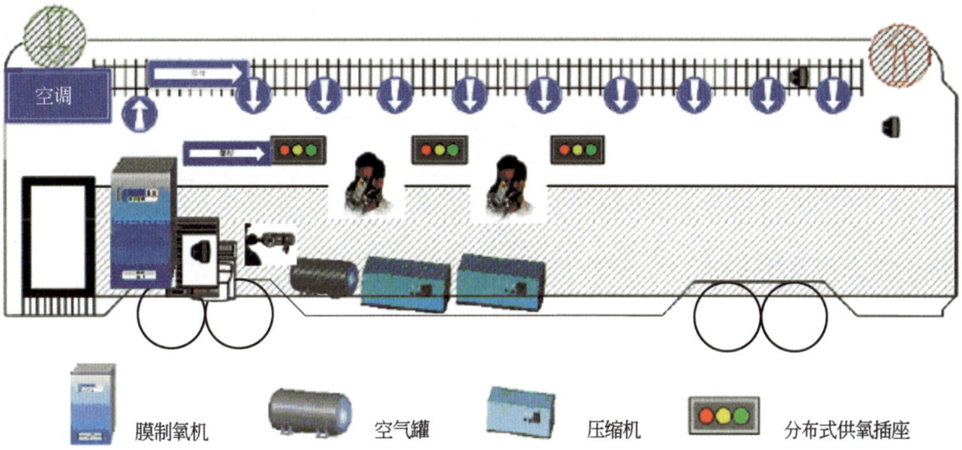

图 2-44　车辆制氧系统布置图

在不同海拔高度下，车厢内氧气浓度增加至 25% 时，所对应的氧分压关系如表 2-8 所示。

表 2-8　氧 分 压 关 系

海拔高度（m）	大气压力（kPa）	氧分压（kPa）	车内氧气浓度提高到 25% 时所对应的氧分压	海拔高度（m）	大气压力（kPa）	氧分压（kPa）	车内氧气浓度提高到 25% 时所对应的氧分压
0	101.2	20.9		4 000	61.6	12.87	15.4
1 000	90.7	18.7		4 500	57.7	12.06	14.43
2 000	80.0	16.6		5 000	54.0	11.29	13.5
3 000	70.1	14.65	17.53	5 072	53.5	11.18	13.38
3 641	64.2	13.42	16.05				

可见,当车厢内氧气浓度达到25%时,在海拔5072 m时,供氧水平与海拔3641 m(拉萨)相当;在海拔4500 m左右时,供氧水平与海拔3000 m相当。

如乘客在加氧车厢内仍然感觉不适,可通过分布式供氧接口直接吸入浓度为35% ~45%的含氧空气,满足身体对氧气的需求,降低高原缺氧反应。

二、高可靠性的高原电气系统

青藏铁路高原客车为DC 600 V供电的空调客车,在电气化区段由电力机车集中供电,在非电气化区段由发电车集中供电。供电系统为DC 600 V两路干线独立供电、分散变流。本车供、配电的控制由车内电气综合控制柜来完成,其控制中枢为PLC(可编程控制器)。

Ⅰ、Ⅱ路DC 600 V电源干线分别经车底金属线槽、分线箱引至车厢内电气综合控制柜,根据需要经手动或PLC自动选择其中一路电源至车底逆变器箱;逆变器箱内设两台50 kV·A逆变器(DC 600 V/3AC 380 V、50 Hz)和一台15 kV·A隔离变压器(输出三相四线制AC 380 V/AC 220 V),两台逆变器互为热备份。逆变器箱输出的两路三相三线制AC 380 V、50 Hz电源和一路三相四线制AC 380 V/AC 220 V、50 Hz电源经电气综合控制柜后控制车内各交流用电设备。

编组时原则上Ⅰ路、Ⅱ路负载应均衡,例如1、3、5…车由Ⅰ路供电,2、4、6…车由Ⅱ路供电。

主要控制电源为DC 110 V。Ⅰ、Ⅱ路DC 110 V干线电源在车底分线箱汇接后经走线金属线槽引至车厢内电气综合控制柜,经分配后供给本车各直流用电设备。车下设一台充电器箱(北京、上海、广州局青藏客车的充电机、单相逆变器和逆变器集合在一个辅助电源箱内)。充电器箱内设DC 600 V/DC 110 V、8 kW充电器和容量3.5 kV·A单相不间断隔离逆变器。充电器输出两路DC 110 V电源,一路为车底蓄电池及车内直流设备提供电源,另一路为列车DC 110 V干线供电。车下设GNC120-(12) 120 A·h镉镍烧结式高倍率碱性蓄电池或FNC172-MR 100 A·h中倍率纤维极板碱性蓄电池,电池箱电池正、负输出线均有熔断器保护,箱体采用不锈钢或耐侯钢材质并接地。

车端每位角设DC 600 V、DC 110 V电力连接器,用电力连接器过桥线连接,保证全列电力电源贯通。

本车采用电空制动系统,车端每位角设电空连接器,用电空连接器过桥线连接,保证全列电空制动系统贯通。

本车电气监控系统采用LonWorks网络,通过车端39芯通信连接器实现全列贯通,由PLC对本车电器设备的各个状态进行处理,通过触摸屏对车辆的电气件的运行情况进行监控。

车内各用电设备金属外壳均就近接地,车端设接地连接器,实现整列车等电位。同类负载间采用环线接线方式。

该车的电气装置主要由车内电气装置、车底电气装置、车端电气装置三部分组成。

青藏客车电气系统框图见图2-45。

注:39芯连接器包括电气监控网线、供电请求、供电允许、塞拉门集中控制、DC 110 V电源线、播音(轴报)、烟火报警、旅客信息系统网线等。车内电气装置主要由车内电气设备、配电线路、电气监控系统、旅客信息系统、列车网络组成。

(一)高原客车电气系统设计准则

青藏高原客车设计除了需要满足常规的铁标、国标要求外,满足青藏高原特殊的地理环境条件以及电气设备的可靠性、安全性和免维护要求，对青藏铁路客车电气系统及设备的设计和制造提出了很多技术挑战，主要是：

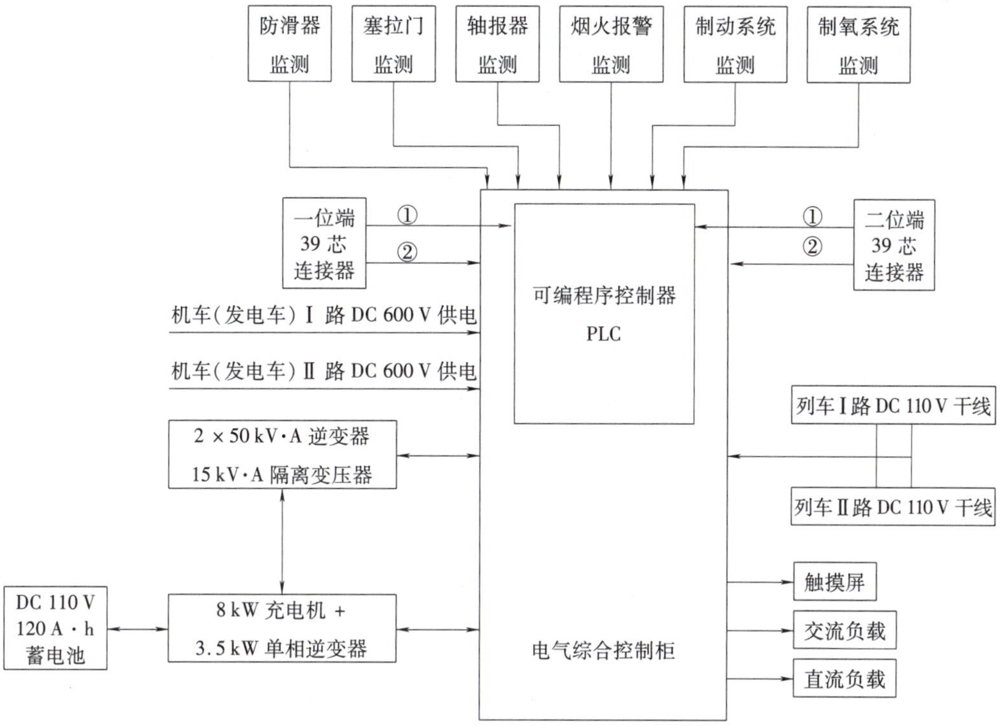

图 2-45 青藏客车电气系统框图

高海拔造成发热部件的温升的影响；

高海拔对电气部件的内、外绝缘性能的影响；

高海拔对开关电器的灭弧形能、电寿命的影响；

高海拔对电线电缆的散热和载流量的影响；

高海拔对保护器件的热脱扣值和保护动作性能的影响；

高海拔对电机类负载功率的影响；

低温环境对电子装置启动产生影响；

低气压、低温环境对蓄电池放电容量产生影响；

直击雷和感应雷及产生的过电压对电气系统和部件的破坏。

针对上述问题，2005 年 6 月铁道部运输局、科技司、青藏铁路公司、四方所、铁科院机车车辆研究所、南车四方股份公司、BST 公司及各个关键系统的供应商在青藏铁路格尔木至沱沱河区间多次试验运行两辆由南车四方机车车辆股份公司生产的改造车，并结合实验室试验，得出电气系统下述设计选型数据，这些数据对于青藏客车的设计制造具有指导意义：

1. 通过防雷实验室对供电及控制系统过防雷击试验表明，青藏客车的防雷接地保护系统能够对客车电气系统进行有效的保护，SPD 装置通过接地保护系统在对雷击电流进行泄放的同时，能够将被保护电路的过电压限制在较低的水平。

2. 电动机、交直流接触器、继电器线圈等部件必须选用 F 极以上绝缘等级，才能满足高原使用。

3. 传感器、接线端子、开关电器在海拔 5 000 m 时的冲击耐压和工频耐压修正系数为 1.46 和

1.43。以此为选型、检验依据可以保证器件的电气间隙和爬电距离满足高原应用。

4. 客车的电力电线电缆在可能出现的持续最大载流量下长期工作，海拔 5 000 m 时的温升高于平原的 30%，车辆布线时需考虑适当放大余量，即是平原 1.1～1.2 倍。

5. 高海拔地区热脱扣电器的保护动作值小于平原地区，应按 1.1～1.15 倍电流整定，但对于风机类负载，由于高原运转时功率和电流下降，基本可以抵消影响。

6. DC 600 V、DC 110 V 接触器在高海拔条件下应用，关断时间加长，功率损耗加大，电气寿命大大缩短，应采取降额使用措施，DC 600 V 接触器尽量采用双极接触器。

7. 按高海拔使用条件设计改进的车端 DC 600 V、DC 110 V 连接器，能够满足高原使用。

8. 电加热器件在高原地区应用时，由于空气稀薄，散热困难，表面温度高，所以在高原采暖工况时通风机应处于强风状态。

9. 为保证电气系统的安全、可靠运行，青藏客车设计制造所采购的电气设备、电器部件必须经过试验室的模拟试验合格和经受线路运行试验后才能装车使用。

（二）单车逆变系统

1. 系统概述

单车逆变系统主要由 5 部分组成：三相逆变器 1（50 kV·A）、三相逆变器 2（50 kV·A）、隔离变压器（餐车为 25 kV·A，其他车为 15 kV·A）、充电机（8 kW）、单相逆变器（3.5 kV·A）。辅助电源系统的 5 个主要模块和控制板、连接线等安装在车下的辅助电源箱内，此电源箱悬挂在车下枕内靠近一位端的横梁上。本辅助电源系统专为青藏铁路客车设计，能够在高海拔（5 100 m）及低温（－40 ℃）环境下工作。辅助电源系统原理框图如图 2-46 所示（餐车的隔离变压器接在逆变器 1 的后面并且容量为 25 kV·A）。

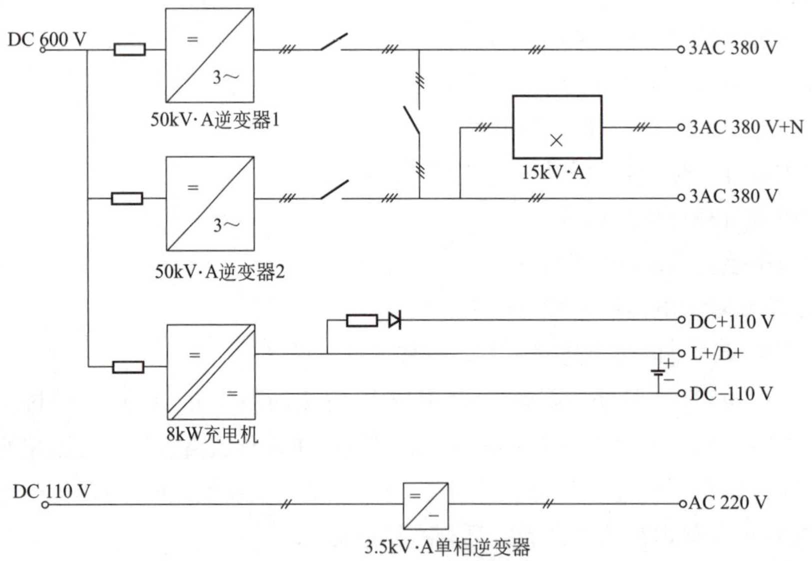

图 2-46　辅助电源系统原理框图

2. 单车逆变系统功能

两台 50 kV·A CVCF 三相逆变器分别为车上的制氧机、空调等三相电器设备提供电源。当带有隔离变压器的逆变器故障时，系统自动切换由另一正常的逆变器提供电源，此时空调或电加热须减载运行。在硬座车、软卧车、餐车中逆变器 1 主要向空调设备提供电源，逆变器 2 主要向制氧机提供电源。在硬卧车中由于有两台制氧空压机,逆变器1要向空调提供电源外,还要向另一台制氧空压机提供电源。

充电机为蓄电池充电,同时也为车上照明、电气柜、塞拉门、集便器等直流用电设备提供电源,并向车下的 DC 110 V 母线提供电源。

单相逆变器为空调紧急通风设备、方便插座等提供电源。平时单相逆变器的 DC 110 V 电源由充电机提供,当车辆由电力机车供电并且过分相区时,单相逆变器的 DC 110 V 电源自动转化为由蓄电池提供。

隔离变压器为车上的电伴热、厨房设备等漏电流比较大的设备提供电源。

3. 辅助电源箱

辅助电源系统的所有模块和其他部件全部安装在一个箱体内,吊挂在车体下。车下辅助电源箱正面有两扇门并由门锁锁紧,逆变器和充电机模块由车下设备箱的正面(车厢的侧面)沿箱体内的滑槽推进箱体,模块的后部和箱体的后部通过橡胶条进行密封。车下辅助电源箱的两端有两排接线端子,输入输出电缆通过箱体侧面的进线孔连接在端子排上。箱体的两个侧面分别有一个维修门板可以打开。

(三)控制系统

列车监控系统是由综合控制柜控制单元(每一个车的电气柜内都有此单元)和主控站单元(主控站单元即监控柜安装在带残疾人厕所的硬卧车乘务员室内)组成。综合控制柜控制单元由 PLC 主机单元(CPM2A-CPU61)、信息显示触摸屏(NT31-ST122-EV2)组成。主控站单元由主控计算机(UNO-2160)、信息显示触摸屏(FPM3120)以及 WG-Ⅱ型车载数据无线传送装置组成。

1. 电源供电转换功能

综合控制柜的电源有两路供电,通过转换开关分“自动”和“试验Ⅰ路”、“试验Ⅱ路”。

(1)正常供电

转换开关置于“自动”位:

Ⅰ路、Ⅱ路均有电(电压高于 DC 500 V),设定车厢号后,PLC 按照均衡供电原则,奇数号车厢选择Ⅰ路供电、偶数号车厢选择Ⅱ路供电,Ⅰ路和Ⅱ路互锁,显示屏显示相应信息,电源指示灯亮。

如果Ⅰ(Ⅱ)路有电、Ⅱ(Ⅰ)路无电,所有车厢 PLC 通过检测可自动选择Ⅰ(Ⅱ)路供电,根据实际情况需要给出减载信号(在加挂发电车后且没有高原制氧机工作信号时,不给出减载信号)。此时如果Ⅱ(Ⅰ)路重新供电,则偶(奇)数车厢 PLC 通过检测可重新选择Ⅱ(Ⅰ)路供电,若已给出减载信号则取消减载信号。

可以通过触摸屏的电源控制菜单和提示选择或转换供电回路。

在Ⅰ路、Ⅱ路都有电,奇数号车厢Ⅰ路供电、偶数号车厢Ⅱ路供电的情况下,如果Ⅰ路(Ⅱ路)电源出现过压故障,PLC 自动转换到另一路电源供电,同时根据实际情况需要给出减载信号。当电源电压值恢复正常,通过触摸屏操作解除故障保护或电源重新供电, PLC 自动转换回原供电回路,若已给出减载信号则取消减载信号。两路供电回路重新供电时,PLC 将自动解除保护,转换到原供电回路。

在一路有电,另一路无电,所有车厢都是同一路供电的情况下,如果供电回路出现故障,则 PLC 停止供电,不进行转换。

在一路正常,另一路存在故障未消除,车厢供电已经进行了一次转换的情况下,如果供电回路再出现故障,则 PLC 停止供电,不进行转换。

故障排除后,可以通过触摸屏上的“电源控制”菜单,按下“停止供电”或“自动供电”触摸开关解除故障保护。通过 PLC 检测后,PLC 自动转换回原供电回路,负载恢复原工况运行。

故障排除后也可以通过转换开关由“停止”位转换到“自动”位,PLC 自动解除保护,转换回原供电回路。

出现过压故障,恢复正常后,两路供电回路重新供电时,PLC 将自动解除保护转换到原供电回路,恢复原工况运行。

(2)试验供电

将转换开关置于“试验Ⅰ路”或“试验Ⅱ路”,人为选择Ⅰ路供电或Ⅱ路供电,此时 PLC 只进行检测报警,不能进行电源回路的转换。

(3)监测

主电路中接有电流传感器、电压传感器,并设在线绝缘检测装置,显示触摸屏上可显示主电路的电压、电流、DC 110 V 母线电压、本车蓄电池电压、电源状态、逆变器输出电压等信息,当某路电源出现过压、绝缘等故障时,显示触摸屏显示故障提示,相应电源故障灯亮。

2. 蓄电池欠压保护功能

为保护蓄电池,综合控制柜设蓄电池欠压提示功能,当 PLC 检测到本车蓄电池电压低于欠压保护设定值时,触摸屏应显示相应故障信息,提示用户(蓄电池欠压保护功能判断信号由车下电源给出,当蓄电池欠压时,车下电源给出信号切断相应负载)。

3. 照明控制功能

照明控制功能通过照明转换开关控制。当转换开关在自动位时,通过触摸屏可以控制照明,照明工况分为“全灯”、“半灯”、“应急灯”“停止”。同时,转换开关在自动位时 PLC 也能够响应主控站的控制命令。

4. 轴温、防滑器、烟火报警器、空调、制氧机、车门及车下电源箱状态监视功能

通过 WG 型网关能够将轴温、防滑器、烟火报警器、空调、制氧机、车门、车下电源箱的状态信息送给 PLC,并在触摸屏上显示。通过主画面上的“本车网络”触摸开关可以查询本车轴温报警器、防滑器、烟火报警器、车门、制氧、空调的详细信息。

5. 联网通信功能

代理节点能实现车辆间的通信。各个车厢的 PLC 通过代理节点将本车信息发送给其他车厢的命令传送到列车总线上,供其他车厢调用。本车 PLC 可以通过代理节点读取列车总线上其他任一节车厢的信息,接收其他车厢发送给本车的命令并执行。

(四)客车照明设计

客车照明体现了人性化设计理念。公共区域(座车客室、卧车走廊等区域)照明由乘务员通过乘务员室照明配电盘的照明转换开关统一控制;对于软卧包间等封闭区域单独设置照明开关,根据个人的需要,乘客可以独立控制本区域内照明灯具的开关状态。为方便软卧车乘客的使用,在软卧车厢卧铺适当的位置设置了阅读灯,以方便乘客在夜间照明。

1. 概述

青藏高原客车有多种形式的照明灯具,包括:日光灯、阅读灯、铺号灯等,其中日光灯为主照明(个别车主照明为 LED),其他的灯具作为辅助照明。由于高原低气压热量散发慢,在设计选型阶段,通过实验室低气压调查试验,发现卤素灯发热量大,灯具温度太高(能达到 120 ℃),不适用于高原。通过长时间的试验、选型,最终阅读灯、铺号灯等选用发光二极管(LED)。此灯发热量低,色温

(2 800 K ~ 3 500 K)、照度基本能够满足设计要求。青藏高原客车照明控制形式有:自动、停止、全灯、半灯、夜灯。当控制开关在自动位时,则本车的照明形式由网络系统控制,通过工程师车的网络监控柜发送控制信号,控制车辆的照明形式(全灯、半灯、夜灯)。

2. 各车型照明

(1) 硬座车照明

硬座车的照明为日光灯。日光灯安装在客室中顶板两侧,日光灯的控制形式仅有全灯和半灯,硬座车客室照明如图 2-47 所示。

图 2-47 硬座车客室照明

(2)硬卧车照明

硬卧车的照明主要有两种形式:日光灯或 LED 灯和铺号灯。铺号灯仅安装在每一硬卧包间的出口间壁上,便于乘客夜间行走。

(3) 软卧车照明

软卧车的照明灯具主要有:日光灯或 LED 灯、阅读灯。在软卧包间内的每一个床头上方安装有一个阅读灯,便于旅客阅读使用。

(4)餐车照明

餐车的照明和硬座车相似,即主要有两种形式:日光灯或 LED 灯。

(五) 防雷设计

1. 系统概述

青藏铁路沿途雷电频繁,特别是地滚雷时有发生,为避免雷电对电气系统的破坏,消除对旅客人身安全的威胁,青藏客车首次装用了防雷系统。

防雷系统包括列车级接地装置,车内电气设备防雷浪涌装置等组成。通过车顶避雷带,经车体、转向架轴端回流装置,将雷击电流导入大地。全列防雷保护方案图如图 2-48 所示。

2. 列车级接地装置

列车级接地装置由车端防雷连接器、轴端接地回流装置等组成。车端在车钩两侧各设一条与邻车相连的接地线,采用截面不小于 25 mm^2 的镀锡铜导线,通过 JD-1Q 车端防雷连接器将各车车体等电位连接,防止各车之间形成电位差而造成跨步电压;各车转向架的每根车轴的的轴端安装轴端回流装置,通过回流装置,可将雷击电流安全地导入大地。

3. 轴端接地装置

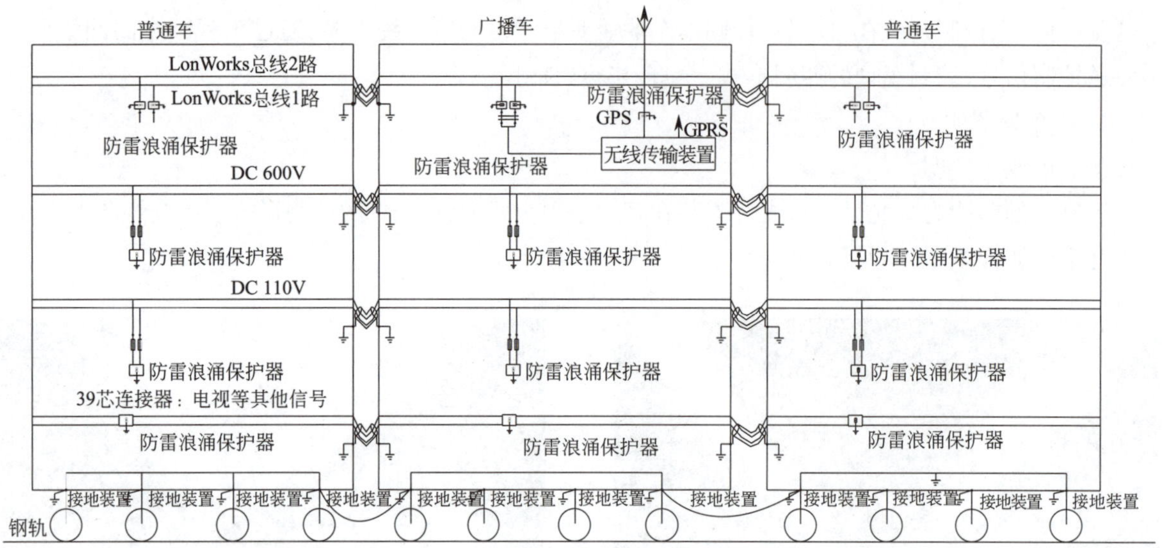

图 2-48　全列防雷保护方案图

轴端接地装置的主要功能是提供转向架构架与车轴之间的接地电流回路。当车体遭受雷击时，该雷电参量要通过接地装置泻放到地面钢轨。接地装置可承受 100 kA 以上的冲击电流，转向架的每根车轴的一端安装一套 EC-3(QZ)型防雷接地装置，每套接地装置耐受冲击电流为 25 kA 以上。接地装置的冲击接地电阻不应大于 4 Ω，同时接地装置的接地电阻不大于 0.05 Ω。同时此装置为轴箱内轴承提供了有效的保护。

4. 车内电气设备防雷浪涌装置

为防止感应雷所造成的浪涌电压侵入车内电路，造成设备损坏或引起火灾，在 GPS 天线、广播天线、有线电视、同轴电缆、DC 600 V 供电、DC 110 V 供电、列车网络线进入车内控制柜时，首先经防雷及浪涌保护器 SPD 保护，然后进入相应设备。车内电气设备防雷浪涌装置如图 2-49所示。

图 2-49　车内电气设备防雷浪涌装置

车内供电及综合控制柜防雷保护，采用将配电保护地线、防雷接地、直流逻辑地线、静电地线、屏蔽地线、车体和设备的金属外体全部实现电气连接，保持所有接地的等电位。车辆接地要求按照铁标 TB/T 2997—2000 执行。

5. 接地线的要求

从车体分别到每个接地装置的引入线，其截面应保证导电性能不低于 35 mm^2 铜导线性能，并尽量减小接线长度，易于检修和观察。设备、配电柜对地、保护穿管或金属线槽之间的过渡线和接地线，截面积应符合表 2-9 要求。

表 2-9　截　面　积

主回路导线截面 S	接地线最小截面(mm^2)
$S \leqslant 16$	S
$16 < S \leqslant 35$	16
$S > 35$	$S/2$

注：表中数值只在接地线与主回路采用相同材质时有效。当接地线采用一般绝缘导线时，其最小截面不应小于：
(a)有机械防护时 2.5 mm^2；
(b)无机械防护时 4 mm^2。

所有接地线应就近接地并尽可能缩短，采用 SPD

防雷及浪涌保护器的接地线应小于 0.5 m。

6. 车端连接器

车端连接器的所有底座壳体要求可靠导电，并与车体通过螺栓就近接地。车端连接器的屏蔽保护层截面和接地线截面面积要求如表 2-10 所示。

表 2-10 车端连接器屏蔽保护层截面和接地线截面面积

连接器	接地线截面（mm^2）	屏蔽层截面（mm^2）	其他要求
DC 600 V 电力	>25	>25	镀锡或镀镍
39 芯通信	>6	>6	镀锡或镀镍
DC 110 V 电力	>6	>6	镀锡或镀镍
电控 5 芯	>4	>4	镀锡或镀镍
JD-1Q 防雷接地	>25		

（六）烟火报警系统

青藏客车安装有火灾报警控制器，在任意一个烟探测器加烟至足够量后或温探测器加温至足够温度后，该探测器底座上的发光管（确认灯）应亮，仪器上的火警灯点亮。在对探测器继续加烟的情况下，经约 20 s 后，响火警音，屏幕显示“有火灾报警无故障报警”界面。通过操作网络监控系统的触摸屏可以显示本车每一个火警探测器的状态。在列车编组后，通过操作本车的报警控制器可以显示其他车厢探测器的状态。烟火报警系统探头如图 2-50 所示。

图 2-50 烟火报警探头

烟火报警系统以车辆为单元，车辆和车辆之间的烟火报警系统通过 39 芯连接器通信（下层网络通信）；在车辆内部烟火报警系统和网络监控系统通信，烟火报警信息通过网关传递给监控系统（上层网络通信）。由于受监控系统所限，烟火报警系统仅能有 12 路探测点和监控系统通信，所以青藏高原客车的烟火报警系统最多只能有 12 路探测报警点。共有两种探测器：感烟探测器和感温探测器，其中餐车厨房内安装有两个感温探测器，其余都是感烟探测器。青藏高原客车各个车型烟火报警探测器布置如下：

硬座车：客室 3 个，电气柜内 1 个，制氧机室 1 个，左右厕所各 1 个，共 7 路。

普通硬卧车：10 个包间各 1 个，电气柜内 1 个和制氧机室 1 个并联为 1 路，左右厕所各 1 个并联为 1 路，共 12 路。

带残疾人厕所硬卧车：9 个包间各 1 个，电气柜内 1 个和制氧机室 1 个并联为 1 路，残疾人厕所 1 个，左侧厕所 1 个，共 12 路。

软卧车：8 个包间各 1 个，电气柜内 1 个，制氧机室 1 个，左右厕所各 1 个，共 12 路。

餐车：餐厅 3 个，一位端电气柜内 1 个，二位端电气柜内 1 个，制氧机室 1 个，厨房内 2 个，共 8 路。

（七）轴温报警系统

青藏高原客车轴温报警系统是由 KZS/M-Ⅱ型集中式数字轴温报警器和 KZS/M-Ⅲ型轴温数据

监测记录仪组成。在每一辆车的电气柜内安装有轴温报警器,在播音硬卧车的电气柜上安装有轴温数据监测记录仪。轴温数据监测记录仪是轴温报警器的配套仪器,用于实时监测全列状态,并记录全列车的轴温数据。轴温数据监测记录仪如图 2-51 所示。

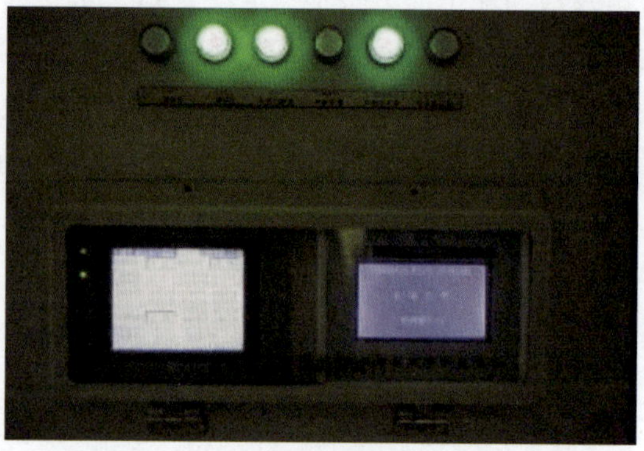

图 2-51　轴温数据监测记录仪

(八) 列车监控系统

1. 系统概述

青藏高原客车的列车编组中,带残疾人厕所的一节硬卧车的乘务员室内安装了列车监控柜,即主控站。监控柜由主控计算机、信息显示触摸屏以及车载数据无线传送装置组成。安全监控系统通过 WG 型网关能够将列车供电、转向架轴温、空气制动系统中列车管压力、烟火报警器等不同系统的信息传送到 PLC,并在触摸屏上显示。

通过信息显示触摸屏,在“画面选择”画面中按下“全列监控”触摸开关,可切换到“全列监视”画面,只要轻触监视车厢号数字显示处,调出“键盘”,输入监视车厢号,所监视车厢的信息即可显示出来。按下“轴报”显示所监视车的轴温报警器信息,按下“烟火”显示所监视车的烟火报警器信息,按下“返回”触摸开关返回。

在“全列监视”画面,按下“全列控制”调出“全列控制”画面,即可对全列或单车的部分电气设备实施手动控制。

在列车综合信息界面里点击右下方的“历史故障”按钮打开历史故障信息显示界面。故障信息按照由新到旧的顺序排列,故障记录条目最大 65 000 条,按照先进先出的原则刷新,故障时能够实现掉电保存。

2. 电气系统的安全监测

主电路中接有电流传感器、电压传感器,并设在线绝缘检测装置,显示触摸屏上可显示主电路的电压、电流、DC 110 V 母线电压、本车蓄电池电压、电源状态、逆变器输出电压等信息,当某路电源出现过压、绝缘等故障时,显示触摸屏显示故障提示,相应电源故障灯亮。

3. 转向架的安全监测

客车转向架在正常运行时,其轴箱温度的变化有其规律性,因此,通过对转向架轴箱温度的监测,可以对转向架的运行状态做出判断。青藏客车各车安装了轴温报警仪,在播音硬卧车的电气柜上则安装了轴温数据监测记录仪,该仪器除了可以监视客车运行过程中各车厢轴温数据和仪器工作状态以外,还可定时记录各车厢轴温,并可将这些数据转存到大容量轴温 IC 卡上,供微机轴温数据分析管理系统(V3.0 版)分析、管理等。轴温报警系统不间断监测并显示转向架各轴温度,当某轴位温度异常时进行声光报警,同时全列所有轴温报警器同时显示车厢顺位号、轴位号和温度,有多个轴位同时超温报警时循环显示所有报警点轴温。

(九) 青藏高原客车声像系统

1. 影视系统

为提高列车服务质量,解除乘客长途旅途的疲劳,将有线电视系统应用到列车上。本系统采用 550 MHz 带宽、邻频、单向传输技术,使用专用的有线电视设备,构成一个高性能的电视图像信号传输系统。通过在客车的某一车厢建立一个前端系统,并经过前端设备处理后,通过车厢与车厢间的网络进行传输。

系统原理：

(1)系统前端的节目源采用视频服务器和机顶盒方式，完成视频信号的采集、压缩和解压的工作。机顶盒输出的8套视频、音频信号经8台邻频调制器调制为射频信号并经混合后送入系统。调制器按隔频方式设置频道输出。

(2)每辆客车配置1台放大器、1只切换开关BRTC-1(安装于放大器的前侧内)。

(3)每辆客车的放大器输出既要满足本节车厢各终端的信号电平要求，又要满足补偿两节车厢之间传输损耗的要求。

(4)切换开关主要实现每辆客车信号的双向传输和解决系统冗余等功能。

(5)每辆客车采用9个不同分支损耗的四分支器串接方式完成信号从放大器到终端的信号传输。

(6)系统传输干线均采用RG11四屏蔽射频电缆，从用户分支器到液晶电视的连接线采用RG6四屏蔽射频电缆。

(7)该系统采用视频服务器作为信号节目源，通过机顶盒解码、经调制器和混合器混合成一路射频信号，由同轴电缆传输至各个车厢。每个车厢加干线放大器，补偿由于车厢连接和电缆传输引起的电平损耗。由分支器、分配器组成的分支－分配网络将射频信号传输到每个包间的电视机。这样，乘客就可以通过控制面板来选择频道，观看自己喜爱的影视节目。系统基本原理和信号传输过程如图2-52所示。

乘客可以通过影视控制器自行选择观看8套影视节目，可以通过影视控制器自行调节耳机音量，当不需要观看节目时，也可以通过影视控制器将电视关闭，而不影响其他乘客观看。

系统可满足列车的任意编组形式。重新编组后，不必重新调整设备参数，只要操作相关设备上的开关。系统采用了双干线的冗余方式：系统会自动检测干线故障，当一路干线发生故障时，系统自动切换至另一路干线；并且故障指示灯亮。系统有较强的扩展性。只要在系统前端加入一卫星接收装置，传输干线和用户终端无需增加和改变，就可在用户终端收看卫星电视节目。

2. 信息显示系统

为提高列车服务水平，在列车上安装信息显示系统，网络拓朴图如图2-53所示。旅客列车信息显示系统由主控制器(主机)、顺号调节器、LED信息显示屏、数据通信线路等组成。整个系统以主机为中心，顺号调节器为节点，LED信息显示屏为控制对象。主机通过车顶的GPS天线接收卫星发送的信息，经主机处理与事先存储在存储器上的列车信息进行比较，生成列车运行时的动态的公共信息，这些公共信息包括：

当前时间、日期和星期；

前方到达站名、准点时间和停留时间；

列车运行速度；

车厢外温度；

列车运行状态(包括晚点信息和列车临时停车信息)。

公共信息一方面在主机的液晶显示器屏幕上显示，以便让广播员随时掌握列车的运行状态；另一方面主机通过总线扩展板上的RS485口把这些公共信息，经专用数据通信电缆，将公共信息发送到车厢两端的显示屏，由显示屏上RS485串行口接收信息，并由LED点阵块显示，以便让旅客随时了解

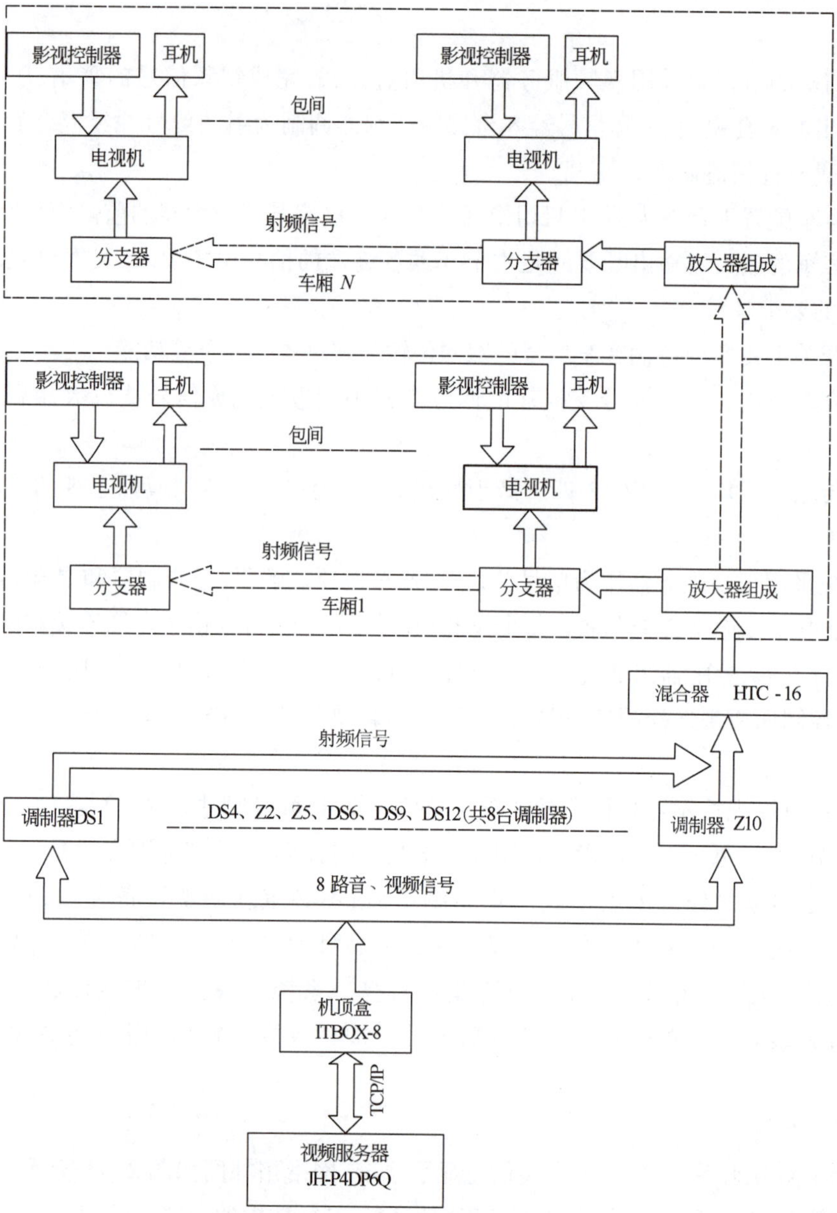

图 2-52　系统基本原理和信号传输过程示意图

列车的运行状态和到站信息。除发送公共信息外,主机还定时发送其他一些固定信息,如列车运行线路、车次及宣传用语。

3. 播音系统

为增加旅途舒适性,提高列车服务质量,在列车上设置了播音系统。播音系统由播音天线、播音机(由用户配置)、扬声器、音调及扬声器开关等组成。其中播音天线、播音机仅设置在播音车上。播音机除实时接收、播放车顶播音天线的广播信号外还可以播放预先录制的音乐、宣传用语等内容,另外通过播音机的 MIC 话筒,可以实现乘务员对列车乘客的信息插播功能。

广播信号通过列车两端 39 芯连接器的 BY1、BY2 单向贯通整列客车,根据个人喜好,乘客可以通过音量调节器、扬声器开关来选择适合自己的音量。

4. 内部共线电话

为方便列车工作人员相互联系,列车在每节车厢的乘务员室设置了共线电话插座,在需要时,列车工作人员在预先设置的共线电话插座插上电源插座与电话插座即可方便地实现列车任意车厢的通话。

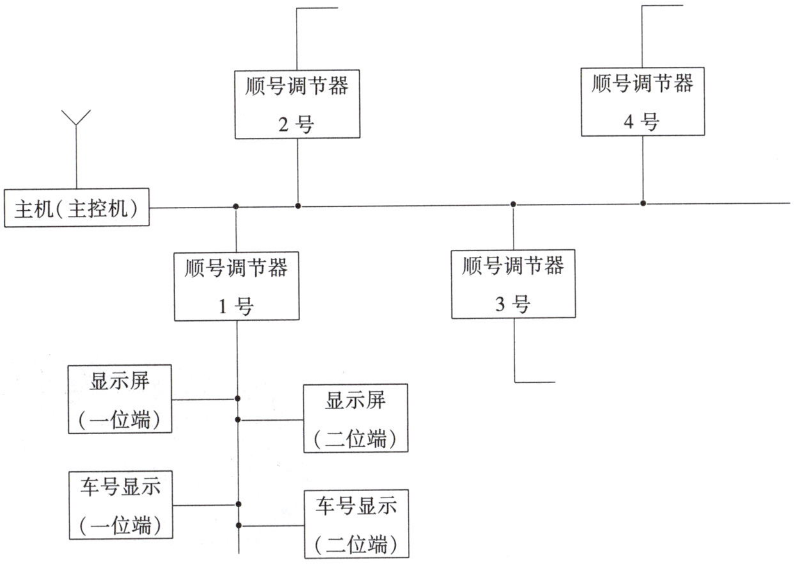

图 2-53 信息显示系统网拓朴结构图

三、绿色环保的独特设计

青藏铁路客车在整体上充分体现了绿色环保的理念,在污染源控制上采取了针对性的措施。全新设计的污物、污水和垃圾收集装置实现了格拉段污物、污水"零排放"的目标,严格筛选的非金属内装材料完全符合规定的标准,餐车采用的电气化厨房设备彻底解决了烟尘污染的问题。

(一)污物、污水及垃圾收集装置

青藏客车卫生系统包括:一位厕所、二位厕所和三人洗脸室。一位厕所靠近车体一位端一位角,一位厕所主要设有带蹲式便器(软卧车为座式便器)的真空集便装置、电加热,还有垃圾箱、扶手、镜子、衣帽钩、节水阀、镜灯等设备件。二位厕所靠近车体二位端四位角,二位厕所主要设有带蹲式便器的真空集便装置、电加热,还有垃圾箱、扶手、镜子、衣帽钩、节水阀、镜灯等设备件。三人洗脸室靠近车体二位端三位角,三人洗脸室主要设有废水收集装置、温水箱、电加热,还有扶手、镜子、衣帽钩、冷热水阀、镜灯等设备件。

每辆客车均装用了污物收集装置,排泄物通过真空集便装置和连通管系集中收集到车下吊装的污物箱内,污物箱的容积可以满足连续运行 42 h 无须排放的要求。

每辆客车均装用了污水收集装置,污水通过排水管系收集到污水箱,污水箱 600 ~ 800 L,可以满足连续运行 18 h 无须排放的要求。各车污物箱容积如表 2-11 所示。

在部分客车上装用了压缩式垃圾箱或分类式垃圾箱,加大了垃圾收集能力,避免了二次污染。

根据列车运行图的安排,在格尔木站进行集中吸污作业和垃圾回收作业,污物箱、污水箱和垃圾箱清空后,再进入格拉段运行,运行时间 15 h 左右,因此完全可以保证污物污水零排放。

表 2-11 各车污物箱容积

污物收集装置			YW	YZ	RW	CA
种类	安装位置	功能				
一位端污物箱	一位端枕外	真空保持式,收集便器污物、洗盆、茶炉室排水	400 L	450 L	400 L	
二位端污物箱	二位端枕外	真空保持式,收集便器污物、洗盆排水	400 L	450 L	400 L	
污水箱	二位端枕内	重力收集,收集洗手间、厕所洗盆排水	600 L	600 L	600 L	
污水箱	二位端枕内	重力收集,收集厨房排水				800 L

注:以上污物箱设置可满足使用时间:YZ(98 人)42 h;YW(60 人)60 h;RW(32 人)113 h;污水箱容积按水箱容积 60% 设置。

1. 真空集便系统

MONOGRAM 真空集便系统是由真空便器(分座式和蹲式)、污物箱、远程控制器、系统控制单元、冲水按钮和气水管路等组成。污物箱如图 2-54 所示,真空集便系统如图 2-55 所示。

系统工作时污物箱中保持有一定真空度。当按下冲洗按钮时,水增压器提供增压水冲洗便斗,排污阀打开,便器中的污物通过便器和污物箱内产生的压差进入到污物箱中。

厕所废水收集工作原理:在污物箱的一角间隔为大约 10 L 左右的空间用于收集厕所洗手器的盥洗废水,废水在重力的作用下流入该空间,当水位达到后,电控气动球阀打开,废水在污物箱真空的作用下进入污物箱内,延时 6 s 后,电控气动球阀关闭,系统进入下一循环待命。

图 2-54 污物箱

系统主要技术参数:

整个冲洗循环过程(从按下冲洗按钮到便器内污物冲洗干净) ≤6 s

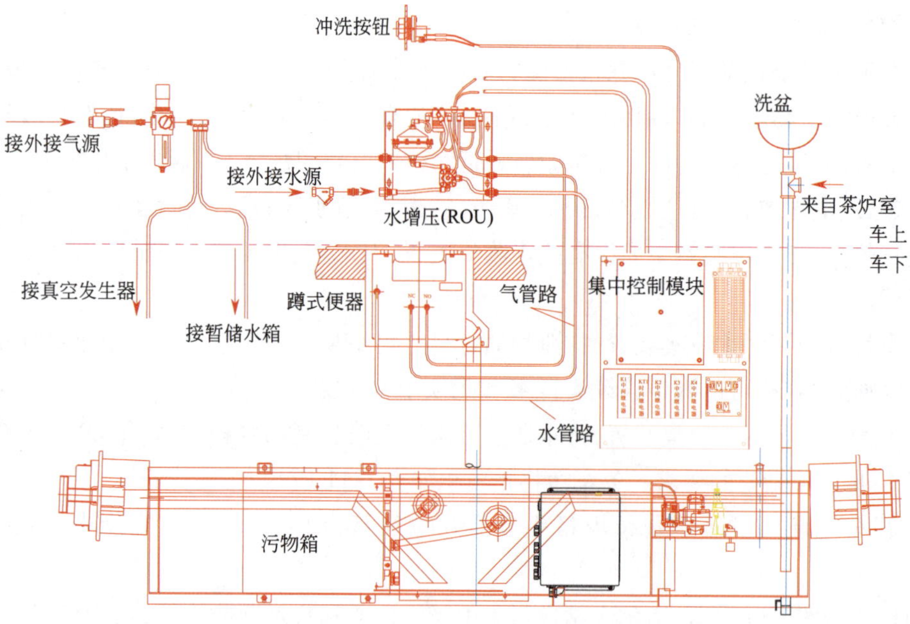

图 2-55 真空集便系统

所需压缩空气压力　450～900 kPa
每个冲洗循环耗水量　≤0.5 L
每个冲洗循环耗气量　≤140 L/次(1 标准大气压)
污物箱及连接管路正常工作所需的真空度为　－23.8～－13.6 kPa(4.57inch of Hg)

2. 废水收集系统

废水收集系统提供清洁、性能可靠的废水收集方式。本系统由洗手盆、废水箱、控制系统、连接管路、电加热防冻装置和紧急排放装置等组成。

洗手盆的废水和地漏内的废水经过车上下水管、电控气动球阀(保持常开状态)进入中间水箱，当中间水箱的积水达到设计液位时流入废水箱。

当废水箱内的废水容积达到箱满 80% 时，指示灯(黄)亮，当废水容积达到箱满 100% 时，指示灯(红)亮，提示列车员水箱已满，相应的电磁阀得电，电控气动球阀关闭，直到废水箱低于箱满 100% 方可继续使用。

要求海拔 3 000 m 以下的废水直接排放到车外轨道两侧，可以通过保持电控气动球阀和电控气动球阀常开来实现。废水经过电控气动球阀、中间水箱(水封管路等)、废水箱、电控气动球阀排放到车下轨道两侧。同时具有手动排放装置进行清空排放或者部分排放功能。

(二)内装材料

为了提高客车的舒适性，青藏客车内采用了大量的非金属材料，包括各种织物，卧铺用泡棉、橡胶地板、密胺板和玻璃钢制品等，均满足相关空气排放质量标准，为广大旅客提供了一个清新舒适的车内空气环境。

(三)电气化厨房

图 2-56　电气化厨房布置

青藏铁路餐车厨房设备分带电设备和不带电设备。各设备充分考虑到人体工程学要素，以洗涤—配置—烹饪—备餐的基本顺序排列各环节的设施，操作更便捷，使小面积的旅客列车厨房实现功能多的特点。带电设备有：电蒸饭箱、电磁灶、双头电磁炉、电冰箱(卧式、立式各一台)、电开水器、吸排油烟机(两台)、消毒柜、微波炉；不带电设备有：双头洗池(附带垃圾筒)、板桌、刀架、单盆洗池、储藏柜、吊柜(三组)、间壁吊柜(三组)、碗柜、调料盒、锅架等，具有无明火，无烟尘污染的特点，并提供了洁净的操作空间，电气化厨房布置如图 2-56 所示。平面布置如图 2-57 所示。

四、满足高原低气压的设备设施

(一)高原客车车窗

为了适应高原气压低及高原与平原间气压波动、紫外线强及温差大的特点，青藏高原客车采用高原专用车窗结构，具有自动压力平衡、防紫外线及车窗结构能隔断热桥的特点。其中自动压力平衡通过两种方式实现：附加气囊自动压力平衡和毛细管自动压力平衡。通过在中空玻璃边框设置自平衡装置或连接辅助胶囊，达到满足调整中空玻璃内外压差的问题。当客车自平原进入高原时中空层内的部分空气通过毛细管自中空层内排出或进入辅助胶囊；当客车自高原进入平原时，外界空气通过毛

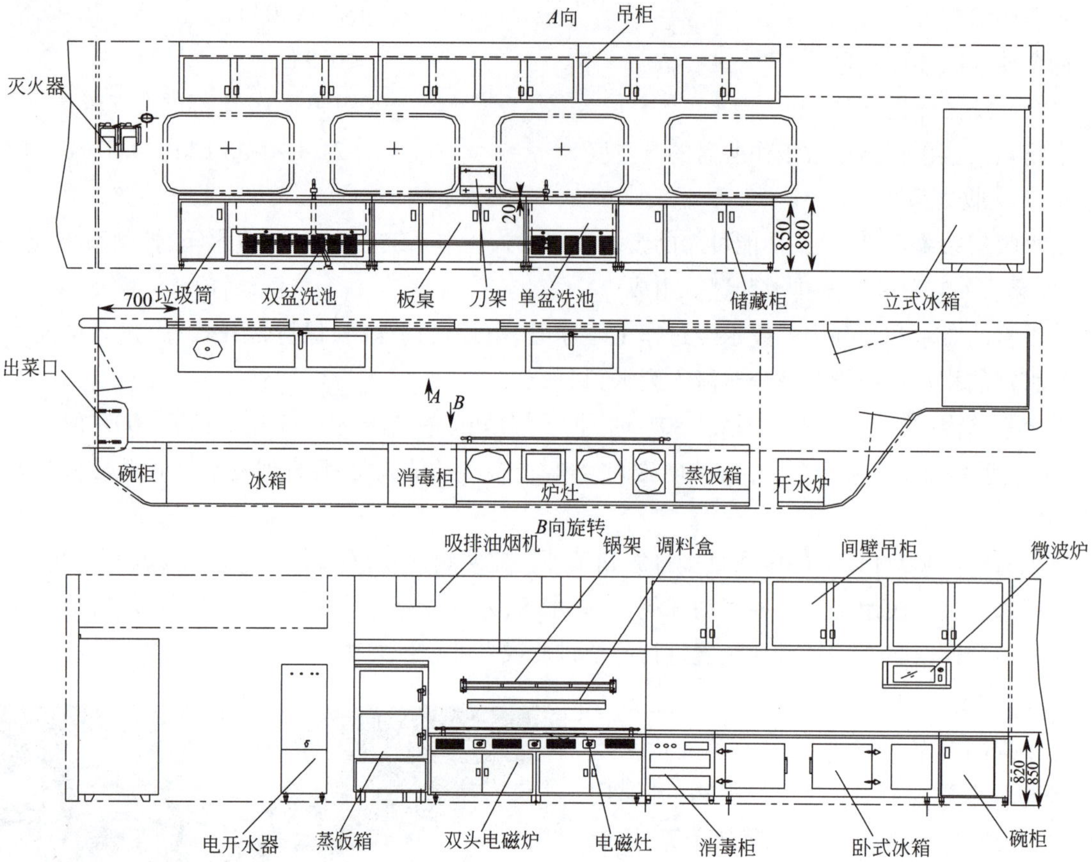

图 2-57 平面布置图

细管或自辅助胶囊进入中空层内,从而平衡中空层内外压差,保护玻璃不会因变形而损坏。

1. 中空玻璃调节气囊

(1)技术参数(表 2-12)

表 2-12 技术参数

产品特性	测试方法	单 位	数 值
质量		g	单件不大于 600
总厚度		μm	400
防火性能	GB/T 10707	%	28
水蒸气透过量	ASTM F1249	$g/(m^2 \cdot 24\,h)$(96% RH25 ℃)	0.1
氧气透过量	ASTM D3985	$cm^3/(m^2 \cdot 24\,h)$(0.1 MPa 25 ℃)	0.337
热封强度	135 ℃,0.25 MPa	N/15 mm	2
层间撕裂强度	ISO 4676:1977	N	>35
弯曲强度	ISO 7854:1984	次	3 000 次不出现针孔
使用温度范围	ISO 188	℃	-40 ~ +85
使用湿度范围	ISO 188	% RH	最大值 100
产品保质期限	ISO 188	年	7.5
耐水、酸、碱性能	良好		
产品材料组成	PA66/K-BOPET/AL/K-BOPET/AL/LDPE8 层材料 +7 层胶		
产品层间黏结剂	PU 聚氨脂黏结剂,最高耐温范围 125 ℃		
气嘴材料	ABS + PE		
气嘴导管	硅橡胶/AL/PVC		

(2)附加气囊自动压力平衡车窗的原理及特点

普通列车上的中空玻璃的生产和工作环境基本上是在标准大气压下,中空腔内的气压与外界环境气压变化不大,腔内气体密封的有效时间长,玻璃的变形小,使用寿命相对较长。

根据高原列车的运用特点,车窗不仅要具有良好的密封性,而且要具有对高强度紫外线的阻隔性能,这些都是目前普通列车使用的中空玻璃所不具备的。

应用于高原列车的中空玻璃,由于高原的气压低,气温低,温差较大,阳光辐射强,导致腔内气体与外界空气环境存在压力差,这样就会使玻璃变形,玻璃不仅处于恶劣的工作状态,而且会严重影响中空腔内气体的有效密封性,玻璃的寿命会大大降低。为防止玻璃变形,青藏车车窗是通过加气囊的方法来平衡内外压差变化的。气囊的体积可吸收气压变化导致中空玻璃内腔气体膨胀的体积。

理论上讲,中空玻璃从海平面到青藏铁路最高海拔 5 072 m 的体积随大气压变化的情况,如果不考虑温度的影响,中空玻璃的腔内体积随着气压的不断降低到 0. 05 MPa 时将扩大一倍。

气囊(调节系统)工作原理:

中空玻璃制造时的内部压强与海平面接近。根据前面的了解,我们知道中空玻璃近似于刚性密封体,图 2-58 中的气囊可以视为内部体积可以任意变化的缓冲体。当外界环境压强小于中空玻璃内部压强时,内部气体在压差的作用下向气囊内部扩张,最终达到整个系统内部的压强和外界平衡。当环境压强大于中空玻璃内腔压强时,气囊内的气体会在外界大气压的作用下将气囊内部的气体压入中空玻璃内腔。气囊(调节系统)系统图如图 2-58 所示。

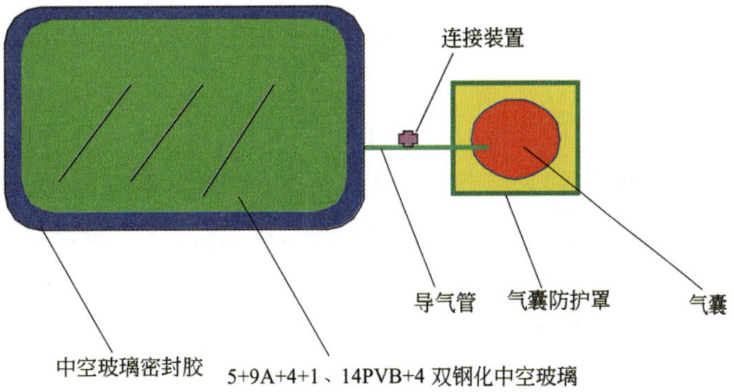

图 2-58 气囊(调节系统)系统结构图

在这个系统的作用下,如果不考虑气囊壁对系统内部压强的影响。那只需要合理计算出气囊的体积,整块玻璃不会在外界气压发生变化时而发生一点变形。理想的气囊是无收缩性、无自身质量影响的材料制成。但是,实际上受气囊材料选择的影响,目前具有可行性的气囊材料都会对内部压强产生影响。

据分析可知,气囊调节系统可以有效的吸收中空玻璃因气压变化所产生的变形,但气囊的体积和使用的材料是吸收变形大小的关键因素。

(3)安装说明

气囊和玻璃的连接示意参考如图 2-59 所示。

2. 毛细管自动压力平衡结构

通过在中空玻璃边框设置毛细管,达到满足调整中空玻璃内外压差的问题。当客车自平原进入高原时中空层内的部分空气通过毛细管自中空层内排出;当客车自高原进入平原时,外界空气通过毛

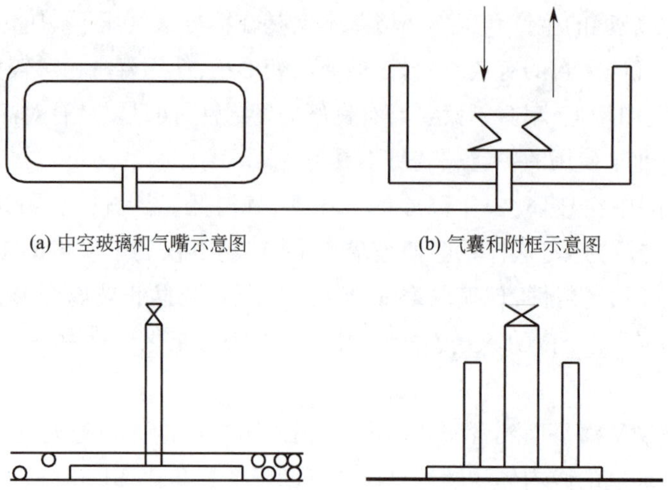

(a) 中空玻璃和气嘴示意图　　(b) 气囊和附框示意图

(c) 中空玻璃气嘴示意图　　(d) 气囊气嘴示意图

图 2-59　气囊和玻璃连接示意图

细管进入中空层内，从而平衡中空层内外压差，保护玻璃不会因变形而损坏。

3. 车窗布局

为了满足车内不同区域功能的要求，设计布置了活动窗、固定窗及紧急出口窗，布置图如图 2-60 所示。

当空调无法正常工作时，可通过打开可关闭活动窗来保证客室内最基本的空气流通。活动窗如图 2-61 所示。

每辆车都设有四个大活动窗，活动窗为扇形开启式，可向内翻转开启 25°，每个活动窗上设有两个把手及三角锁，三角锁是否处于锁紧状态由设在三角锁上的红色和绿色标识判断。通常情况，锁的打开或关闭应由乘务员用三角钥匙来完成。打开车窗时，首先用三角钥匙将锁舌旋转，三角锁舌上的红点标志由指向把手上的红点位置对应时，此时窗户处于锁紧状态。反之，将三角锁芯转动使红点处于与把手上的绿点位置对应时，即可解除锁紧状态。

（二）电开水炉

随着海拔高度的提高，水的沸点将不断下降。经高原试验，电开水炉出水温度在海拔 5 100 m 时为 83 ℃，青藏高原客车采用了特制电开水炉，产出的低沸点开水经前一级净水机过滤后，完全达到国家饮用水标准，旅客可以安全饮用。开水炉装有特制的过滤器和紫外线灯等净化水质、杀菌的系统，以保证乘客能放心、安全地饮用。烧水箱与储水箱分开，冷水先进入烧水箱，水烧开以后，利用自身产生的蒸汽压力将开水压入储水箱，从而供应开水饮用，电开水炉系统图如图 2-62 所示，具有以下功能特点。

（1）安全：该机具有缺水保护功能，当烧水箱缺水时能自动切断电源，防止烧坏电热开水器。

（2）可靠：该机抗振动性能好；采用数字电路控制，控制板运行可靠，使用寿命长。

（3）卫生：烧水箱与储水箱分开，生水与开水绝无混合，提供纯正开水，且不过度煮沸，乘客可以放心饮用。

（4）方便：接通电源约 7 min 即可提供开水，在该机通水通电后不需人工照料，并可以以额定流量连续供应开水。

（5）面板式电热开水器只需打开面板上的水龙头，就可以出水，大容器接水可用乘务员放水口，

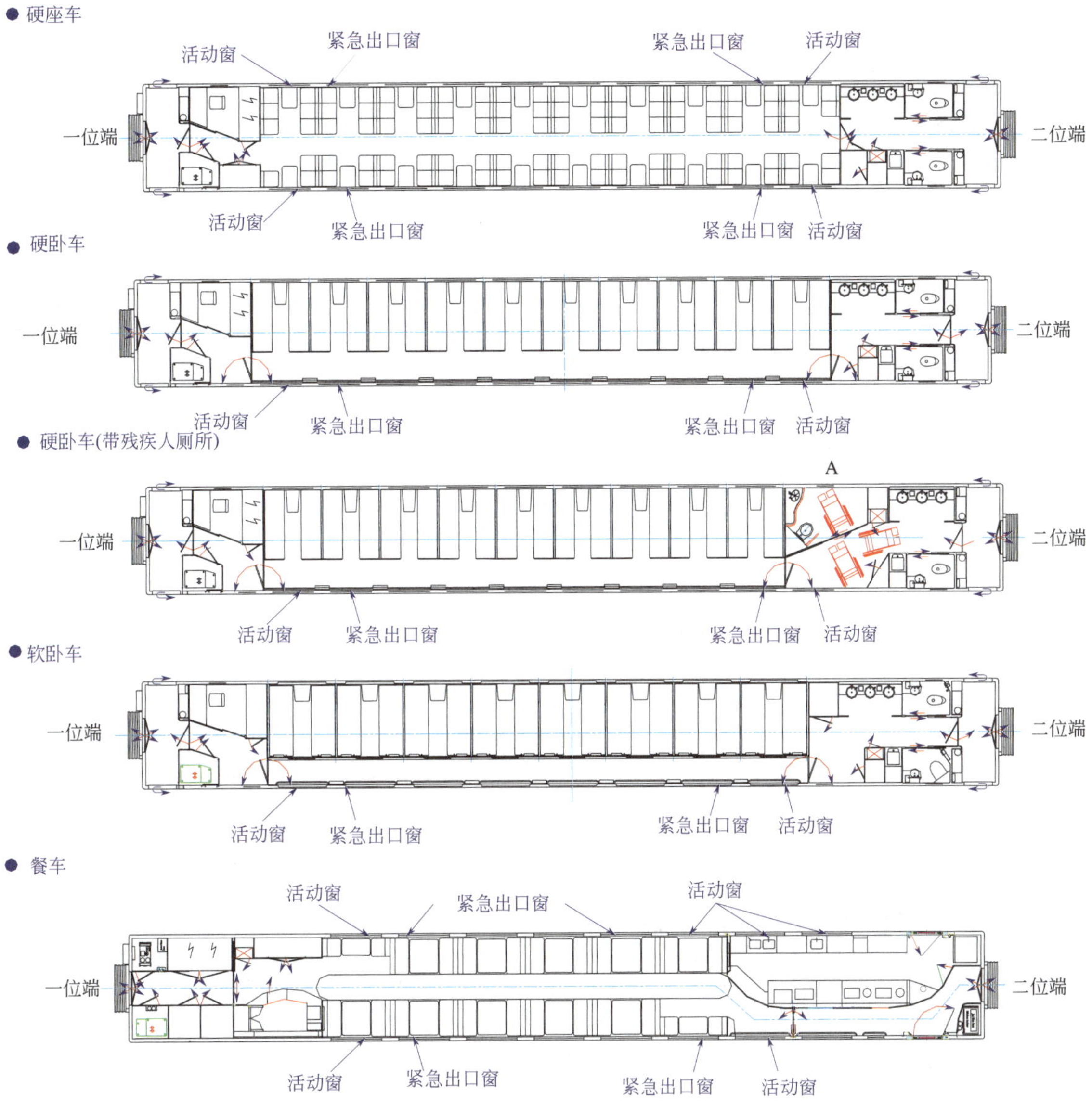

图 2-60　活动窗、固定窗及紧急出口窗布置图

图 2-61　活动窗

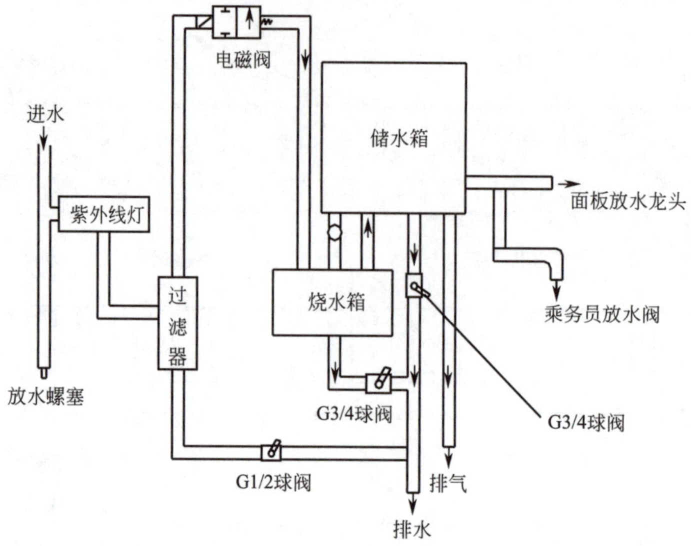

图 2-62　电开水炉系统图

兼顾不同需求。

(6)采用高分子保温材料自动保温,以保证降温速率≤5 ℃/h。

(7)适用范围广,使用环境为海拔高度低于 5 100 m,车内温度 0 ~ 45 ℃(水不结冰),相对湿度≤95%,水压 0.01 ~ 0.3 MPa 等范围内均可正常使用。

(8)具有紫外线杀菌的功能,通过面板上“紫外线”灯的显示情况可以判断紫外线灯是否工作正常。

(9)采用无机纳米微孔滤料,可以消灭细菌和无机污染物等,改善水质状态。

五、特有的防紫外线、防风沙措施

青藏高原紫外线强度为 15 UVI 左右,平原地区一般在 2 UVI 以下,如不采取措施,将对人体造成直接伤害,同时受强风沙和强紫外线的影响,车体及其外露的非金属部件抗老化性能将会下降。

运行途中,车窗是旅客接受紫外线照射的主要界面,车窗玻璃选用了进口的低辐射中空玻璃,紫外线透过率不超过 10.2%,经过滤后,车内紫外线强度与平原环境下基本一致。

为提高整车的密封性能,采用了密封式车体钢结构和密封式折棚风挡,首次采用了双唇密封式结构的塞拉门,尽可能减少客车与外界的通路,并对与外界连通的接口采取了发泡和热缩处理的方式,车辆正常运行时,室内保持 10 ~ 20 Pa 的正压状态,提高了车辆的密封性能。不仅加强了客车的防风沙性能,而且也保证了客车的供氧效果。

青藏客车外皮采用配套丙烯酸聚氨酯双组份油漆,经过在青藏铁路 1 年的暴露试验,表面漆面完好,防紫外线、抗风沙、耐温差的性能完全符合要求。

车辆外露的非金属部件,如转向架空气弹簧、折棚风挡棚布等,采用高耐受紫外线材料,保证了部件的抗老化性。

六、独有的大功率高原发电车

青藏高原发电车作为青藏铁路客车的电源车,其成功的研制,填补了国内外高原铁路移动电站的空白。针对青藏铁路沿线环境高原低压、缺氧、多年冻土、风力强、日温差大、紫外线强、生态自然环境脆弱、滚地雷多的特点以及编组列车 DC 600 V 大用电量的需求，青藏高原发电车着力解决了以下难题。

1. 高原环境下的大功率供配电及柴油机组功率衰减难题

国内铁路发电车其装机功率只有 3×300 kW，而青藏客车由于受高原环境因素的制约，增加了制氧、高寒采暖等电气设备，其用电需求大大增加，编组列车的最大用电量高达 1 400 kW。由于发电车受整车质量、空间等因素的制约，因此配套大功率、质量轻、功率衰减量少(普通发电车的柴油机组在海拔 5 100 m 的区间其功率的衰减量达到 40% 以上)的机组是决定发电车成功的关键。经反复论证、比选，最终采用衰减量不大于 29.5% 的 QSK46-G6 柴油机，平原输出功率 AC 380 V、1 295 kW。

2. 高原环境下的柴油机冷却、供油难题

冷却系统是柴油机非常重要的降温环节。高海拔空气稀薄，不利于柴油机的散热，且由于海拔高度对水的沸点影响较大，在海拔近 5 100 m 的唐古拉山口，水的沸点约为 83 ℃，而柴油机最佳的工作温度是 80~90 ℃，显然 83 ℃的沸点不利于柴油机的正常运行。为此研制开发了大散热量的冷却装置，采取增压循环，将海拔近 5 100 m 时 83 ℃的沸点最高提高到约 110 ℃，从而提高了柴油机的工作效率。

为柴油机提供燃料的燃油系统，必须在车辆运行区间连续不断、安全可靠的工作。根据柴油机的燃油消耗量、编组列车的负载、车辆连续运行不加油的工作时间，确定了燃油系统方案：下油箱容量 7 000 L、两台交流泵(AC 460 V 连续工作电压)互为备用。发电车满负荷输出可连续工作 17 h 不加油。由于柴油机的进回油量大(进油 1 100 L/h、回油 950 L/h)、进回油温差大(最大可达 40 ℃)，而柴油机允许的进油温度为最高 71 ℃，为此加装了燃油冷却装置，确保环境温度 +45 ℃时，双机工作油温不超过 70 ℃。

3. 大功率可控 DC 600 V 整流装置

整流装置采用高性能的全数字控制系统，技术成熟可靠，系统电压稳定，带负载能力强；功率器件采用紧凑的模块化结构，体积少、质量轻；具有过载、短路、欠压、过压、浪涌电压、缺相等各种保护功能；通过模块面板可以方便的进行参数的设定及故障诊断；具有强大的通信功能，可将各级参数、信息与 PLC 通信。其主要参数如下：

输入电压：3 相 AC 452~468 V，直流输出电压：DC 0~690 V 连续可调，额定直流输出电流：2 000 A，海拔 5 100 m 时为额定值的 67%，即 1 340 A。

4. 高原环境下的柴油发电机组的控制与供电控制

完善的控制系统是机组正常供电乃至发电车电力安全可靠输出的保障。采用 PLC 做为控制核心，负责柴油发电机组、整流装置、本车用电设备的自动监控、故障诊断，显示并记录发电车主要运行参数和故障数据。

柴油发电机组的交流输出电压为 AC 460 V/265 V(三相四线制)，为兼容外接电源 AC 380 V/220 V 供电，本车主要交流电气设备：如制氧系统、燃油泵、电加热、温水箱、电茶炉、废排风机等采用 AC 460 V/265 V 兼容 AC 380 V/220 V 供电，冷却风机、应急充电机则采用 AC 460 V/265 V 供电。

DC 600 V 整流装置控制、交流水泵、空调系统、电伴热、交流照明、启动充电机采用 AC 380 V/220 V 交流电源，由设于车下的 20 kW 隔离主变压器供电，并设有 2 kW 的辅助变压器提供备份的控制电源，以确保在主变压器故障时，发电车仍能可靠的对外输出。

安全供电请求功能：为防止大编组列车供配电的随意性及提高供电的安全可靠性，通过列车 39 芯电缆，来实现发电车与编组客车之间的供电联系。

智能化的供配电控制及完善的通信功能：PLC实时对防滑器、轴报仪、烟火报警器、柴油机组、整流装置、制氧机、空调等设施等进行监控，并记录运行参数和故障信息。并设与列车通信的LonWorks网络接口网关，以实现发电车与客车的信息共享。

青藏发电车与25型发电车的主要技术参数及适应的环境条件对照表如表2-13所示。

表2-13　青藏发电车与25型发电车的主要技术参数及适应的环境条件对照

项目＼车型	青藏发电车	25型发电车
柴油机功率	海拔110 m及25 ℃环境下： 输出功率为1 295 kW 海拔5 100 m及25 ℃环境下： 输出功率为912 kW	标称功率360 kW
发电机	海拔110 m及25 ℃环境下： 输出功率为1 000 kW 海拔5 100 m及25 ℃环境下： 输出功率为800 kW	标称功率330 kW
装机容量	高原AC460 V，2×800 kW	平原AC380 V，3×300 kW
整车最大输出功率	高原DC600 V，2×725 kW	平原AC380 V，2×400 kW
车辆长度	25 500 mm	22 000 mm
轴重	24 t	16.5 t
全数字相控整流	DC600 V，2×725 kW	无
定员	座室2人，卧铺16人	座室2人
环境温度	−45～40 ℃	−20～40 ℃
环境最低气压	54 kPa	无特殊要求
制氧	有	无
最大侧风	33 m/s	≤25 m/s
紫外线影响	强	一般
防雷击保护	有	不作要求
环保要求	高	一般
材料的耐低温性能	高	一般
高原电气性能要求	高	按常规，不作特殊要求

目前我国铁路用于非高原的普通发电车，其整车最大输出约800 kW，而青藏编组列车的用电量最高可达1 400 kW。为此制定了两路直流输出2×725 kW的方案：设两台交流AC460 V交流柴油发电机组，经整流装置整流滤波，分两路输出DC600 V、725 kW电能。

（一）大功率柴油发电机组

高原低气压、缺氧不利于柴油机组的工作，国内普通铁路发电车柴油发电机组在海拔5 100 m处的功率降约为40%。高原发电车由于受车辆空间、轴重等诸多因素的限制，选用“重量功率比”较少、而又性能可靠的机组是决定发电车成功的关键。

交流柴油发电机组：海拔5 100 m及25 ℃环境下输出电能：AC460 V、800 kW。

1. 康明斯（CUMMINS）QSK45-G6电喷柴油机主要参数：

标定转速　　　　1 500 r/min

常载功率	
海拔 110 m 及 25 ℃环境下	输出功率为 1 295 kW
海拔 5 100 m 及 25 ℃环境下	输出功率为 912 kW（功率衰减 29.5%）
结构形式	四冲程、V 形 60°、涡轮增压、中冷器后置低温冷却器（2 泵/2 循环）
气缸数	12 缸
气缸直径/行程	159 mm × 190 mm
燃油系统	高电式电喷燃油系统（HPI-PT）
启动方式	DC 24 V 电启动
冷却方式	水冷式
质量	5 640 kg（干重）；6 000 kg（湿重）
高温水节温器开启温度	82 ~ 93 ℃
环境温度 25℃时，低温水最高进水温度	49 ℃
低温水节温器开启温度	46 ~ 57 ℃
至油泵最大的油量	1 100 L/h
最大的排油量	950 L/h
燃油消耗率（100% 负载）	194 g/（kW · h）
机油消耗率（100% 负载）	≤0.71 L

2. 与其他品牌同等功率的柴油机相比其主要优点：

（1）较少的体积；

（2）较少的重量功率比（4.355）；

（3）较少功率降：海拔 5 100 m 时为：29.5%；

（4）较强的通信、故障诊断功能。

3. 利来森玛 LSA50.1M7 交流同步发电机主要参数：

额定转速	1 500 r/min
额定电压	AC 460/265 V（±5% 可调），三相四线制
功率因数	0.8
频率	50 Hz
绝缘等级	H 级
常载功率	
海拔 110 m 及 25 ℃环境下	功率为 1 000 kW
海拔 5 100 m 及 25 ℃环境下	功率为 800 kW

（二）发电车电气控制系统

发电车作为移动电站，除满足自身的用电以外，主要为整列客车提供额定电压为 600 V 的直流电源。直流电源通过车端电力连接器分Ⅰ、Ⅱ路送往编组列车，一位侧的四个连接器为Ⅰ路，二位侧的四个连接器为Ⅱ路，每一路的传输功率均为 725 kW。柴油发电机组发出 50 Hz、AC 460 V/265 V 交流电，经 DC 600 V 整流装置整流后提供直流电源，每台机组输出功率为 AC 460 V/265 V、50 Hz、800 kW。正常运行时，本车交流电由柴油发电机组供电，即把本车用电选择开关置于“Ⅰ机组供电”或“Ⅱ机组供电”。

发电车车内各用电设备金属外壳均就近接地。针对雷击现象比较严重的问题，在接地方面，车与车之间用接地连接器连接，实现等电位接地，转向架在一、三、五、七位设接地装置。

完善的控制系统是机组正常供电乃至发电车电力安全可靠输出的保障，这一点对于运行于青藏高原的铁路客车尤为重要，发电车不间断的正常功率输出是青藏客车安全运营的基本保障。本车控制系统采用 PLC 作为控制核心，负责柴油发电机组、整流装置、本车用电设备的自动监控、故障诊断，显示并记录发电车主要运行参数和故障数据。

安全供电请求功能：为防止大编组列车供配电的随意性及提高供电的安全可靠性，通过列车 39 芯电缆，来实现发电车与编组客车之间的供电联系。当客车准备就绪向发电车发出“供电请求”信号时，此时方能输出供电，否则无法完成电力输出操作。一旦“供电请求”信号消失超过 5 s，机组控制柜立即切断给整流装置的交流主电源，停止电力输出。机组控制屏设有“DC 600 V 强制供电”选择开关，该工况下，本车输出不受列车“供电请求”限制。

本车主要设施如冷却装置、燃油冷却装置、自动供油装置、空调装置等，设有手动及自动控制两种模式。发电车配电柜外形图及盘面布置图如图 2-63 所示。

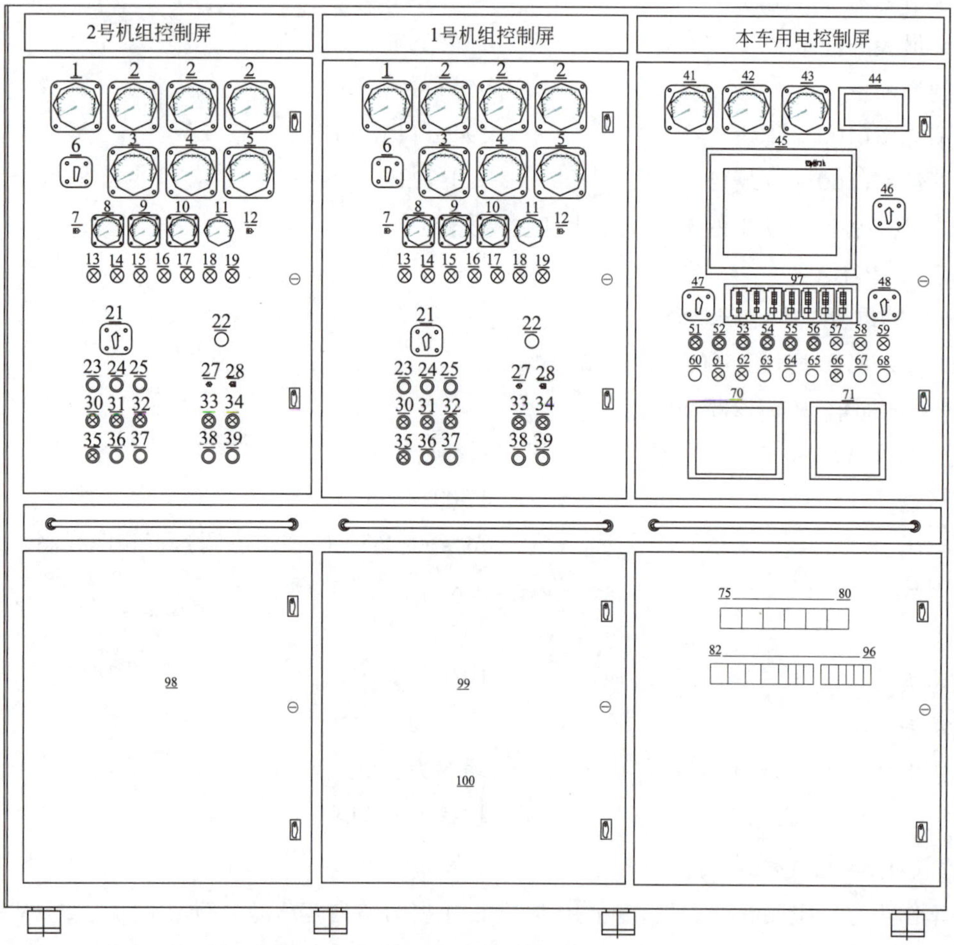

图 2-63　发电车配电柜外形及盘面布置图

发电车供电主回路示意图如图 2-64 所示。

(三) DC 600 V 整流装置

DC 600 V 整流装置装于配电室内，与控制配电柜连为一体，整流装置外形图如图 2-65 所示。柴油

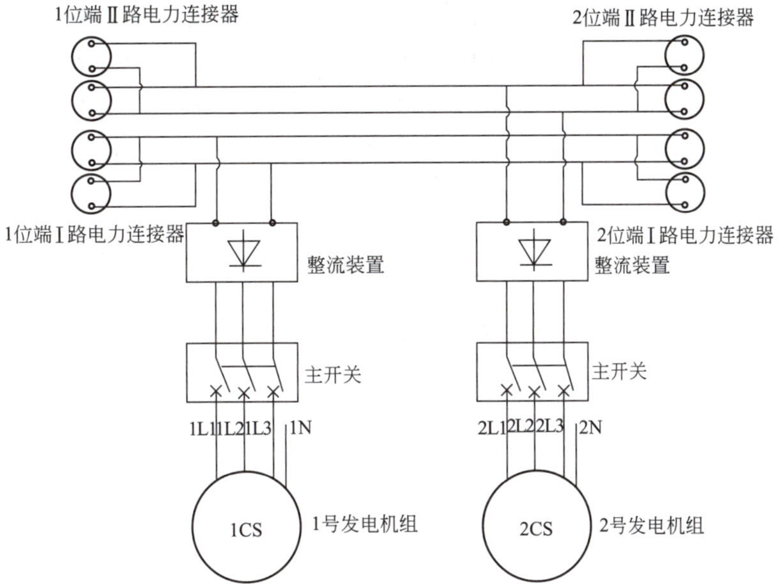

图 2-64　供电主回路

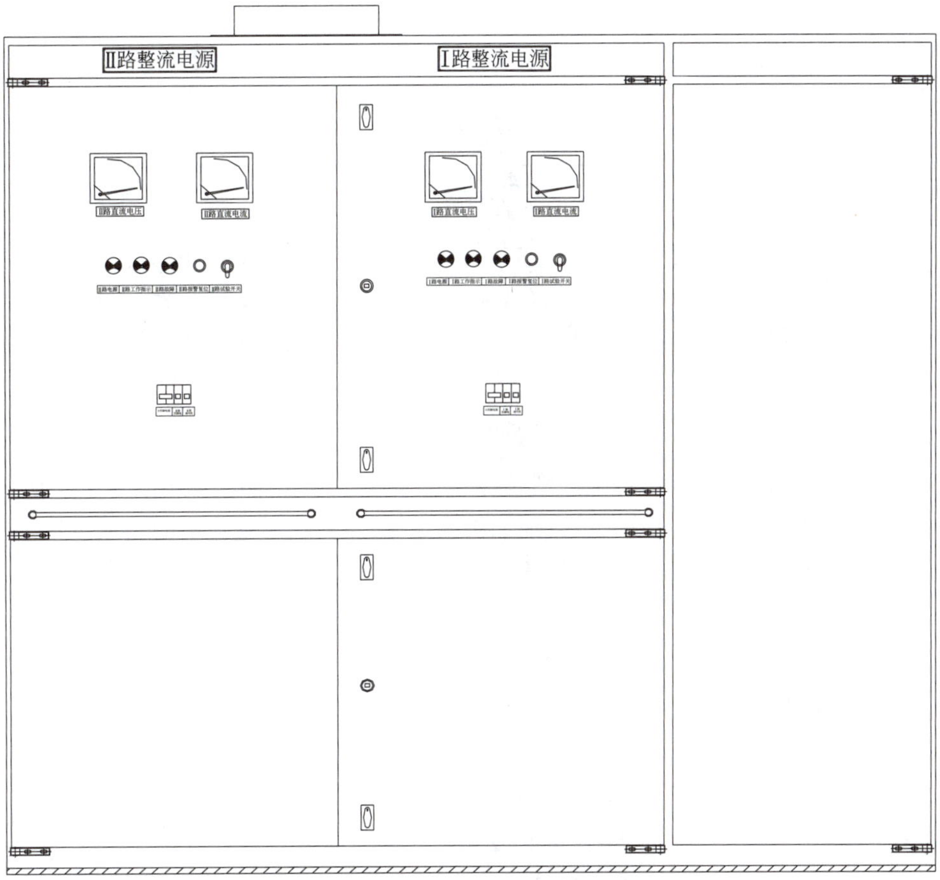

图 2-65　整流装置外形图

发电机组输出的三相 AC 460 V 交流电经本装置整流滤波，为编组列车提供 DC 600 V 直流电源。整流装置主要由高性能全数字式三相全控型晶闸管桥式整流装置、直流侧 LC 滤波电路及相关的控制、保护电路组成。系统采用全数字式电压、电流双闭环调节。通过电压闭环调节，使输出电压连续可调，输出电流根据负载的特性自动调节,使输出电压不会因负载的改变而变动,从而可得到稳定的输出电压。

整流装置分Ⅰ、Ⅱ两路,每一路输出均为725 kW。两套系统的主回路输入、输出和控制回路完全独立,任何一套系统故障,不影响另一套的正常工作。整流装置将柴油发电机组发出的三相AC460 V交流电源,经过三相全控桥式控整流后输出DC600 V直流电压,再经过LC滤波,通过车端电力连接器把DC600 V电源送入客车车辆,DC600 V整流装置原理图见图2-66。

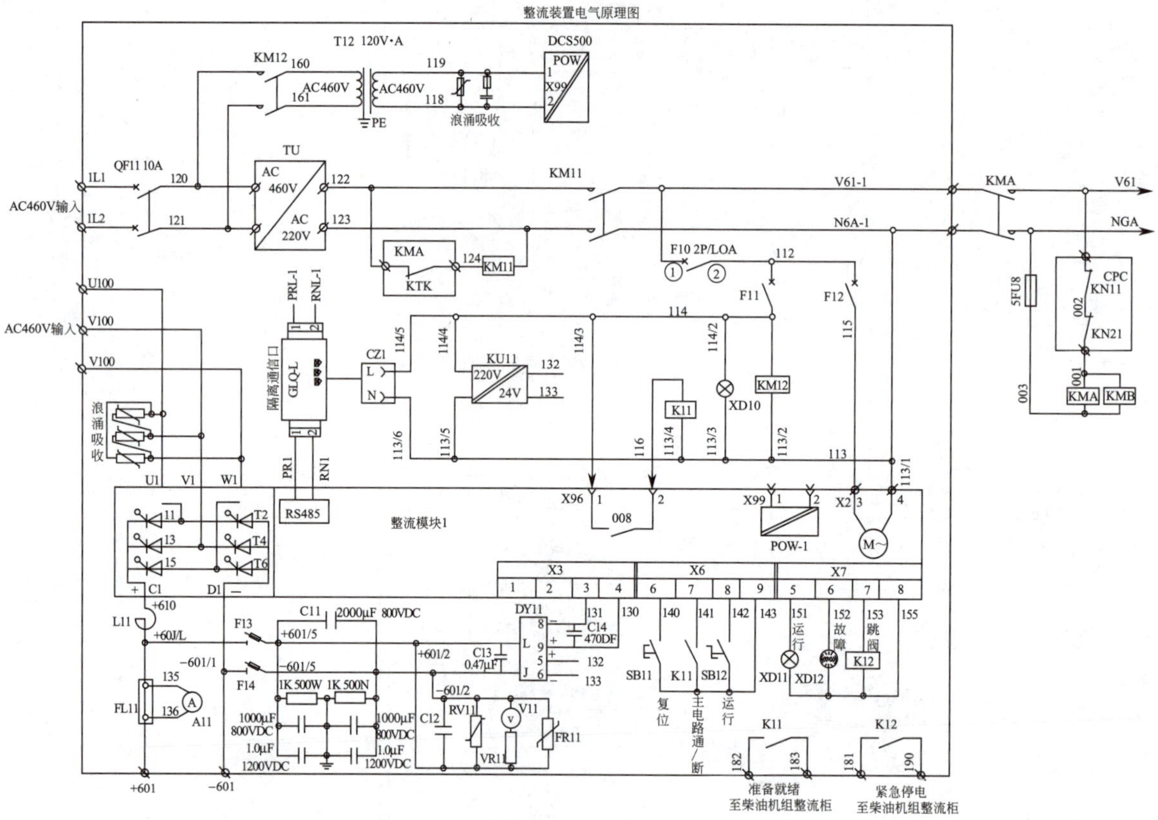

图2-66　DC600 V整流装置原理图

为了吸收过电压保护整流元件,每个晶闸管都并联了RC组成的阻容吸收装置,每个桥臂串有快速熔断器进行短路保护。三相交流输入端有浪涌吸收电路,直流输出端设有防雷击装置。

控制柜面板上设有电压表和电流表,显示输出电压和负载电流。并有指示灯显示电源的工作状态。

主电路的技术参数:

额定输入电压	AC 460 V
输入电压波动范围	AC 452 ~ 468 V
额定输出电压	DC 600 V
输出电压波动范围	DC 0 ~ 690 V
额定输入频率	50 Hz ± 1 Hz
额定输出功率	2 × 725 kW
额定输出电流	2 × 1 250 A

1. 整流装置的控制电路

整流装置控制电路采用先进的DSP(数字信号处理器)系统,所有运行参数都可以通过人机对话的方式由软件来设置,并保存在伺服单元内部,通过控制盘,这些参数可以进行方便地修改;系统具有故障自诊断功能，任何时候，只要系统出现故障，就会将故障的类型通过控制盘清楚地显示出来，并通过故障代码表查到引起故障的原因，简化了维修与调试操作。

整流装置的控制电源、冷却风机、主开关控制电源的电源均采用 AC220V 交流电，为防止本车变压器发生故障，影响整流装置正常向客车供电，在整流装置内部加装了两组备用变压器、两组屏蔽隔离变压器，整流装置内的备用变压器原理图如图 2-67 所示。

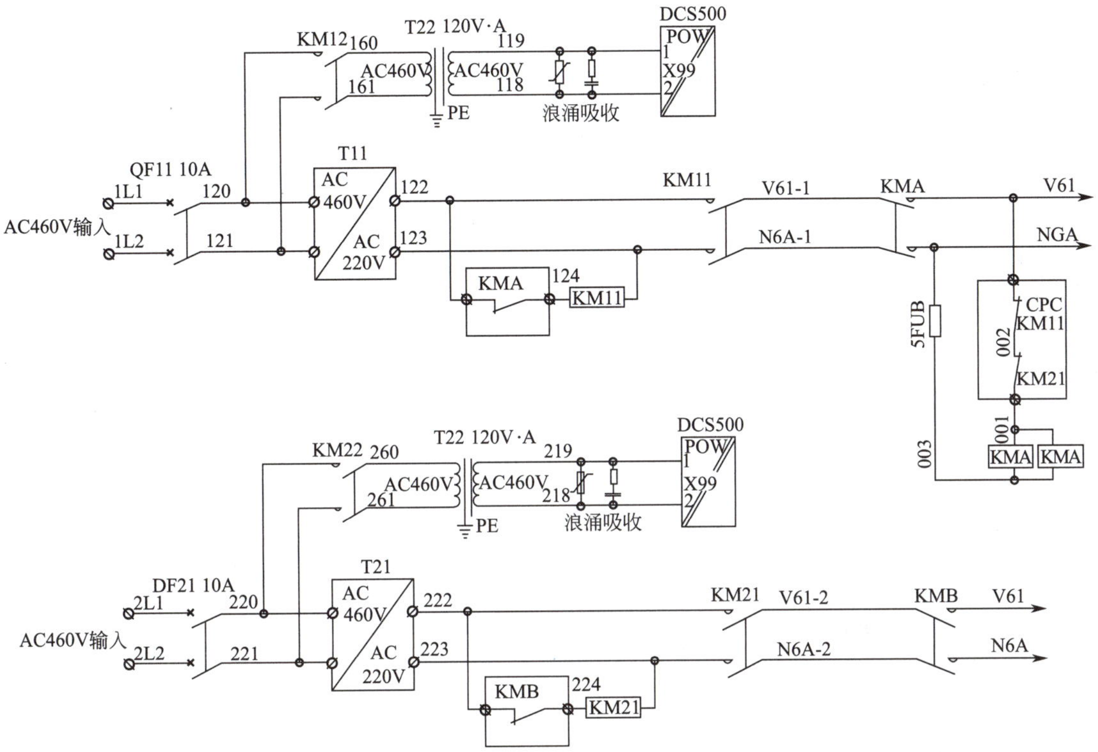

图 2-67 整流装置内的备用变压器原理图

L1、L2 为 AC 460 V 交流输入，V61-1、N6A-1；V61-2、N6A-2 为辅助变压器交流 AC 220 V 交流输出；V61、N61A 为车底主变压器 AC 220 V 交流输出。KMA、KMB 用于辅助变压器与主变压器防止并车的电气互锁继电器。

2. 整流装置的通信

电源系统配置了标准的串行通信接口（如 RS232C 或 RS422 接口等）和现场工业总线接口。这些接口的设置，增强了电源与其他控制设备间的互联能力，可以通过串行接口与可编程控制器（PLC）等进行通信。

整流柜与机组控制柜之间通过 RS485 和硬线方式进行通信。整流装置工作时，PLC 可以读取其工作参数，如输出功率、输出电压、电流以及整流装置的温升等参数，在配电柜触摸屏界面上显示相应的信息。如果整流装置发生故障，整流电源柜应通过硬线方式通知外部机组控制柜，断开整流电源柜的交流输入，RS485 传送故障代码给机组控制柜，用于显示当前故障信息，整流电源柜面板故障指示灯亮。

3. 整流装置的主要元器件技术参数

（1）整流模块

该整流模块具有集成数据总线通信功能、可编程功能、快速熔断器短路保护；控制系统具有过电流、整流模块过温、输出过电压输入欠电压、电源缺相、相序出错等各种完备的保护措施。

型号	ABB DCS501-2003-51
额定电流	2 000 A
功率损耗	5 467 W
整定输出电压	600 ×(1 ±5%)V
冷却方式	强迫风冷
相对湿度	≤95%
海拔高度	≤5 100 m
振动与冲击	符合 TB/T 3058—2002 和 TB/T 3021—2001 的规定
电磁兼容	符合 TB/T 3034—2002 和 TB/T 3021—2001 的相应要求

(2)直流电抗器

额定电流	1 500 A
电感量	0.2 mH
绝缘等级	F 级

(3)直流电容器

额定电容量	2 000 VF,1 000 VF
电压等级	1.2 kV

(4)快速熔断器

每臂	1 600 A

(5)DC 600 V 整流柜辅助电源变压器

额定输出功率	2 kW
额定输入电压	AC 460 ×(1 ±5%)V
额定输出电压	AC 220 ×(1 ±5%)V
额定输入频率	50 Hz ±1 Hz
绝缘等级	H 级

(四)冷却系统

青藏发电车选用的柴油机为康明期 QSK45-G6 水冷机,其冷却系统分两路,一路为高温冷却,一路为低温冷却,两路冷却均分为内循环和外循环。

高、低温外循环:冷却装置、管路及阀门、膨胀水箱、补水箱等。

高温内循环:柴油机水泵、热交换器、机体缸套、节温器等。

低温内循环:柴油机水泵、热交换器、节温器等。

柴油机高温水节温器开启温度:82 ~93 ℃。

柴油机低温水节温器开启温度:46 ~57 ℃。

本车冷却系统(外循环)采用集中式冷却方式,冷却装置安装于车体一端冷却室内,整个冷却系统包括冷却装置、膨胀水箱、补水箱、手摇水泵、交流水泵、冷却管路及阀门等。

1. 冷却装置

冷却装置冷却方式为顶部风扇吸风式水冷。冷却装置所装散热器为铜管带式双通道、双流程减振散热器,每台机组用 20 节散热器。冷却装置分两个独立的高温冷却部分和两个独立的中冷冷却部分,其中每一个独立的高温冷却部分的冷却能力不小于 311 kW(海拔 5 100 m 时),水阻力不大于

48 kPa(水流量 62.64 m^3/h);每一个独立的中冷冷却部分的冷却能力不小于 244 kW(海拔 5 100 m 时),水阻力不大于 35 kPa(水流量 24.84 m^3/h)。冷却装置外形图如图 2-68 所示。

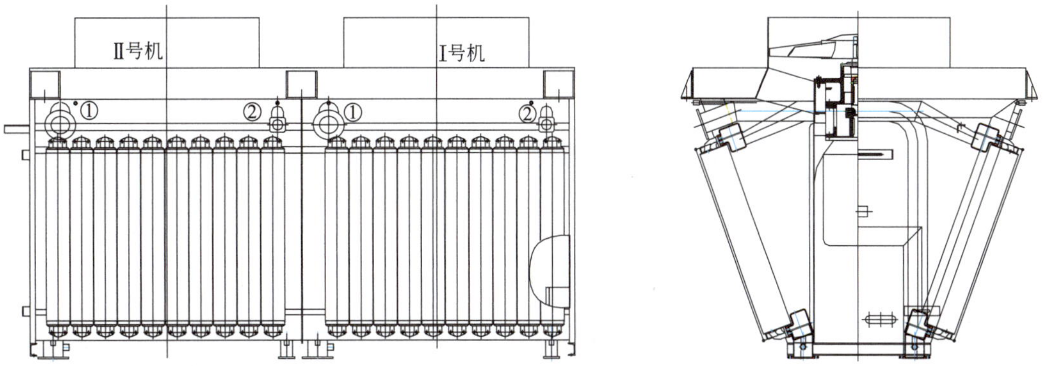

图 2-68 冷却装置外形图

冷却装置每套系统有一台独立的风扇电机组成,冷却装置高温进水管路上设有 92 ℃温度传感器,冷却装置高温出水管路上设有 65 ℃温度传感器,柴油机启机冷却电机即低速运转,当进入冷却装置的水温达到 92 ℃时,电机高速运转,当冷却装置出水温度降到 65 ℃时,电机转低速运转。

2. 冷却电机参数

规格	YDF225M2-4/6 三相交流双速异步电动机
额定功率对应转速	37 kW 时 1 470 r/min,15 kW 时 980 r/min
额定工作电压	AC 460 V
频率	50 Hz
功率因数	低速:0.78;高速:0.82
效率	低速:78%;高速:82%
额定电流	低速:29 A;高速:66 A
启动电流	低速:153 A;高速:195 A
绝缘等级	H 级
工作环境温度(最高)	45 ℃
相对湿度(最大)	95%
工作制式	连续工作制(S1)
防护等级	IP44

3. 冷却风扇

冷却风扇采用铝合金、轴流式叶轮,直径为 ϕ1 180 mm,当转速为 1 470 r/min 时,其吸风量≥22 m^3/s;当转速为 980 r/min 时,其吸风量≥14.7 m^3/s。电机风扇组成如图 2-69 所示。

4. 高弹性联轴器参数

驱动电机参数	$P = 37$ kW, $n = 1\,470$ r/min
理论传递扭矩	$T = P/n \times 9\,550$ N·m $= 236$ N·m
环境温度	60 ~ 80 ℃
系数	1.6

236 × 1.6 = 378 N·m < 联轴器额定扭矩 $T_{kN} = 425$ N·m

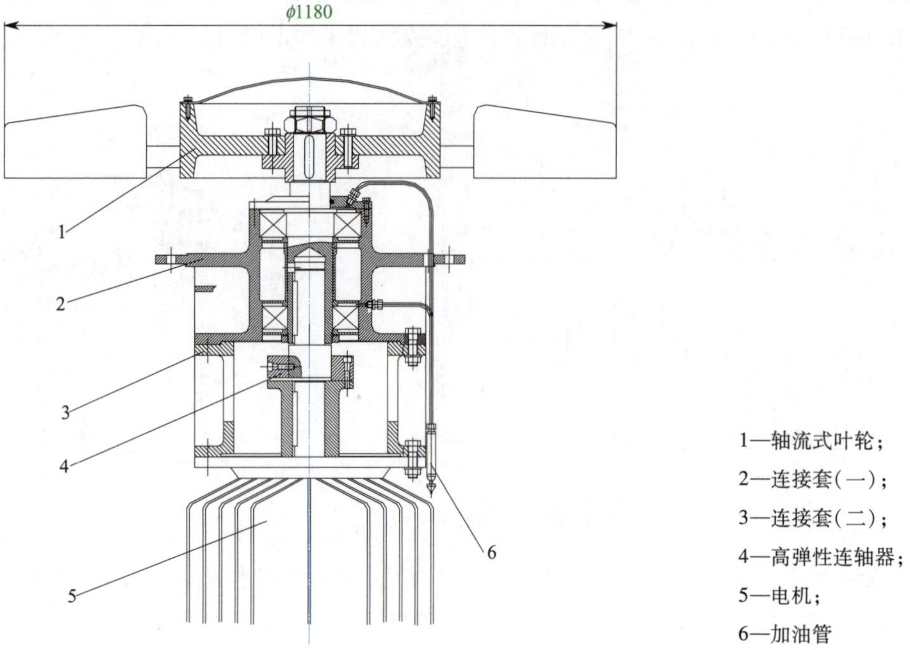

图 2-69　电机风扇组成

联轴器安全系数为 $s = T_{kmax}/T = 1\,020\ \text{N}\cdot\text{m}/236\ \text{N}\cdot\text{m} = 4.3$

联轴器工作转速 $n = 1\,470$ r/min < 联轴器许用转速 $n_{kmax} = 5\,000$ r/min

联轴器如图 2-70 所示。

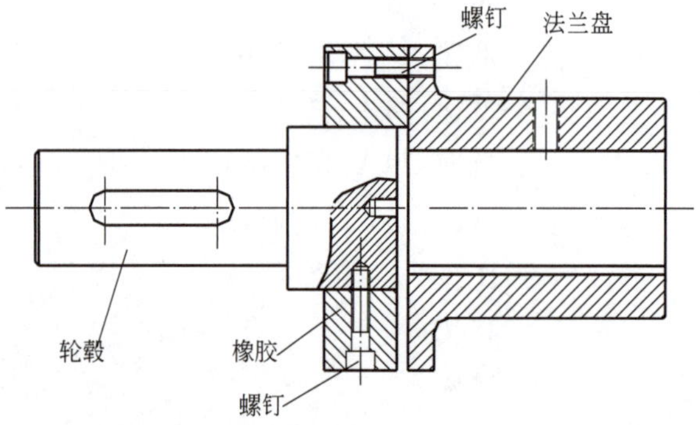

图 2-70　联轴器

5. 散热器

散热器单节为 DTS57-00-000A 管片式减振双流道散热器冷却单节，其有效通风面积≥0. 122 98 m^2。双流通减振散热器外形如图 2-71 所示。

冷却装置每套系统由一套独立的风扇电机组成，冷却装置高温进水管路上设有 92 ℃温度传感器，高温出水管路上设有 65 ℃温度传感器，柴油机启机，冷却电机即低速运行；当进入冷却装置的水温达到 92 ℃时，冷却电机高速运行，当进入冷却装置出水温度降到 65 ℃时，冷却电机低速运行。冷却系统示意图如图 2-72 所示。

6. 膨胀水箱

本发电车设有两个膨胀水箱，吊装于冷却室车顶上，每个膨胀水箱又在长度方向的中心设有隔

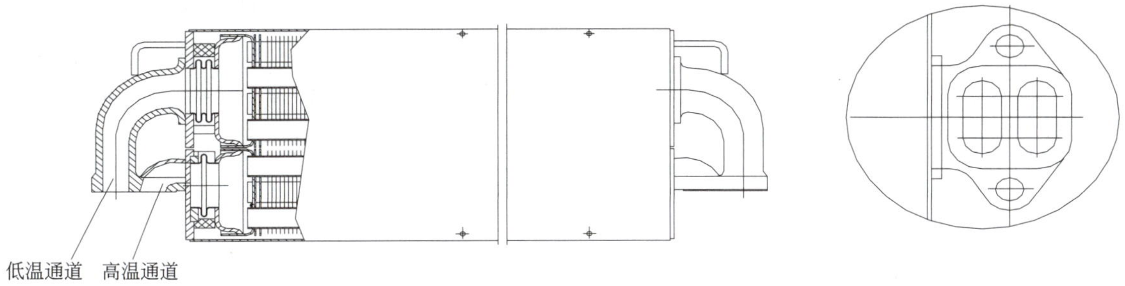

图 2-71 双流道减振散热器外形图

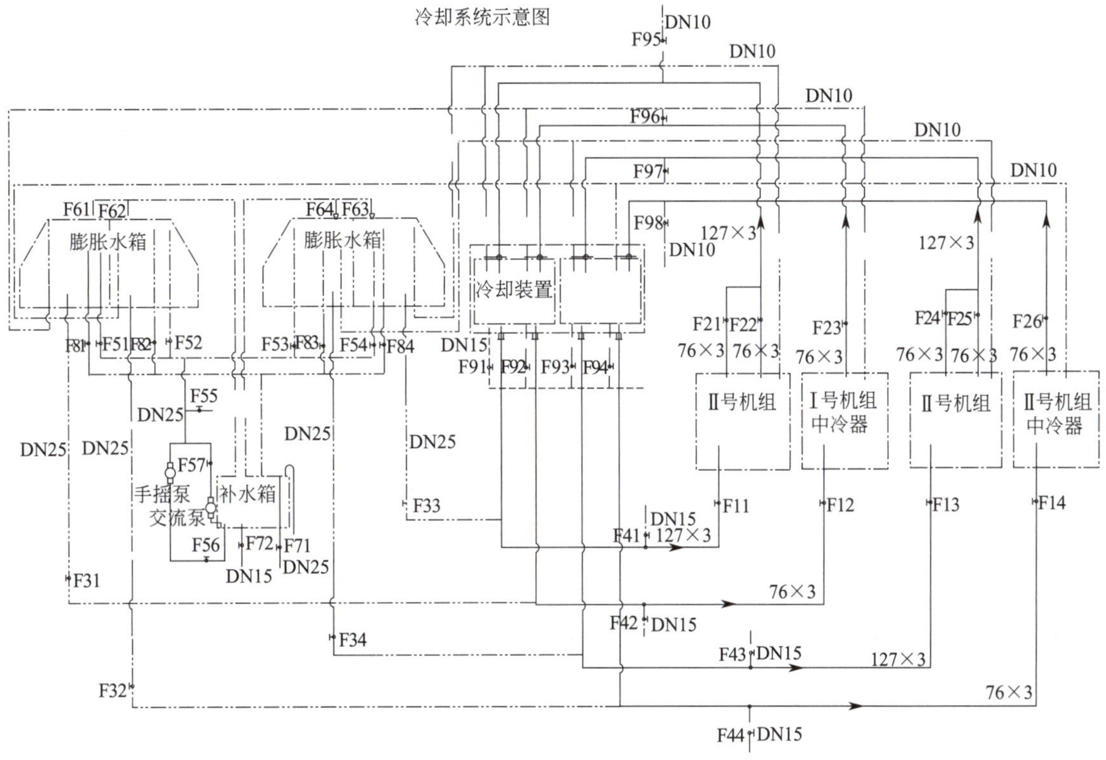

图 2-72 冷却系统示意图

板，隔板将膨胀水箱分为两个封闭的腔，即实际为四个水箱。两台柴油机的高、低温冷却循环系统分别设有一个膨胀水箱，每个膨胀水箱容水量为 150 L。

7. 补水箱

考虑青藏高原特殊的环境条件，又在冷却室设置了一个容量 400 L 的补水箱，以便在冷却系统缺水的情况下给膨胀水箱补水。

（五）燃油系统

本车燃油系统由两个下油箱（每个约 3 500 L）、一个上油箱（约 380 L）、两个互备交流燃油泵、一个手摇泵、管路及其他辅助装置组成。两个下油箱间的连通管将两个油箱连接起来，从而使两个油箱容油合二为一。连通管与每个油箱间安装有一个阀门，当任何一个油箱需要卸开时，只须将对应阀门关闭，将连接管断开即可操作，从而避免油的浪费。一位侧下油箱有两个管组成分别与燃油泵相连，充当上油管；一位侧下油箱另外两根管直接与上油箱相连，充当上油箱的溢油管和放油管。下油箱与燃油泵之间，安装粗滤器，可过滤燃油中的较大颗粒杂质。

齿轮泵可手动控制，也可自动控制。当转换开关打在自动控制挡时，上油箱安装的浮球液位控制器可根据液位变化来控制齿轮泵开关。上油箱下部接出两路柴油机进油管路，分别与两台柴油机连接，中间接有磁滤器，可过滤燃油中铁质类杂质。从柴油机引出的回油管，与车下燃油冷却装置连接，冷却装置的出油管接入二位侧下油箱。燃油系统工作原理如图 2-73 所示。

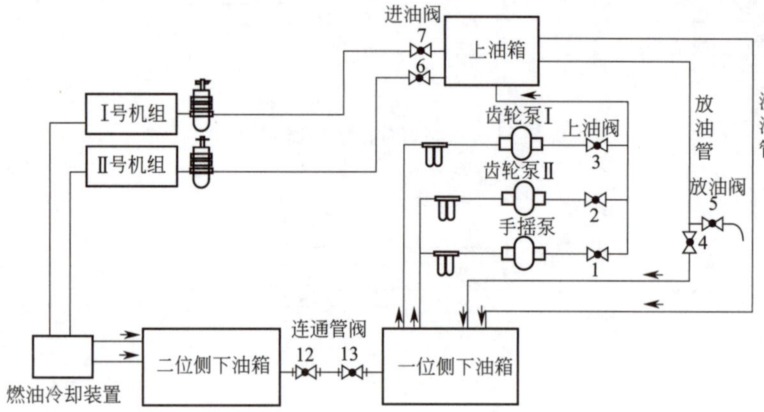

图 2-73　燃油系统原理图

七、先进的大轴重转向架技术

1. 概述

SW-QD160 型转向架是在机客车原有转向架的基础上，根据《青藏发电车招标书》及《青藏发电车技术规范》开发的新型高速、大轴重发电车用转向架。它采用了双空气弹簧、无磨耗橡胶复合定位、盘形制动等技术。构架为钢板焊接结构，平面呈 H 形。主要由侧梁组成、横梁组成、纵向辅助梁和弹簧座等组成。车体枕梁内腔构成空气弹簧的附加空气室。中央空气弹簧悬挂系统采用了独特的双空簧上进气结构，每侧两空簧通过设于车体枕梁内的附加空气室直接连通，设垂向、横向及抗蛇行减振器，横向及防过充止挡。

转向架主要性能特点是：重载、稳定裕量大、曲线性能优良、关键部件免维护、故障导向安全。

新技术应用主要在于：首创的双空气弹簧二系悬挂结构、首创的一系无磨耗橡胶复合定位结构、大稳定裕量和优良曲线性能的综合实现。

青藏发电车大轴重转向架主要面对高速大轴重冻土路基条件下的动力学性能优化、低温重载强紫外辐射条件下的结构强度和耐久性问题，恶劣环境运用条件下的免维护性和高可靠性等技术难点：

(1)大轴重冻土路基条件下的动力学性能优化问题

24 t 轴重的客车转向架在世界范围内也是绝无仅有的，况且要运用于多小曲线、不稳定冻土、低温、强紫外线、强沙尘暴、雷暴、雨雪、盐雾等自然和线路条件严酷多变的青藏铁路，如何解决大轴重转向架良好的运行品质、较小的轮轨动力作用等动力学难题是决定方案可行性的前提。

转向架的总体方案和技术方案经过多次的计算论证分析，最终通过了铁道部运输局装备部组织的方案评审。实际的滚振试验、线路试验和测试结果表明，在实际轴重 24 t 的情况下，各项性能满足《青藏发电车技术规范》要求，主要动力学指标均达到了优良标准。

经过从夏季高温到冬季严寒的运用结果表明，首创的双空气弹簧二系悬挂结构、一系无磨耗橡胶复合定位等关键部件技术是有效、可靠的，其相对较低的轮缘磨耗量表明该转向架实现了充分的稳定裕量前提下的有着良好的曲线性能。

(2)低温、重载、强紫外辐射条件下的结构强度问题

我国铁路车辆的常规运用环境温度是 -40 ~ +40 ℃,转向架常用结构材料和结构强度均按此标准执行,青藏铁路的运用环境温度是 -45 ~ +40 ℃,海拔高度每上升 1 000 m 紫外辐射强度升高 30%,5 ℃之差和强紫外辐射,使铁路客车原有的金属、非金属材料的材料工艺、制造工艺、成熟结构强度、计算试验标准均须重新分析修正,材料的采购、外购件的选型也受到了严重制约。通过与科研院所、原材料厂家的密切合作,逐一解决了原材料、焊接结构件、橡胶件、涂附材料、外购件等在低温重载强紫外辐射条件下的金属结构强度和非金属抗老化问题。

线路动应力测试结果表明,在实际轴重 24 t 的情况下,构架强度能够满足《青藏发电车技术规范》和相关标准的要求,经过从夏季高温到冬季严寒几年的运用结果也基本表明其他结构部件强度是满足要求的。

(3)恶劣环境运用条件下的免维护性和高可靠性问题

青藏线严酷的自然环境、长距离持续运行特点及相对薄弱的运用维护条件对产品的免维护性和高可靠性提出了更高的要求,针对常规转向架积累的成熟结构进行分析改进,研发了一系无磨耗橡胶复合定位等新型免维护结构,并通过合理的悬挂参数选择,在保证良好的曲线性能的前提下,大大提高了转向架的稳定裕量(滚振试验的部分减振器或空气弹簧故障状态临界速度均大于 180 km/h),使之在部分减振器失效、空气弹簧破裂或一系橡胶定位器橡胶撕裂等故障条件下仍可在 120 km/h 速度下安全运行至入库维修,有效防止了因突发故障对车辆运行安全和线路运输带来的严重影响。

青藏高原大轴重发电车转向架是国际、国内唯一的实际轴重 24 t 客车转向架。首创的双空气弹簧二系悬挂结构和一系无磨耗橡胶复合定位结构是完全自主知识产权的技术,合理的动力学参数匹配使大轴重转向架获得了充分的稳定裕量和优良曲线性能,故障导向安全、轮缘磨耗轻微。

2. 转向架结构及性能参数

SW-QD160 型转向架(图 2-74)是由构架组成、轮对轴箱定位装置、中央空气弹簧悬挂系统、盘形制动装置及轴温报警装置等组成。主要技术参数如表 2-14 所示。

表 2-14 主要技术参数

顺号	项 目	技 术 参 数
1	连续运行速度(km/h)	160
2	最高试验速度(km/h)	176
3	轴距(mm)	2 700
4	适用轨距(mm)	1 435
5	车轮直径(mm)	915(新轮)/845(旧轮)
6	最大轴重(t)	24
7	通过最小曲线半径(m)	连挂 145,单车调车 100
8	弹簧型式	一系钢弹簧,二系为双空气弹簧
9	车轮车轴型式	KKDQ 车轮、RDF 车轴
10	轴箱轴承	进口 FAG 整体轴承
11	制动型式	轴装特制盘形制动
12	制动盘型式	轴装特制锻钢 ϕ680 制动盘
13	制动缸型式	8 英寸单元制动缸(每车 1 位 车轮带手制动)
14	轮对定位方式	橡胶定位套无磨耗弹性轴箱定位
15	转向架质量(kg)	约 8 200
16	限界	GB 146. 1—95J01-N

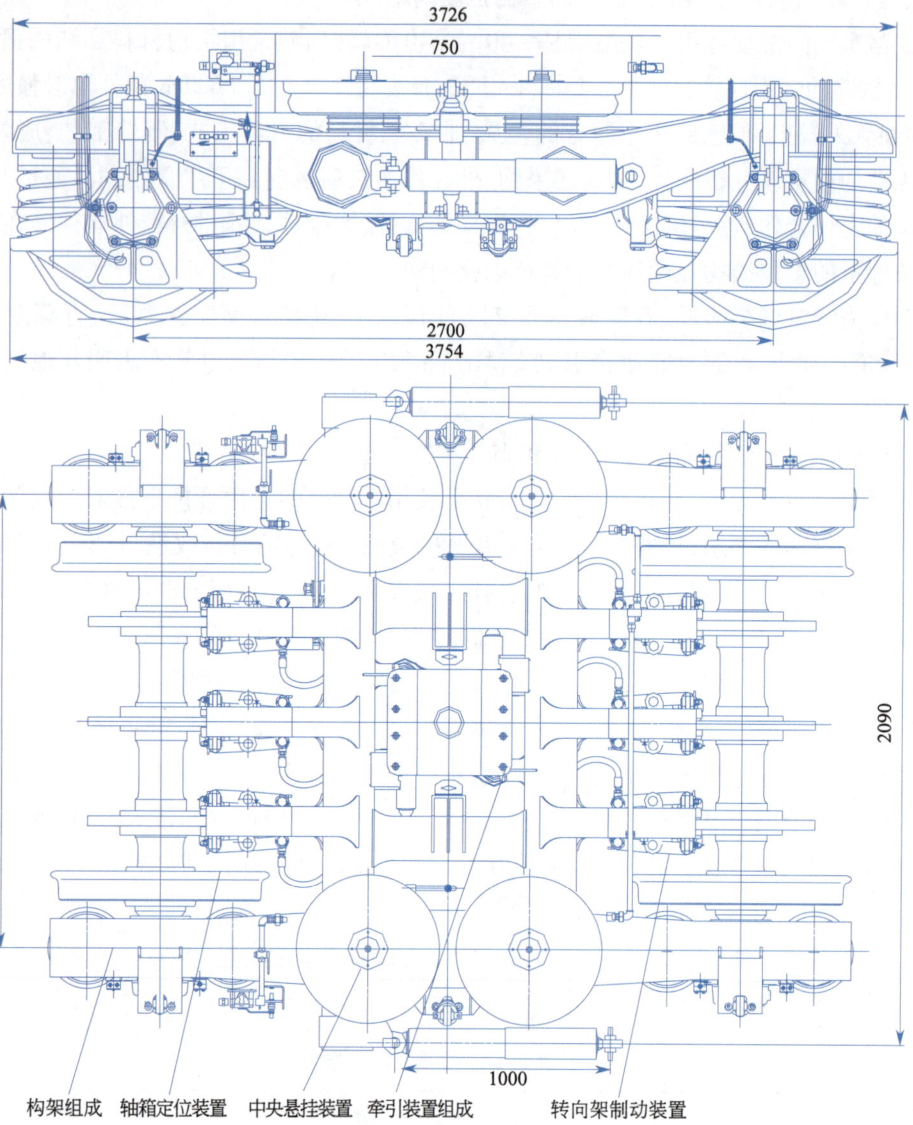

图 2-74　SW-QD160 型转向架

（1）构架组成

构架为钢板焊接结构，平面呈 H 形。主要由侧梁组成、横梁组成、纵向辅助梁和弹簧座等组成。车体枕梁内腔构成空气弹簧的附加空气室。

侧梁采用由四块钢板组成箱形断面的焊接结构，上、下盖板厚分别为 14 mm、16 mm，腹板厚 10 mm，侧梁中部为 U 形。采用 Q345E 焊接结构用轧制钢板。铸钢件采用 ZG25MnNi，其与侧梁连接部为圆滑过渡，避免应力集中。

横梁采用 $\phi245\times14$ mm 无缝钢管（材质为 Q345E），表面车削加工至 $\phi243$。在横梁上焊有制动吊座、牵引座及空气弹簧的防过充座等。

辅助梁组成：为提高构架刚度，在两横梁之间由纵向辅助梁连接，其上安装有横向减振器座和横向止挡座等。辅助梁采用箱形断面的焊接结构。

（2）轮对轴箱定位装置

轮对轴箱采用 KKDQ 车轮、RD_f 车轴、轴装制动盘、进口 FAG 整体轴承。

轮对轴箱的轴端有两种：带防滑速度传感器轴端和接地轴端。各车轴端布置如表 2-15 所示。

轴箱定位装置为橡胶定位套无磨耗弹性定位，本定位装置有如下特点：

提供纵向和横向的刚度；

垂向附加动刚度约 0.3 MN/m；

无摩擦副无磨耗；

弹性定位套由橡胶与金属硫化成一体的结构，通过纵横向的不对称设计实现预定纵横向刚度；

钢弹簧由钢簧、缓冲垫组成。钢弹簧采用 60Si2CrVA 材质；

在定位转臂和构架弹簧座之间设置了油压减振器，以防止高频的传递和减小转向架点头振动。

轴箱定位刚度参数如表 2-16 所示。

表 2-15　各车轴端布置

	防滑器轴端	接地装置轴端
位 数	2、4、6、8	1、3、5、7

表 2-16　轴箱定位刚度参数（MN/m）

垂向刚度	纵向刚度	横向刚度
~1.9	11.5	7.5

(3) 轴端形式

转向架的 1、3、5、7 位轴端装有接地装置，2、4、6、8 位轴端装有速度传感器的测速齿轮，如图 2-75 所示。

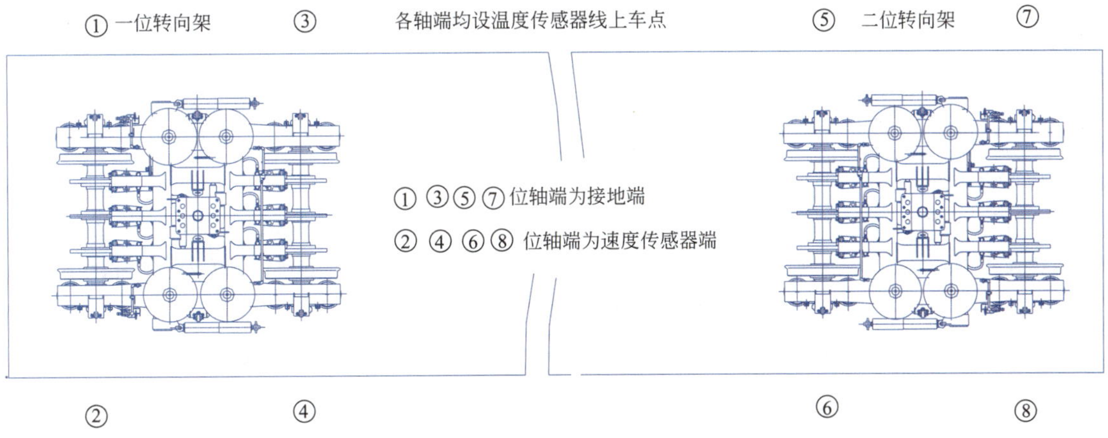

图 2-75　转向架轴位示意图

(4) 轴端接地装置

接地装置为铁道客车轴承提供简单、有效、经济的保护和防护，防止工作电流或系统故障电流以及雷电电流通过轴承造成的轴承损伤。其主要性能如下：

额定电流 300 A；

瞬态电流不小于 10 kA rms，持续时间 100 ms；

峰值电流不小于 25 kA；

正常工作条件下电刷的更换寿命不小于 80 万 km；

装置对轴承的温升增加不超过 3 ℃。

3. 中央空气弹簧悬挂系统

中央空气弹簧悬挂系统采用了独特的双空簧上进气结构，每侧两空簧通过设于车体枕梁内的附加空气室直接连通，设垂向、横向及抗蛇行减振器，横向及防过充止挡。

空气弹簧由气囊和附加的橡胶弹簧组合而成的自由膜型式，适用于水平位移大的无摇枕转向架。

空簧采用上进气结构，底部设有排水阀。为使空气弹簧无气状态时转向架能够运行，在下支座上面设有特殊的滑板，以提高转向架的曲线通过性能。当空气弹簧破损无气时，附加的橡胶弹簧提供二系垂向及横向刚度，确保车辆能以 120 km/h 安全运行。本空气弹簧内无阻尼孔，二系垂向阻尼由二系垂向减振器提供。

空气弹簧特性参数如表 2-17 所示。

表 2-17　空气弹簧特性参数

顺号	项　目		参 数 值
1	有效直径(F_z=100 kN)		540 mm
2	最大垂向位移 最大水平偏移		±40 mm ±120 mm
3	附加容积室 V_a		60 L
4	垂向刚度	载荷 92 t/8 (位移 ±30)	400 N/mm
5	横向刚度	载荷 92 t/8 (位移 ±40)	150 N/mm

牵引装置采用 Z 字形双拉杆结构，安装在车体的中心销与带缓冲的拉杆连接传递牵引力和制动力。本牵引装置具有如下特点：

转向架相对于车体的回转依靠牵引杆中套橡胶的弹性变形；

转向架横向附加刚度小；

牵引装置内无相对滑动部分，为无磨耗结构；

转向架和车体的分离应先拆卸牵引杆两端螺栓。

横向缓冲器作为限制车体运行中(特别是曲线上)过大的横移而设置的。为了避免运行中车体频繁碰撞缓冲器或者接触后出现硬性冲击，本系统中将缓冲器与止挡的间隙设置为 30 mm ±3 mm，缓冲器设计成非线性特性，车体的横移较大时，可提供非线性增长的复原力。

由于采用无摇枕转向架，为设置防止车体意外过大的上升，在横梁上设有防过充座，与牵引拉杆头部之间设置了 70 mm 的间隙，具有阻止车体过高上升的功能。

为提高运行稳定性采用了抗蛇行油压减振器。

高度控制阀是根据载荷的变化自动调整空气弹簧内压使车体保持一定高度的装置。本系统采用的高度控制阀有机械式的纯空气阀(日本的 LV-3 型，该高度控制阀均分左右。高度控制阀安装在车体上)。

差压阀是在左右空气弹簧出现超过规定的压力差时，使压力高的一端空气流向较低的一端，以防止车体异常倾斜的装置。本阀设定的压力差为 150 kPa。

4. 盘形制动装置

盘形制动装置是为本转向架专门设计的制动盘、制动缸及粉末冶金闸片。

SP19 制动缸为 8 英寸活塞式单元制动缸，其内部带有间隙调整器，可自动调整闸片间隙。制动缸主要特性如表 2-18 所示。

表 2-18　制动缸主要特性

制动缸直径	203 mm
制动缸最大压力	500 kPa
初始制动压力	20 ~ 30 kPa
安装尺寸	225 mm ±2 mm
活塞杆最大行程	>15 mm
丝杆最大调整行程	85 mm
间隙每次调整量	>5 mm

每辆车的一位转向架一位车轮处设有一个手制动装置。

制动盘采用轴装制动盘，制动盘的结构和材质均不同于其他客车，为整体式锻钢制动盘环和盘毂组成。制动盘与盘毂通过螺栓、垫块和弹性套等连接。制动盘毂与车轴为过盈配合 H6/u7。

转向架采用粉末冶金闸片，摩擦系数稳定，导热性能优良。

八、独特的车内美工设计

为了在青藏高原客车充分体现青藏地区的民俗和文化特点，在车内美工设计方面，从车内设施的造型、色彩到细微之处的图案，注重运用青藏地区的民族文化元素，装饰既简洁、明快、通透，又具有青藏高原特色，体现了青藏高原的文化艺术、民俗民风、民族团结和客车设计风格的高起点、高标准，使青藏高原客车的车内美工独具特色，自成风格，受到中外旅客的好评。

第四节　青藏铁路高原客车试验验证及运用检修

一、青藏铁路高原客车试验验证

在青藏客车研制过程中，进行了大量的试验，包括调查性试验、系统验证试验、零部件筛选试验、单车验证试验、列车型式试验等，对青藏高原客车的成功研制发挥了重要作用。

2005 年 5 月，南车四方股份公司两辆样板试验车在四方所进行了系列供电、制氧地面静止试验。

2005 年 6 月，南车四方股份公司两辆样板试验车在青藏铁路格尔木及格尔木—那曲段分别进行了系列供电、制氧地面静止试验和运行试验。

2005 年 9 月开始，青藏发电车、硬座车、硬卧车、餐车、软卧车全部五个车型先后在四方车辆研究所进行了车体静强度、小半径曲线、K 值试验、空调试验、制氧试验、采暖试验、通风量测试、预冷、预热、紧急减载模式试验、车内正压、水箱表面温度测试等静止试验。同时，针对客车开行后，制氧系统在高温散热、低温防冻等方面暴露出的问题，进行了整改，然后又进行了高温和低温环境下供氧的型式试验。

2005 年 11 月，BST 公司首辆青藏软卧车在格尔木—唐古拉区间进行了运行试验。

2006 年 1 月，南车四方股份公司首辆发电车、硬卧车和 BST 公司首批各型客车在北京铁科院环行线做了动力学性能试验，并分别在环行线和正线进行制动和噪声试验。

2006 年 2 月份，南车四方股份公司首辆发电车和 BST 公司首列青藏车在格尔木—唐古拉区间进行了运行试验。

2006 年 3 月份，南车四方股份公司首列青藏车在格尔木—唐古拉区间进行了运行试验。

2006 年 3 月 3 日 ~3 月 18 日期间，首列青藏客车在格尔木—安多间进行制动性能试验、噪声测试、紫外线测试和对电器、空调和制氧系统的试验、发电车性能试验以及满载旅客试验等，试验结果表明客车性能基本达到了技术规范的要求，同时试验中暴露出的一些问题在后续交付的车辆上得到逐步改进。

2006 年 3 月 ~6 月期间，南车四方股份公司及 BST 公司制造的发电车和编列客车分别在高原进行两个往返的试运行试验。编列试运行试验作为高原客车的例行试验，不仅检验了制造质量，而且为青藏客车开通创造了有利条件。

（一）两辆改造客车供氧、空调、电气和制动系统高原适应性试验

1. 试验分四个阶段

部件的高海拔模拟试验；

改造客车的平原试验（四方所）；

改造客车海拔 3 000 m 试验（格尔木）；

改造客车海拔 4 000 ~ 5 000 m 的试验（格拉段格尔木—沱沱河）。

2. 高原试验的主要结果和建议

青藏客车高原适应性试验是铁道部组织的重大试验项目之一，在这次试验中，试验车辆和试验设备运行正常，主要技术指标基本达到了设计要求，初步设计满足高原运行条件，达到了预期的试验目的，获取了许多车辆在高原运用的规律性结论，对青藏客车的设计、制造提供了试验依据。

（1）制氧系统

通过试验表明：青藏客车采用弥散式与分布式相结合的制氧方案是可行的。弥散式供氧为旅客提供一个明显优于外界的舒适环境，而分布式供氧可以为旅客提供一个接近于海拔 2 000 m 的局部环境，弥散式供氧与分布室供氧能够满足正常旅客的供氧需求。试验过程中通过对 100 多位旅客乘车感受的调查显示，弥散式供氧的车厢明显优于没有供氧设备的车厢，如果安排旅客在高原下车观光，上车后利用分布式供氧可以迅速改善高原缺氧的感觉。

但是，本次试验也表明试验客车安装的制氧机制氧能力明显不足，主要表现为：其一，随着海拔高度的升高，空压机的功率减小，客室内氧浓度指标达到 23% 以上非常困难；其二，列车从格尔木运行后，客车内氧浓度需要经过 60 min 以后，才能达到规定的指标。因此，在客车的设计和批量制造时，需要提高制氧机的能力。

通过不同的海拔高度试验，发现如下几个方面的因素对客车内氧浓度产生影响：

①客车在同等功率和密封条件下，氧浓度随海拔高度的升高而增大。YW676332 客车从格尔木（2 828 m）向沱沱河（4 547 m）运行时的氧浓度曲线对比如图 2-76 所示。

从氧浓度曲线可以看出：在海拔 2 828 m 时，YW676332 的客室平均氧浓度可以达到 22. 6% ，很难

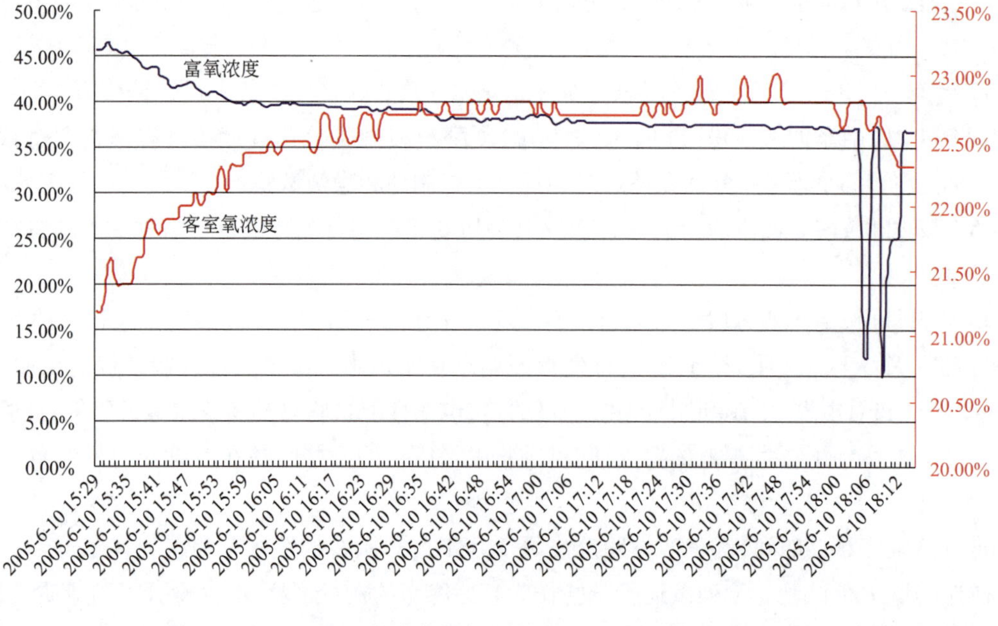

图 2-76　YW676332 客车在格尔木（海拔 2 828 m）氧浓度曲线对比

达到 23% 。而客车再向前运行，通过昆仑山（4 772 m）时，平均氧浓度达到 23%，到达风火山（4 905 m）时，平均氧浓度达到了 23.2%，如图 2-77 所示。

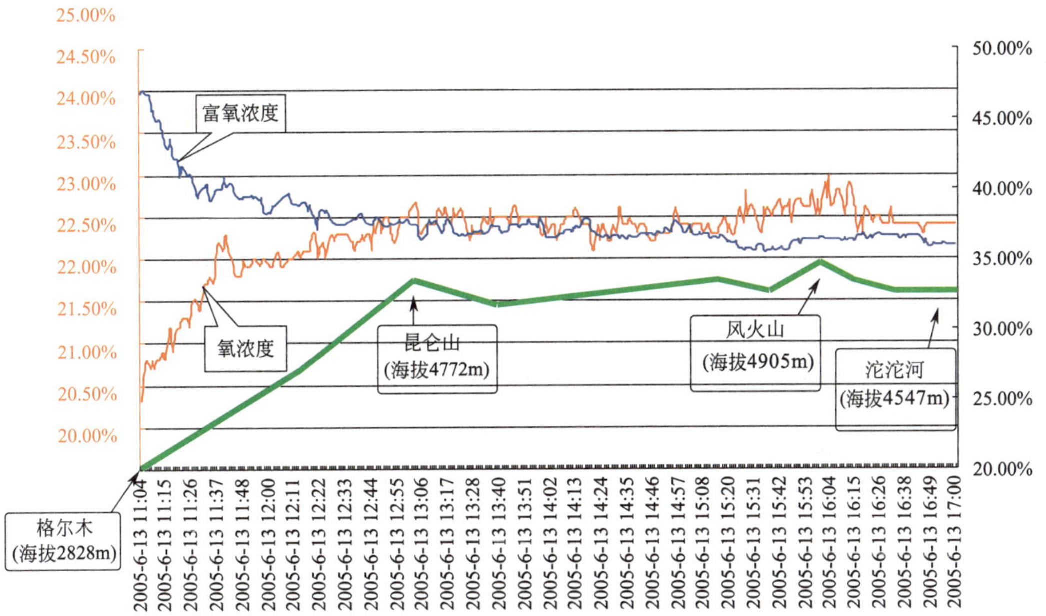

图 2-77 YW676332 客车氧浓度曲线对比

② 车辆密封对氧浓度影响很大。

本次试验的两辆改造客车，密封性能相对较差，尤其是在与其他车辆编组时由于风挡不一致，导致车辆运行时密封性能不好。其中车辆自格尔木到不冻泉的下行过程中，车辆没有做任何密封处理，实测车内正压为 2.6 Pa，加之下行途中，CA893388 在列车的前部，运行过程中由于新风的渗入和泄漏，车内平均氧浓度维持在 22.5% 左右。当客车到达不冻泉（4 611 m）进行静止试验时，对两车端进行了密封处理，车内平均氧浓度超过了 23% 。

因此，车辆在设计和制造时，应尽量加强密封性能的研究，否则，大量的氧气可能会因密封不良而泄漏到车外。

（2）车内温度控制

青藏高原气温变化大，日温差达 15 K，因此车内温度能够自动控制也是旅客乘车舒适度的重要指标。本次高原运行试验表明，试验客车采取的控制策略能够满足温度控制的要求。图 2-77 为 CA893388 餐车高原温度控制曲线。

从图 2-78 可以看出，本次试验外温变化从 25 ~ 11 ℃，空调控制经过半冷、通风和制暖三种不同的工况。在海拔 4 000 m 以上，将车内温度目标值设定在 20 ℃，控制装置能够将温度稳定在 19 ~ 21 ℃，达到温度稳定控制的目标，误差为 ±1 ℃。

（3）车内 CO_2 浓度

车内 CO_2 浓度无论在平原地区还是高原地区，都是衡量车内舒适度的一个重要指标。在相同的条件下，车内 CO_2 的浓度与新风量有直接的关系。新风量越大，CO_2 的浓度越低，人体的舒适度越好，但是新风量增大，氧浓度则要降低，这是一对矛盾。

本次试验表明：青藏客车车内新风量除了空调新风外，还包括制氧机输出的约 60 m^3/h 的富氧空气和因车体密封不良而渗入的空气，加上高原地区空气稀薄，CO_2 浓度低，因此在高原地区，可以适当

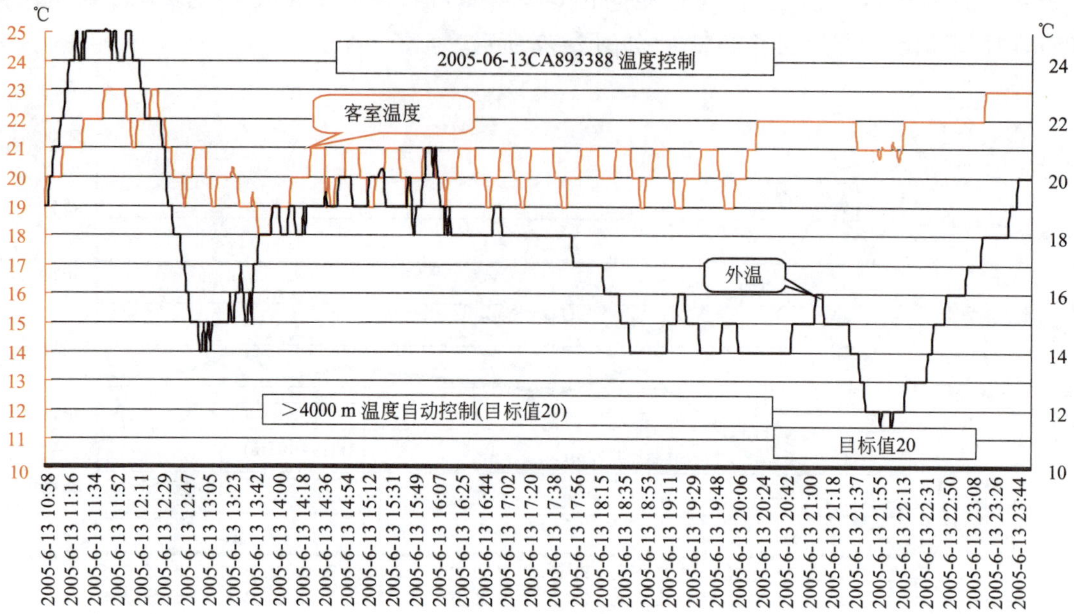

图 2-78　CA893388 餐车高原温度控制曲线

降低空调新风，保持人均 5 m³/h 的新风量，CO_2 的浓度指标可以提高到 0.3% 而不影响舒适度。

本次高原试验同时表明：客室内温度与 CO_2 浓度和氧浓度都有关系，因此建议客车在高原地区运行时，无论制冷还是制暖，空调通风机应始终处于强风状态，客室内的温度控制目标为 20 ℃左右。

（4）制氧方式

青藏客车的制氧机采用膜分离制氧方式，在高原适应性试验期间运行稳定，同时，也对一台分子筛制氧方式的小型制氧机进行了不同海拔高度的试验研究。分子筛制氧机氧浓度测试结果如表 2-19 所示。

表 2-19　分子筛制氧机氧浓度测试

测试地点海拔高度(m)	青岛 0	格尔木 2 828	纳赤台 3 575	玉珠峰 4 159	昆仑山 4 772	不冻泉 4 611	风火山 4 905
输入功率(W)	480	420	410	370	370	350	340
氧浓度	93%	55.4%	51.6%	49.7%	48.1%	48%	43%

从表 2-19 中可以看出，分子筛式小制氧机的制氧浓度随着海拔高度的升高，输出氧浓度明显降低，实际上接近于膜分离制氧机的富氧输出浓度（40%）。这种特性不符合客车的制氧能力要求，因为海拔高度越高，越需要更高的制氧浓度，因此，这种分子筛制氧方式不适合于青藏客车的弥散式制氧的要求。

（5）氧浓度分布梯度

弥散式供氧能保证客室各个断面氧浓度的分布相差小于 0.2%，在不超过 25% 的氧浓度条件下，安全性能够得到保证。但是，由于分布式供氧的出口氧浓度达到 40%，因此对客车的设计提出了安全性要求。

要求客车设计和制造时，必须保证沿富氧出口的方向 60 cm 以内、沿横向和垂向 5 cm 以内不能有开关电器的操作。在富氧出口附近，应绝对禁止旅客吸烟，以防止富氧助燃其他物品。

（6）客车电气系统

两辆青藏改造客车电气系统和部件是在前期进行大量的地面模拟试验的基础上进行设计的，因此高原运行试验过程中，电气系统及部件运行稳定。通过平原低海拔、格尔木 2 828 m 海拔和高原运行过程中不同海拔高度(最高 4 905 m)的试验,得出了一些重要的试验结论,验证了试验改造车辆电气系统的设计原理和部件选型原则,为车辆的设计、制造提供了试验依据,同时为低海拔条件下电气系统及部件的等效试验、检验提供了具体标准。主要试验结论如下:

①通过防雷试验室对供电及控制系统过防雷击试验表明,青藏客车的防雷接地保护系统,能够对客车电气系统进行有效的保护,SPD 装置通过接地保护系统在对雷击电流进行泄放的同时,能够将被保护电路的过电压限制在 2 000 V 以下。

试验改造车辆电器部件的选型,能够满足高原条件下电气绝缘的要求。

②电动机、交直流接触器、继电器线圈等部件须选用 F 以上绝缘等级,才能满足高原使用。

③传感器、接线端子、开关电器在海拔 5 000 m 时的冲击耐压和工频耐压修正系数为 1.46 和 1.43。以此为选型、检验依据可以保证器件的电气间隙和爬电距离满足高原应用。

④电线电缆在可能出现的持续最大载流量下长期工作,海拔 5 000 m 时的温升高于平原 30%,车辆布线时须考虑适当放大裕量。

⑤高海拔地区热脱扣电器的保护动作值小于平原地区,应按 1.1 ~ 1.15 倍电流整定,但对于风机类负载,由于高原运转时功率和电流下降,基本可以抵消影响。

⑥DC 600 V、DC 110 V 接触器在高海拔条件下应用,关断时间加长,功率损耗加大,电气寿命大大缩短,应采取降额使用措施,DC 600 V 接触器尽量采用双极接触器。

⑦按高海拔使用条件改进的车端 DC 600 V、DC 110 V 连接器,能够满足高原使用要求。

⑧试验表明,试验改造车辆电气系统、网络控制系统的控制逻辑和保护功能,满足高原使用要求,故障安全导向和冗余措施达到了设计要求。

(7)制动系统主要试验结论

①试验表明车辆制动系统高海拔地区仍能正常工作,海拔高度对车辆基础制动静效率没有影响。车辆制动系统受到海拔高度影响的主要是列车管和制动缸的充排风时间,但这种影响很小,不会对司机的操纵和列车的运行安全构成影响。

②空气弹簧的相对压力不随海拔高度的变化而变化,但空气弹簧的胶囊会由于大气压的降低而膨胀变大,应关注青藏客车空气弹簧胶囊的强度能否适应尺寸膨胀的要求。

③列车的制动系统定压不随海拔高度的变化而变化。

④TFXIB 防滑器在高海拔地区能够正常工作。

⑤车辆制动系统中采用的橡胶件,必须能够保证在长期低温及有较强紫外线的环境下工作,达到检修周期的要求。

⑥制动盘及闸片的散热在高原会受到影响,但制动盘的热负荷初步估算能够满足青藏铁路的使用。

(二)青藏高原客车零部件选型试验

1. 真空集便系统

真空集便系统项目前期在零部件的试验选型上做了大量的工作,这些工作为保证青藏高原客车真空集便系统较高的可靠性奠定了坚实的基础。

为保证系统的可靠性,在项目初期,对系统及元器件进行了试验及测试,通过试验证明:系统原理可行,元器件可以在高原环境下应用。为此专门制作了低气压环境试验室,对系统及元器件进行模拟低气压环境测试。主要包括:低气压环境条件下真空发生器性能测试;电气元件性能测试;低气压下系统压缩空气耗量测试等。对所选用的主要元器件进行了低温 -50 ℃存储试验。将所选主要元器件:电磁阀、传感元件、橡胶类元件,在-50 ℃环境条件下保存48 h,取出后立即做性能试验,试验证明所选元器件能满足-50 ℃存储要求。最后又进行了系统样机测试,制作了样机,通过测试验证能达到设计要求。

整机试制完成以后,又在四方车辆研究所进行低温、振动冲击和电气试验。以前所设计的污物箱通过-45 ℃环境进行过测试(低温试验在四方所做检测),青藏客车的污物箱设计比原设计有所改进,最后顺利地通过了低温试验和振动冲击试验。

在青藏客车污物收集系统装车以后,在高原上对其进行了多次试验,包括可靠性评估。在高海拔条件下,青藏车用真空集便器能正常工作,各项技术参数符合甚至高于设计要求。从2006年7月1日正式通车运行到现在,没有较大的问题出现,使用一直良好。由此可以看出,青藏客车污物收集系统的零部件选型是比较成功的。

2. 车窗

针对青藏高原的特殊气候,对车窗结构进行了改进并通过试验验证。

①隔热性能:中空玻璃具有很好的隔热性能,K值可以达到1.9 W/(m^2·K)左右。

②防结露性能:在室内外温差较大的情况下能避免产生冷凝水或结露。

③隔音性能:中空玻璃的结构可以使声音的传递损失达到30~40 dB。

④刚性密封体:中空玻璃属于内充干燥气体的刚性容器。

青藏铁路客车中空玻璃采用功能性玻璃组合,使产品增加了一些普通中空玻璃不具备的特殊性能。5 mm玻璃采用LOW-E钢化玻璃使青藏铁路客车中空玻璃的K值达到1.9 W/m^2·K,而普通中空玻璃的K值在3.2 W/(m^2·K)。

普通列车上的中空玻璃的生产和工作环境基本上是在标准大气压下,中空腔内的气压与外界环境气压变化不大,腔内气体密封的有效时间长,玻璃的变形小,使用寿命相对较长。

应用于高原列车的中空玻璃,由于高原的气压低,气温低,温差较大,阳光辐射强,导致腔内气体与外界空气环境存在压力差,这样就会使玻璃变形,玻璃不仅处于恶劣的工作状态,而且会严重影响中空腔内气体的有效密封性,玻璃的寿命会大大降低。为防止玻璃变形,青藏车车窗采用了内外压力自平衡技术。

玻璃变形测试如图2-79所示。

通过许多次的实验证明青藏客车的车窗设计有效的避免了中空玻璃因气压变化引起的变形,满足了青藏地区特殊运营条件的要求。

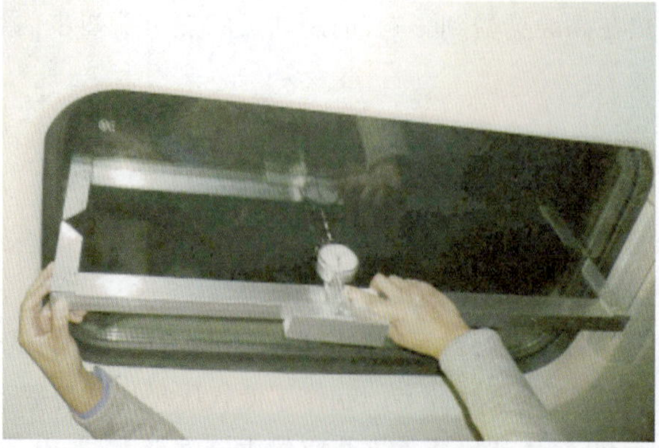

图2-79　玻璃变形测试

3. 厨房设备

青藏试验餐车安装的厨房设备经过高原运行试验表明:电磁灶基本达到炸和炒的要求。在青藏高原运行时,电蒸箱、电磁灶均能正常工作,满足列车厨房的工作要求,部分部件(如电蒸箱)的绝缘和介电强度需要加强。

(三)首辆青藏高原客车高原试验

首辆青藏高原软卧车到达格拉线,进行客车主要系统性能验证试验。

1. 新风量、氧浓度及二氧化碳含量

当车内新风量为 5 m^3/(人/h)时,车内氧浓度最高达到 25.0%,正常运行在 3 283 m 以上海拔高度,氧浓度均达到 23.5% ~25.0% 之间;在最高海拔高度 5 072 m 时,氧浓度为 24.3%;CO_2 浓度为 0.27% ~0.36%。

(1)由于车内氧浓度提高,相当海拔高度比实际海拔高度降低了 1 000 ~1 500 m;如图 2-80 所示,即在全部行程中,相当海拔高度均低于拉萨(3 641 m)的高度。

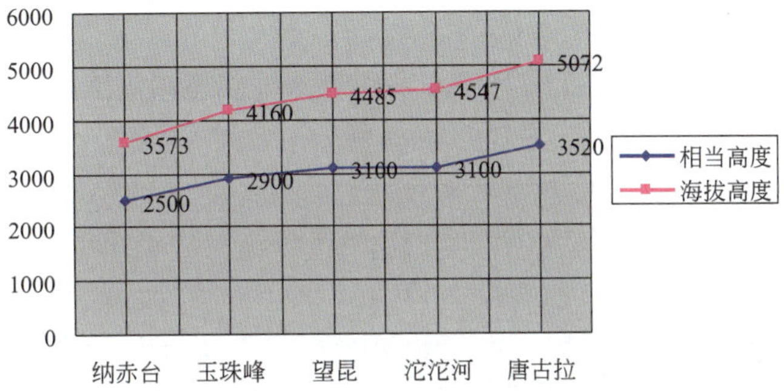

图 2-80 车内氧浓度水平相当的海拔高度与车所处位置海拔高度对比

(2)车内 CO_2 低于 0.5% 限度。

2. 空压机功率

制氧压缩机的消耗功率,随着海拔高度的增加而降低,在格尔木和塘古拉分别下降为名义功率的 90% 和 83%。空压机的排气压力和功率如图 2-81 所示。

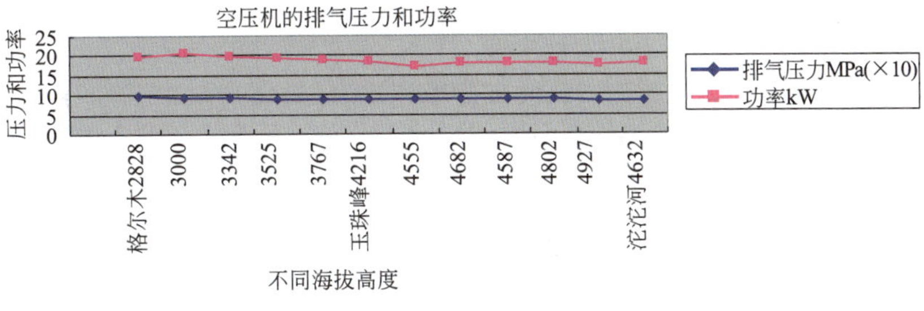

图 2-81 空压机的排气压力和功率

3. 车内温度

新风量为 5 m^3/(人/h)时,车内温度可以控制在 20 ℃ ±2 ℃范围内。车内温度如图 2-82 所示。

4. 氧浓度控制

当空调机组新风门置于全关闭位时,空调机组可提供的新风量为 175 m^3/h,相当于 5.5 m^3/(人/h);空调机组新风控制在 232 m^3/h,即相当于 8.5 m^3/(人/h),车内温度、氧浓度、CO_2 浓度等指标均可以满足高原地区运行需要;在试验中观察到,当车内氧浓度超过 25.2% 时,空调新风门在 8.5 m^3/

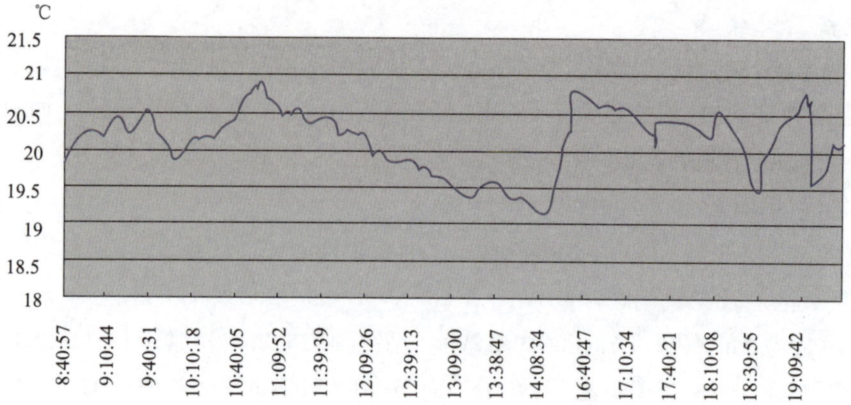

图 2-82　车内温度

(人/h)基础上进一步增大,氧浓度下降至 24.8% 时,风门回到 8.5 m^3/(人/h)位置;说明空调系统与制氧系统配合良好,可以实现通过控制新风量对车内氧浓度进行控制。

5. 增氧速度

车内氧浓度可以在 15 min 时间内,从 21% 上升到 23% 。客室内氧浓度变化曲线如图 2-83 所示。

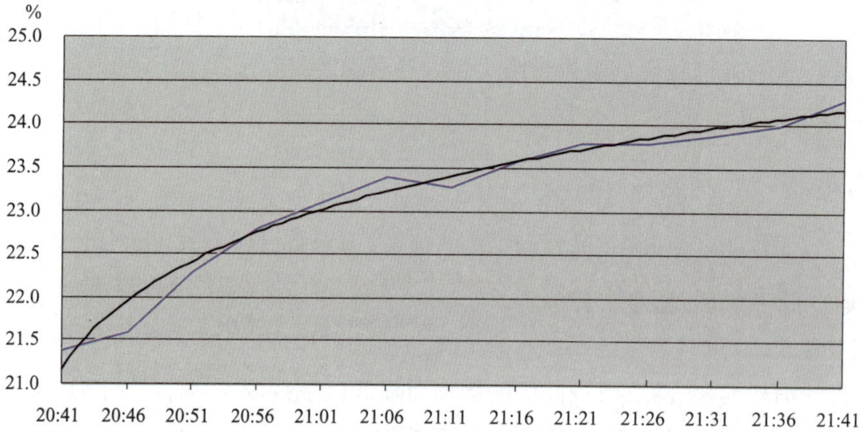

图 2-83　客室氧浓度变化曲线

6. 网关

车辆网关系统可以对车内各系统的运行起到监控作用,特别对故障记录和分析能够提供所必需的信息;对列车运行的监控,将发挥更重要的作用。

7. 噪声

试验客车在高原低速(60 km/h)运行条件下,在 1 号,4 号,5 号包间测得的噪声分别是 50 dB(A),48.5 dB(A),49.5 dB(A)。

8. 制动

采用的 104 集成式电空制动机及 TFX1B 型防滑系统在试验中未见海拔高度对防滑系统性能产生影响,可以满足高原地区运行。

9. 车窗

采用的压力平衡装置可以满足高原地区运行要求。

10. 真空集便装置

试验表明安装的真空集便装置可以满足高原运行要求。

(四)青藏高原客车噪声型式试验

车外噪声按 GB/T 12816—1991《铁道客车噪声的评定》要求,车辆静止时距轨道中心 3.5 m 处测量的车外噪声值不超过 85 dB(A)。

车内噪声按有关标准规定要求:以 160 km/h 的速度在空旷线路上运行,软卧车包间、餐厅和酒吧区域噪声水平≤65 dB(按 GB/T 12816 标准测量);厨房区域噪声水平≤70 dB(按 GB/T 12816 标准测量);其他客室区域噪声水平≤68 dB(按 GB/T 12816 标准测量)。车内静置噪声容许值比车内运行噪声容许值低 3 dB。

试验表明,青藏车硬座车、硬卧车、软卧车车内外静置噪声和运行时的辐射噪声均满足评定标准的噪声容许值,尤其软卧车噪声远低于国家标准。软卧车噪声优于硬卧车和硬座车,客室中部噪声优于端部。这与硬卧车硬座车因定员多、空调机制氧机等设备功率较大、端部靠近走行部噪声辐射较大相一致,同时进一步验证了客室内噪声主要来自设备噪声以及车底轮轨的噪声辐射。

(五)青藏高原列车空调与制氧系统试验

试验按照铁道部批准的《青藏铁路客车供氧、采暖、空调、电气系高原运行试验大纲》进行。列车由 16 辆组成,其中硬座车 4 辆,硬卧车 8 辆,软卧车 2 辆,发电车 1 辆,餐车 1 辆。

1. 空调系统试验

软卧包间室温传感器试验,记录和比较探测的实际软卧车包间的室温几小时后只发现了较小的偏差。连接到 HVAC 控制器的传感器所测温度比实际温度低约 1.5 ℃。

2. 厕所加热器试验

(1)加热功能和性能

在运行状态测试了厕所加热器功能和性能。测量并记录了厕所室温。厕所始终可达到所要求的舒适温度。

(2)厕所加热器格栅表面温度

在运行状态测试和记录了厕所加热器格栅表面温度。外部温度为 -9 ℃条件下,在加热模式于唐古拉测试了厕所加热器表面温度,厕所加热器格栅表面温度未超过限值。

3. 车内压力

车辆的正压,测量在正常加热模式进行,这表明是在供风风扇低速运行,新风风门开度降低的条件下实施的测量所测数值如下:

软卧车	$\Delta P_{in/out}$ = +15 Pa
硬卧车	$\Delta P_{in/out}$ = +17 Pa
硬座车	$\Delta P_{in/out}$ = +10 Pa
餐车	$\Delta P_{in/out}$ = -4 Pa

餐车压力略微低是正常的,这与降低新风风门开度时厨房较高的废排风量有关。

4. 车内氧气浓度

试验测试表明编组列车中所有车厢氧气浓度均达到 23.5% ~25%。

5. 试验结论

①在试验中旅客感觉温度低于 22℃,在 20℃左右较舒适,而温度高于 22℃就很烦躁。

②从车内二氧化碳浓度的测试结果判断,运行状态下供给每位旅客的新风量在 8 m^3/h 左右,比设计供给每位旅客的新风量 5 m^3/h 要大,因此旅客没有因二氧化碳浓度过高的胸闷感觉。

③对于车内氧浓度的高低,旅客对 23% 或 25% 没有明显的差异感觉,认为下车后返回车内需要

使用吸氧面罩吸几分钟富氧，就可缓解下车的缺氧感觉，因此，保证每一位旅客都有一个吸氧装置，供给旅客吸到浓度在35%以上的富氧比车内氧浓度提高更重要。

二、青藏铁路高原客车运用检修及出现的问题

青藏铁路高原客车自2006年7月1日首次载客运行以来，经受住了青藏高原高海拔、低气压、低气温以及风沙、雷电等特殊运行环境的考验，运行安全保持稳定、服务设施质量良好。

为提高青藏客车运用质量、确保运行持续安全，在铁道部运输局装备部直接指挥、指导、督促下，各局从青藏客车试运行、供电、供氧、吸污作业、应急处理、管理制度等方面下功夫，不断规范运用维修管理；从检修基地建设、安全专项整治、库检专项修、定期检修、委外检修等方面下功夫，不断规范青藏客车检修管理，通过几年来的实践，青藏客车的专业管理明显强化，为青藏客车长效管理机制的形成打下了坚实基础。

（一）青藏铁路高原客车运用方案

1. 开行日期：

2006年7月1日，开行北京—拉萨T27/8次1对、成都/重庆—拉萨T22/3、T24/1次、T222/3、T224/1次1对、兰州/西宁—拉萨K917/8次、N917/8次1对。

2006年10月1日，开行上海—拉萨T164/5、T166/3次0.5对，广州—拉萨0.5对。

2. 车辆使用及编组情况

（1）车辆使用：全路新造新型25T型青藏专用客车21组328辆，其中北京局5组用于开行北京—拉萨、广铁集团3组用于开行广州—拉萨，上海局3组用于开行上海—拉萨，青藏公司5组用于开行兰州—拉萨及西宁—拉萨，成都局5组用于开行成都—拉萨及重庆—拉萨。

（2）编组：基本编组15辆，其中YW_{25T}型8辆、RW_{25T}型2辆、CA_{25T}型1辆、YZ_{25T}型4辆；所有青藏客车在兰州至拉萨段加挂发电车1辆供电，编组改为16辆，其他区段为机车供电，不增加编组。

（二）青藏铁路高原客车运用情况

青藏铁路高原客车的运用特点，一是在于高原运行状态无实际经验，有一个摸索期；二是列车供电既要考虑电气化区段电力机车供电，也在考虑非电气化区段发电车供电；三是新增制氧系统的操作、维修难度大；四是为保护环境，列车途中吸污难度大；五是乘务人员需要技术与身体并重，选拔培训难度大；六是高原区段经过较长区段无人区，联系通信困难，应急处置难；七是新型客车要掌握其运行特点，实现长效管理难度大。基于以上情况，为搞好客车运用，有针对性地开展了以下工作。

1. 充分准备，做好载客运行前的试运行工作。

为验证青藏铁路高原客车各项设备在高原条件的运行状况，运输局装备部提早准备，在2006年2月~6月对青藏硬座车、青藏软卧车、青藏硬卧车、青藏餐车和青藏发电车五个车型的客车逐列编组进行车内供氧、空调、采暖、电气系统进行相关性能的高原编组静止及试运行试验，为青藏铁路客车的验收提供检验依据。每次试运行结束，铁道部均对试运行情况进行详细记录，召开各局协调会，对试运行中的问题逐项逐条列出整改措施，掌握整改进度，共计处理各类主要问题198件。事实证明，前期充分的试运行准备工作以及在试运行中发现问题的及时整改工作，对于后续青藏客车的正式载客运行安全至关重要。

2. 打破常规，采用供电方式转换满足供电需求。

由于兰州至拉萨段电气化未开通，青藏铁路高原客车的供电是载客运行的难题之一。运输局装备部在充分调研的基础上，制定了《青藏客车供电作业管理办法》，各次进藏列车在兰州至拉萨段采

用发电车供电，其他区段采用机车供电。兰州作为机车供电与发电车供电的换挂点。同时为解决备用发电车不足，周转困难的情况，精心安排发电车套用交路，并在兰州设立发电车检修点，以满足运用需要。通过几年来的运行，在不增加备用发电车的情况，发电车换挂作业日益规范，保证了列车供电需要。

3. 规范作业，确保供氧系统满足旅客需求。

青藏铁路高原客车的供氧装置是青藏客车一大特点，也是保证旅客乘车舒适度的关键。为确保供氧系统正常运转，各局一是牢牢把住出库关，在库内认真做好制氧机的各项检修，并按照装备部的要求进行库内制氧供风管路的保压试验，及时将故障或问题消灭在库内；二是加强途中检查，进入格拉段前车辆乘务员须对制氧系统进行检查，列车制氧机工作时，车辆乘务员须加强监控检查，发现问题及时处理，确保设备正常运行；三是正确操作，在格尔木、拉萨站开车前 20 min，车辆乘务员开启制氧机并将工况选择置于自动位。停止列车供氧时，车辆乘务员将工况选择开关置于停止位，使制氧机自动完成停机程序，禁止使用直接停电方式强制停机，既保护制氧机也满足供氧需求。按规程和技术要求办事，再加上规范的作业，就能把制氧装置真正修好、用好、保养好，为旅客服务。

4. 精心安排，满足青藏铁路环保要求。

根据青藏线的环保要求，青藏客车装备了集便、集污水装置。由于污物箱、污水箱容量不可能满足全程运行需求，所以中途设置吸污点就非常关键。经过多次研究，决定在格拉段格尔木、拉萨设置两个固定吸污点，在兰州设置应急吸污点。同时为压缩旅时，吸污时间定在 20 min。青藏公司购置了 10 辆吸污车，并规范了吸污作业程序，吸污与上下旅客互不干扰，保证了运行需要。此外，部里还制定下发了青藏客车吸污、排水的一系列规定，如列车在格尔木—拉萨间运行时，严禁向车外排污排水、遗弃垃圾，严禁使用车内污水直排装置；严禁使用真空集便紧急排放装置；严禁餐车使用手动排污装置。在格尔木—拉萨间运行时须关闭向车外排水阀，在其他区间运行时须打开向车外排水阀。这些措施与规定均得到了有效的贯彻执行，满足了青藏客车运行时的环保需求。

5. 严格选拔，确保随车乘务人员符合标准。

一是按照身体、技术双过关的原则，各局因地制宜，坚持标准，采用了多种方式认真公开选拔车辆乘务员，及时将 350 名车辆乘务员配备到位。二是对乘务人员坚决做到岗前培训，持证上岗。重点培训空调车辆乘务员、发电车乘务员，突出青藏铁路高原客车的新技术、新设备及适应高原工作环境的相关知识培训，通过培训使职工胜任青藏客车的工作要求，掌握青藏铁路高原客车基本技术及高原气候下的车辆作业、高原地区安全防护等，为管好、修好、用好青藏车培养了一支高素质的队伍。

6. 畅通信息，确保应急处置有力。

为确保青藏客车途中发生故障或问题能得到及时有效处置，采取了一系列措施。一是保证通信畅通。每列青藏铁路高原客车配置 GSM-R 手机两台，并固定号码，由乘务长及发电车乘务员分别管理，保证信息汇报没有盲区。每列青藏客车及发电车均配置对讲机，保证车辆乘务员与发电车乘务员通信畅通。二是保证信息汇报及时。实行每日报告、每月报告、突发问题实时报告制度，确保列车信息第一时间反馈。三是保证应急处置统一指挥。在格拉段配备专职车辆乘务指导，统一指挥与协调，确保应急故障得到有效及时处理。四是将青藏客车所采用新设备的检修方法和故障处理办法编成手册，并根据不同岗位的特点，制定具体的岗位练兵计划，提高车辆乘务员自身处置能力和规范汇报程序。通过以上措施，青藏客车的信息一直保持通畅，为掌握第一手现场资料以及在特殊情况下做出正确指挥发挥了应有作用。

7. 规范管理，建立长效机制。

一是规范运用生产管理程序。重点包括：入库检修计划管理程序、临修计划管理程序、故障信息交接与管理程序、始发作业管理程序、终到作业管理程序等。二是规范各项技术作业标准。在继续执行25T型客车相关技术标准的基础上，针对青藏客车作业的特点，增加执行供氧系统、高原发电车、电气系统、大功率发电车、真空集便器、影视系统等新技术、新设备的技术作业标准。三是建立并强化各项基础管理工作。在控制客车惯性故障上，制定防配件脱落卡死制度、防制动机耽误列车卡死制度、防客车热轴卡死制度、防客车电气火灾卡死制度、发电车用电安全卡死制度等5项管理制度。在出库质量控制上，制定专业化检修制度、实名检修制度、重点部位专项整修制度、故障处理确认制度、质检组复检制度、发电车检修质量卡死制度、供氧系统检修质量卡死制度、“三乘联检”制度、上部设施质量考核与赔偿制度等9项管理制度。在运用管理上，制定干部量化检查制度、安全质量动态评估等2项管理制度。按程序作业、按制度管理，为长效机制的建立打下基础。

（三）青藏铁路高原客车运用检修及出现的问题

按照“定范围、定周期、定工艺、定标准、人员专业化”的全面专业化检修要求，青藏客车的检修在不断探索中，逐步走向专业化轨道，检修设施基本到位，专业化班组组建完毕、检修标准修订完成、各类问题得到了及时整治，为青藏铁路高原客车的长期稳定运行创造了良好条件。

1. 及时安排，青藏铁路高原客车必备整备设施按时到位。

一是新组建拉萨机辆整备基地，地沟线、检修库等各项基本设施全部配齐。二是新增制氧系统检修设备、DC 600 V供电系统地面电源、真空集便装置吸污车或地面吸污装置等。同时各担当局根据青藏客车的技术特点和检修运用的需要，储备了必要的配件、备品、工具仪器等。这些设备设施的投入使用，满足了青藏客车的整备需要。

2. 根据需要，组建客车专业化检修班组。

根据需求各局设立了青藏铁路高原客车供电装置、制氧系统、塞拉门、卫星定位装置、电气化厨房、集便装置、安全监控系统等专修班组，做到专人负责、专人检修、专人跟踪。专业化班组的组建，为青藏客车的特殊设备的检修打下了基础，职工专岗专修，有利于提高专项业务水平、有利于提高处理问题的熟练程度、有利于提高青藏客车整体出库质量。通过专业化班组的组建，专业检修水平明显提高。

3. 利用资源，逐步建立委外检修机制。

针对青藏客车技术含量高、设备设施质量要求高，为确保一流的装备设施和一流的检修质量，借助制造厂技术力量强的优势，对客车的上部设备设施、制氧系统、电气系统及发电车的柴油发电系统委托制造工厂进行日常和定期检修。

4. 按照规程，及时施行A2、A3、A4修。

随着青藏客车A2、A3修逐步到期，青藏铁路高原客车的定期检修组织逐步实施。实施中遇到了一些困难。一是备用客车量少，替换检修困难；二是青藏铁路高原客车采用的新设备检修没有经验可循，检修难度大，全靠自己摸索。为此运输局装备部下发了一系列检修规定、检修标准，指导各局施修，如空气弹簧和轮对检修办法、采暖装置检修办法、转向架及轴承的检修办法等，并针对青藏车供氧系统、AM96转向架及新型高度阀、单元制动缸、密接式钩缓装置、集便器、600 V供电系统等编制了青藏客车检修工艺。目前全路青藏铁路高原客车A2、A3修已全部进行，部分铁路局已实施了A4修，总体上符合检修标准，达到上线要求。同时也积累了宝贵的检修经验。

5. 强化整治，不断解决出现的问题。

一是运输局装备部组织召开了3次青藏客车质量问题整改专题会议，成立了发电车和客车两个专业整改组，对青藏客车开行以来运行中发生的问题进行了梳理分析，制定了整改措施和整改计划，并组织工厂售后服务人员对发生的质量问题立即进行整改，取得了较好效果。二是针对新情况，陆续解决了一些重大问题。如：

针对青藏铁路高原客车空气弹簧发生裂损问题，下发了《关于更换转向架空气弹簧摩擦块的通知》，对青藏客车所有空气弹簧及摩擦块进行更换，消除了故障隐患。

针对冬季青藏铁路高原客车制动系统漏泄量超标问题，下发了《关于整治青藏客车制动管系漏泄问题的通知》，更换了所有制动主管活接头橡胶密封圈，同时将库检库内试风漏泄标准，由20 kPa提高到10 kPa，保证了青藏铁路高原客车的正常运行。

针对青藏铁路高原客车轮对磨耗问题，下发了《关于青藏客车轮对检修要求的通知》制定了加强轮对跟踪、旋修的措施，同时及时调整轮对运用标准，保证了运行需要。

针对青藏发电车整流装置电源板故障，下发了《关于青藏客车整流装置电源板故障的情况的通报》，要求严格操作程序，确保运行安全。

青藏铁路高原客车运行以来，运行安全基本稳定。一是杜绝了一般及以上行车责任事故。二是杜绝了客车电气火灾事故、消灭了客车电气火情隐患。三是杜绝了在格拉段发生客车责任甩车。四是杜绝了车辆故障耽误列车，造成运行晚点。五是杜绝了客车始发责任晚点和途中作业责任晚点。

上部服务设施满足需要。一是列车上部设施出库质量基本符合上线要求。二是运行途中空调系统、集污系统、给水系统无故障，影视系统、信息显示系统、照明系统、车门系统技术状态基本良好。三是在格拉段运行时供氧系统基本正常。

运用维修逐步规范。一是建立健全青藏客车库检专修组，设置了专修岗位。二是优化劳动组织，建立客车设备委托维修机制。三是细化了客车库检技术作业标准和作业过程。

职工素质不断提高。一是配齐了库站乘各工种人员数量。二是建立健全了培训考试和持证上岗制度。三是强化了人员培训工作。

第三章 信号技术

第一节 概　　述

一、信号工程概况

青藏铁路格拉段经过地区均为高海拔地带，海拔高程大于4 000 m的地段有960 km，约占线路全长的84%。唐古拉山垭口高程5 072 m，是全线最高处，最低为格尔木的2 828 m。年平均气温在0 ℃左右，沱沱河地区极端最低气温 -45.2 ℃，最大积雪厚度达39 cm，其余各段大部分地区最低气温在 -30 ℃到 -40 ℃之间。另外，格拉段唐南大部分地区雷暴频繁，其中那曲地区年均雷暴日数高达80.6天，全线其余地区年均雷暴日数从30天到70多天不等。沿线广泛分布高原多年冻土，线路经过多年冻土地带约550 km。其中雁石坪—安多地区最大冻结深度深达5.5 m，其余地区大部分地区最大冻结深度在2～5 m之间，少数地区最大冻结深度在2 m以内。

格拉段全线共设45处车站（表3-1），其中：格尔木、南山口为既有站改建，其余均为新建车站。

表3-1　车站概况表

序号	站名	到发线数	联锁道岔数	站中心里程	车站性质
1	格尔木	8	60	K815 +377	区段站
2	南山口	5	16	K845 +366	中间站
3	甘隆	2	3	DK869 +400	会让站
4	纳赤台	3	7	DK904 +700	中间站
5	小南川	2	3	DK927 +400	会让站
6	玉珠峰	3	5	DK946 +550	会让站
7	望昆	4	8	DK964 +550	中间站
8	不冻泉	3	7	DK1003 +000	中间站
9	楚玛尔河	3	6	DK1049 +650	会让站
10	五道梁	3	8	DK1093 +800	中间站
11	秀水河	3	4	DK1131 +250	会让站
12	江克栋	3	7	DK1167 +500	会让站
13	日阿尺曲	3	5	DK1189 +600	会让站
14	乌丽	3	5	DK1213 +900	会让站
15	沱沱河	4	11	DK1236 +150	中间站
16	开心岭	3	5	DK1257 +040	会让站
17	通天河	3	4	DK1278 +300	会让站
18	塘岗	3	4	DK1305 +615	会让站
19	雁石坪	3	6	DK1333 +400	中间站

续上表

序号	站名	到发线数	联锁道岔数	站中心里程	车站性质
20	布玛德	3	5	DK1355 +800	会让站
21	布强格	3	5	DK1380 +050	中间站
22	唐古拉北	3	5	DK1404 +285.5	会让站
23	唐古拉	3	6	DK1420 +600	会让站
24	唐古拉南	3	5	DK1441 +250	会让站
25	扎加藏布	3	4	DK1461 +100	会让站
26	托居	3	5	DK1500 +850	会让站
27	安多	4	10	DIIK1537 +850	中间站
28	错那湖	3	7	DK1566 +500	会让站
29	联通河	3	5	DK1594 +220	会让站
30	底吾玛	3	4	DK1614 +000	会让站
31	岗秀	3	6	DK1652 +150	会让站
32	那曲	5	16	DK1670 +400	中间站
33	妥如	3	5	DK1711 +400	会让站
34	桑雄	3	5	DK1743 +213	会让站
35	古露	3	7	DK1766 +100	中间站
36	乌玛塘	3	4	DK1814 +300	会让站
37	当雄	4	10	DK1848 +000	中间站
38	达琼果	3	5	DK1884 +300	会让站
39	羊八林	3	4	DK1903 +500	会让站
40	羊八井	3	9	DK1921 +630	中间站
41	昂嘎	2	3	DK1941 +838	会让站
42	马乡	4	9	DK1954 +420	中间站
43	古荣	3	5	DK1971 +000	会让站
44	拉萨西	6	44	DK1994 +100	货运站
45	拉萨	8	28	DK2005 +300	客运站

青藏铁路信号系统是以 CTC(调度集中)系统为指挥管理层,以列车超速防护、车站计算机联锁、区间虚拟闭塞系统为控制核心层,集通信、计算机技术于一体,具有智能化、信息化、网络化特征的控制系统,是创新集成了满足高原铁路运输需求的信号系统。

在西宁设调度中心,实现对全线行车调度指挥的集中管理;端站及规模相对较大的车站,采用独立的计算机联锁,规模较小的车站,选用联锁列控一体化系统,完成车站联锁控制;系统采用以调度指挥数据专用网和联锁列控一体化局域网组成信号数据传输支撑网,通过干线数据传输广域网和综合环境监测网为辅助的信息资源共享网络平台实现数据传输;通过 GSM-R(铁路数字移动通信系统)实现车地列控信息传输;采用 GPS(全球卫星定位系统)对列车实施动态定位;无轨道电路车站和区间,采用安全型列尾装置和 GPS 定位系统,实现列车完整性检查;系统通过联锁列控一体化系统完成虚拟闭塞和列车追踪运行控制;基础设备方面,选用轨枕式转辙机作为道岔的牵引装置,以电热式道岔融雪装置确保寒季道岔动作正常;针对联锁列控一体化实时状态信息,结合微机监测系统,既采集了各种模拟信息,又通过数字通信技术汇集了联锁列控一体化的数字信息,为电务维修和诊断提供科学的手段。

采用先进的控制技术，以较少的现场设备实现了调度指挥、ATP(列车超速防护)、区间虚拟闭塞及车站联锁功能；减少了维护工作量，在设备配置、资源共享、房屋面积、机构定员等方面均达到了总体技术要求。

二、系统方案的确定

1. 信号系统总体技术要求

青藏铁路沿线气候条件恶劣，人烟稀少，高海拔、干旱、超低温、多年冻土、雷暴日数多等客观现状对信号系统提出极高的要求。信号系统的选型，必须以先进、成熟、结构简单、数量精简，系统具备高可靠性、高稳定性、高安全性，并力求实现设备高可靠少维护。

按照建设世界一流高原铁路的总体目标，结合青藏铁路特殊环境及运营特点，对信号系统提出的总体技术要求概括如下：

(1)采用“先进、成熟、可靠、经济、适用”的设备和器材作为选型基本原则；

(2)选用符合标准化和系列化要求的产品，现场设备力争做到最少化，满足低成本和基本无人值守管理的要求；

(3)系统结构简单、接口智能化，具有完善的自诊断、实时监测和故障报警功能；

(4)青藏铁路沿线能源匮乏，要求选用能耗相对较低的设备；

(5)具有适应低温、高海拔和强雷暴的功能；

(6)利用通信、计算机、网络等技术构建系统，实现灵活调度指挥，满足运量变化需求，实现调度指挥的自动化和信息化；

(7)系统具备列车追踪运行、超速防护的功能。

2. 系统方案的确定

在信号系统创新集成过程中，对其中联锁列控一体化关键技术进行了重点研究，现将研究过程简要描述如下：

(1)主体方案的确定

青藏铁路开工前后，信号系统方案的研究工作得到各方专家的广泛关心与关注，纷纷献计献策，各种形式的研讨活动提出了多种方案。伴随着人们对青藏铁路认识的不断深化，站后各专业方案陆续明晰，特别是在2001年铁道部决策铁路移动通信系统采用GSM-R制式后，铁路行业内的一些专家学者，借鉴其他道路交通运输系统广泛采用卫星定位技术的经验，以在青藏铁路沿线减少设置室外信号设备，减少维护工作量为目标，经过认真讨论、研究、论证，提出了以卫星定位技术实现列车定位和列车完整性检查，以GSM-R传输列车运行控制信息，地面不设轨道电路和信号机的联锁列控一体化信号系统方案雏形，并且了解到埃及沙漠地区和澳大利亚低密度铁路已有类似工程先例，法国阿尔斯通、德国西门子等公司正在开发类似系统的信息，铁道部青藏办、科技司、运输局领导同志倡导并支持了这一方案。据此，铁道第一勘察设计院(简称铁一院)大胆创新编制完成了具有开拓性水平的青藏铁路可行性研究文件和初步设计文件。在此文件中详细描述了基于GSM-R和GPS系统的信号技术方案，此方案的编制得到北方交通大学(2003年改为北京交通大学)的全力技术支持。2002年8月，铁道部组织审查通过了基于GSM-R和GPS系统的信号技术方案。

为加强对基于GSM-R和GPS系统方案的论证，铁道部组织开展了综合考察和反复论证，结合可行性研究文件、初步设计文件和工程设计各个阶段方案研究，进行了一系列对外技术交流、商务谈判，逐步细化和完善了青藏铁路联锁列控一体化方案。

(2)对外技术交流

2003 年 11 月,铁道部组织考察团赴欧洲对阿尔斯通(ALSTOM)公司 Atlas400 信号系统进行考察,并完成了《青藏及高速铁路通信信号赴欧洲考察报告》。2003 年 12 月 24 日,部运输局组织铁路信号专家对该考察报告进行论证,并结合考察期间试验室仿真系统观摩和现场试验段添乘情况初步认为该系统方案可行,建议尽快开展试验段设计,进行功能试验、环境适应性试验及安全验证。在铁道部青藏办和运输局的组织下,2004 年 3 月至 9 月,先后与阿尔斯通公司进行了六轮技术交流,交流过程中对Atlas400信号系统关键技术问题进行了反复推敲,中外双方针对青藏铁路特殊环境与需求,一起对该系统进行了研究讨论,明确了与其他系统的接口与责任分工。技术交流进展顺利,双方技术层面达成共识,确认了系统技术规格书。在综合比选的基础上,部内形成 Atlas400 信号系统技术相对成熟的共识,按建设管理程序报部领导批准,进入商务谈判程序。9 月 26 日,ALSTOM 公司律师提出,青藏铁路在国际上尚属首次尝试,其设备只有在海拔 2 000 m 以下使用的实践,高海拔地区的使用有待通过试验确认,若试验不成功,按不可抗力来处理,法方不承担任何责任,导致谈判陷入僵局。9 月 28 日商务谈判中止。

在与 ALSTOM 公司技术交流过程中,还与美国 GE 公司就其 ITCS(增强型列车控制系统)进行了沟通和交流。2004 年 8 月 14 日至 23 日,铁道部组成考察团,赴美国进行实地考察与调研。考察团重点对 ITCS 技术特点、适应性进行调研,形成《青藏线电务设备选型赴美考察报告》。该报告认为 ITCS 技术先进,其原型系统在普通线路上运用成熟可靠,设备配置简捷,维护工作量小,采用分布式结构,系统扩展和升级灵活,能满足扩能的需求,设备故障影响面小,可满足客、货列车及不同速度等级列车的混跑。但为满足青藏铁路运营要求需对原型系统进行深度的修改,重点解决好以下几个问题:列车完整性检查有待试验;采用 GSM-R 系统传输 ITCS 的列控信息未经实践;列尾装置没有与信号系统结合应用的先例,更没有与 ITCS 结合的经验;单独使用 GPS 定位系统时安全包络线有待试验;系统及设备在低温(最低温度 -45℃)、高海拔(最高可达 5 072 m)地区的应用有待验证。

在中止与 ALSTOM 公司谈判后,GE 公司迅即向铁道部书面表态,对 ITCS 高海拔地区试验失败承担责任,铁道部运输局随即组织青藏铁路公司就 ITCS 的引进和启动与 GE 公司全面技术和商务谈判。2004 年 10 月 19 日,青藏铁路公司与 GE 公司在北京完成 ITCS 全套采购合同的签订。

根据双方达成的协议,2004 年在中国举行两次设计联络会。

第一次设计联络会(2004 年 11 月 1 ~ 12 日),主要根据合同技术规格书的要求,讨论了 ITCS 完善和修改的内容,与计算机联锁、CTC 系统、列尾等设备之间的接口、系统通信网络结构的完善和修改;有针对性地提出对 ITCS 信号系统设备在工程实施方面的具体要求;研究了利用 GSM-R 系统传输列控信息的有关技术问题;确定了第二次设计联络会工作内容以及应用、工程进度计划、验收程序和验收标准等具体问题。

第二次设计联络会(2004 年 12 月 6 ~ 17 日),重点讨论系统运用、闭塞集成系统结构简图、通信传输、转辙机控制、调车作业安全防护的技术难题。在计算机联锁、微机监测、列尾等设备之间的通信接口、网络拓扑结构、GSM-R 系统传输列控信息方面,形成会议纪要。

至此确定了青藏铁路信号联锁列控一体化系统方案,技术交流、谈判、设计联络的过程相当艰苦。

三、联锁列控一体化系统的完善和优化

GE 公司的 ITCS 作为青藏铁路信号系统的子系统,与美国铁路的 ITCS 有很大的区别,主要有:

(1)美国铁路把 ITCS 作为信号控制辅助系统,而青藏铁路作为联锁列控主用系统;

(2)美国铁路通过数据传输电台实现车地之间的数据传输,而青藏铁路则通过 GSM-R 进行传输;

(3)美国铁路在车站及区间保留轨道电路和地面信号机,而青藏铁路不设轨道电路和地面信号机;

(4)美国铁路通过轨道电路实现列车的完整性检查和轨道空闲检查,而青藏铁路通过 GPS + EOT(列尾装置)实现列车的完整性检查和轨道空闲检查。

双方铁路迥然不同的技术差异和青藏铁路高标准技术要求,使得中美技术人员共同对 ITCS 原型系统进行了大量完善、优化、修改工作。主要工作内容有以下几类:符合中国铁路信号所涉及到的联锁、闭塞等技术条件规定的修改和制定;实现与国产信号联锁设备之间的接口;为弥补原型 ITCS 的不足,达到其满足青藏铁路信号总体技术目标要求,所做的配套改造;对中方已成熟的系统进行功能性扩展和技术补强;并对原型系统的改造提出了具体技术要求和二次创新的建设性意见。

四、研究与试验

由于青藏铁路特殊和恶劣的自然条件,铁道部组织成立了专家工作组,对信号联锁列控一体化信号系统技术方案、设计标准、设备器材分门别类地进行多课题的研究。围绕着青藏铁路信号工程建设,铁道部安排了联锁列控一体化、卫星定位技术研究与信息传输试验、高原电气设备综合防雷等多项研究与试验课题,并将南山口—不冻泉 7 站 6 区间 158 km 确定为站后工程试验段。

1. 清水河信号系统及关键器材试验

2001 年 9 月至 2002 年 5 月,由铁一院、通号公司、北方交大、青藏铁路公司、铁科院等多家单位参与的关键器材试验在清水河试验基地开展。清水河试验基地距格尔木市 210 km,海拔高度 4 600 km,根据信号常规器材和有可能选择的关键器材开展试验验证工作,主要验证各种信号器材在高原恶劣环境下的适应性,观测其设备器材的主要技术指标、性能、工作稳定性、低温工作能力是否能够满足高原工作要求,为信号方案中器材选型提供依据。

参加试验的主要系统和器材有:无线机车信号地面和车载设备、计算机联锁控制主机、计算机联锁电子执行单元、计轴器、三相交流电动转辙机(ZDJ9)和电液式转辙机(ZYJ7)、数字信号电缆、LED 信号机、应答器、智能电源屏、反光标志牌等。

试验结论:参加试验的系统和器材,基本能够在青藏铁路恶劣环境下正常工作。通过试验,对无线机车信号系统和计算机联锁系统的功能和性能方面提出了改进意见,对所有器材的工艺、技术参数、结构等方面提供详实的测试、试验文档,为下一步系统选型、设备制造提供了基础性技术资料。

2. 基于 GSM-R 和 GPS 技术的信号控制系统试验

2005 年 11 月和 2006 年 5 月,由铁一院、北京交大、铁科院、青藏铁路公司等单位参加的信号系统试验在站后工程试验段进行。此后,铁道部还组织铁科院、铁一院、青藏铁路公司、北京交大等单位在站后工程试验段进行了关键技术场景的案例、序列综合性试验。

通过以上试验,对青藏铁路系统作出了一个初步的评价,从中暴露、发现并处理了系统缺陷,为系统完善、工程建设奠定了初步基础。

第二节　信号系统

一、信号系统方案

青藏铁路信号系统是适应严酷自然环境,满足特殊运营要求,以CTC(调度集中)系统为指挥管理层,以计算机联锁、区间自动闭塞系统为控制核心层,集通信、计算机技术于一体,具有智能化、信息化、网络化的信号控制系统(如图3-1所示)。该系统是计算机联锁与列控技术相融合的一体化控制系统。

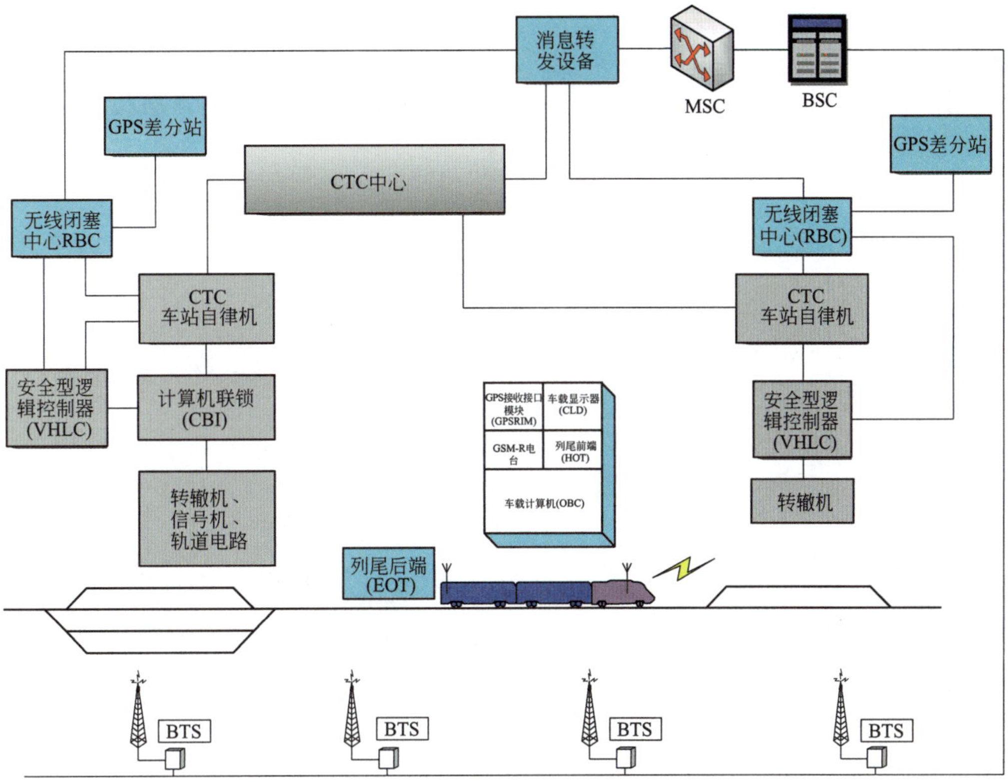

图3-1　青藏铁路信号系统构成示意图

青藏铁路信号系统采用了一体化的设计思想,采用双向连续的车地无线通信,以车载信号作为列车运行的主体信号控制列车运行。信号系统实时监测列车运行,通过车载设备提供给司机操控界面,及时反映地面进路的情况,指挥司机行车,并且在需要时可以对列车实施制动,从而保证行车安全。

青藏铁路信号系统可以分为行车调度指挥系统、联锁列控一体化系统(ITCS)、无线调车机车信号和监控系统、转辙机和道岔融雪设备等。

二、行车调度指挥

1. 引言

青藏铁路格拉段行车调度指挥系统采用卡斯柯公司研发的具有自主知识产权的分散自律调度集中(简称CTC)系统,实现行车远程调度指挥。该系统在2004年5月开通的青藏铁路西哈段分散自律调度集中系统的基础上,满足铁道部颁布的《分散自律调度集中(CTC)技术条件》及其他部颁标准,充分考虑了青藏铁路的特殊环境、联锁列控一体化系统的功能特点,车站无人值守和设备高可靠少维护的运营要求,进行了特殊设计。系统具有显著的技术特点:采纳了运营和使用部门对操控、维护等方面的意见和建议,进一步完善了系统。实践证明,系统经过试运行期间的稳定运行,各项技术指标和功能完全满足要求。

青藏铁路调度指挥系统在原调度系统的基础上实现以下突破:实现了车站无人值守;系统能够在恶劣环境中稳定运行;首次与联锁系统优化融合,在车站没有单独的联锁上位机的情况下,加强了CTC车站自律机功能,具备列车完整性丢失封锁(LOI)、增强安全防护、临时限速等功能,提高了系统可用性,大大简化了维护工作;满足在青藏铁路自动站间闭塞、区间虚拟闭塞制式的运用,实现信号设备的分步开通和平滑过渡。

2. 系统技术描述

(1)系统结构

青藏铁路行车调度指挥系统由调度所CTC中心系统、调度所CTC中心与车站及车站之间的网络系统、车站系统组成。

青藏铁路格拉段CTC系统结构如图3-2所示。

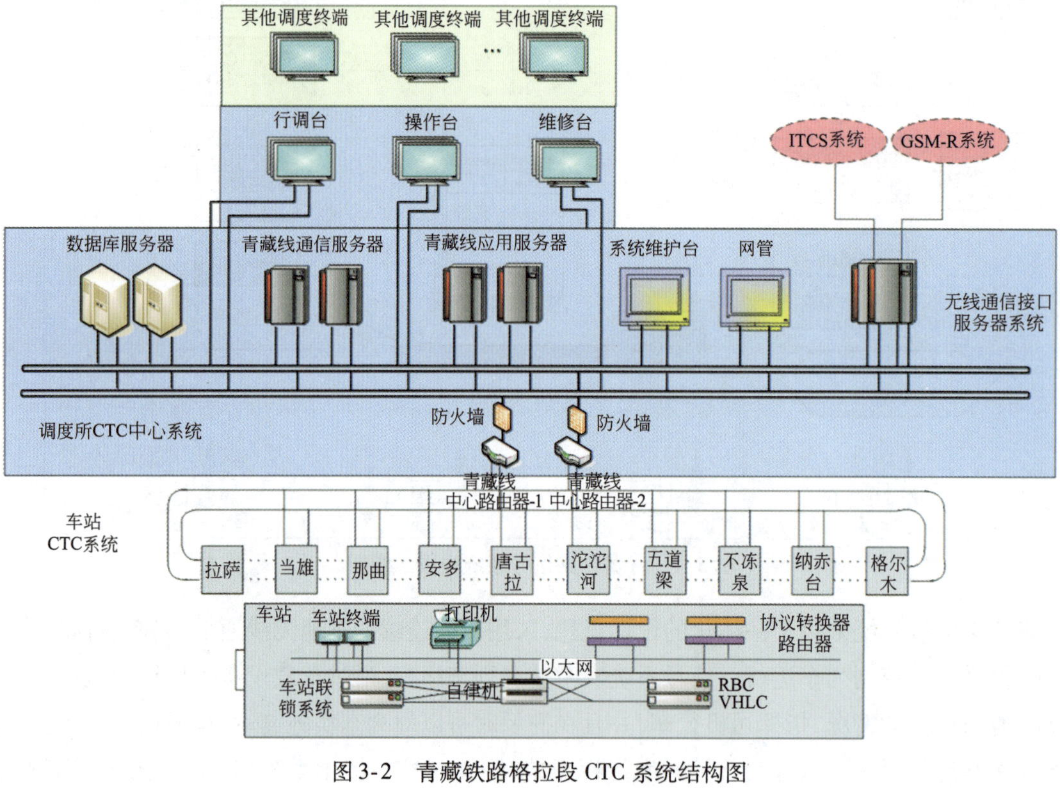

图3-2 青藏铁路格拉段CTC系统结构图

①调度所CTC中心系统

a. 服务器系统

调度所CTC中心机房设置双机热备的通信服务器、应用服务器和数据服务器各一套,另设置无线通信接口服务器一套,完成与ITCS和GSM-R系统的接口功能。

b. 维护系统

维护系统由网管工作站和维护工作站组成,实现系统设置、调试和技术支持,在授权下具有远程维护与技术支持功能,具有监视系统运行状况的功能。

c. 安全防护系统

图 3-3　青藏铁路 CTC 调度全景显示屏

设置一套防病毒服务器，完成对整个系统（包括基层设备）病毒入侵的监视报警、查杀病毒、自动升级等功能。设置一套防火墙，具有网络流量及对网络攻击的日志记录、实时入侵监控和安全漏洞评估等功能。

d. 调度台系统

在调度室设置一套全景显示系统（图 3-3），完成显示所辖调度区段及其相邻调度区段一个车站的行车情况。在调度室设调度员工作站、助理调度员工作站、综合维修工作站和 $N+1$ 备份工作站各一套，实现列车运行和车站调车作业的指挥和监控。$N+1$ 备份工作站主要作为调度员工作站、助理调度员工作站及综合维修工作站的备份工作站，该工作站安装有以上 3 台工作站的所有应用软件，其中任一台工作站发生故障时接替其工作。

②网络系统

系统采用通用的互联网体系结构，通过安装在调度所和各车站的交换机将本地设备连接成为一个局域网，然后通过路由器将上述局域网互联成为广域网。

a. 调度所 CTC 中心和车站局域网

在中心机房和车站信号机械室内各组建一个高可靠的快速交换以太网，分别实现调度所各设备间和车站、调度所各设备间的网络互联。

b. 调度所 CTC 中心与车站广域网

调度所 CTC 中心与车站广域网拓扑如图 3-4 所示。

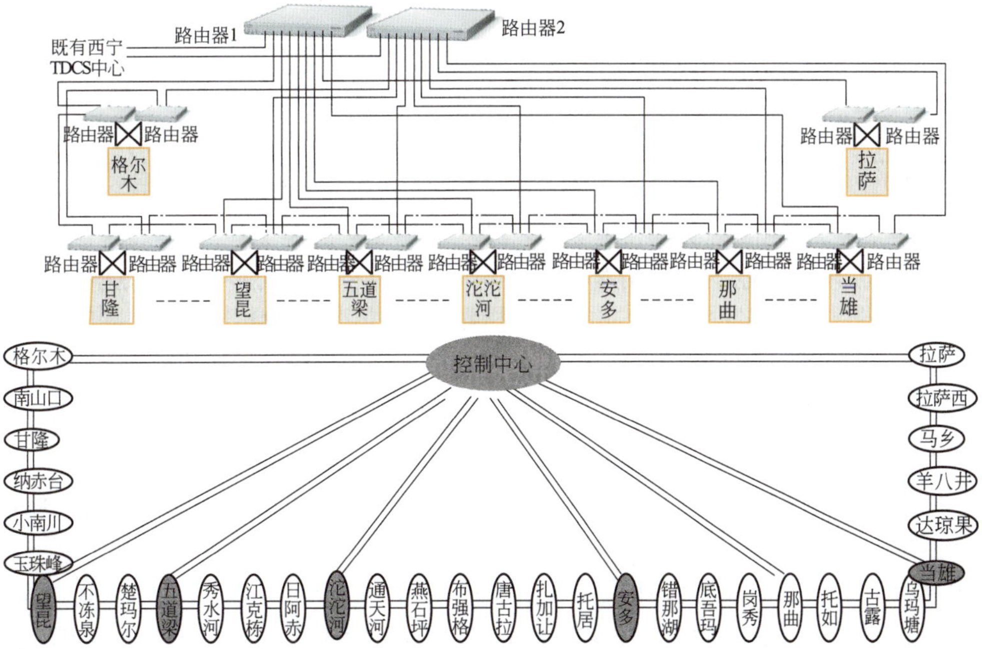

图 3-4　青藏铁路格拉段行车指挥系统广域网

调度所CTC中心和沿线各站使用2M传输通道，实现调度所CTC中心和沿线各站行车命令及车站信息传输。全线广域网采用双网环形结构（一主一备）。在格尔木、望昆等处共设8个直回调度所CTC中心2M传输通道。

③车站系统

a. 电源和防雷系统

每个车站信号机械室设置1套电源防雷系统，为车站设备提供防雷保护。设置有2台延时10 min的2 kV·A UPS电源，给系统提供优质、可靠的工作电源。

b. 车站自律机

每个车站设置一套双机热备冗余配置的高可靠性车站自律机（见图3-5），通过串行通信和联锁上位计算机进行交叉连接，通过RS-422串行接口和ITCS的RBC（无线闭塞中心）进行连接。主要完成接收调度所CTC中心的列车运行调整计划、直接操作指令和车站直接操作指令，经检测无冲突后适时发送给车站联锁系统或ITCS的RBC执行；进行车站调车和列车的协调，并在车站和所CTC中心通信中断时，利用所CTC中心下达的执行计划，继续办理列车和调车进路。

图3-5　CTC车站自律分机

c. 车站终端

有人车站运转室设置2台双机热备的工控机、2台显示器、1台激光打印机作为车务信息终端。无人车站行车室设置1台高可靠性的工控机、1台显示器、一台激光打印机组成综合维修终端。每个计算机联锁车站的信号机械室设置1台工控机、1台显示器，作为电务维修终端。

(2)系统工作流程

①工作原理

青藏铁路行车调度指挥系统工作流程如图3-6所示。阶段计划由CAD（调度员台）产生并由中央通信服务器转发给车站自律机；调车作业单由中央操作台产生并由中央通信服务器转发给车站自律机或由车站车务终端产生并发给车站自律机。车站自律机按照运输规则进行列车和调车的协调，形成接发车和调车控制方案，适当时机向联锁设备发出进路办理命令，从而指挥列车运行和进行调车作业。

另一方面，系统实时采集现场实际的列车运行和调车作业情况，来分析实际与计划的偏差。这些信息主要来自VHLC（安全型逻辑控制器）和RBC。当偏差达到一定限度时，须对列车计划和调车计划进行调整，调整后的阶段计划和调车计划将作为新的自律控制基础。所以系统工作过程是一个闭环过程。

②软件模块划分

根据行车调度指挥系统功能要求及工作流程，将整个系统的软件划分为如下主要的软件模块或程序。

信息转换模块：因为VHLC和CBI（计算机联锁系统）系统发送给CTC系统的表示信息及它们要求的控制命令的格式是完全不同的，信息转换模块将接收的表示信息转换为统一的格式以便于处理，同时将统一格式的控制命令在发送时转换为它们各自要求的格式。

站场数据分析模块：根据站场的静态数据描述和动态的表示信息，分析站场各进路的联锁情况和

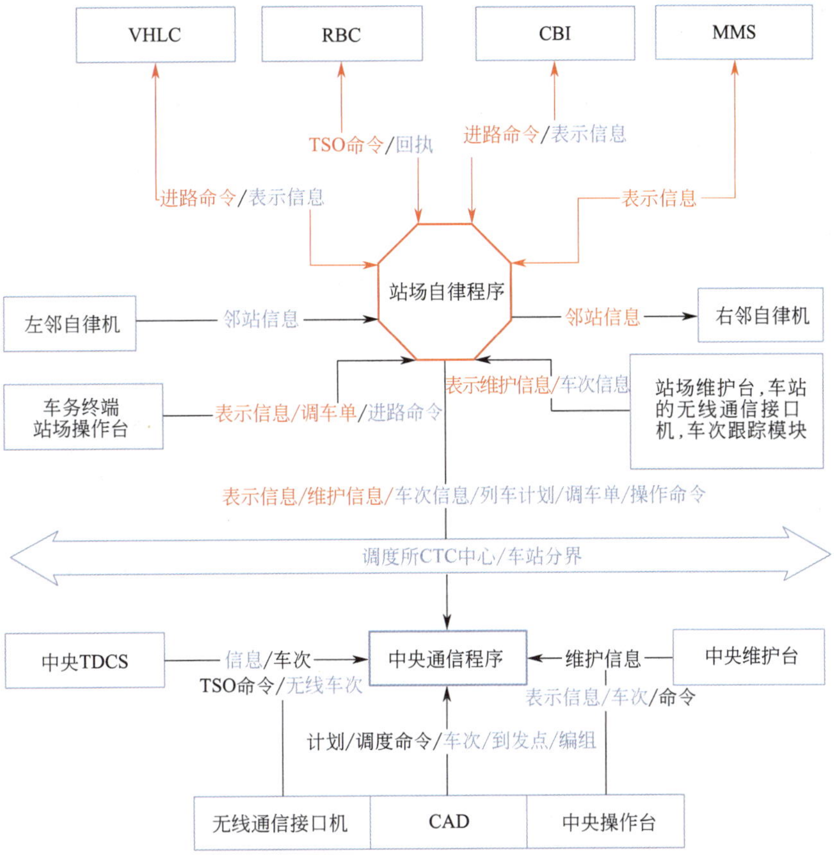

图 3-6 CTC 系统工作流程

注：图中红色标注表示由站场自律程序流出数据；蓝色标注表示流入站场自律程序流或中央通信程序数据；黑色标注表示由中央通信程序流出数据；相应颜色标注流向相应颜色框图。

各进路之间的关系，控制命令的执行情况和可执行情况。

自律控制模块：根据列车计划、调车作业单及人工进路控制命令结合《站细》、《技规》等进行自律控制。

网络通信模块：为各模块间的网络通信提供通用接口。

串口通信模块：为自律机与其他设备的串口通信提供通用接口。

双机热备模块：在双机热备的设备不同故障条件下决定主备机。

车次跟踪模块：根据站场的静态数据描述和动态的表示信息及无线车次信息，对车次跟踪和校核，提供车次位置信息、到发点等。

TDCS（列车调度指挥系统）通信服务模块：负责 TDCS 的中心各设备间、中心与车站设备间的信息收集和转发。

TSO（临时限速命令）模块：生成 ITCS 要求格式的临时限速报文。

CAD 程序：运行图、列车计划的操作界面，并具有自动调整功能。

维护台程序：记录各种事件，对异常情况报警，实现站场显示和回放。

无线通信接口模块：通过 GMS-R 系统与 ITCS 通信。

操控程序：提供 CTC 系统操控界面，发送控制命令，编制调车计划等。

车务终端程序：生成运统报表，邻站信息透明显示，显示接受的调度命令和运输计划等。

DCN 站场显示程序：提供行车信息的细景显示，内容包括车站名称、车站及区间铁路线路的平面布置、进路状态，车站信号，区间及股道列车占用情况，列车位置、列车车次号信息、虚拟闭塞分区等。

(3)系统功能

①行车信息显示

在全景显示屏上显示其所辖调度区段内及相邻车站的行车信息全景,在调度员工作站、助理调度员工作站、综合维修工作站及系统维护工作站提供该区段内行车信息的细景显示,内容针对ITCS的特殊性进行转换和显示。

②列车运行描述

系统可从人工输入、运行计划和ITCS获得列车车次号信息,也可由相邻CTC/TDCS自动传递进来。列车运行的实际情况可通过红色光带以及相关信号设备的状态模拟显示出来或通过虚拟区段的占用和出清表示出来。系统可利用这些信息对列车车次号实时追踪和校核,提供该列车具体位置、运行速度以及列车编组等列车状态信息。列车车次号的自动跟踪结果、列车运行计划和ITCS中车次信息三者应保证一致,如不一致时进行报警并人工校正。

③运行图管理

系统可以编辑、存储、显示和打印所辖区段的基本运行图,并根据基本运行图生成日班计划,也可自动接收TMIS(铁路运输管理信息系统)的基本运行图和日班计划。系统根据日计划/班计划和列车实际运行状况,自动生成和调整列车运行阶段计划。列车运行计划的自动调整参考相邻调度区段的列车运行计划和实际列车运行信息。调度员可以人工对列车运行计划进行调整。系统以阶段计划为基础,生成命令形式的计划,将它们发布到车务终端。系统可随时将列车实际运行图描绘或打印出来。系统有形成、存储和打印统计报表的功能。

④分散自律

自律机依据列车运行调整计划生成列车进路指令发给RBC或VHLC系统。

调度集中控制下的调车作业有两种模式:计划自动执行模式,由助理调度员或车站值班员编制调车作业计划,并发送到自律机,由自律机自主执行;人工直接控制模式,由助理调度员或车站值班员直接办理调车进路。两种模式下,都需要自律机进行自律运算后才可输出命令,控制联锁系统。

⑤车务终端功能

车务终端可接收调度中心的调度命令、车次号、列车作业计划、调车作业单并显示出来,实现本站及相邻车站/区间行车信息的实时显示、列车运行计划的显示、列车车次号的输入和自动生成运统报表等功能。车务终端可以编制下达本车站调车作业计划、进行调车作业的进路办理和特殊情况下的解锁操作等。

⑥无线调度命令及其他信息传输

系统能将调度命令、调车作业单等信息通过GSM-R发送到机车。在列车编组变化时由车站值班员或助理调度员生成新的列车编组信息上传至调度所以及有关车站,将站存车上报至调度所。

⑦综合维修

完成天窗修计划的制定、下达,无人车站设备维修的联系、要点、登记,设备停用封锁的处理,施工、限速等调度命令的下达,超速防护区段设置临时限速等;接受车站的调度命令、施工计划的申请,并发送生成的调度命令;管理、查询、修改历史调度命令。

⑧系统自诊断和远程维护

具备完善的系统错误监督、报警、登录及打印功能,可以详细记录其内部的工作过程并存储。在用户授权下,通过拨号实现远程访问,进行故障诊断、维护支持、技术信息查询及维护培训等。

⑨系统微机监测功能

在ITCS控制车站集成了部分微机监测的特殊功能,主要完成:监测道岔转换设备的工作状况并进行处理和传输,对智能化电源屏传来的监测数据进行处理和传输,对VHLC和RBC等传来的数据进行数据处理和传输。所有数据传到MMT中统一整合,按统一的界面显示。

(4)性能及要求

①电源性能要求:各车站提供独立单相交流电源,其技术指标为:220 V(-15% ~ +10%),50 Hz ±1 Hz。

②防雷性能要求:系统具备显示器部分抗雷电感应电压2 000 V的冲击;I/O接口部分采取两级防护,第一级防护抗雷电感应2 000 V的冲击,第二级防护抗雷电感应电压4 000 V的冲击。

③工作环境要求

调度所CTC中心系统:工作温度0℃~40℃,相对湿度40%~90%(25℃),海拔高度小于3 500 m。

车站系统:工作温度-40~60℃,相对湿度40%~90%(25℃),海拔高度小于5 100 m。

④系统可靠性指标

电码距离为4,当线路平均误码率不大于10^{-4}时,不可检出误码率小于10^{-7}。表示信息扫描周期小于3 s。

构成实时信息网的网络服务器、工作站小型机及终端计算机,其MTBF≥10^6 h,其他外设MTBF≥2×10^4 h。

⑤接地要求(表3-2)

网络通信直流地为悬浮方式,电源及线路隔离设备的中间抽头接防雷保护地,箱体及机器外壳接设备保护地。

表3-2 接地要求

地线名称	接地电阻	对地阻值
设备地线	≤1 Ω	
防雷地线	≤4 Ω	
直流悬浮地		≥1 MΩ

3. 技术特点

(1)车站硬件方案

青藏铁路行车调度指挥系统由调度所CTC中心、车站和网络传输三大部分组成。车站设备主要包含:FZk-CTC车站自律机机柜、车务终端等设备(图3-7)。

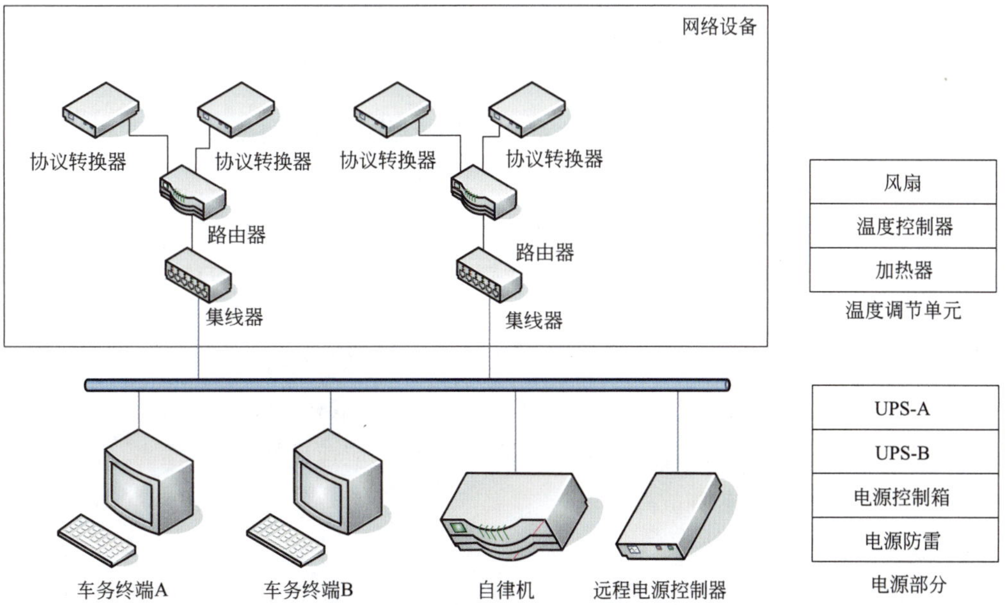

图3-7 车站设备结构示意图

FZk-CTC 车站自律机由温度调节单元、电源部分、自律机、网络设备等部分组成(图 3-8)。机柜具有防尘的作用,采用电磁兼容的屏蔽箱体和实用的电磁兼容附件。机柜布局充分考虑电磁兼容的要求,各设备经侧面汇流铜条将设备地连接到一个点,统一接地。

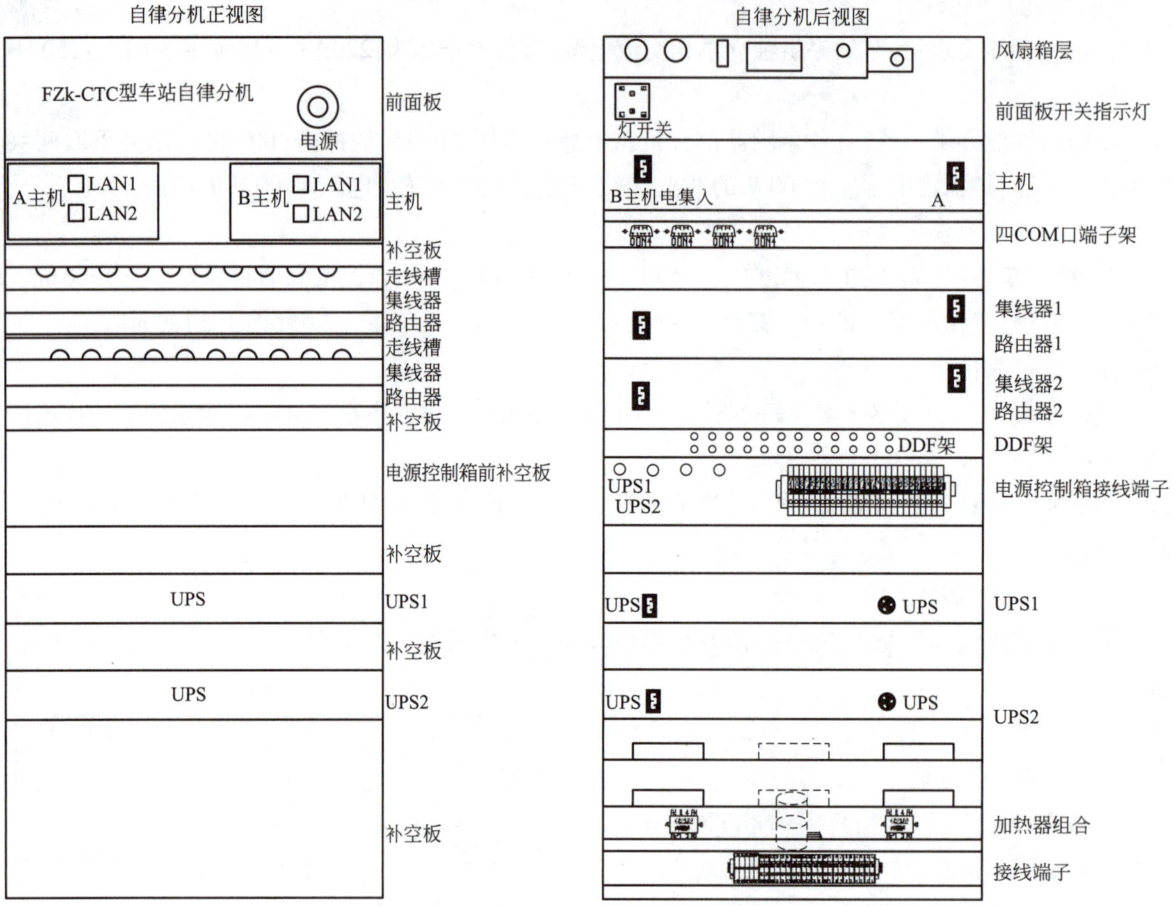

图 3-8　自律机布置图

温度调节单元根据环境温度自动调节机柜内部温度,保证系统温度在一定的范围内变化,保证各设备可靠启动和稳定运行。

电源部分主要由电源防雷、UPS、电源控制箱等组成。电源防雷器件防止雷击过电压从电源供入端进入设备,保障设备以及数据传输畅通无阻。两台 UPS 一台主用,一台备用,当车站电源屏停电或者瞬间断电时,UPS 继续给设备供电,直到两台 UPS 都放电到5% 。电源控制箱根据 UPS 的启动顺序自动选择一台 UPS 输出电源作为设备电源,如果一台故障自动切换到另一台,如果两台 UPS 都故障时,选择直供电源作为设备工作电源。

自律机为专用宽温计算机,工作温度范围为 -25 ~ 50 ℃。采用基于标准 PCI 总线的小巧而坚固的高性能总线技术,具有良好的耐用性、抗震性和通风性。采用双机热备方式,每台计算机配备一块 CF 卡和一块宽温硬盘。CF 卡中安装嵌入式操作系统,系统响应速度快、可靠性高;硬盘中安装专业版操作系统,功能强大,便于维护和故障处理。

(2)表示和控制执行方案

CTC 系统与 ITCS 的 VHLC 系统采用 RS-422 串口接口方式,协议采用 GENISYS 专用协议。CTC 系统接收来自 VHLC 的表示信息,同时 CTC 系统将控制命令发送到 VHLC,指挥 VHLC 工作。

①ITCS 控制下车站的表示信息

ITCS 控制下车站的表示信息包括：进路状态，道岔位置信息，道岔单锁状态，区段（含区间）封锁状态，区段（含区间）LOI 状态，区段锁闭状态，区段占用状态，区间运行方向，闭塞模式，区间信号机状态，区间闭塞分区占用状态。

列车进路状态：ITCS 中，每条列车进路对应一个进路状态，进路已建立代表该进路所对应的信号机已经开放，进路未建立代表该进路所对应的信号没有开放。

道岔位置信息：每个单动（每组双动）道岔对应定位状态或反位状态两个道岔位置指示，对应 CTC 系统显示部分的道岔定位表示或道岔反位表示。

道岔单锁状态：每个单动（每组双动）道岔对应一个道岔单锁指示，对应 CTC 系统显示部分，道岔单锁指示对应道岔单锁状态。

区段（含区间）封锁状态：ITCS 控制下的车站站内，每个区段对应一种状态，即封锁状态；下行咽喉接近轨，以及本站所管辖的下行区间所有闭塞分区对应一种状态，即下行区间封锁状态；上行咽喉接近轨，以及本站所管辖的上行区间所有闭塞分区对应一种状态，即上行区间封锁状态；封锁状态为 1 时，代表本区段（区间）处于封锁状态。

区段（含区间）LOI 状态：ITCS 控制下的车站站内，每个区段对应一种状态，即列车失去完整性状态；下行咽喉接近轨，以及本站所管辖的下行区间所有闭塞分区对应一种状态，即下行区间列车失去完整性状态；上行咽喉接近轨，以及本站所管辖的上行区间所有闭塞分区对应一种状态，即上行区间列车失去完整性状态；列车失去完整性状态为 1 时，代表列车经过本区段（区间）时，失去完整性。CBI 控制下的车站，只有区间具有列车失去完整性状态，站内没有。

区段锁闭状态：ITCS 控制下的车站站内，每个区段（包含道岔区段）对应一种状态，即锁闭状态。当区段位置在一条已经建立的进路中时，VHLC 报告该区段锁闭。

区间运行方向：ITCS 控制下的车站，上、下行咽喉各设置有两个状态，即运行方向正常指示和运行反向指示状态。当运行方向正常指示为 1 时代表该咽喉运行方向正常，为 0 时代表该咽喉运行方向非正常；当运行反向指示为 1 时代表该咽喉运行方向反向，为 0 时代表该咽喉运行方向未反向。对应 CTC 系统显示部分，运行方向正常指示对应发车指示灯，运行方向反向对应接车指示灯。

闭塞模式：ITCS 控制下的车站，对应上、下行站间线路部分，各设置有一个站间闭塞操作指示，代表该咽喉闭塞模式采用站间闭塞模式或虚拟自动闭塞模式。对应 CTC 系统显示部分，站间闭塞操作指示对应 CTC 系统的站间和自动两个闭塞灯。

区间信号机状态：ITCS 控制下的车站，每架虚拟区间通过信号机对应一个虚拟信号机状态指示。虚拟信号机状态指示为 1 代表信号机开放，为 0 代表信号机关闭。

区间闭塞分区占用状态：ITCS 控制下的车站，每个虚拟闭塞分区对应一个占用状态，即虚拟区间/区段占用指示状态。虚拟区间/区段占用指示为 1 时代表该闭塞分区被占用，为 0 时代表该闭塞分区未被占用。

以上表示信息均由 ITCS 通过 VHLC 提供给 CTC 车站自律机，CTC 车站自律机接收到 VHLC 的表示信息后，依照上述原则，将 VHLC 信息转换成 TDCS/CTC 显示数据，从而完成了 VHLC-CTC 表示信息的有机结合。

②ITCS 控制下车站的控制信息

ITCS 控制下车站的控制信息包括：列车（调车）进路控制，道岔单操，道岔单锁，区段（含区间）封锁和取消封锁，区段（含区间）LOI 封锁和取消封锁，闭塞模式转换。

进路控制:ITCS 控制下的车站,每条进路对应一个进路请求命令和一个进路取消命令。CTC 系统一个按钮可能对应多条进路,因此需要多个按钮组合成一条进路,才能有效地控制 VHLC 办理和取消进路。

道岔单操:ITCS 控制下的车站,每组道岔对应一个定操请求和一个反操请求。CTC 系统需要结合道岔总定(总反)按钮,完成对道岔的定(反)操控制。

道岔单锁:ITCS 控制下的车站,每组道岔对应一个单锁操作和一个取消单锁操作。结合 CTC 系统后,CTC 系统的道岔单锁(取消)指令与 VHLC 控制下的道岔一一对应。

区段(含区间)封锁和取消封锁:ITCS 控制下的车站,站内每个区段(区间分上行区间和下行区间)对应一个区段封锁请求和一个取消区段封锁请求。结合 CTC 系统后,CTC 系统的区段(区间)封锁(取消封锁)指令与 VHLC 控制下的区段(区间)一一对应。

区段(含区间)LOI 封锁和取消封锁:ITCS 系统控制下的车站,站内每个区段(区间分上行区间和下行区间)对应一个区段封锁请求和一个取消区段封锁请求。结合 CTC 系统后,CTC 系统的区段(区间)LOI 封锁(取消 LOI 封锁)指令与 VHLC 控制下的区段(区间)一一对应。

闭塞模式转换:ITCS 控制的车站,每个咽喉各对应一个站间闭塞操作请求和一个站间闭塞操作取消请求。CTC 系统的每个咽喉设“自动”按钮对应站间闭塞操作取消请求,“站间”按钮对应站间闭塞操作请求。

控制命令由 CTC 系统通过自律机传送给 VHLC 设备。自律机接收到 CTC 系统的控制命令后,依照上述原则,将控制命令转换成符合协议的 VHLC 指令,从而完成 CTC 系统对 ITCS 的控制。

(3)自律控制方案

①自律控制流程

如图 3-9 所示,自律程序命令来源主要有三个途径:手工操作发送的命令、根据列车控制计划形成的列车进路命令和根据调车作业形成的调车进路命令。自律程序处理命令的优先顺序是:手工命令优先,然后是列车控制计划形成列车进路命令,最后是调车作业形成的调车进路命令。手工办理的强制命令自律程序直接执行,手工办理的非强制命令自律程序根据联锁关系、列车位置和《站细》等条件进行相关检查后会将命令直接执行或报警。

对列车控制计划形成的列车进路命令,自律程序根据联锁关系、列车位置和《站细》等条件进行相关自律运算,确定进路的办理时机。在时机和条件满足时,自动办理列车进路,并跟踪其执行状态。如果计划时间已到但不满足自律条件则报警。

自律程序根据调车计划形成调车进路命令,估算该进路每个元素占用时间表,结合列车进路的时间间隔、《站细》和联锁关系进行空间和时间上比较运算,确定计划调车进路的办理时机。

自律程序在《站细》方面主要考虑静态参数的检查和动态时机的卡控。静态参数是在选取计划股道前就可以确定的一些参数,如股道有效长度、股道是否有站台、股道是否可接超限列车和列车的编组情况等。由于特殊原因,调度员设定的股道也视为静态参数的约束。在考虑静态参数的约束时,需要将列车的诸属性和车站诸静态参数一一比较,找到正确的计划股道集。

动态参数的约束是由于站场的占用或接发其他列车情况的影响,使得某些股道在当前的情况无法为某列车使用。这时候需要改变计划股道或改变进路办理方式或办理时机。

②自动排列列车进路状态机

自动排列列车进路状态机如图 3-10 所示。在本状态机中共有 6 个状态,其中各状态的含义为:0 表示初始状态;1 表示命令发送状态;3 表示进路建立;4 表示信号故障状态;5 表示进路取消;6 表示

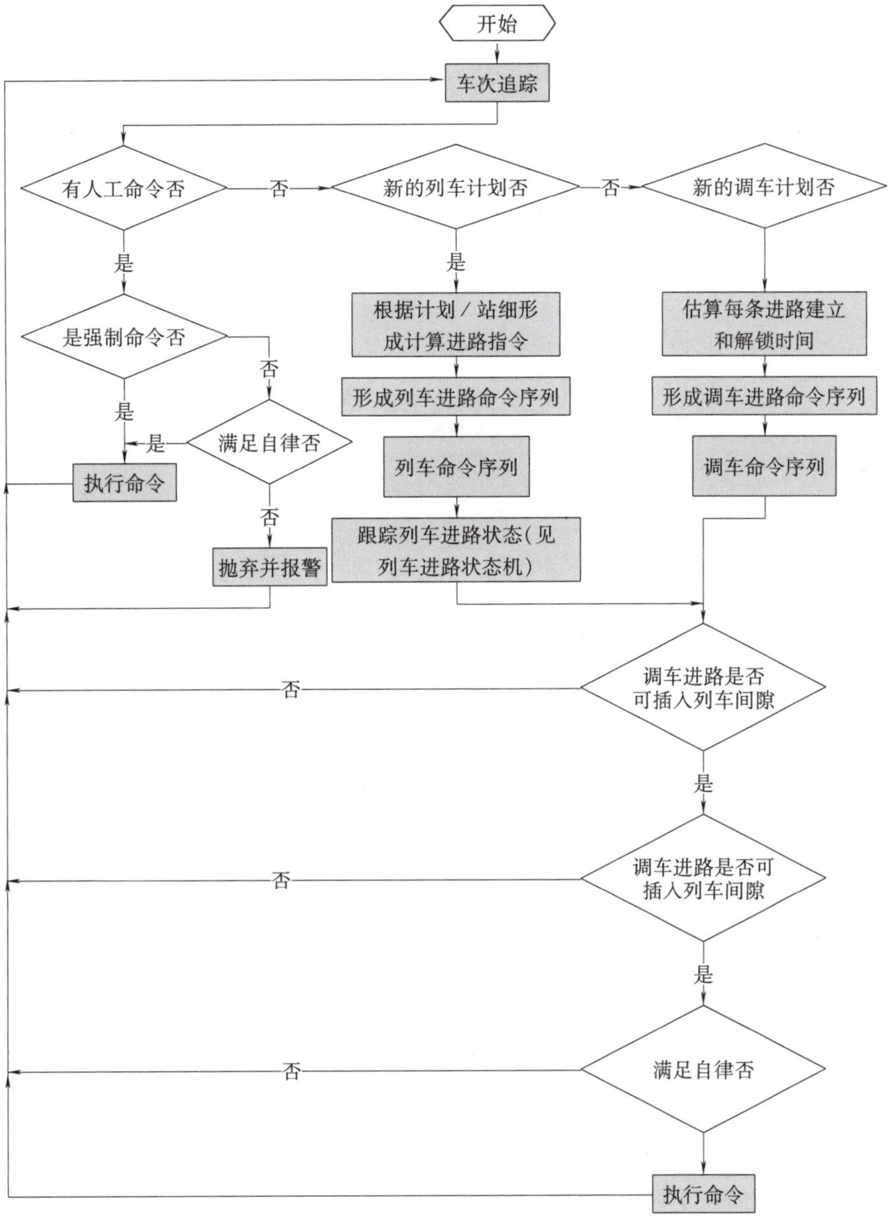

图 3-9　自律控制的过程图

列车行走进路完成。

在初始状态 0 时,系统将轮询办理进路的时机和条件;办理列车接车进路的时机是接车表示灯红且车次已经进入区间;办理列车发车进路的时机是股道上有车次且发车时间已到,或计划通过且本车次的接车进路已经处于状态 3 或状态 6;办理列车通过进路的时机和条件是计划正线通过、满足接车时机且接车和发车都具备办理条件;办理接车延续到咽喉区的延续进路,其时机和条件是股道占用时间不足 160 s,且满足发车的时机和所有进路办理的条件(联锁上认为进路锁闭且出发信号机关闭是延续发车的条件);对多条可能进路的选择是按次序寻找变更进路,如果发车点前没有其他冲突进路(联锁冲突或站细冲突),优先延续到咽喉,有冲突进路则优先延续到安全线。

在初始状态 0 时,满足办理进路的时机和条件,系统发送进路命令进入命令发送状态 1。在初始状态 0 时,如果发现进路已经建立,则进入进路建立 3。在命令发送状态 1,如过 30 s 后不能建立则回到初始状态 0。在进路建立 3,如果进路被取消则进入进路取消 5,如果信号非正常关闭则进入信号故障状态4,如果列车正常走行进路完成则进入列车行走进路完成状态6。

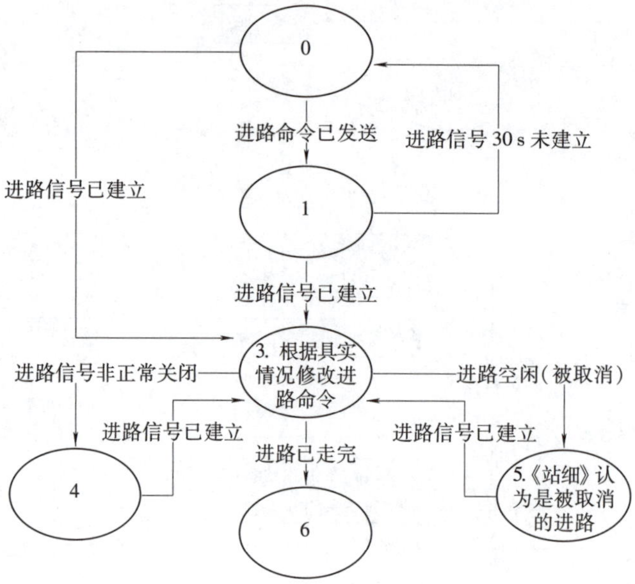

图3-10　自动排列列车进路状态机

如果计划时间过去1 h,已无记录价值,不管原先在何种状态,直接进入初始状态0;如果计划时间过去50 min,不会自动办理该进路,也就不可能进入状态1;可以增加其他修正,比如车次完全进入离去区间,将状态立即置为6(可选)。

一条接发车进路可以办理的条件:

比进路计划时间早(如果比当前时间早10 min以上,且该进路状态为0,强制认为该进路状态为6)的所有联锁敌对进路都处于非0状态(不满足则报"由于＊＊＊尚未办理,本进路无法办理"),如果本进路是接车,敌对进路是同区间发车,认为会车方案错误。

比本进路计划时间早的所有《站细》敌对进路都处于非0状态(如不满足,则报"由于＊＊＊尚未办理,本进路无法办理")。

比本进路计划时间早的所有调车敌对进路都处于非0状态(如不满足,则报"由于＊＊＊调车尚未办理,本进路无法办理")。

已处于非0状态的所有《站细》敌对进路处于5或6状态(如不满足,则报"由于＊＊＊符合站细,本进路无法办理")。

联锁条件满足(如不满足,则报"由于连锁条件不满足,本进路无法办理"。如果有联锁敌对进路处于状态3,不做语音报警告)。

所有非0状态的敌对进路(包括人工办理的进路)都不处于状态1(人工办理进路也需满足此条件)。

③调车作业自动控制

调车作业计划传送到自律计算机,自律计算机经自律控制运算后确定调车进路的办理时机,配合机车调车进路请求信息,按照自律算法控制调车进路的执行时机,最终实现调车进路的自动办理。

4. 临时限速控制方案

临时限速(TSO)功能由ITCS和CTC系统结合共同完成,CTC系统完成TSO的人机接口,生成TSO报文,并按照OWL(青藏铁路CTC与RBC通信的专用协议)协议传输给RBC。二者的结合方式为串口通信(图3-11)。

两台自律机的两个 RS-422 串口并联后与 RBC 的一个 RS-422 串口相连。自律机的备机只接受 RBC 的信息，而不发送任何信息（此时串口的发送为高阻态，不会影响另一台机器的数据接收和发送）。RBC 与自律机的通信格式按照 OWL 协议执行，该协议分五层以实现临时限速文件的传输。由于 RBC 的处理速度较慢，当发送完客车限速文件以后，必须等待 1 s，给 RBC 以充分的处理时间，然后再发送货车临时限速文件，否则将出现货车临时限速文件发送失败的情况；其次 RBC 收到临时限速文件以后，不会再向自律机返回其收到的临时限速文件。为了保持双方临时限速文件的一致性，自律机必须定时向 RBC 请求临时限速文件的 CRC 码，通过比较 CRC 码来确保双方临时限速文件的一致性，如果文件不同而恰好 CRC 码相同（概率为六万分之一），那么自律机将误认为双方的临时限速文件一致。

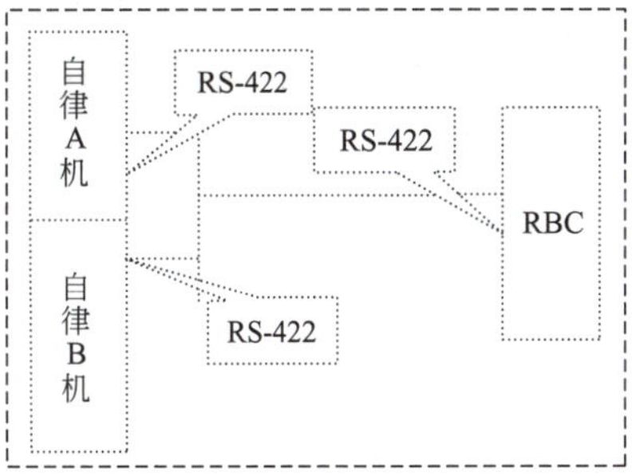

图 3-11　临时限速控制方案

CTC 系统在调度员台或综合施工台上输入临时限速命令，如图 3-12 所示。输入命令时分为站内限速和区间限速两种类型，编辑后的命令增加在上面的列表框内。实施时，TSO 命令按照列车类型形成客车和货车两种限速文件（命令集），每种 TSO 命令按照每个 RBC 的控制边界，不同的位置和限速值进行划分和组合，形成可能多个限速报文，通过网络通信将生成的临时限速文件发给中央通信服务器，中央通信服务器再将文件通过网络转发给自律机，自律机将文件通过串口发给 RBC 并定时检查文件的一致性。当自律机发现双方文件不一致以后，将给出一个报警，通过中央通信服务器转发给调度员台和维护台等相关设备。

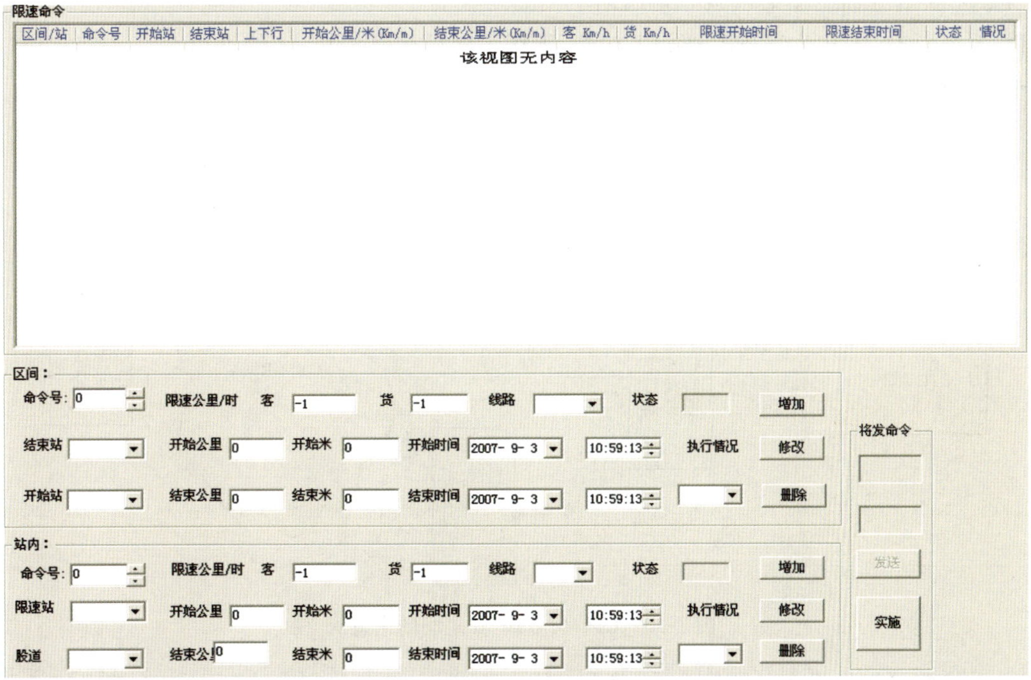

图 3-12　临时限速命令输入界面

5. 与联锁列控一体化系统的结合

ITCS 系统由地面和车载设备组成，地面车站设备包含 VHLC、RBC 和 HSC。VHLC 是联锁的核心部分，具备计算机联锁功能，具备与 CTC 系统的接口，但是无控制和显示部分（控显机）。RBC 具备存放和转发临时限速命令(TSO)的列控功能,预留与CTC系统的接口,但是不具备编辑临时限速命令的功能。

CTC系统与VHLC和RBC结合后,车站联锁与列控系统受控于CTC系统。由于ITCS没有独立的控显机,所有的显示和控制任务只能由CTC系统完成。因此CTC系统对ITCS系统的控制方式只有车站控制和中心控制的区分,而无传统意义上的非常站控和遥控的划分。

CTC系统与VHLC的接口由各车站自律机完成,自律机通过RS-422串口与VHLC相连,接收来自VHLC的站场表示信息,经过信息转换后,提供给CTC系统;同时接收调度所CTC中心的列车调整计划或进路命令,经过转换后发送到VHLC,由VHLC负责完成进路办理、转动道岔等功能。

CTC系统与RBC的接口由各车站自律机完成,自律机通过RS-422串口与RBC相连,接收调度员下发的列车临时限速命令,经过解析、封装后发送到RBC,同时接收RBC送来的临时限速命令CRC校验包,与CTC中心发送的CRC校验包进行比较,确保临时限速命令正确及时地发送到RBC。

针对ITCS的特殊性,CTC系统进行了特殊的防护。

VHLC单锁防护:CTC系统将跟踪各车站所有的列车进路,并在信号建立后,将该进路的所有道岔自动单锁。

进路命令未执行防护:发出列车进路命令后,如果信号未建立,CTC系统将在操作台上闪动列车进路按钮30 s,直到信号建立。如果信号还未建立,则跳对话框报警。

CBI车站LOI封锁:当CBI车站站内出现LOI封锁时,操作台给出表示和报警。

CBI车站自动办进路的特殊处理:在CBI车站,联锁轨道电路的占用信息与ITCS用GPS和车长计算的占用信息并不一致,所以当联锁出清道岔时,ITCS仍然认为道岔区段占用,从而设置LOI封锁。所以对CBI车站在自动办理进路时,采取延时30 s办理的措施。

6. 以GSM-R系统为基础实现车地通信

CTC系统以GSM-R为基础实现如下功能:无线车次号信息校核、无线调度命令和行车凭证的发送、无线调车作业单发送及列车进路预告功能等。其数据流如图3-13所示。

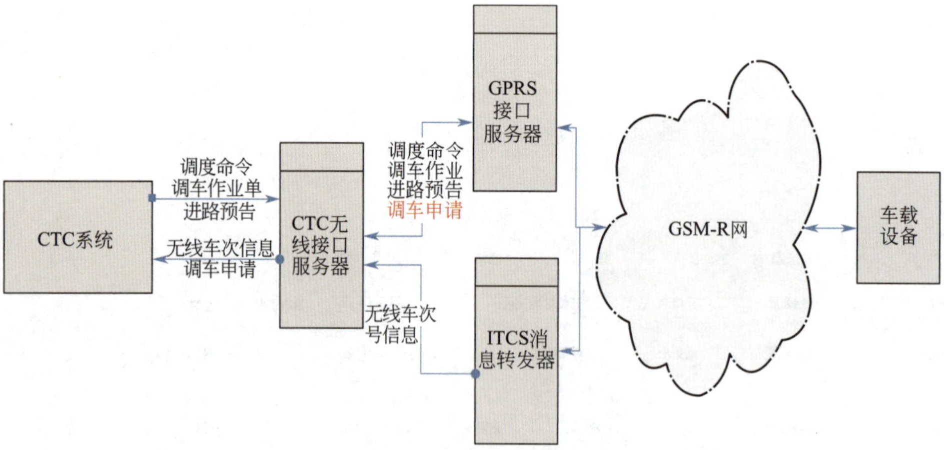

图3-13　CTC与GSM-R之间的信息流

CTC系统将要发给机车的调度命令(含行车凭证)、调车作业单和进路预告信息通过CTC的无线接口服务器转发给GSM-R的GPRS接口服务器,然后通过GSM-R系统网传给车载设备;车载设备的调车申请信息通过GSM-R网传给GPRS接口服务器,然后通过CTC系统的无线接口服务器到达CTC系统。车载设备的无线车次号信息通过GSM-R网传给ITCS系统的消息转发器,然后通过CTC系统的无线接口服务器到达CTC系统。ITCS每隔约45 s向CTC系统发送一次无线车次号信息,无线车次号信息包括列车小编组信息、列车位置、列车速度及列车停稳信息等。

CTC 系统无线接口服务器与 GSM-R 系统的 GPRS 接口服务器采用 TCP 协议通信，然后 GSM-R 系统的 GPRS 接口服务器再通过 GSM-R 无线网络用 UDP 协议转发给机车上的无线车载设备。

CTC 系统发送进路预告信息的时机：列车自前方站出发，且接车站接车进路或通过进路已经排列，在每个闭塞分区自动向列车发送，当列车以自动站间闭塞方式运行时，采取每隔一定时间自动向列车发送。

系统任一位置收到自动确认信息或该次列车越过接车站进站信号机后，不再发送列车接车进路预告信息。

7. 实现无人值守的技术保障

调度集中是控制中心对某一区段内的信号设备进行集中控制、对列车运行直接指挥和管理的技术装备。分散自律调度集中系统是综合了计算机技术、网络通信技术和现代控制技术，采用智能化分散自律设计原则，以列车运行调整计划控制为中心，兼顾列车与调车作业的高度自动化的调度指挥系统。

分散自律调度集中系统实现车站无人值守的先决条件是系统具有高可靠性。为此，系统广域网络使用双网(一主一备)多环结构，局域网络使用双网(一主一备)星型结构；关键设备如服务器、网络交换机、路由器等采用双机热备的冗余技术；车站设置双机热备的专用自律机和双机热备的 UPS；车站设备机柜内设自动温控系统，确保机柜内温度满足设备运行条件；调度室设备采用 $N+1$ 备份方式；采用防火墙和防病毒系统；元器件、设备的严格质量管理控制，软件的严格质量管理控制和测试等。

分散自律调度集中系统实现车站无人值守的保证条件是系统具有远程维护的灵活性。为此，系统具有经授权，允许远程修改网络路由配置，允许从调度所 CTC 中心登录车站自律计算机和车站终端，进行数据修改、程序更新以及系统重启；可实时监视系统各种资源状态，自动定期进行系统检测，发现问题及时报警；在系统死机无法登录时，通过电源控制系统重新硬启动整个自律系统等维护手段。

分散自律调度集中系统实现车站无人值守的另一条件是系统具有高度自动化。系统根据列车运行情况和《站细》对列车进路进行自动分配，实现了系统的全自动控制，包括计划的自动调整、进路的自动排列、以 GSM-R 为基础的车次号自动校核和进路的自动预告、调度命令和行车凭证发送到机车等。

三、联锁列控一体化系统

青藏铁路联锁列控一体化系统是信号系统的重要子系统，它完成了区间的虚拟闭塞、列车超速防护、车站联锁等功能。

1. 青藏铁路联锁列控一体化系统与 ITCS 原型系统

ITCS 是“增强型列控系统”的简称，其原型是美国 GE 公司 20 世纪 90 年代研发的列控超速防护系统，原型系统经过在青藏铁路工程实践，形成基于 GSM-R 和 GPS 技术的联锁列控一体化信号系统，其与 ITCS 原型有很大区别，主要有：

(1)ITCS 原型系统在美国铁路是叠加在传统信号系统基础上的，系信号的辅助系统，而青藏铁路是作为主系统。

(2)ITCS 原型系统通过数据传输电台实现车地之间的数据传输，技术简单，功能单一，而青藏铁路则通过 GSM-R 进行传输，系统复杂，功能多样。

(3)ITCS 原型系统依靠轨道电路和地面信号机，而青藏铁路取消了轨道电路和地面信号机。

(4)ITCS 原型系统通过轨道电路实现列车的完整性检查和轨道的空闲检查，而青藏铁路通过 GPS + EOT 实现列车的完整性检查和轨道的空闲检查。

(5)ITCS 原型系统仅适用于美国的信号控制系统技术条件，而青藏铁路必须适用于中国的信号控制系统的技术条件。

(6)ITCS 原型系统应用于低海拔的密执根线,而青藏铁路处于高海拔地区。

2. 对 ITCS 原型系统的完善和优化

针对上述区别,技术人员共同对 ITCS 原型系统进行了大量完善和优化工作,以满足青藏铁路信号系统总体技术要求,双方主要工作内容有:

(1)联锁列控一体化系统基本技术条件制定。

(2)闭塞方式满足区间自动追踪和站间闭塞行车的技术条件要求。

(3)与国产信号各子系统的互联互通。

(4)采用安全型列尾装置(EOT)和无线通信技术,实现列车完整性检查。

(5)采用 GSM-R 系统实现车地列控数据传输和调度命令传输。

(6)研究并制定了适用于高海拔地区的有关电磁防护的技术条件。

(7)通过工程实践,发现、克服、优化了 ITCS 原型系统存在的软件和硬件错误。

联锁列控一体化信号系统可以通过联锁系统接口获取车站道岔位置、信号显示以及轨道占用情况的信息。该系统可根据运输能力的变化,通过修改应用数据库增加或减少区间虚拟信号机来满足运输的要求。其优势体现在:采用虚拟闭塞技术,实现联锁-列控一体化,既做到了减少轨旁设备,又确保了行车安全和行车密度。

3. 青藏铁路联锁列控一体化系统结构

除通信 GSM-R 设备外,本系统包括三个部分,分别为中心设备、车站地面设备和车载设备。

中心设备主要包括消息转换器和维护终端(MMT),主要作用是:转发调度指令;接收并处理运行状态信息和维护信息。

车站地面设备主要包括 VHLC(联锁逻辑控制单元)、RBC(无线闭塞中心)、GPS 差分站,以及 CTC 车站自律机(RTU)和本地联锁 CBI。轨旁设备接收 CTC 的调度命令,同时反馈信号表示。对于本地联锁站,CBI 完成站内联锁的功能,VHLC 采集地面信号设备信息;对于非本地联锁站,VHLC 将完成站内联锁的功能。虚拟通过信号机的相关逻辑运算则由 RBC 完成。CBI、VHLC、RBC 之间交换信息,以完成联锁和区间虚拟闭塞的逻辑运算功能。GPS 差分站向系统提供卫星定位差分信息,以提高列车定位精度。

车站地面设备还通过无线通信系统,把管辖区域内信号设备的状态发送给车载系统,同时通过无线通信系统获取区间占用信息。始端站 RBC 允许列车进行静态数据库的下载。

车载设备包括车载计算机和列尾装置。车载计算机根据 RBC 转发的信息,确认前方各种信号设备的状态和显示,并提示指导司机行车,完成超速防护的功能。

联锁列控一体化系统采用 GSM-R 网络作为无线通信的手段,主要设备包括 MSC 和 ITCS 的消息转发设备,为 ITCS 车地通信提供消息转发功能。

图 3-14 从系统角度描述了 ITCS 系统在青藏铁路的应用概况,包括 ITCS 针对各种站形的典型车站配置、列车车载设备配置,以及系统与 CTC、GSM-R 网络设备之间的接口。其中车站设备与 CTC 中心及 GSM-R 网络之间各种信息的传递通过不同的颜色表示。

青藏铁路全线 45 个站,主要有 3 种典型车站设备配置:始端站配置 RBC、VHLC、GPS 差分站及始端站 RBC;有本地联锁站配置 RBC、VHLC(该模块无联锁功能)、GPS 差分站;非本地联锁站配置 RBC、VHLC(该模块有联锁功能)及 GPS 差分站。

联锁列控一体化系统提供消息转发设备。消息转发设备通过 GSM-R 网络将 RBC 发出的信号机

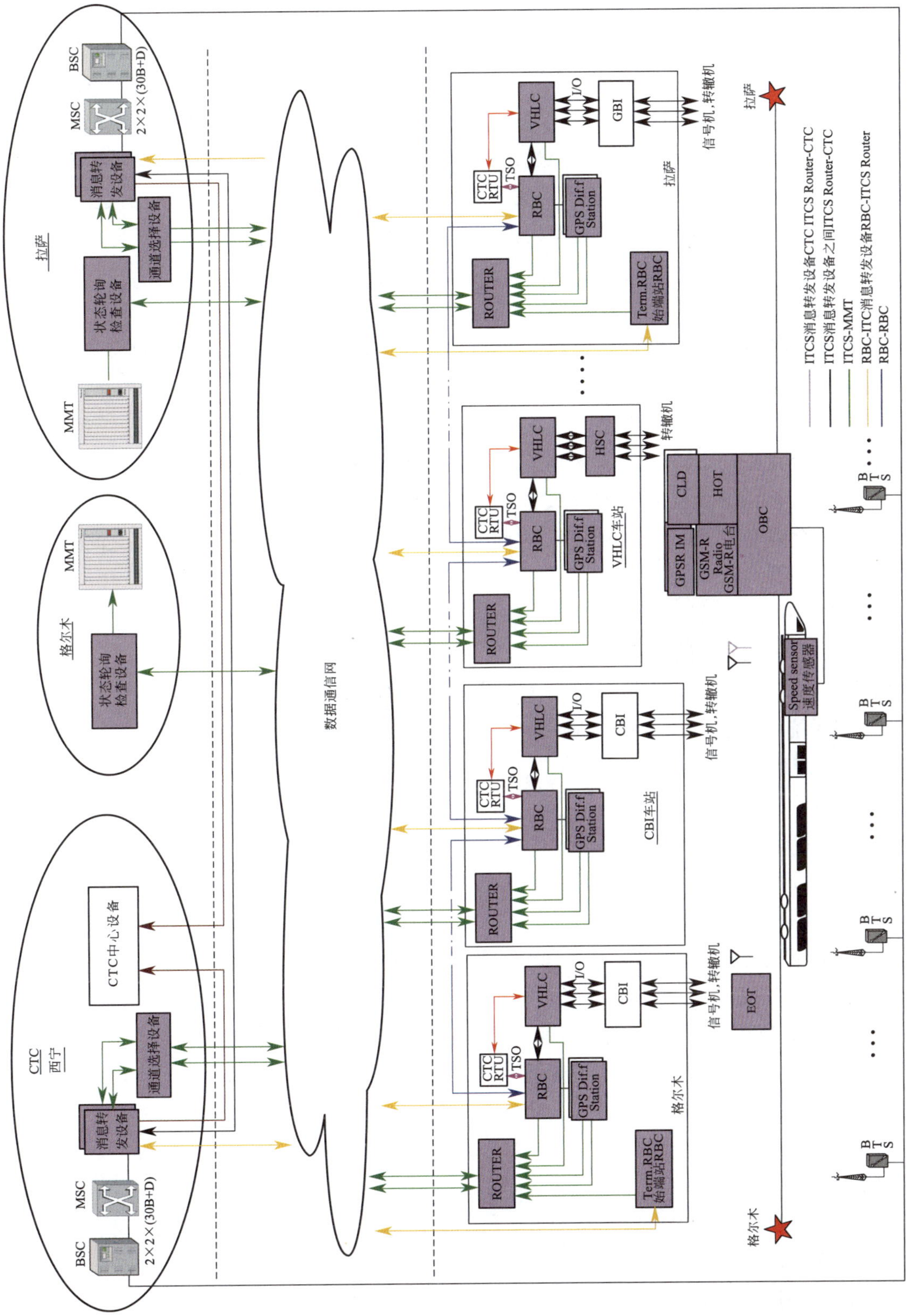

图 3-14 青藏铁路 ITCS 系统构成

及转辙机状态信息转发到需要该信息的列车，反之，也将列车发送的安全信息转发到相应的 RBC。消息转发设备与 GSM-R 的 MSC 设备放在同一地点，全线共有两处设置消息转发设备。考虑到冗余，每处各提供两台消息转发设备，每台设备具备 2 个 30B + D 的线路容量。

当装载有联锁列控一体化车载设备的列车行驶在虚拟闭塞控制区域内，车载计算机将实时向车站 RBC 发送其虚拟闭塞分区的占用情况等信息，这些信息通过机车内的 GSM-R 电台发往沿线的 BTS 并经由 BSC、MSC 传至消息转发设备；消息转发设备经过信息索引将车载发来的信息发至相关 RBC；RBC 在收到车载设备发来的信息后，通过逻辑运算设置相应的虚拟信号机显示以对列车实施保护。此外，RBC 也会向其控制区域内的列车发送本区内所有信号和道岔状态位置信息，这些安全信息通过一条点对点的数据连接传至消息转发设备，然后通过 MSC、BSC 及沿线 BTS 发至列车。

不同功能的网络接线在图中用不同颜色的线进行表示，其中：

a. 蓝色线表示相邻 RBC 间信息交互的双向通信线。

b. 黄色线是 RBC 和 GSM-R 网络之间通过消息转发设备相连的双向通信线。RBC 与车载设备之间的无线通信信息通过这一通道转接完成。

c. 黑色线表示消息转发设备之间的信息交换通道。

d. 棕色线表示非安全列车运行信息经由 ITCS 消息转发设备传至 CTC 系统。

e. 绿色线构成了在 ITCS 设备与 MMT 设备之间用于提交非安全维护信息的子网络。

f. 在站内，红色线表示 VHLC 与 CTC RTU 之间的通信；粉色线表示 RBC 与 CTC RTU 之间的通信。

4. 系统工作流程

(1)工作模式

工作模式有五种：发车测试模式、进入模式、站场模式、离开模式和车尾模式。

①发车测试模式：执行发车测试将确保车载计算机和外围设备都处于正常工作状态。仅当以下条件都满足时，系统才能进入发车测试模式：

a. 列车完全停止。

b. 方向手柄至空挡。

c. 设置独立制动。

d. 司机按下 MMI(车载显示器)中的发车测试按钮。

一旦以上条件满足，发车测试将提示司机完成相关输入操作来确认 OBC(车载计算机)工作状态。

②进入模式：系统处于控车状态。这是列车在受控的正常工作模式。车载显示并执行限速，可显示当前速度、定位信息、目标信息等，车载模式开关在“进入”(IN)位置。

进入模式，OBC 为运行在受控区域内的列车提供超速防护(ATP)功能，车载系统保证列车以当前线路允许速度、临时限速命令或其他特殊情况所规定的允许速度最低值运行。以下功能在系统进入模式中得到实施：

a. 实时速度显示。

b. 限速确定。

c. 强制实施超速防护。

d. 实施惩罚性制动。

e. 实施预先制动。

f. 实施非目标制动。

g. 强制实施信号关闭。

h. 停车并越行。

i. 长大上坡道红灯 + 允许。

j. RBC 控制区切换。

k. 自动退出 ITCS 区域。

l. 限速操作。

m. 自动轮径校准。

n. 防退行操作。

o. 实施临时限速。

p. 为非 CBI 车站提供调车作业支持。

q. 调车进路由调度员通过 CBI 或 VHLC 建立。在非本地联锁车站调车作业时,ITCS 提供调车作业时的速度防护,根据车载设备显示信号表示对应的限速进行作业,车列的完整性、轨道占用和区段出清检查由人工辅助保障,调车作业依据调车限速进行。

③站场模式:当模式开关处于“进入”位置,但系统进入模式的条件得不到满足时,OBC 就工作在站场模式。列车运行在站场模式下,列车速度一直限制在某个值内。站场模式限速值由运行列车类型决定。

④离开模式:当模式开关处于“离开”位置,并且系统进入模式的条件得不到满足时,OBC 工作在离开模式。离开模式中,OBC 不再提供 ATP 功能。

⑤车尾模式:当 OBC 确定所在机车非头车(车尾或第二个机车),它将工作于车尾模式,此时系统不控车,无显示。

5. 系统工作模式切换

图 3-15 描述了五种模式之间的切换情况。

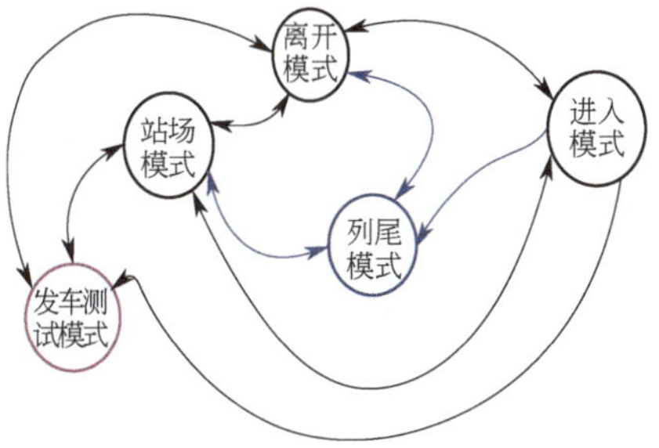

图 3-15 ITCS 工作模式切换

发车测试模式:列车处于站场模式、离开模式及进入模式时,若条件允许可切换至发车测试模式,而从发车测试模式则只能在条件允许情况下切换到站场模式及离开模式。

进入模式:列车处于离开模式、站场模式时,在条件允许情况下可切换至进入模式,而进入模式也可在条件允许情况下切换到发车测试模式、离开模式、站场模式及车尾模式。

离开模式:列车处于发车测试模式、进入模式、站场模式、车尾模式时,在条件允许情况下均可切换至离开模式,而离开模式也可在不同条件允许情况下切换到其他四种工作模式。

站场模式:列车处于四种模式中任一种时,在条件允许情况下均可切换至站场模式,而站场模式也可在不同条件允许情况下切换至其他四种工作模式。

车尾模式:列车处于站场模式、进入模式和离开模式时,在条件允许情况下可切换至车尾模式,而车尾模式可在条件允许情况下切换至离开和站场模式。

6. 系统工作过程

(1)信息的流动过程

图 3-16、图 3-17 以两个相邻车站为例介绍了 CTC、ITCS 地面设备、ITCS 车载设备及 CBI 之间的信息流。其中 A 站为非本地联锁站,B 站为本地联锁站。

图中信息流编号的规范为:

信息流编号 1 ~ 4,为 ITCS 地面设备与 CTC 之间的信息流。

信息流编号 10 ~ 15,为 ITCS 地面设备之间与 CBI 之间的信息流。

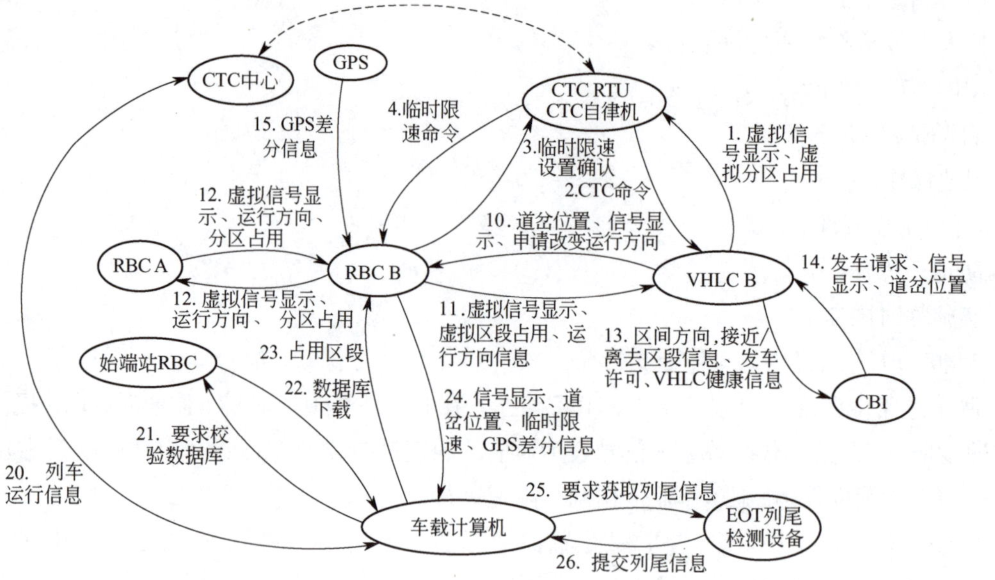

图 3-16 ITCS 系统信息流图-本地联锁站

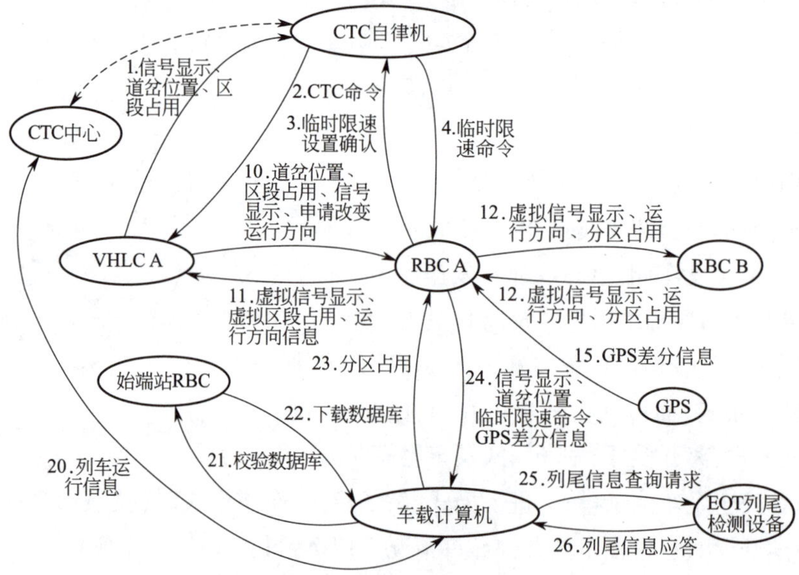

图 3-17 ITCS 系统信息流图-非本地联锁站

信息流编号 20 ~ 26,为 ITCS 车载设备相关的信息流。

与中心相关的信息流:

a. RS-422,采用 Genisys 协议,VHLC 向 CTC RTU 上传信号显示、道岔位置及区段占用信息(信号与分区占用指示)。

b. RS-422,采用 Genisys 协议,VHLC 向 CTC RTU 上传虚拟信号显示、虚拟分区占用。

c. RS-422,采用 Genisys 协议,CTC RTU 向 VHLC 下达命令(信号与道岔控制命令)。

d. RS-422,采用 OWL 协议,CTC RTU 向 RBC 发送临时限速命令。

e. RS-422,采用 OWL 协议,RBC 向 CTC RTU 返回临时限速设置确认信息 RS-422。

f. RS-422,VHLC 向 RBC 发送道岔状态、区段占用、信号显示及申请改变运行方向信息。

g. RS-422，VHLC 向 RBC 发送道岔状态、信号显示及申请改变运行方向信息。

h. Multidropped RS-422，RBC 向 VHLC 发送虚拟信号显示、虚拟区段占用、运行方向信息。

i. RS-422，RBC A/B 向相邻 RBC B/A 发送 RBC A/B 辖区的虚拟信号显示、运行方向，以及分区占用信息。

j. I/O 接口，在继电器接点读取状态。VHLC 通过 DC 12 V 安全继电器向 CBI 发送区间方向、接近/离去区段信息、发车许可和 VHLC 健康状态的离散信息。

k. I/O 接口，在继电器接点读取状态。CBI 通过 DC 12 V 安全继电器向 VHLC 发送发车请求、信号显示、道岔位置的离散信息。

l. 系统内部接口，GPS 差分站向 RBC 发送 GPS 差分信息。

m. 车载设备相关的信息流。

n. GSM-R，车载设备通过 GSM-R 网络，将列车运行情况信息发送至消息转发设备，并由消息转发设备将这些非安全信息转交 CTC 系统。这些信息包括：

o. 由司机输入，并通过消息转发设备发送至 CTC 系统的信息：机车号；车次号；车辆数；列车质量；机车及列车类型。

p. 由系统生成并通过消息转发设备发送至 CTC 系统的信息：里程标；运行速度（0 速即为列车停止）；运行方向；列车长度；列车完整性。

q. GSM-R，车载设备通过 GSM-R 网络，经由 ITCS 消息转发设备，向始端站 RBC 发出要求校验数据库的请求或下载数据库的请求。

r. GSM-R，始端站 RBC 经由 ITCS 消息转发设备，通过 GSM-R 网络，发送数据库文件至车载设备。

s. GSM-R，车载设备向 ITCS Router 发送列车占用区段信息，此信息将被转发至轨旁 RBC。

t. GSM-R，RBC 通过消息转发设备，经由 GSM-R 网络向车载设备发送轨旁设备状态更新信息，包括：信号显示、道岔位置、临时限速及差分信息。

u. 系统内部接口，车载计算机通过列尾装置安装在车头的部分向列尾部分要求获取列尾信息。

v. 系统内部接口，列尾装置的列尾部分向车头部分提交信息，该信息将被传递给车载计算机，以确定列车完整性。

w. 维护管理终端接口。

图 3-18 给出了 ITCS 地面设备与监测中心 MMT 之间的非安全信息流。ITCS 地面设备通过 GE 公司提供的通道选择设备和状态轮询检查设备，为监测中心 MMT 轮询并收集各个设备的状态信息。

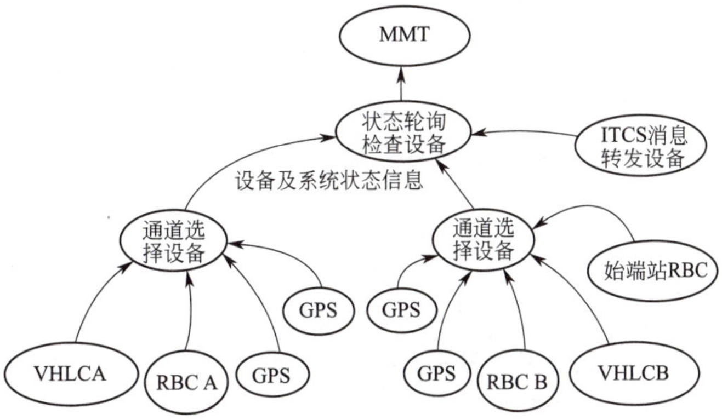

图 3-18 ITCS 信息流图-报告设备状态

车载计算机周期性地将车载设备的安全状态信息发送至 ITCS 消息转发设备（西宁、拉萨）。此信息包含在车地通信的数据包中。此信息在数据包中占1~2 Byte。

(2)现场的作业典型场景描述

①发车准备

在列车启程之时,配备ITCS设备的列车在起始点执行发车测试,起始点配备ITCS始端站RBC,车载计算机下载数据库文档并保证无线电接收装置的正常运行。

发车测试在机务段和发车前分别进行一次。

在发车测试(大约持续3 min)期间,对以下设备功能进行测试:

a. 速度传感器。

b. 车载计算机硬件。

c. 全球定位系统接收器。

d. 显示MMI(CLD)。

e. 无线电接收装置。

f. 数据库。

g. ITCS输入/输出开关。

h. 换向器手柄操作。

i. 制动接口。

j. 列尾装置EOT。

上述所有功能测试之后,列车将“通过”发车测试,并准备从起始车站启程。开始时,列车不在ITCS的控制下;当列车进入ITCS控制区域时,ITCS确定列车的位置(当这个位置属于轨道图范围时)、方向并开始与RBC通信。这被称为“ITCS接入”。在所有涉及行车的信息都收到之后,列车到达位于单线的某信号机(出发或进站),列车司机被提示(视听两种方式)操作位于控制台上的ITCS模式开关,从“离开”改到“进入”。这样保证ITCS被接通,司机知道列车处于被保护状态,ITCS被激活,可以准备发车。

列车进入ITCS控制区域之后,车载计算机将:

a. 连续不断地监控列车位置和速度。

b. 连续不断地接收来自RBC的虚拟信号显示和道岔位置信息。

c. 连续不断地执行所有速度限制命令。

d. 连续不断地通过EOT检查列车完整性。

e. 连续不断地向RBC报告闭塞占用情况。

GPS只用于确定列车位置,ITCS不用GPS确定进路。ITCS通过车站联锁设备根据监控区域内的道岔位置确定进路,然后把进路信息传给每一列车。因此,如果在车站范围内启动ITCS(如车载设备掉电后重新启动),列车必须越过车站咽喉区最远端道岔,到达单线区域,才可确定列车的线路位置,进入ITCS控制模式。

②列车出发

调度员通过CTC操作终端向ITCS下达建立发车进路命令。VHLC检查各种发车进路建立条件是否满足,检查通过后建立并锁闭该发车进路,包括动作转辙机、开放虚拟发车信号机。车载设备通过GSM-R无线网络接收到该虚拟信号机信息及道岔位置,并将速度限制显示给司机。司机依照速度限制发车。如图3-19所示。

VHLC在收到CTC系统发出的建立发车进路命令后,首先检查来自RBC的区间运行方向:

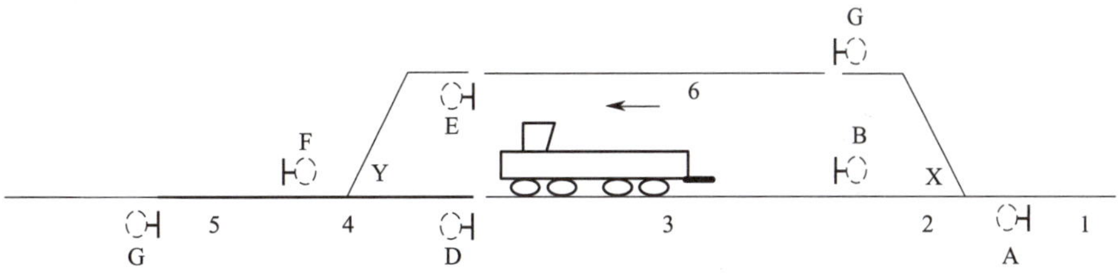

图 3-19 列车出发示意

a. 如果区间运行方向显示本站为发车站,此时无论虚拟闭塞分区有无列车,均可开始办理发车进路并开放相应虚拟发车信号机。

b. 如果区间运行方向显示本站为接车站,若此时虚拟闭塞分区有车,则无法改变区间方向。

c. 如果区间运行方向显示本站为接车站且此时区间无列车,则向 RBC 申请改变区间运行方向。RBC 确认对方站没有建立向该区间的发车进路,改变区间运行方向并锁闭。本站 VHLC 收到区间运行方向已改变的信息后,开始办理发车进路并开放相应虚拟出发信号机。

在本站接车进路解锁前,不得建立向该区间的发车进路。当本站为接车站,对方站发车信号机已开放时,即使区间无车,也不允许本站向该区间建立发车进路。

列车头部越过虚拟发车信号机内方后,虚拟发车信号机关闭。列车尾部出清发车信号机内方最后的虚拟轨道区段后,可解锁发车进路。

人工解锁发车进路时,若股道上有车占用,将延迟解锁;相反,可立即解锁。

对于本地联锁站,CBI 根据来自 RBC 的区间运行方向信息完成进路的建立及开放地面信号机。ITCS 采集道岔位置状态及地面信号机显示并通过 GSM-R 无线网络传递到车载计算机。司机依照车载信号显示发车。

在端站,机车从机务段驶出至车站连挂列车、直至列车出发,司机均凭地面信号行车。列车行进至单线区域信号机位置的 ITCS 接入点后,车载设备提示司机进行操作,接通 ITCS。

③列车在区间运行

列车在区间依照虚拟自动闭塞信号行车,如图 3-20 所示。

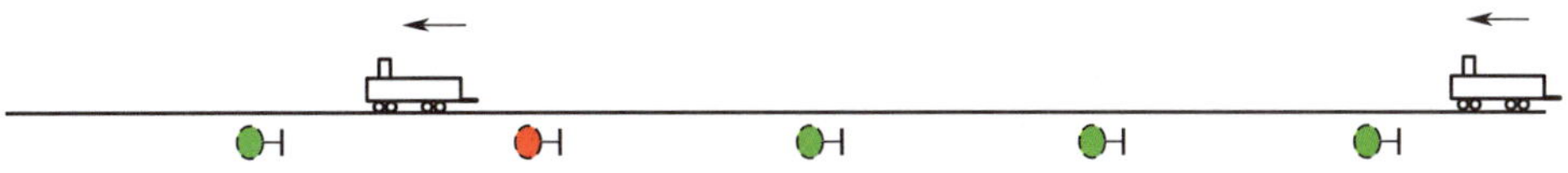

图 3-20 列车在区间运行示意

列车根据车载定位系统确定列车位置,根据车载线路电子地图及列车长度确定列车所占用的虚拟闭塞分区。车载计算机通过 GSM-R 网络将虚拟闭塞分区占用信息传递给地面 RBC。RBC 根据虚拟闭塞分区占用情况实时确定虚拟信号显示,并通过 GSM-R 网络将虚拟信号显示传递到列车,司机根据速度限制行车。

④列车进站停车

调度员通过 CTC 操作终端向 ITCS 下达建立接车进路命令。VHLC 检查各种接车进路建立条件是否满足,检查通过后建立并锁闭该接车进路,包括动作转辙机,开放虚拟进站信号机。车载设备通过 GSM-R 无线网络接收到该虚拟信号机信息及道岔位置,并将限速显示给司机。司机依照车载信号显示进站停车。如图 3-21 所示。

对于车站虚拟进站信号机外方有大于折算为 800 m、6‰的长大下坡道,办理接车进路时,须有延

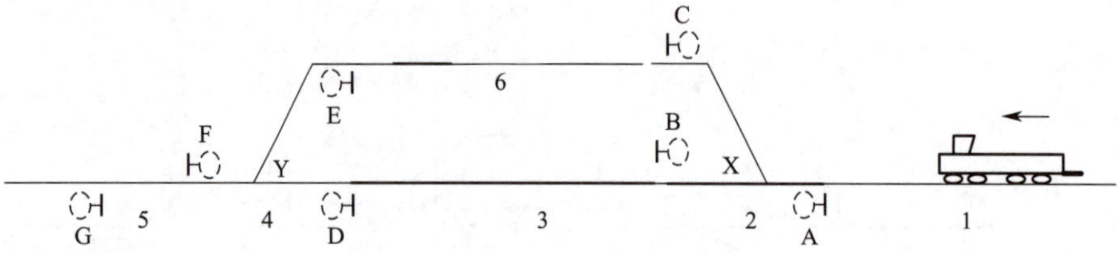

图 3-21　列车进站停车示意 1

续进路。

a. 调度员为进站列车建立接车进路 A→D 发出请求。

b. VHLC 收到进路请求后，对敌对进路、敌对信号和占用情况等进行检查，VHLC 判断道岔 X 的位置。如果道岔 X 在定位，VHLC 直接将其锁闭；如果在反位，VHLC 动作转辙机将其扳到定位并锁闭。VHLC 开放虚拟进站信号机。虚拟信号机的信号显示被实时发送至车载设备。

c. 车载设备将新的信号显示对应的速度指令显示给司机。

d. 列车驶入岔区 2 的区域如图 3-22 所示。

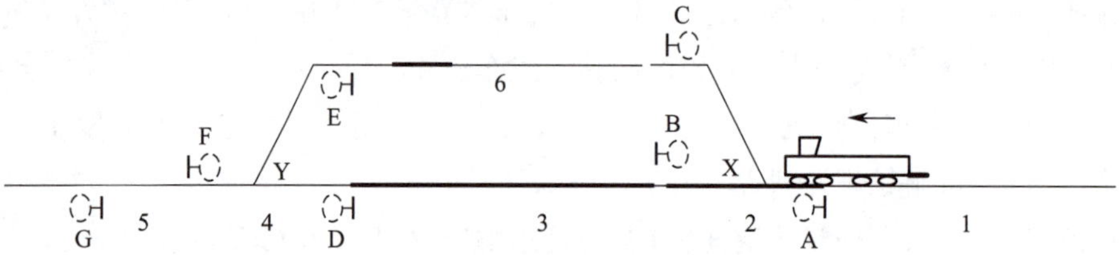

图 3-22　列车进站停车示意 2

e. 车载设备检测到定位系统提供的“列车头部最不利位置”越过虚拟进站信号机 A，由此判断此时列车同时占用轨道区段 1 和 2 并报告 RBC，RBC 将虚拟信号机 A 的表示更新为禁止信号。

f. 车载设备检测到定位系统提供的“列车头部最不利位置”在轨道区段 3 区域内，将列车占用区段 3 的信息报告 RBC。

g. 车载设备检测到定位系统提供的“列车尾部最不利位置”出清了区段 1，并报告 RBC，此时列车同时占用区段 2、3，如图 3-23 所示。

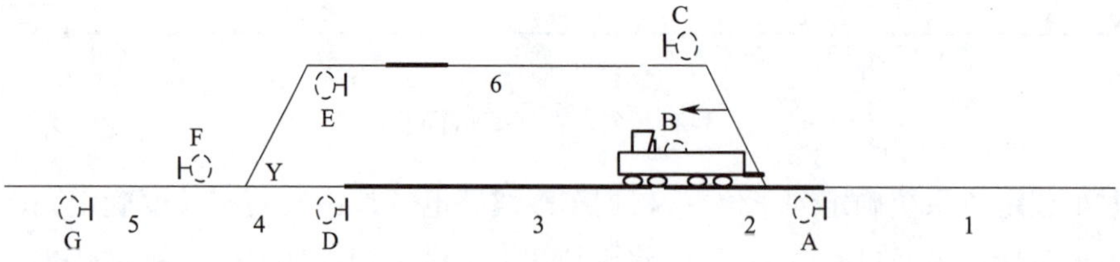

图 3-23　列车进站停车示意 3

h. 车载设备检测到定位系统提供的“列车尾部最不利位置”出清了岔区 2，并报告 VHLC。

i. VHLC 对岔区 2 进行解锁。

j. 列车停在虚拟信号机 D 的外方，接车作业结束如图 3-24 所示。

人工解锁接车进路时，若虚拟接近区段上有车占用，将延迟解锁；相反，可立即解锁。人工解锁的安全由调度员负责。

对于本地联锁站，进路的建立及开放地面信号机由 CBI 在获取 ITCS 相关条件后完成。ITCS 采集道岔位置状态及地面信号机显示并通过 GSM-R 无线网络传递到车载计算机。司机依照速度限制行车。

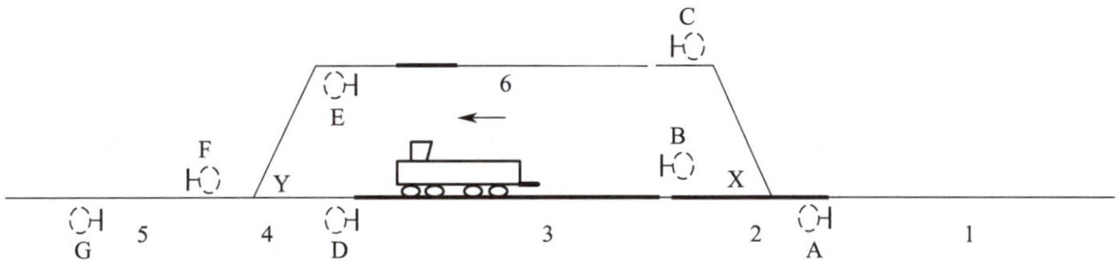

图 3-24 列车进站停车示意 4

⑤车站调车作业

在本地联锁车站，由 CBI 完成车站调车作业相关的联锁功能；在非本地联锁车站，ITCS 根据车站调车作业要求设置虚拟调车信号机，由 VHLC 完成相关联锁功能。调车信号机的显示，通过 GSM-R 无线网络实时传递到机车上，由司机根据车载信号进行调车作业。

虚拟调车信号机与虚拟列车信号机为同一信号机，虚拟调车信号只是一种不同的显示。调度员通过 CTC 系统请求开放列车或调车信号，该请求通过 Genisys 协议传递到 VHLC。信号机的显示根据调度员的请求确定。反馈回 CTC 系统的信号显示表明是列车信号显示或调车信号显示。

RBC 可根据车列出清接近区段而关闭调车信号机。

调车作业时，VHLC 封锁相关股道和咽喉区，禁止向这些区域排列列车进路。调车作业的最大允许速度由用户确定。另外：

a. 进行调车作业的时候，车载系统将停止列尾完整性检查，并采用缺省最大列车长度来进行区段出清的计算。

b. 当车列在股道上解编车列，并打算到另外股道上联挂车列时，在牵出过程中，车列须按原列车最大长度越过调车折返信号机，并前行一段距离，以出清道岔区段。

c. 由于不采用地面轨道电路，ITCS 无法对解编车列进行自动检测。针对这种情况，调度员应人工确认该轨道区段的封锁与解锁。ITCS 保证该占用与否信息的安全使用。例如，车列完成解编作业后，调度员保持对留有解编车辆的股道的封锁，ITCS 不向该股道排列列车进路；车列完成连挂作业，调度员确认股道空闲并解除对其封锁后，ITCS 自动恢复该股道的正常列车作业。

⑥运行结束

当列车离开 ITCS 控制区域时，将自动提示司机将 ITCS 转换到“离开”模式并解除 ITCS 控制。

7. 系统技术特点

(1)基于 GPS 的列车定位

GPS(Global Positioning System)即全球定位系统，是由美国国防部为满足军事要求而建立的卫星定位系统。该系统由 24 颗卫星组成，全天候地发送高精度的、连续的、实时的定位和授时信息，提供给用户三维坐标、三维速度分量和精确时间。GPS 系统由三部分组成：GPS 卫星(空间部分)、地面支撑部分(地面监控部分)、GPS 接收机(用户部分)。卫星不间断地发送自身的星历参数和时间信息，用户接收到这些信息以后，经过计算求出接收机的三维位置、三维方向以及运动速度和时间信息。

近年来以 GPS 为代表的卫星导航定位技术发展迅猛，可用的卫星导航定位系统资源日益丰富，除美国的 GPS 以外，还有俄罗斯的 GLONASS、中国的北斗一代系统和正在建设中的欧洲 Galileo，以及中国的北斗二代系统等。其中美国的 GPS 系统定位精度已经从水平精度超过 100m 提高到了现在的亚米级水平。虽然 GPS 在军事、航海、测绘、汽车导航等领域已经得到了广泛的应用，但在铁路领域的应用，尤其是列车运行控制等安全方面的应用仍然处于初级阶段。

卫星定位系统在铁路上的应用主要集中在两个方面：一方面基于卫星定位的列车监控和调度指挥，如法国 TGV 上实验的 LOTOUS 工程，美国 GE 公司的 ENSCO、PINPOINT 基于 GPS 和卫星及蜂窝系统实现了机车车辆运行状态的远程监测，德国 SOCRATEC 公司基于 GPS 的 SATURN/LIGHT 实现了列车精确定位等。一方面基于卫星定位的列车控制，如欧盟（EU）的联合项目LOCOPROL（北京交通大学是其在中国的合作伙伴）等均采用卫星定位作为列车定位手段，并建设为信息服务的基本平台，为其他系统提供了有关列车的准确位置信息。

GPS 的定位精度受卫星状况和环境的影响比较大，植物、地形、建筑物和隧道都可能屏蔽一些卫星信号，建筑物和其他物体反射信号可能产生多径干扰，造成定位误差。单纯 GPS 的定位精度和可靠性都不高，而且信息输出频率较低，不足以满足列车控制系统的要求。因此，在青藏铁路 ITCS 中，采用 GPS 差分技术，紧密地与列车控制系统以及 GSM-R 无线通信网络结合，满足了列车定位的需要，基本原理如图 3-25 所示。

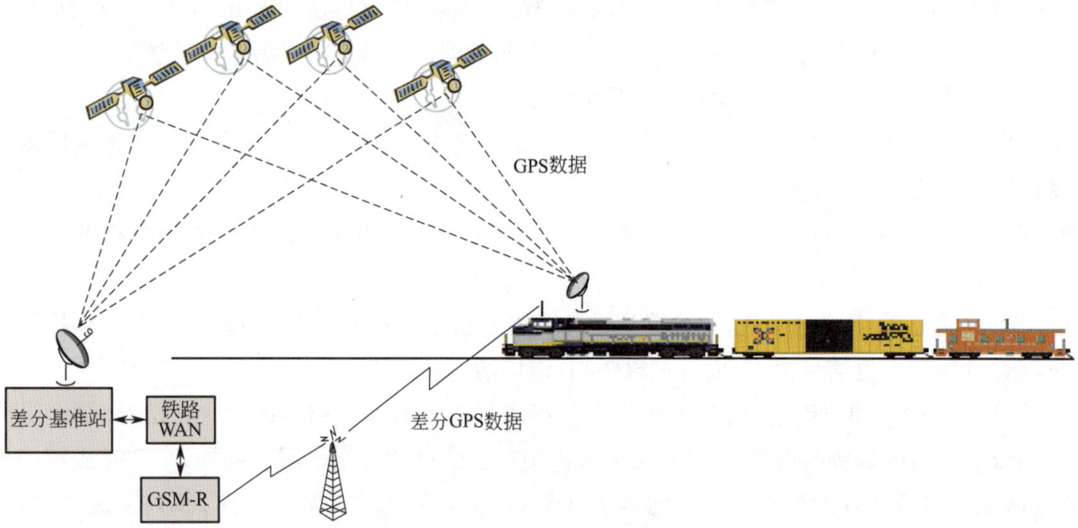

图 3-25　铁路 GPS 局域差分系统原理

在每个车站建立双套冗余的 GPS 参考基站（已知准确的坐标），该基站不停地接收 GPS 信号求得它至可见卫星的距离，并将此计算出的距离与含有误差的测量值加以比较并求出其偏差。然后将所有卫星的测距误差通过 GSM-R 网络传输给列车，列车 GPS 接收机利用此测距误差来改正测量的伪距，解算出本身的位置，由于消除了公共误差，从而提高了定位精度。

①青藏铁路列车卫星定位与信息传输系统的研究与试验

由于青藏铁路主要建在渺无人烟的高原地带，大型建筑物较少，穿越高山隧道占全线比例较低，比较有利于卫星连续定位。青藏铁路列车卫星定位与信息传输系统通过应用先进的卫星通信、卫星定位、地理信息系统（GIS）、网络技术等，提高了调度指挥系统在正常和紧急情况下的反应能力。列车调度员利用该系统可随时随地准确定位任意指定列车，可以知道列车的运营、工作状态和可能的晚点时间等行车信息。借助于卫星定位和相应的通信技术手段（如卫星通信、GSM-R 等），列车的位置、速度、运行方向和维护数据可传递到地面服务器，并为运营、维护和服务中心使用。在列车晚点、发生紧跟踪或正面冲突等危险情况时，可为列车运行调整人员提供报警信息。通过在列车的头部、尾部分别设置卫星定位天线，实现列车完整性的辅助检查。

2002 年 11 月，北方交通大学课题组在多方征求意见和根据实际设计可行性，确定了技术方案和实施方案。“青藏铁路列车卫星定位与信息传输系统”由车载系统和地面控制中心系统组成，重点对采用的卫星定位方式和信息传输的通信方式进行比选。

a. 定位方式的选择：由于北斗卫星定位是主动式的，即每次定位需由用户机提出申请，发射到卫星后传递到控制中心，由控制中心解算出用户的位置，再将解算结果反馈给用户，整个过程对控制中心的依赖太大，从而限制了其定位的频度，且每次定位均需收费；而 GPS（全球卫星定位系统）由于精度要高于北斗系统且是免费的，所以选择 GPS 作为主要定位方式。

b. 信息传输方式的选择：由于课题开始时青藏铁路尚未决定全线采用 GSM-R 作为列车调度管理和控制信息的通信系统，在车站左右 3 km 无线覆盖范围内采用无线数传电台的方式，而区间内采用卫星通信的方式。后根据试验工程设计调整为信息传输方式为 GSM-R 与卫星通信相结合，即 GSM-R 正常时采用 GSM-R 通信，否则切换为卫星通信的方式。北斗系统为我国自己研制的具有自主知识产权的卫星定位和通信系统，出于实际运营和维护的考虑，所采用的卫星通信方式为北斗系统。

整个系统由地面中心设备、车载移动设备和卫星通信信道构成。中心设备包括与调度系统的接口、可视化监控工作站、卫星接收站等；车载移动设备包括通信卫星天线、卫星定位天线、车载定位接收处理系统和通信设备（包括语音、数据）。

参考铁道部工程设计鉴定中心下发的有关设计批复，配合试验段的设计，提出有关项目的试验验证工作计划。2003 年 6 月初，按照铁道部科技司的安排，研制出样机并进行大量的试验，根据试验结果对系统进行了相应的改进。

该系统实验室测试在北京市内进行，中心设在北京交通大学铁路 GPS 实验室，卫星通信系统采用北斗系统（接入北京神州天鸿公司的网管中心或指挥机直接通信），GSM-R 系统采用装在北京交通大学的铁道部 GSM-R 模拟实验室的设备进行传输试验。

现场实地测试在青藏铁路西宁—格尔木段的湟源站周边进行，主要试验卫星定位系统可靠性及与无线机车信号的接口功能；在此基础上在青藏铁路格拉段的格尔木—不冻泉试验段进行系统样机测试。所完成的工作主要包括：

a. 完成了样机的试制工作，在铁路 GPS 实验室及青藏铁路试验段现场验证采用 GPS 进行列车定位、GSM-R 和北斗结合实现信息传输的列车监控系统的可行性。

b. 通过规定的协议与无线机车信号的接口进行信息交互，利用车载数字地图信息和列车实际运行定位信息，采用地图匹配技术，实现虚拟查询应答器的功能，并作为无线机车信号进站注册和出站注销触发信号。

c. 对 GSM-R 及北斗卫星通信系统的响应速度进行测试（包括与北斗网管中心通信方式和指挥机直接通信方式）。

d. 利用 GSM-R 专用通信信道结合 GPS 定位信息实现辅助列车完整性检查的研究工作。

本项目的研究成果为青藏铁路采用基于卫星定位方式的列车运行控制系统从高原适用性、定位的基本功能等方面进行了前期可行性研究，为相关决策提供了科学依据。

②青藏铁路 ITCS 系统中 GPS 相关功能的试验和验证

青藏铁路使用的 ITCS 是一种基于通信的列车控制系统，它是利用不依赖于轨道电路的高精度列车定位、车地双向连续数据通信以及车载、地面的安全功能处理器，实现连续自动列车控制的一种系统。实现列车的连续、可靠定位是 ITCS 主要功能之一，ITCS 需要在适当精度和充分完整性条件下持续地更新列车的位置。车载设备通过进行连续列车准确位置的测定，结合列车和线路的特点，实时计算出列车的速度和制动的距离，从而实现固定闭塞或虚拟闭塞，提高铁路运输能力。

将 GPS 应用于列车运行控制系统并取消地面轨道电路设备，这在国内和国际上均是首次。为了保证系统的实际实施，必须对系统中 GPS 相关功能进行试验和验证，该工作包括两个主要部分：GPS 测绘数据处理及其所生成的 ITCS 系统数据库的正确性现场验证、ITCS 系统工作时 GPS 相关功能的试验和验证。

a. 青藏铁路 GPS 测绘数据的处理和现场验证

ITCS 列车控制系统利用 GPS 进行列车准确定位的前提是准确的车载地图数据库。包括线路描述数据、列车运行数据、通信数据等内容，详细内容包含全线起始和结束位置、股道数、ITCS 区间位置等。由于青藏铁路 GPS 测绘数据属于保密数据，根据国家测绘局《关于在美国 GE 公司设备中使用青藏铁路线路测绘数据保密问题的复函》（国测函〔2005〕63 号）意见，明确要求青藏铁路的 GPS 数据必须进行保密，不能提供给外国公司，信号系统中 GPS 数据将作为最基础的数据之一，为此青藏办、铁道部运输局、青藏铁路公司确定在北京交通大学建立 GPS 实验室，进行数据的处理和测试，所有的青藏铁路 GPS 测绘相关数据均限于中国境内青藏铁路现场和 GPS 实验室内按保密条例的要求使用。青藏铁路的 GPS 测绘数据由兰州军区测绘中心提供，通过北京交通大学铁路 GPS 实验室的处理，按 ITCS 的技术要求，生成车载地图数据库。

创建该地图数据库的整个工作流程如图 3-26 所示。车载地图数据库的生成分为 5 个步骤：线路测绘、数据处理、数据库创建、编译和数据验证。

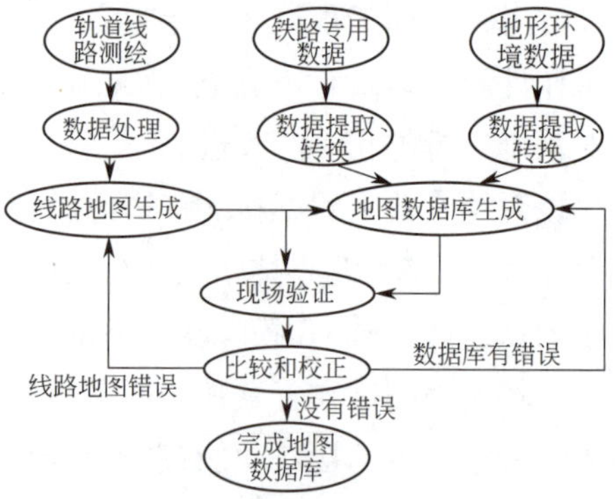

图 3-26　地图数据库的创建流程

在获得勘测人员提供的原始数据后，把所有原始数据转换为用线段表示的轨道，即把所有轨道分割为若干个片段，每个片段采用曲线或直线的形式表示，并满足误差要求，生成线路数字地图文件。将生成的线路数字地图文件与勘测人员提供的线路原始数据进行比对，计算线路数字地图相对于原始数据的误差值，判断其是否超出可容忍误差。如果超出可容忍误差，则进行数据修正或手工调整。

在生成线路数字地图后，添加其他的必要信息，如文件版本、铁路专用数据（包括铁路沿线的各种设备和特定地点：信号灯、道岔、警冲标、限速点、绝缘节、变坡点等）、地形环境数据（包括隧道、路堑、山体条件等），并在各种数据之间建立关联，生成完整的具有拓扑结构的车载地图数据库。

为了确保所创建的车载地图数据库准确无误，需要对该地图进行验证。在该过程中，北京交通大学采用创新的技术方案对 GPS 测绘数据和车载数据库进行验证：

ⓐ自主开发了青藏铁路 GPS 差分基站数据验证系统，用于对车站 GPS 差分基站天线的辨识和坐标的管理，并用于实际工程中，成功地对全线 45 座车站的 Novatel 和 GPS RIM 基站天线进行了确定。通过对全线（包括试验段）45 座车站的 Novatel 和 GPS RIM 基站分别进行 24 h 的水平定位精度因子 HDOP 进行连续采集，并得到其基站坐标（经度、纬度、高程）的平均值，并与军队测试的结果进行比较和验证，从而正确地确定天线与接收机的对应关系。

ⓑ提出了实时差分 RTK（Real Time Kinematic）与星链差分 RTG（Real Time GIPSY）相结合的技术，对列控 POI（Point Of Interest）关键点坐标验证方法：对站内的与列车控制相关的 POI（关键点）采用 RTK 技术进行测试验证，对区间内的 POI（关键点）采用星链差分的 RTG 技术进行测试验证，并开发了青藏铁路列控系统 POI（关键点）动态验证系统，实现了对全线（包括试验段）的所有车站信号机、区间通过信号机、道岔、轨道绝缘节、公里标等 POI（关键点）的现场测试验证，既保证了测试精度，又大大缩短了工作时间，提高了作业效率。

b. ITCS 中 GPS 相关功能的测试和验证

为了提高测试和验证的效率,保证工程进度,北京交通大学课题组采用实时差分 RTK 与星链差分 RTG 相结合的技术,对青藏铁路联锁列控一体化系统中 GPS 相关功能进行测试和验证,主要包括:

(a)GPS 正常工作状态下的测试:区间和车站内定位精度的测定、GPS 信息用于轮径校正的功能、GPS 信息用于测速的功能等。

(b)非正常工作状态下的测试:GPS 故障(单路或双路无信号时)、差分基站故障时区间和车站内的定位、GPS 接收机差分通信链路故障时区间和车站内的定位、接收机至 OBC 连接故障时区间和车站内的定位等。

在所进行的测试工作过程中,联锁列控一体化系统的差分 GPS 功能符合 GE 公司技术规格书中提出的主要指标有:

ⓐ定位精度:实际测试误差范围为 74.5 英尺(22.7 m)~231.6 英尺(70.6 m),符合设计规格书要求的 19.8 m(65 英尺)~152.4 m(500 英尺)的要求。

ⓑ测速精度:误差≤2%。

ⓒ具有利用 GPS 信息进行轮径校正功能,校正后误差 1%。

ⓓ GPS 故障后的列车继续运行:当安全缓冲距离超过 182.88 m(600 英尺)时限速变为 45 km/h,符合设计要求。

(2)GSM-R 车地双向信息传输

在联锁列控一体化系统中,列车与车站 RBC 的数据交换是通过 GSM-R 无线数据链路完成的。由于车地通信系统所传输的信息含有与安全相关的内容,确保信息的安全接收与传输是至关重要的。系统中的所有无线电台收发装置和电台接口模块均为非安全设备,只是用来提供数据链路,而不作为信息安全传输的保障,系统的安全传输由车载设备和地面 RBC 保证。

在基于 GSM-R 的车地通信系统中,每个车站 RBC 通过 2 Mbit/s 速率的站间数字通信网络与路由器相连,路由器通过 ISDN 适配卡与 GSM-R 网络移动业务交换中心(MSC)相连,每块 ISDN 适配卡最多可以与车载设备建立 30 条无线通信链路。根据系统要求,消息转发处理工作站可以配置多块 ISDN 适配卡。路由器通过数字通信网络与地面各 RBC 相连。

为每个路由器配置 2 块 ISDN 卡,两个路由器同时工作,接收列车信息,允许为车地通信建立 120 个通信链路,即路由器可以同时与 120 辆车进行通信,两个路由器之间可以交换信息。如果实际需求大于 120 辆车,可以根据需要的数据量,通过增加 ISDN 卡的办法来实现。

基于 GSM-R 的车地通信系统在整个线路上能够同时支持的最大列车数量取决于 GSM-R 网络所能提供的无线通信链路的数量。GSM-R 网络能够支持 19 对频点,每频点能提供 8 条通信链路。每个 RBC 可以最多控制与 16 列车的通信。

路由器作为整个列控系统车地通信的核心设备,采用冗余的配置方式,在西宁和拉萨各设两台路由器,每台路由器能够最多支持 60 条电路交换型链路。

(3)虚拟自动闭塞

青藏铁路为单线铁路,信号系统采用单线虚拟闭塞方式指挥列车运行,可实现 10 min 追踪间隔的要求,平均闭塞分区长度为 3 km 左右。

信号系统将全线站间划分为若干个虚拟闭塞分区,并对每个虚拟闭塞分区设置虚拟信号机进行防护。由于是单线,对上、下行方向分别设置虚拟闭塞分区和虚拟信号机。虚拟信号机设置可以为并置也可以为差置,采用的显示可包括禁止信号和允许信号两种。信号系统的闭塞方式属于固定自动闭塞,可以按照地面有信号机的方式进行布点,但不采用地面轨道电路和地面信号机。闭塞分区划定后,以数据库(电子地图)形式存储于地面 RBC,故称为虚拟自动闭塞。

由于不设地面轨道电路,虚拟闭塞分区的占用由列车确定并实时通过车地 GSM-R 无线通信网络报告给地面 RBC。车载计算机在发车测试时通过车地 GSM-R 无线通信网络获得最新的线路数据库(电子地图)。车载定位系统根据 GPS 全球定位系统和车载测速传感器准确确定列车位置,再根据车载线路数据库(电子地图)确定所占用的虚拟闭塞分区并报告闭塞分区占用情况给地面 RBC。

地面 RBC 根据列车的运行及有关虚拟闭塞分区状态,自动变换虚拟通过信号机的显示。同时,地面 RBC 将虚拟信号机的显示通过车地 GSM-R 无线通信网络实时传递给车载计算机,将虚拟信号机的显示及虚拟闭塞分区的占用状态传递给 CTC 系统。除了在采用地面调车信号机的 CBI 车站的调车作业外,列车以车载信号作为行车凭证行车。

如果列车运行方向与虚拟信号机控制的方向相同,且所防护的虚拟闭塞分区空闲,则虚拟通过信号机即显示允许信号。虚拟信号机一个方向点灯,相反方向的虚拟信号机关闭。

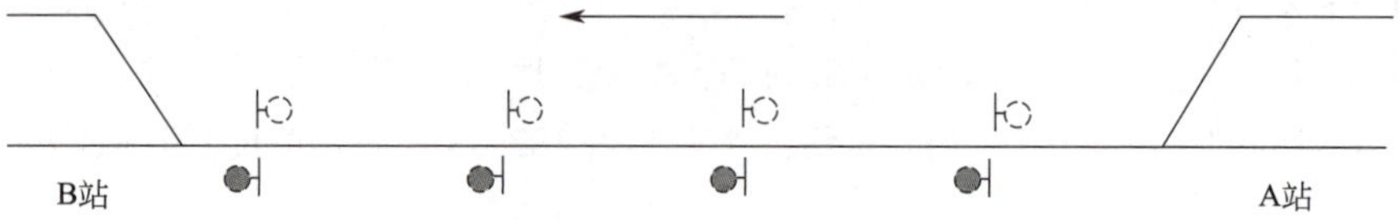

图 3-27　虚拟信号机示意

如图 3-27 所示,区间运行方向为 A 站至 B 站。A 站至 B 站的虚拟通过信号机开放,B 站至 A 站方向的虚拟通过信号机关闭,B 站向 A 站的出站信号机不能开放。为了使 B 站能向 A 站发车,在 AB 两站间设由 RBC 控制的改变区间运行方向的逻辑输出。当没有改变运行方向时,A 站是发车站,可以随时根据区间同方向的虚拟通过信号机的显示状态,开放出站信号机,而反方向的通过信号机关闭,因此在每个区间上下行方向,各设置一个方向逻辑输出来完成转接任务。

在有本地计算机联锁的车站,RBC 通过 VHLC 提供给本地计算机联锁开放出站信号机的条件。该接口采用安全型继电器接点条件(前接点)。

当虚拟闭塞分区被占用或传输虚拟闭塞分区信息的设备失效时,防护该虚拟闭塞分区的虚拟通过信号机自动关闭。

(4)无轨道电路和地面信号机的信号系统

青藏铁路的车站采用与传统信号设备相同的原则划分股道、有岔区段、无岔区段。设置虚拟进站信号机、虚拟出站信号机和虚拟调车信号机,不设轨道电路、信号机及地面应答器等地面设备,实现车站联锁和区间虚拟自动闭塞功能。

青藏铁路信号系统在满足特定用户的联锁关系要求时,不必修改软件程序,仅输入继电联锁逻辑等式即可实现。VHLC 根据来自 CTC 系统的调度命令执行联锁操作,并实现列车、调车作业有关功能。

对于非本地联锁车站,VHLC 实现联锁功能,如图 3-28 所示。当 CTC 系统下达进路命令后,联锁设备 VHLC 将通过符合继电联锁逻辑的逻辑表达式对进路进行检查。通过检查后,再次检查道岔的占用情况,并通过 I/O 输出将道岔置于正确位置并锁闭,随后开放虚拟信号机。由 RBC 通过 GSM-R 网络将这些信号机和转辙机信息发送至机车。

除了执行 CTC 系统建立进路的命令以外,VHLC 还执行取消进路申请,道岔单操、单锁,封锁、取消封锁股道,区段人工占用、人工出清命令以及区段人工解锁命令。命令本身的安全性需由调度员保证。

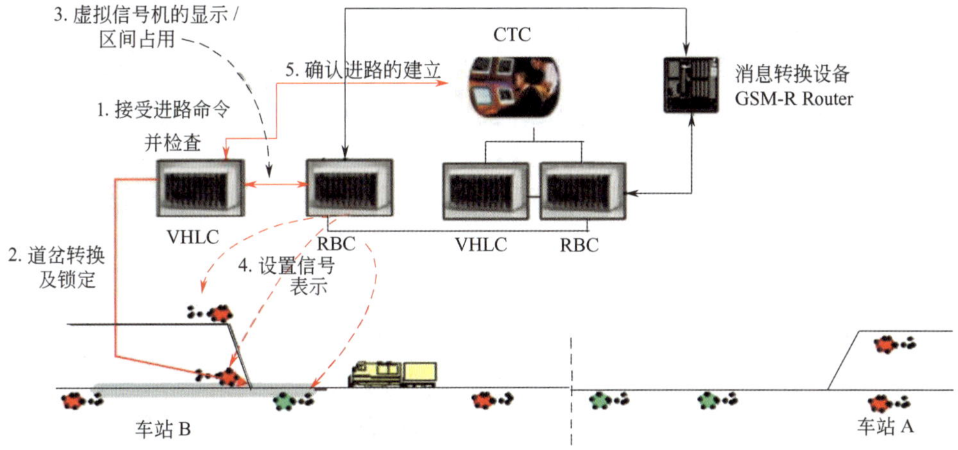

图 3-28 非本地联锁车站进路建立过程示意

在列车出清进路后，VHLC 自动解锁进路。

(5)列车运行控制和超速防护

青藏铁路联锁列控一体化系统，除完成全部的联锁功能外，还具备列车运行控制和超速防护功能。

信号系统采用 GSM-R 无线通信网络保持地面设备与车载设备之间的信息传递，获取来自地面 RBC 和 VHLC 的虚拟信号状态信息。车载信号作为主体信号控制列车的运行。信号系统遵循人机联控、人控为主的原则，即正常情况下，超防系统不干扰司机的操作，只是作为保证行车安全的最终手段。

列车尾部的防护，即列车完整性检查采用列车尾部装置 EOT 实现。车载计算机与列车尾部装置 EOT 之间的通信采用点对点数字电台。

车载计算机向司机显示速度限制。它采用 GPS 卫星定位系统辅以车载测速传感器，根据车载线路电子地图确定该列车在线路上的位置。根据当前列车运行速度、距前方多个目标点的距离和各目标速度分别连续计算出一次模式曲线并选择执行其中最具限制性的一种模式曲线，同时提示给司机相关信息。信号机、道岔、坡道、弯道、道路限速、临时限速等都将作为超速防护的依据，纳入到信号系统限速计算的范围内。车载计算机还实时监督列车实际速度是否超过最大允许速度。当列车超速时，系统以声光形式向司机报警。如果司机未采取使车速降到允许值以下的有力措施，则车载计算机实施惩罚性制动以确保行车安全。系统实施惩罚性制动后，没有系统的许可，司机的任何操作都不会影响惩罚性制动的进程。当车载计算机确认车速已降到允许值以下，可以自动缓解制动。

第三节　信号系统试验与联调

一、信号系统试验

1. 系统试验大纲的确定

作为铁道部 2003 年科研重点课题，由铁一院承担的《青藏铁路站后试验工程基于 GSM-R 和 GPS 的列车控制系统试验》是对青藏铁路信号系统的一个首次较为全面的检验和验证。试验验证的主要目的是：测试和验证青藏铁路信号系统；评估信号系统技术性能对高原和高寒地区的环境适应性；评估信号系统功能满足全线运输需求，以利完善全线工程设计。2005 年 9 月，根据铁道部科技司《关于对〈青藏铁路试验段通信信号综合试验计划和大纲〉的批复》（铁技运〔2005〕128 号）和青藏铁路试验段通信信号综合试验准备会议精神，确定了试验大纲的内容和组织形式。研究确定了影响信号系统可靠性、可用性和故障—安全性的 9 项试验关键技术环节，编制了 32 个试验程序。涵盖了功能试验、安全冗余试验、关键性技术试验等。

2005 年 11 月和 2006 年 5 月，在站后工程试验段南山口—不冻泉站进行了信号系统试验。

2. 系统试验的组织形式

2005 年 11 月 28 日，铁道部科技司会同青藏办、运输局在北京召开专题会议，研究并布置青藏铁路通信信号系统试验工作，确定了试验的组织机构、试验内容等具体事宜。

青藏铁路公司作为试验的总体牵头单位，负责组织、落实本次试验，对整个试验过程的行车、人身安全负总责。铁科院担任试验技术总负责。部内有关司局对试验进行技术指导，青藏办负责试验协调工作。

3. 试验区段、试验用车和计划

（1）试验区段

信号系统静态试验地点安排在玉珠峰、望昆站进行；动态试验区段在 K932 + 747 至 K976 + 923 的 44.286 km 单线线路以及玉珠峰、望昆车站范围内进行，该试验区段下行设计为 19 个虚拟闭塞分区，上行设计为 14 个虚拟闭塞分区。

本次试验还包括西宁调度中心及与信号系统相关的 GSM-R 传输配合试验、GPS 卫星定位与传输试验、CTC 系统联调试验、CTS2 道岔转换装置试验。

（2）试验用车

装备车载设备的 DF_{8B} 机车	2 台
货车	37 辆
客车	3 辆
机车（西格段的机车）	4 辆

（3）试验项目及目的

针对信号系统结构特点，研究确定了 9 项试验关键技术环节。

①基于 GSM-R 的无线双向数据链路的列车控制系统可靠性试验，包含列车的显示与执行、列车位置与地面控制中心的一致性、车载系统的工作状况向地面监控的实时报告、车载系统故障后的安全性、地面系统故障后车载系统的安全性、列车超速后的惩罚性制动。

②基于 VHLC 硬件体系下的联锁系统试验，包括满足基本联锁条件、基于 GPS 定位误差的联锁功能的实现、与车站信号控制间信息采集和车载控制功能、自动站间闭塞和虚拟闭塞功能转换、接发车运行方向改变、与车站联锁实现接近和离去信息交换、向 MMT 传输信号系统状态数据。

③GSM-R 通信子系统试验，包括在线列车实时监视功能的试验（根据所采用的 GSM-R 无线通信系统与卫星通信相结合），主要根据试验段选择的不同地域场强覆盖的程度，对响应速度、实时性、可靠性传输进行测试；对调度指挥中心信息网络平台、GIS 地理信息处理系统的功能进行测试；车载设备及与其他系统的接口试验，检验数据无线通信子系统的功能性、可靠性和操作性能；数据传输的检验将在不同的列车运行速度条件下分别进行。

④基于 RBC 的区间虚拟自动闭塞、站间自动闭塞系统的试验，包括分区的占用与出清、列车追踪、前方虚拟信号的执行、站间闭塞模式的转换、临时限速的设置与执行、接近离去信息的交换。

⑤差分 GPS 定位子系统试验，对车载和地面的卫星定位系统定位功能结合速度传感器进行检验。对定位子系统的可用性和使用性作出系统评估，验证卫星定位设备在高海拔条件下的适应性。电子地图矢量化后可用于车载设备和中心监控终端，是实现其他功能的基础。此项试验对试验段电子地图（主要是线路、应答器、信号机、车站股道、桥梁、隧道等坐标信息）制作的实用性进行验证。

⑥列车完整性及列尾装置（EOT）子系统试验，包括列车在区间失去完整性后所采取的安全处理措施，EOT 子系统空压、电池、通信等参数的失效模式。

⑦国内车站联锁控制子系统与联锁列控一体化系统间接口和信息采样试验。在试验段开展车站联锁控制子系统与无线闭塞中心（RBC）、VHLC 的安全信息交换，实现车地信息传输完成控车的各项功能试验；与车站信号控制间信息采集和车载控制功能；自动站间闭塞和虚拟闭塞功能转换；接发车运行方向改变；与车站联锁实现接近和离去信息交换；向 MMT 传输信号系统状态数据。

⑧CTC 系统与消息转发器网络接口系统试验，包括信息显示，列车编号自动跟踪、传输和查询，站间的透明度，调度命令的管理，系统的自诊断，统计报告。

⑨系统失效模式的试验，包括 RBC 失效模式、VHLC 失效模式、车载 GPS 失效模式、车载 GSM-R 模块失效模式、车载安全处理单元的失效模式、中心设备失效模式、GSM-R 失效模式。

按照上述 9 项关键技术环节，编制了 32 个试验程序。

表 3-3 试验程序

序号	内容	主要达到的目的
1	车站联锁功能（VHLC 控制的联锁）	根据联锁表，采用遍历测试。 验证信号系统允许受控车站内的每个进路可以被排列，虚拟信号机可以被开放。 验证当进路内的某个道岔处于四开时，不允许进路的虚拟信号机被开放。 验证一旦信号机被开放后返回到其最受限制的状态，不允许改变此条进路，直到超过所预置的时间间隔。 验证当对向进路从单线区域的另一端被开放时，不允许开放出站信号机
2	根据虚拟车站信号机显示执行速度限制	验证信号系统为所有的虚拟车站信号机的表示，显示正确的目标类型、距目标距离、目标速度。 验证当经过虚拟车站信号机时，目标速度变为所显示的限速值
3	虚拟信号显示和判断	验证信号系统能够基于区间占用正确地表示虚拟信号
4	车站虚拟信号机的执行	验证信号系统能够正确地显示虚拟进站信号机的目标类型、目标距离和目标速度。 验证经过虚拟进站信号机时，目标速度变为显示限速
5	向每个 RBC 报告虚拟区间占用情况	验证信号系统经过区段时能够正确地判断区间占用情况。列车接近一个未被占用的虚拟区间，当车头进入区间时，报告为区间占用。 验证信号系统能够根据司机输入的列车长度正确地判断区间占用情况。当车尾离开区间时，报告为未被占用
6	速度限制/超速保护	验证信号系统能够为司机提供超速声光报警。 验证信号系统通过实行惩罚性制动来强制限速
7	在虚拟信号控制下列车追踪运行	验证在区间相邻的两个虚拟闭塞分区内，当前方的一个闭塞分区内有车时，驶入后一虚拟闭塞分区的列车将显示停车。当前一个闭塞分区的列车离开时，后一列车将显示允许前进
8	验证列车在无法获得 GPS 更新的情况下可以继续运行	验证列车在失去一路或者两路 GPS 信号时，在重新获得信号前能够正常操作。 验证列车在失去定位后执行一个限制速度
9	速度测量和轮径自动校准	验证 OBC 在 GPS 正常工作时自动校准车轮直径 验证显示速度是真实的
10	在进站信号机前停车	验证信号系统在虚拟进站信号前执行绝对停车。 验证信号系统在虚拟进站信号前不执行停车越行的功能
11	在虚拟区间通过信号机前的停车和越行	验证信号系统在区间允许信号前实施强制制动。验证在制动后列车以一个限制速度（列车的）运行

续上表

序号	内　容	主要达到的目的
12	车载设备操作的显示、执行、控制和确认	验证信号系统在机车司机室内正确显示实际的速度、限速、距惩罚性制动的时间、前方目标类型、目标速度信息。 验证信号系统在正确监视确认按钮的动作完成了一个从按下到弹起的完整循环后，才认为一个确认操作已被执行
13	显示惩罚性制动被执行	验证当信号系统列车司机没有正确地将列车停在“停车并继续”信号显示前时，系统将正确地实施惩罚性制动
14	发车测试	验证发车测试在主操作端和从操作端都能成功完成。 验证一个故障将导致发车测试失败，并验证只有在发车测试成功完成后，发车测试以外的其他操作才能被允许。 验证只有当正确的条件满足后，才能进入发车测试模式。并验证当所需条件没有满足时，发车测试将被中止
15	进入 ITCS IN 模式	验证列车能够正确地从 OUT 模式切换到 IN 模式。 验证列车能够正确地从 YARD 模式切换到 IN 模式。 验证如果司机没有响应系统提示在所要求的时间内将模式开关从 OUT 的位置拨到 IN 的位置，则系统实施惩罚性制动。 验证当司机将模式开关从 OUT 的位置拨到 IN 的位置后，系统解除在前一测试中执行的惩罚性制动
16	在 ITCS 区域末端离开 ITCS 区域	验证当装备有车载设备的列车接近控制区域终点时，系统检测到接近前方的“离开”目标，提示司机进行将模式转换开关从 IN 位置转换至 OUT 位置。 当司机没有对提示进行应答时，验证惩罚性制动被执行
17	强制停车和强制限速	验证系统对虚拟信号机灭灯强制执行绝对停车。 验证车载设备正确执行停车越行功能。 验证越行后的限速行驶功能
18	目标速度大于当前限速时的预先制动	验证当装备了车载设备的列车接近一个较低的限速区域且限速比目前速度大时，系统提供目标速度和目标距离
19	临时限速命令的实施和取消	验证 TSO(临时限速)下达的功能。 验证系统执行 TSO 功能。 验证可以取消 TSO，且取消后的 TSO 不再被执行的功能
20	非头车模式测试	验证系统可自动探测出头车或尾车模式，并执行相关操作
21	制动曲线测试(包括所有列车类型)	验证车载与制动接口信息交互功能
22	运行通过整个 ITCS 区域，并停车 2 次	验证车载以及地面设备共同工作来控制列车运行。 验证正确地从 OUT 转换到 IN 模式，又转换回来。 验证速度执行，停车信号的预先制动，和区段限速的实施工作正常
23	车站调车操作—VHLC 站	验证在模拟调车移动(没有实际列车)时，在宣布失去列车完整性后被占用的虚拟闭塞分区的 LOI 状态被正确的设置，(占用)将保持到经由 CTC 出清为止。 验证每个 LOI 状态能够经由 CTC 出清
24	列车完整性	通过运行完整性测试，验证列车完整性被正确建立。 验证正确检测到列车完整性丢失，且正确的区段被标记 LOI
25	停车后的防溜逸	验证一列静止的列车从零速度变为速度不为零，设为空挡时，系统实施惩罚制动。 验证惩罚制动后列车速度为零时，惩罚制动被释放
26	退行时的强制限速	验证退行时的限速实施
27	日志与诊断	验证轮询设备从每个轨旁 RBC ACP 模块轮询诊断日志。 验证每个轨旁 RBC VLP 模块诊断日志可以被手动访问。 验证轮询设备从每个轨旁 VHLC ACP 模块轮询诊断日志。 验证轨旁 GPSRIM 诊断日志和 Novatel 单元可以被手动访问。 验证轮询器从每个轨旁发车服务器 ACP 模块轮询诊断和接受日志。 验证当接收到时，轮询设备转发列车健康状况信息
28	GPS 定位准确性	验证装配车载列控的列车能够在控车区域正确地确定自身位置

续上表

序号	内容	主要达到的目的
29	系统失效模式操作	1. 当车载设备检测到列车失去完整性时； 2. 当车载设备不能确定自身位置时； 3. 当车载设备与 RBC 通信失败时； 4. 当 RBC 与车载设备通信失败时； 5. 当 RBC 与相关的 VHLC 通信失败时； 6. 当 VHLC 与相关的 RBC 通信失败时； 7. 当中心和 VHLC 通信失败时； 8. 当 RBC 或 VHLC 失效时； 验证系统将降级到安全模式
30	车站调车操作—CBI 车站	验证在调车移动时，在宣布失去列车完整性后被占用的虚拟闭塞分区的 LOI 状态被正确的设置，(占用)将保持到经由 CTC 出清为止。 验证轨旁逻辑为区段专用情况所影响，但未被 LOI 状态所影响。 验证每个 LOI 状态经由 CTC 出清
31	系统模式转换测试	验证当模式转换所要求的标准被设定时，发生 OBC 模式转换。 验证未设定模式转换标准，不会发生 OBC 模式转换
32	中心路由器故障	验证中心服务器(Cisco AS5350)故障后不会导致继续使用故障的中心服务器更新消息而导致通信超时

第一阶段试验结束后，对所发现的问题进行了分析，并有针对性地开展了技术交流，属于设备问题的责成 GE 公司进行修改和完善。

第二阶段试验是对第一阶段没有条件测试的项目进行补测和对第一阶段发现问题、GE 公司修正后的复测，分别于 2006 年 5 月 27 日和 2008 年 9 月 24 日完成。

4. 系统试验结论

所有试验项目全部顺利完成，没有出现返工和技术事故。系统试验测试程序始终围绕了关键技术环节，通过修改试验程序的初始参数，完成不同地点的多个试验样本，采取客观的态度记录每一个试验步骤，并将试验过程中所暴露出的问题进行了科学的分析，使系统逐步完善和优化，从而将曾经大量出现过的列车失去位置、RBC 重启、通信中断等多项技术问题均已克服。自系统投入运行以来，逐步达到了青藏铁路提出的无人值守、免维护或少维护的总体设计目标，并使系统可靠性、可用性以及故障—安全性得到明显提高。

5. 系统试验的意义

通过系统试验，减少了青藏铁路信号系统工程在技术、投资、施工、运营等方面的风险；为青藏铁路的信号工程的施工、验收、运营等提出了需要重点解决的问题，起到了示范和先行的作用；为全线的信号系统的建设提出了技术条件和标准；为我国基于 GSM-R 和 GPS 系统的列车控制系统在其他线的应用提供了良好的技术基础，积累了工程经验；研究了基于 GSM-R、GPS 技术的信号控制系统的试验方法和流程，为青藏铁路信号控制系统通过应用 GSM-R 和 GPS 技术，对制定有关 CTCS(中国铁路列车运行控制系统)系统、综合调度指挥系统和移动闭塞技术标准，进行了有益的探索。

二、联　调

1. 概述

综合联调是对各信号系统组成的列控系统实现联锁、闭塞功能、超速防护、列车定位等功能的验证，是建立在各子系统调试完成基础上的联调。

2. 联调内容

(1)联调范围

联调范围为西宁调度所实现 CTC 系统功能的验证,自格尔木—拉萨间 45 处车站的联锁及 44 处无线区间闭塞的正确性及有效性验证,车载计算机获得行车信息的准确性。里程为自格尔木 K815 + 391 至拉萨 K1956 + 926,共计 1 142 km,见表 3-4 所列。

表 3-4 主要调试工程量表

序号	调试内容	单位	数量
1	CTC 中心	个	1
2	CBI 联锁站	站	7
3	VHLC 联锁站	站	38
4	联锁道岔	组	310
5	虚拟自动闭塞	区间	44
6	虚拟自动闭塞分区	个	704
7	POI 点测试	个	2 036
8	虚拟信号机	架	894
9	与 CBI、CTC、GSM-R、GPS 接口调试	次	113

(2)联调项目

系统综合联调主要包括静态测试、动态测试和系统联调三大部分。

①静态测试

静态测试范围为格尔木—拉萨间 45 座车站及区间的轨旁设备,验收测试项目共有 21 项,包括:绝缘电阻测试,避雷器,均衡器和接地棒,点对点测试,信号电力分配测试,电源混线测试,接地测试,安全继电器测试,VHLC 设置及事件记录功能测试,道岔分项测试,道岔障碍物测试,双动和 12 号转辙机响应故障测试,显示和表示,信号指示锁闭测试,道岔显示锁闭测试目标,接近锁闭测试,进路锁闭测试,道岔锁闭测试,完整性丢失测试,方向锁闭测试,虚拟闭塞/站间模式测试等。

②动态测试

验证信号系统功能的实现和全线各个信号点及整数公里标在数据库中位置的正确性,保证机车在线路上正常运行,为进一步系统联调做好准备。动态测试的主要内容分为以下几类。

a. POI 点的测试:测试确定整数公里标及各区间和站内信号设备在电子地图中的坐标。将车头挂钩处对齐所需测试的点(信号机是对齐信号机标志牌,道岔是对齐道岔尖轨两转辙机中间),待车停稳后,等 1 min,记录 HCPU 日志上的一个稳定的坐标,填表,并标明相应 HCPU 日志上的时间、坐标、设备名称及设备所处位置的公里标。

b. 轨道区段验证:包括区间轨道区段测试和站内轨道区段测试,主要是验证机车能否正确地占用、出清轨道区段,并与实验室及调度所的显示一致。

c. 压道试验:验证站内及区间每条进路都可以正确的锁闭及解锁,并与调度中心的显示一致。向区间发车进路办理后,邻站的反方向信号机不能开放,区间的方向锁闭。

③系统联调

这是指在 CTC 中心,在不同控制模式、闭塞模式下进行相关操作,验证 CTC 中心与本地 CTC 控制命令和采集信息的正确性、一致性。分为以下几类:

a. 在遥控模式下验证 VHLC、CBI 站联锁功能。

b. 在遥控模式时,在自动站间闭塞和虚拟闭塞下验证 RBC 联锁功能。

c. 在遥控模式时,分别在自动站间闭塞和虚拟闭塞下,指挥试验列车运行,验证 ITCS 车载系统功能,其中具体试验项目包括 CTC 系统站控-遥控功能验证,虚拟站间闭塞和虚拟自动闭塞功能验证,上电解锁验证(断电恢复验证),控制和显示正确性、一致性的验证,联锁功能验证,ITCS 车载系统功能测试及其他功能测试等七项内容。

联锁功能验证包括:正常开放信号,道岔位置不对不能开放信号,区段占用、区段封锁、区段 LOI 不能开放信号,区间敌对检查,侵限区段检查,带动道岔检查,防护道岔检查,信号开放后道岔锁闭检查,敌对信号检查,敌对照查检查,取消进路解锁检查,接近锁闭检查,人工限时解锁检查,CBI 站区段人工解锁检查,防止重复开放信号检查,进路正常解锁、调车中途返回解锁检查,CBI 站引导信号检查,延续进路检查(6‰下坡道)等 19 项。

车载系统功能测试包括:列车执行限速验证,虚拟信号及虚拟轨道电路判断,限速/超速防护,虚拟自动闭塞下追踪运行,无 GPS 更新的列车运行,速度测量和自动轮径校准,站内停车信号的越行,虚拟信号前停车和越行车载显示的输入和确认,发车测试,进入模式,离开模式区域,强制停车和强制限速,列车超速的预先制动,TSO 实施和清除,机车重联验证,制动距离测试,通过 ITCS 区域,VHLC 车站调车,完整性测试,停车后防溜逸,执行退行限速,GPS 定位精确度,失效模式,CBI 车站调车,模式转换等 26 项。

其他功能测试包括:车站股道有效长测试,系统网络验证等。

④人员配置

技术人员分成 7 个小组,安排在西宁调度所一个,其余 6 个小组负责各站试验,各相关单位配合人员至少每一组 1 人,施工单位及站前单位根据实际情况至少每组 1 人以上。每次以 6 站为单位进行联调,共进行 8 个轮回完成全线联调,系统联调开始时将各组合并后分为 3 大组完成。试验人员以 GSM-R 网无线通信和 CDMA 无线互联网的方式进行联系和联调。

⑤测试步骤

根据信号工程施工进度和青藏铁路公司的总体要求,结合实验段联合调试的进展情况和提供软件的时间表,中铁电气化集团公司根据各项试验的特点,分三步完成了测试。

第一步,对原设计 34 站进行预测试。从不冻泉开始,分六个测试小组,顺序自北向南对原有 34 站作 ITCS 测试。主要含设备连接及安装正确检查、点对点倒通、设备上电、RBC 的 setup 测试、电动转辙机单操及表示正常测试等部分静态测试内容,为下一步调试做准备。

第二步,对全线各站进行调试。调试分为 A 阶段静态调试、B 阶段控车试验和 C 阶段系统联调。A 阶段静态测试每站约 7 天时间,B 阶段动态测试每站约 5 天时间,C 阶段系统联调约 15 天时间。

分组对每个站运用 CTC 模拟器及本地控制终端按照联锁表排列及取消接发车进路,运用列车模拟器占用轨道,试验进路解锁,与相邻车站试验站间锁闭等全部静态测试。为了提高效率,此时可不带室外转辙机,先在室内模拟道岔表示,并填表记录。

带动室外转辙机的动态测试,从 CTC 中心分别向各车站发送命令,各站机车配合行动,验证得到的行车信息是否与控制命令一致,验证所处位置是否与 GPS 定位一致、误差是否在允许范围之内(POI 验证),验证区间闭塞联锁关系,填表记录。

在已做好静态测试和动态测试的几个车站安排 1 组测试人员,各站配备一台装备了车载计算机的机车。给点后,甲站排列向乙站的发车进路,机车分别向乙或丙站运行,各站负责提供本站管内信号显示条件,车上人员测试记表,进行 ITCS 车载系统功能测试等系统联调。到达目标站后,分别向返回方向运行。用同样的方法作另一方向测试,通过该往返运行完成整个区间的功能验证。

机车回到各站后,在各站地面的控制下进行站内进路的进路解锁和站内功能验证。

第三步,追踪运行试验。在以上测试完成后,由 CTC 中心控制,两列车自格尔木向拉萨追踪运行,再反向运行回来,车上与中心核对机车信号显示、列车位置、中心填表记录。

在测试过程中,由于 GE 公司对各站的软件还未开发完成,导致出现部分问题及漏洞,及时通告 GE 公司,保证后续升级版本的完善。问题分为以下两类:

第一类:在 CTC 中心,进路不能正常建立,进路建立后 CTC 系统不能对该进路内的道岔实现软件单独锁闭等。这类问题经 GE 公司和 COSCO 公司处理并在后来运行中得到了验证,地面联锁软件在此期间进行了几次升级，进行了POI点的回归测试及升级数据库，最终版更换完毕后与青藏铁路公司多次进行了最终验证。

第二类：丢车（通信中断超时和货车接风管制动导致LOI）、列车失去位置、发车测试不能通过、命令储存、发车后车载不能正常切入、车载设备自动重启、硬件故障、系统软件故障、列车卫星定位飘移、部分车站偶尔无法正常解锁等现象时有发生。这些问题通过升级车载主板和软件在综合功能测试中都进行了验证和完善。

在联调期间，系统联锁软件从最初的4. x版到7. 13d版，软件版本进行了多次升级，各站数据库也是边检验边更换。中铁电气化局测试人员，从烧制芯片到更换电路板，从各站系统设置到功能验证，反复对其进行安装、测试和验证。

3. 阶段性总结

从2006年1月开始至7月，信号联调组在艰苦的环境下，克服种种困难，按时完成了信号系统联调这一艰巨任务，保障了青藏铁路信号工程阶段目标的实现，保证了青藏铁路全线开通运营。

三、系统的完善与优化

青藏铁路格拉段信号系统自2006年7月1日投入运营以来，针对软件和硬件所暴露的问题，各方配合GE公司多次进行了车载与地面设备软硬件升级和系统缺陷整治工作，使系统及设备故障率得到大幅度降低，达到了信号系统设计的预期目标要求。其具体工作主要体现在以下几个方面：

（1）为解决车载OBC运行存在的问题，配合GE公司进行了22次大规模的OBC软件升级工作。通过升级软件，解决了车载非正常的L-55系统检查、机车空转惩罚制动、通过CBI车站后对列车尾部的判断、增加列车单机运行模式、列车通过车站后进路不解锁、HP重启、LP重启、HCPU-2重启、GPS定位不良等问题。

（2）配合GE公司对车载硬件设备存在的问题进行了测试和整改：

①为解决GPS天线缺陷造成的GPS信息接收不良的问题，对GPS天线和电缆进行了2次大规模的更换、改造工作。

②更换了车载GPS接收器（RIM）内部模块，对RIM进行了加固改造，增强了RIM工作的灵敏度和稳定性。

③在车载GPS天线电缆上加装了磁珠，抑制了电磁环境对GPS信号的干扰。

④对车载设备的配线按照规范进行了梳理和绑扎。

⑤车载板卡全部更换为成品板。

（3）为解决车载通信管理单元（CMU）重启造成通信超时的故障，进行了车载CMU软件升级工作。

（4）对车载和轨旁GPS接收器进行了多次软件升级，并进行了防水、防潮、防晃方面的改进，解决了相关的GPS信息接收不良的问题。同时为方便维护全线GPS天线加装了维护通道。

（5）为解决轨旁设备运行存在的问题，要求并配合GE公司进行了8次大规模的轨旁软件升级工作，解决了RBC或VHLC设备重启等问题。

（6）对个别车站的轨旁软件进行了升级，解决了这些车站轨旁软件存在的问题。

（7）对轨旁设备VLP板进行了全部更换，解决了VLP重启的问题。

（8）轨旁VHLC加装了RS422通信板，解决了VHLC ACP重启的问题。

（9）对系统网络结构进行了优化，增加了西宁—拉萨的直回保护通道。

（10）对系统网络RX1000路由器软件进行了3次大规模的升级工作，解决了系统网络大面积故障、路由器死机、端口闪断等问题。

(11)对系统网络 RS400 设备进行了 3 次大规模软件升级工作,解决了端口闪断、异常死机或重启的问题。

(12)对列尾软件进行了升级,解决了一个列尾与多个列首通信的问题。

(13)对列尾天线进行了改造,解决了天线驻波比不合格造成列尾通信不良的问题。

(14)加装了轨旁设备 UPS 电源及远程管理系统,保证了轨旁设备电源的稳定可控。

(15)GSM-R 通信网络优化。通过大量的通信接口数据分析和系统优化工作,有效地减少了系统通信超时故障。

(16)青藏铁路公司组织相关单位完成了系统初验、系统终验,以及虚拟自动闭塞列车追踪运行试验等工作。

(17)完成了格拉段设备故障案例汇编和故障处理流程的编写工作。制定和完善了设备的修程、修制。

(18)通过举办各种培训班,不断提高职工业务素质,提高了设备维护质量和应急故障处理能力。

(19)青藏铁路公司组织 GE 公司和信号、通信专业开展了系统分析工作。分析工作以全面的日志分析结果为依据,以每日系统分析会为平台,以深挖问题和隐患为方法,以消灭系统缺陷和故障为目的。在分析工作中发现了系统存在的大量的问题和隐患,对发现的问题和隐患紧盯不放松,督促并配合 GE 公司进行了有效的整改,有力地促进了系统的成熟和稳定。

第四节 无线调车机车信号和监控系统、转辙机及道岔融雪设备

青藏铁路采用中国铁道科学研究院通信信号研究所研制的无线调车机车信号和监控系统,实现了青藏铁路沿线各重要车站的调车作业安全防护。无线调车机车信号和监控系统采用无线数传技术,将站内调车机车信号与地面信号联锁,实现调车信号、调车进路及作业单等在机车上实时显示,并结合列车运行监控装置实现在联锁集中区调车作业的运行监控,有效的防止调车作业中冒进信号和超速造成的事故。同时,通过系统记录的历史数据、再现回放等功能,可为调车作业安全管理提供依据。

转辙机作为保证道岔正常转换、锁闭功能的基础设备,必须与青藏铁路使用的道岔结构相配合。转辙机应具备可靠性高、维护工作量少的特点以适应大型养路机械作业,适应青藏铁路自然条件恶劣不利于频繁人工维护的要求,且满足转辙机控制电路与信号联锁的结合和与控制器材的匹配。

青藏铁路玉珠峰—当雄之间,线路经过地区多为高原寒冷区,积雪融化时间较长,道岔易受雪埋,从而影响列车运行和车站作业。沿线车站除有客货作业的车站有人值守外,绝大多数车站无人值守,冬季道岔积雪清扫的问题比较突出,若道岔尖轨与基本轨间的积雪不及时清扫,转辙机动作会造成尖轨挤压积雪成冰状,造成尖轨不能密贴,使得列车进路的选排受到影响。为了保证行车安全畅通,必须保证道岔尖轨与基本轨间处于无雪,无冰状态,保证道岔转动灵活、尖轨与基本轨保持密贴,为此需配备道岔融雪装置。

一、无线调车机车信号和监控系统

1. 系统技术描述

(1)结构

无线调车机车信号和监控系统由地面设备及车载设备两部分组成。地面设备由地面主机、地面

无线通信设备、电务维护终端、车务终端、相关接口设备等组成。车载设备由车载主机、车载无线通信设备等组成，此外，车载主机还与车载应答定位器接收模块接口，采集地面点式应答定位器的信息，并与列车运行监控装置接口。系统结构如图3-29所示：

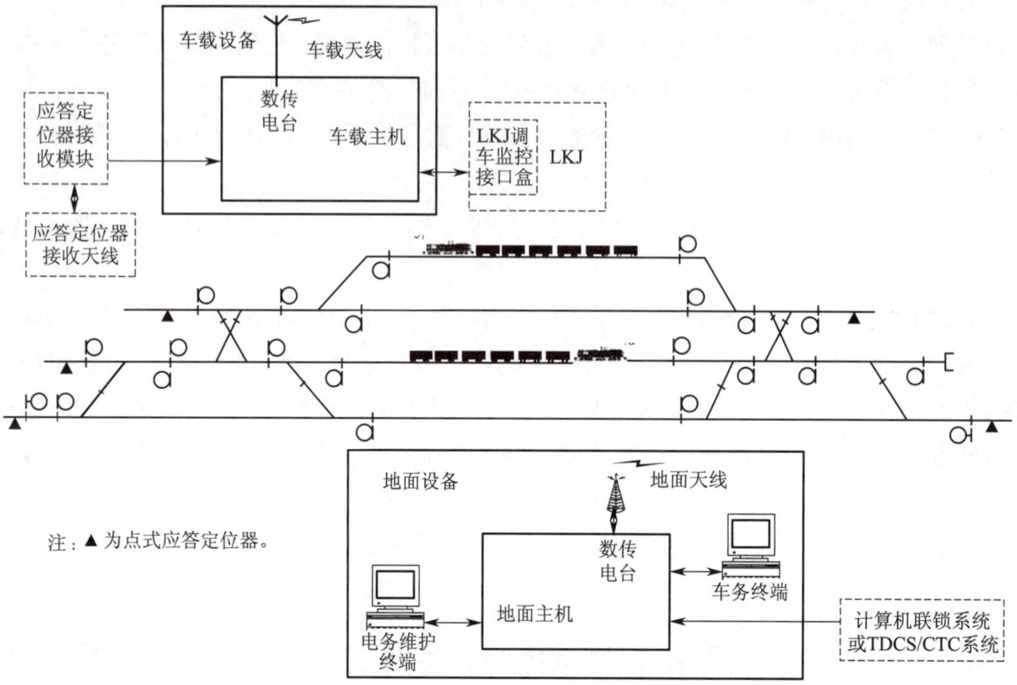

图3-29　无线调车机车信号和监控系统结构示意图

(2)功能

系统地面主机与计算机联锁系统或TDCS/CTC系统接口，采集调车相关的联锁信息，采用无线数据传输方式，向机车传送调车机车信号等信息。车载主机通过LKJ，在机车上实现调车机车信号及站场图等信息的显示，并对车列、机车(单机)的牵引、推进、连挂等作业进行调车监控。在正常调车监控条件下，系统主要的监控功能有：

(1)防止车列、机车(单机)越过阻挡信号机。

(2)防止车列、机车(单机)不按规定越过站场规定的一度停车点。

(3)防止车列、机车(单机)不按规定越过车站站界标。

(4)防止车列、机车(单机)越过尽头线安全距离停车点。

(5)防止车列、机车(单机)运行速度超过调车作业允许的最高限速。

(6)防止车列、机车(单机)通过道岔时运行速度超过道岔允许速度。

(7)防止车列、机车(单机)通过固定限速区段时运行速度超过区段允许速度。

(8)当系统存储有停留车位置时，防止连挂作业时超过连挂作业允许速度。

此外，系统还具有显示、操作、报警、调车作业过程记录处理分析等功能。

2. 系统创新

针对青藏铁路特殊的地理、气候等环境条件及运用、维护特点，系统进行了特殊设计，在环境适应性、可靠性等方面采用优化方案。自系统开通运用以来，系统运行稳定，维护工作量小，充分发挥了保障各车站调车作业安全的重要作用。

青藏铁路无线调车机车信号和监控系统具有以下技术突破：与计算机联锁系统在通信、接口等方面优化融合，在高效通信的同时进行电气隔离，提高系统间独立性；采用适应高原环境性的无源应答定位器，维护工作量小；调车机车上安装了青藏线沿线各车站的数据，可实现机车灵活调度，首次实现了在进入沿线各车站均能自动进入调车安全防护状态，实现调车安全防护的功能；在机车显示器上对车站办理的列车进行重点提醒，防止调车作业干扰正线列车运行；青藏线格拉段调车司乘人员因高原条件恶劣等原因经常轮换，造成司乘人员往往对站场不熟悉，容易发生调车事故，系统做到无需司乘人员操作的自动安全防护。

该系统在青藏铁路自开通应用以来，没有发生因司乘人员瞭望错误而造成的调车事故，不仅保证了青藏线格拉段调车作业的安全，也为无线调车机车信号和监控系统后续在全路大面推广奠定了坚实的基础。

二、CTS2 转辙机

1. 国内外道岔用转辙机使用情况

我国铁路干线用转辙机主要有 ZD6、ZDJ9、S700K 和 ZY 系列转辙机。ZD6 系列转辙机主要用于普通线路内锁闭道岔；ZDJ9、S700K、ZYJ7 系列转辙机主要用于干线提速线路道岔，与外锁闭装置配套使用，同时 ZDJ9、ZYJ7 系列转辙机也可以用于内锁闭道岔。为适应青藏铁路环境条件，通号公司在 ZDJ9 系列转辙机基础上优化改进的 ZDJ9-Q 型转辙机及 ZYJ7、S700K 系列转辙机先后在青藏铁路进行了高原适应性试验。

在国外，轨枕式转辙机正在发展，有逐步取代传统方式转辙机的趋势。其中相对成熟的轨枕式转辙机有瑞典 Ebiswitch 公司 JEA95 型模块式轨枕转辙机、西门子公司的 S700V 轨枕式转辙机、GE 公司的 CTS2 轨枕式转辙机、奥地利 VAE 公司的 Hydrostatr 液压转换系统、英国 Smiths Industries 公司液压转换系统，法国也开发了轨枕式液压转辙机。其他还有适用于内锁闭道岔的美国 GRS5 型电动转辙机、日本京三制作所 NS 型电动转辙机等。

2. 设备选型

根据青藏铁路转辙机使用环境条件，铁道部提出青藏铁路道岔应采用高可靠、免（少）维护、无维修、适合大型养路机械作业的转辙机，并委托道岔中心对国外转辙机进行分析对比，为青藏铁路道岔选型提供依据。

2003 年 12 月 24 日，铁道部运输局在北京主持召开了"青藏铁路通信信号系统方案专家论证会"，确定了青藏铁路道岔采用 GE 公司生产的 CTS2 轨枕式转辙机，它具有长寿命、高可靠、免维护和无维修的特点。

3. CTS2 转辙机主要原理、结构和特点

CTS2 轨枕式转辙机由钢枕模块、动力模块、转换锁闭模块三部分组成。在转辙机发生故障及损坏时，可单独更换动力模块或转换锁闭模块。CTS2 轨枕式转辙机为封闭式结构设计，除牵引动作杆外，无其他外露杆件。关键的动力模块、转换锁闭模块浸泡在 1 m 深的水底 30 min 不进水，密封性能较好，不需要润滑维护和其他日常维护，只需进行两月一次的巡视就可满足运行需求。因采用钢枕模块，适用机械化捣固作业，改变了岔区必须进行人工捣固的现状，可确保道岔基础的整体稳定性。

CTS2 轨枕式转辙机只有动作杆，无表示杆，简化了转辙机结构。为了达到《转辙机通用技术条件》规定的双杆锁闭功能，在第一牵引点附加的两尖轨间增加了安全连（滑杆）杆，达到辅助锁闭功能。

转辙机的另一个特点是转换时动作杆必须受到大于 2 500 N 的密贴力才能锁闭，防止了转辙机动作杆与尖轨及转辙机钢枕与基本轨安装连接的非正常脱离（断开）时转辙机给出表示，起到安全防护功能。

为了在停电等故障条件下表示道岔开通方向，CTS2 轨枕式转辙机增设了道岔位置指示器。图 3-30 是 CTS2 轨枕式转辙机外形尺寸图。

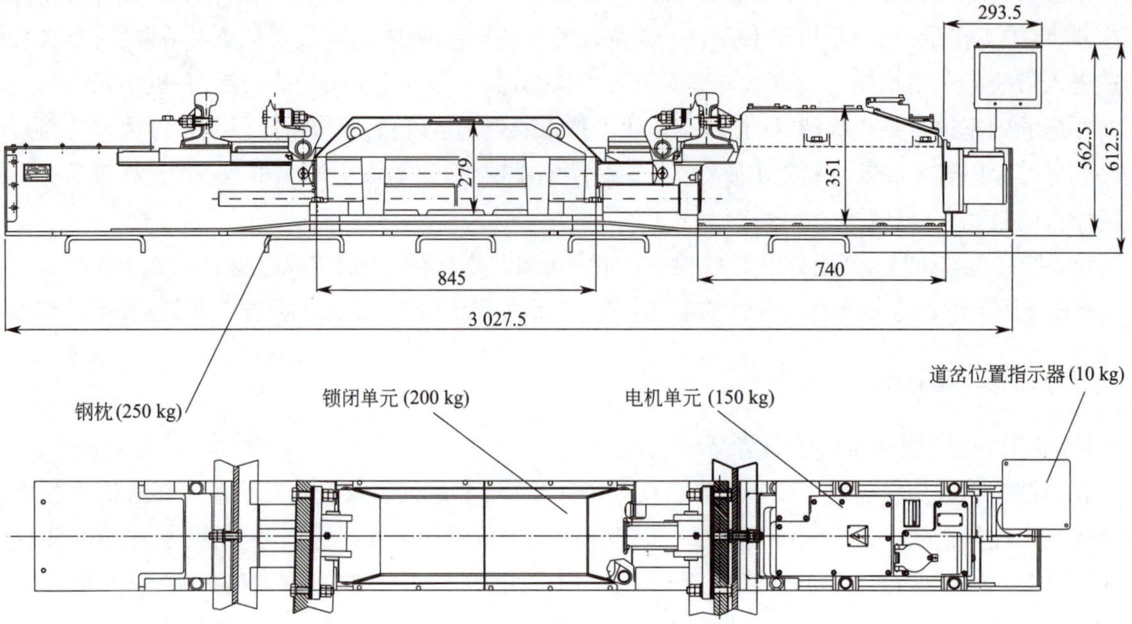

图 3-30　CTS2 轨枕式转辙机外形尺寸图(单位:mm)

4. 主要技术指标

(1)转辙机机械性能参数

转换动程:单点牵引或第一牵引点:155^{+5}_{0} mm;

第二牵引点:75^{+5}_{0} mm。

额定转换力:单点牵引或第一牵引点:3 000 N ± 30 N。

第二牵引点:5 000 N ± 50 N。

最大牵引力:5 500 N ± 55 N。

完成尖轨锁闭所需阻力:2 500 N ± 25 N。

锁闭保持力(锁定力):89 000 N。

转换时间:单点牵引或第一牵引点:≤6 s(20 ℃ DC 110 V);

第二牵引点:≤6 s(20 ℃ DC 110 V);

挤岔断表示力:10 000 N。

挤岔断表示功能:当斥离轨被挤动程大于 10 mm ± 2 mm 时,切断表示。

当发生挤岔时,转辙机断开表示,但不具备记录功能。

转辙机具有指示锁闭位置的外部指示标志。

防尘防水保护等级:IP67。

转辙机寿命:不小于 50 万次或 20 年。

总重:约为 750 kg。

尺寸:长度　3 027. 5 mm;

宽度　320 mm;

高度　420. 5 mm(若考虑枕底的 C 型钢板,471 mm)。

(2)转辙机电气参数

电源电压:直流 110 V ± 11 V(电机允许短时电压 100 ~ 190 V)。

额定工作电流：≥2 A，≤5.5 A（20 ℃，DC 110 V）。

定反位表示电压：直流 24 ~ 110 V（可选）。

内部加热器电压：交流 220 V ± 22 V（50 Hz）。

功率：约为 262W。

轨枕加热器电压：交流 220 V ± 22 V（50 Hz）。

功率（0 ℃）：约为 70 W/m。

总功率约为 1 120 W。

启动条件：-10 ℃或积雪。

（3）与国内道岔的结合

为确保转辙机在青藏铁路格拉段 50 kg/m 钢轨 9 号、12 号道岔上的可靠安装，由课题组与 GE 公司共同对工电结合部进行了研究、商讨，确定了结合部的参数：

a. 50 kg/m 钢轨 12 号单开道岔（专线 4198）7、17 号轨枕拆除，在 7 号枕后 110 mm 和 17 号枕位置安装 CTS2 转辙机，一动动程改为 160 mm，二动动程改为 80 mm，动程偏差均为 $^{0}_{-5}$ mm。

b. 50 kg/m 钢轨 9 号单开道岔（专线 4151）6 号枕拆除，在 6 号枕后 110 mm 位置安装 CTS2 转辙机，动程仍为 152 mm，动程偏差均为 $^{+5}_{0}$ mm。

c. 转辙机中心位置的两基本轨工作边的距离：50kg/m 钢轨 12 号道岔一、二动分别为 1 439 mm 和1 501.4 mm，50 kg/m 钢轨 9 号道岔为 1 453.5 mm。

d. 安装新转辙机需要现场钻孔的位置和数量由通号设计院提供给专业设计院，安装电务转换设备时应尽量利用尖轨现有的孔。

据此，GE 公司技术人员按照协商的要求，对 CTS2 轨枕式转辙机结合中国铁路道岔的技术要求进行了相关图纸的优化设计。

5. 转辙机控制电路

根据青藏铁路信号控制系统方案的最终确定，由 ITCS 转辙机控制单元 HSC 直接控制的转辙机控制电路，由 GE 公司负责。

对青藏铁路国内计算机联锁控制的车站，需根据转辙机特定的控制、表示接点及内部配线，提出适合国内计算机联锁控制的道岔控制电路。

根据转辙机动作原理及 GE 公司提供的转辙机内部电缆配线图，适应我国铁路车站联锁设备对道岔控制电路的要求，初步设计了道岔控制电路原理图，并结合望昆站试验工程设置的临时控制台，对道岔控制电路的单机、双机控制及不同表示回路条件进行实际试验，检验道岔控制电路的可靠性，以满足计算机联锁车站道岔控制的要求。

6. 基本技术要求

道岔控制电路除满足《铁路信号设计规范》中的有关要求外，应满足下列要求：

（1）两台电机其中有一台电机不启动，需切断牵引道岔的所有转辙机电机电源，停止转换。

（2）道岔表示继电器需检查牵引道岔的两台转辙机均转到规定位置后方可励磁。

（3）转辙机转换时若外部发生卡阻，由于转辙机内部结构（动力模块与转换模块）能自动脱开，此时动力模块仍能转换到位，自动切断电源，因此可不考虑 13 s 切断动作电路。

7. 试验、使用情况

青藏铁路格拉段 45 座车站，除格尔木、南山口外有 43 座车站的全部道岔共计安装了 569 台 CTS2 轨枕式转辙机，其中 50 kg/m 钢轨 9 号道岔（单机牵引）75 组，50 kg/m 钢轨 12 号道岔（双机牵引)247 组,2007 年 7 月 1 日全线开通使用。图 3-31 是转辙机安装后的图片。试验及使用中出现的问题及解决措施如下:

(1)对用 CTC 模拟器在道岔故障(无表示)情况下无法操纵道岔的问题,按联锁中规定的要求进行改进。

(2)转辙机转换力及牵引点位置的调整

根据在工厂进行的牵引点位置调整及转换阻力试验、测试结果:对 50 kg/m 钢轨 9 号道岔,根据 CTS2 转辙机转换要求,拆除尖轨第一连杆,保留第二连杆;转辙机牵引力增加 900 N(约调整一个面)的输出力。对 50 kg/m 钢轨 12 号道岔,第二牵引点前移一个轨枕位置(可减小转换阻力),根据 CTS2 转辙机转换要求,拆除尖轨所有拉连杆;对第二牵引点转辙机牵引力增加 1 800 N(约调整二个面)的输出力。

图 3-31 转辙机安装后的图片

(3)转辙机道岔位置表示器联结部分采用铝合金材料,强度不够,造成现场安装的表示器损坏现象较严重,需提高转辙机道岔位置表示器联结部件强度,确保转辙机密封性能。

(4)安装后转辙机附带的滑床板较道岔其他的滑床板高 1 ~2 mm,易造成转换不到位。

(5)进一步研究 ITCS 控制的双机牵引电路(第一牵引点和第二牵引点转辙机同步及双电机并联)。第一、二牵引点的转辙机动作时间分别为 4. 4 s 和 4. 1 s,解锁时间分别从 0. 7 s 至 1. 3 s 和 0. 74 s 至 1. 6 s,二动解锁时间较一动晚约 0. 3 s,即二动转辙机后解锁先到位,造成二动转换阻力大,易发生转换卡阻现象,控制电路无法进行同步调整。

(6)道岔自动回位。CTC 系统开通进路或经 CTC 系统单操道岔后,HSC 模块检测到失去道岔表示时,自动向转辙机供电(时间 13 s 内);若表示断开 13 s 内,道岔返回原位表示接通,此后 HSC 模块再次检测到道岔表示失去时,仍会自动向转辙机供电(时间 13 s);若表示断开超过 13 s 后,HSC 模块再次检测到道岔表示失去时,HSC 模块不再向转辙机供电。

由此产生手摇阻力大(13 s 内),并在手摇操作时另一台转辙机产生一感应电流(达到 2 A)。

(7)转辙机动力模块接点接触深度不够。现场观察转辙机转换到位后动力模块接点接触深度不够(有回退现象),易产生接点拉弧,减短接点寿命。

(8)道岔状态不良。按照中铁工程设计咨询集团有限公司提出的“道岔铺设检验主要项点”要求,组织对 50 kg/m 钢轨 9 号、12 号道岔进行全面检测和整治。

(9)转辙机输出转换力不足。在转辙机转换动程最后 4 mm 左右需克服 2 500 N 的密贴力,实际输出力相当于减小了 2 500 N,而此时尖轨反弹力最大,造成转换不到位。

经中方专家分析转辙机结构,提出更换第二牵引点转辙机弹簧以提高输出力。经与 GE 转辙机设计人员技术交流确定,更换第二牵引点 CTS2 转辙机锁闭密贴力弹簧(弹簧实测参数由原来的 110 N/mm 改为 65 N/mm,可增加约 100 kg 的输出力),减少锁闭密贴力,提高转辙机输出力,满足使用要求。

8. 总结

CTS2 轨枕式转辙机为我国首次引进并在青藏铁路环境条件非常恶劣的条件下使用,对道岔整体要求较高。同时该转辙机在两点(多点)牵引道岔上为首次使用(国外尚无多机多点牵引的使用实例),特点是道岔转换阻力超过转辙机最大输出力时转辙机内部离合器脱开,此时输出力为零,与我国大量使用的各种类型的转辙机仍能保持其最大输出力(摩擦力)的特性不同;另外 50 kg/m 钢轨 12 号道岔两点牵引转辙机控制的同步问题(包括转辙机动作时间的差异,第二牵引点转辙机理论动作时间较第一牵引点转辙机短)等都与我国道岔使用条件有差异,也是造成道岔安装使用初期转换不良的主要原因。

自 2006 年 7 月 1 日正式开通以来,经过中外专家的共同努力,针对造成转换卡阻的原因进行了一系列整改措施,目前道岔转辙机使用情况基本满足青藏铁路的使用要求。

三、道岔融雪设备

1. 国内外道岔融雪设备使用情况

为保证道岔在下雪天气的正常使用,必须采用相应的道岔融(除)雪设备。道岔融雪设备主要有以下几种:电热式、燃气加热式、热风式、压缩空气式、喷灯加热式、温水喷射式、温水循环式和洒水式。其中应用最多、最方便的为电加热方式。

(1)国内道岔融雪设备

目前国内铁路道岔融雪设备主要有沈阳铁路局吉林科学技术研究所研制的道岔电热除雪装置,其经多年应用,于 1999 年 12 月通过了铁道部的技术鉴定,并已在北方多雪地区小范围扩大使用。该装置由融雪滑床板组合件和除雪功能监控装置组合件两大部分组成,通过电加热管加热道岔前部的几对滑床板,使其达到一定温度,实现融雪目的,因加热部件少,每组道岔耗电量相对较小。

特点:该设备由国内生产提供,设备价格低,维修服务方便,周期短。但同时该系统采用人工开启方式,缺少自动及远程控制功能,适合在有人值守的车站使用。同时设备无故障诊断功能,可靠性相对较低,加热元件寿命短。

(2)国外融雪设备

国外主要有荷兰 Pintsch Aben 公司和德国 WOLFF Gmbh 公司等专业生产道岔融雪设备的公司,都有 30 多年的研发、生产和安装道岔电加热融雪系统的经验,产品覆盖整个欧洲。上述两个公司是目前国外提供道岔融雪设备的主要厂家,技术相对较先进,其加热元件主要采用的都是扁形长条加热条,使用寿命长;控制设备从功能、原理等方面都基本类似,通过采集铁轨温度、空气温度及湿度和积雪三个传感器的信号,自动控制道岔加热系统的工作。通过光缆实现远程集中监控,动态监测环境温度及湿度、铁轨温度、降雪状态和加热融雪系统的工作状态等参数,适应现代铁路高速、安全、高度自动化等要求。在加热条的安装方式上,都是采用在轨底斜坡上的方式,根据条件的不同,有采用双根加热条的安装方式。但国外道岔融雪设备对电力容量需求较高。

2. 设备选型

根据青藏铁路的特定条件,对融雪设备应具备以下几个基本条件:

(1)高可靠、长寿命以及无维修、免维护;

(2)低能耗;

(3)设备具有自控和人控功能,并可实现远程控制;

(4)设备具有故障自诊断功能。

据此,由通号公司研究设计院、铁一院和青藏铁路公司组成联合调查组,对国内外道岔融雪系统的使用情况进行调查和分析,提出:根据国内外融雪设备性能对比,要满足青藏铁路使用要求,在格尔木—不冻泉站后工程试验段,选择望昆车站作为试验点,采用德国 Wolff 公司的产品进行试验。对国内沈阳铁路局吉林科学技术研究所研制生产的道岔电热除雪装置继续进行自动和远程控制及系统诊断功能的设计开发,作为青藏铁路道岔融雪的备用设备方案。

最终采用由吉林金仑科技有限公司引进德国 Wolff 公司的道岔融雪设备在全线上道使用。

3. 道岔融雪系统组成

道岔融雪系统由远程控制中心、本地触摸屏电脑、控制柜、铁轨温度及雪传感器、接线箱、道岔加热子系统组成,如图 3-32 所示。

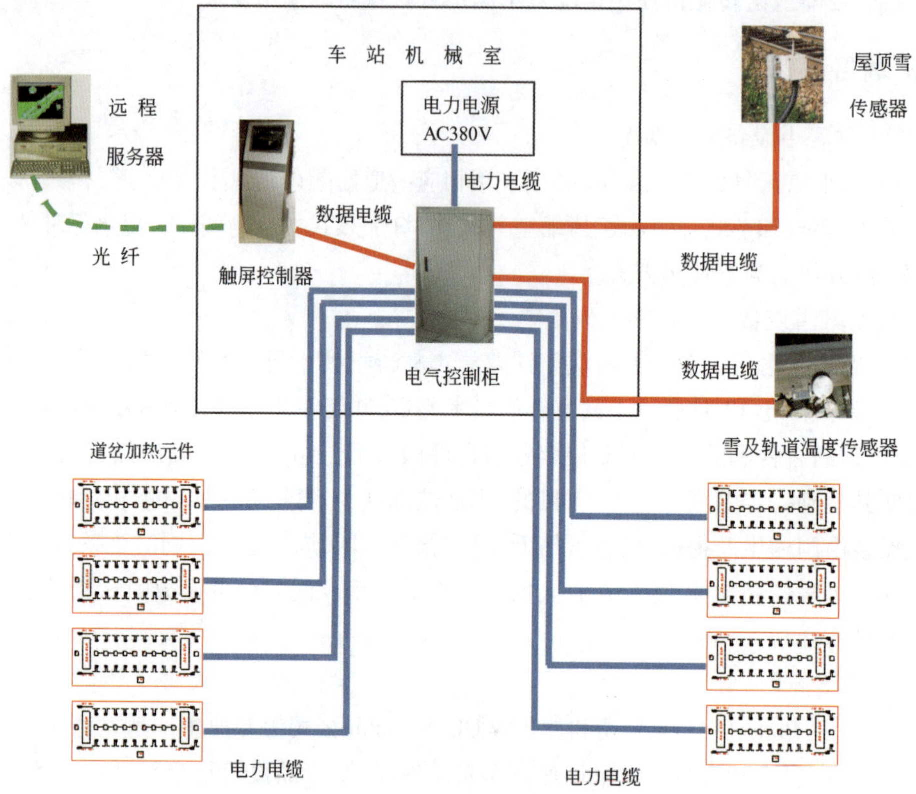

图 3-32 道岔融雪系统组成

4. 主要技术指标

大气压:海拔高度 5 000 m 以下。

周围空气温度:-40 ~ +70 ℃。

空气相对湿度:不大于 90% (25 ℃)。

振动:满足列车对钢轨及滑床板的冲击振动要求。

气体:周围无引起爆炸危险的有害气体。

融雪设备的寿命:10 年。

触摸(控制)屏:

触摸屏尺寸:600 mm × 600 mm × 200 mm。

安装要求:室内,立式。

电源:AC 220 V ± 22 V,50 Hz。

消耗功率:0. 4 kW。

远程控制:留有两种远程控制接口(IP 和调制解调器)。

接地:接地电阻小于或等于 4 Ω。

防护等级:IP44。

质量:35 kg。

控制机柜:

控制柜尺寸:780 mm × 315 mm × 1 970 mm。

安装要求:室内。

电源:AC 三相 380 V ± 11.4 V,50 Hz。

功率:支持满载 168 kW(空载 0.3 ~ 0.5 kW)。

输出:每组道岔 5 芯电缆。

控制道岔数量:8 组。

防雷及接地:接地电阻小于或等于 4 Ω。

防护等级:IP44。

电击保护:控制柜应提供防电击保护。

质量:98 kg。

5. 系统具备的功能

青藏铁路格拉段沿途各站大多是无人值守车站,因此要求道岔融雪设备具备自动及远程控制。在主路电源断电时采用备用电源(蓄电池供电)的功率受到限制,在应急情况下能够通过网络加热启动关键道岔,减少设备投资。具体功能如下:

(1)通过远程服务器设定、实现远程自动及人工控制;

(2)通过本地触摸(控制)屏实现自动及人工控制;

(3)通过控制柜实现自动及人工手动控制;

(4)具有远程及本地分区段(道岔或加热单元)的分段控制;

(5)具有远程及本地对各回路工作状态的多种监控功能(电压、电流、功耗、绝缘等),并具有对所有的操作、工作状态、故障状态的历史记录功能,便于查询和追溯;

(6)具有严格的操作权限分级授权控制功能;

(7)具有系统及各回路的故障诊断、报警功能,包括远程及本地下雪报警,远程故障、外力侵入(如:外力侵入控制柜,线路被拆除、切断等)报警功能等;

(8)具有远程应急启动模式,即断电后,可由人工远程启动应急控制模式,只对应急道岔进行加热控制;

(9)具有单独防雷元件。

6. 试验、使用情况

青藏铁路在玉珠峰—当雄 32 座车站之间安装了道岔融雪设备。设备采用引进德国 Wolff Gmbh 公司的"道岔电加热系统",并根据试验情况作了优化、改进。

(1)试验

2004 年 10 月开始至 2005 年 3 月,首套道岔融雪设备在望昆站进行试验。经过 6 个月的安装、调试以及试验测试,表明道岔融雪设备的控制系统在高电压的条件下能稳定工作,实现了自动和远程控制功能,基本满足了技术规格书中提出的要求,但加热单元及安装方式对实际融雪效果未达到理想要求,需进一步对加热方式、设计功率等方面进行研究、改进。

2005 年 5 月,由青藏铁路建设总指挥部组织对第一阶段道岔融雪试验工作进行了分析和总结,根据阶段工作会议专家组商定结果,确定了新的试验地点及方案。试验地点定在望昆和安多站,加热方案采用 L 型加热元件，主要对滑床板进行加热，针对转辙机仍保留直型加热元件加热。

经过 2005 年冬季试验，新方案热效率明显提高，融雪效果也明显提高，将改进方案作为最终使用方案。全线设备安装从 2006 年 4 月 20 日开始，2006 年 6 月 28 日结束，并于 2006 年 9 月 6 日调试完毕。

在 2006 年冬季使用结果表明，采用 L 型电加热元件后在相对较小功率条件下达到有效的融雪效果，确保青藏铁路的正常运行。

对采用国内计算机联锁车站的道岔，因设有轨道电路，增加了隔离变压器，提高了设备的安全性。

(2)改进优化

图 3-33 是 50 kg/m 钢轨 9 号道岔原方案直型加热元件分配图。图 3-34 是 50 kg/m 钢轨 9 号道岔改进后的 L 型加热元件分配图。图 3-35 是 50 kg/m 钢轨 12 号道岔原方案直型加热元件分配图。图 3-36 是 50 kg/m 钢轨 12 号道岔 L 型加热元件分配图。

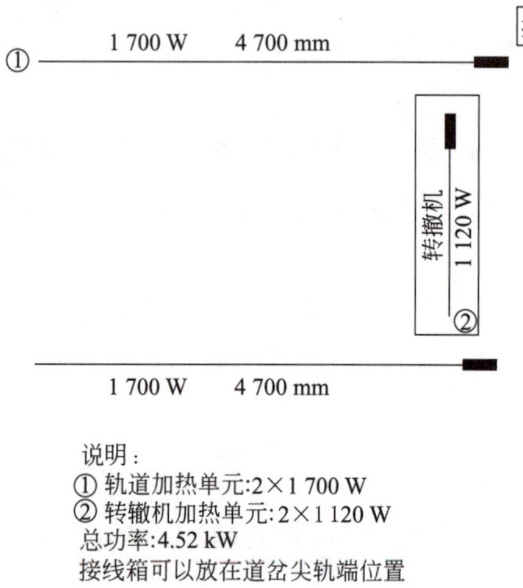

图 3-33　50 kg/m 钢轨 9 号道岔加热元件分配图(原方案直型加热元件)

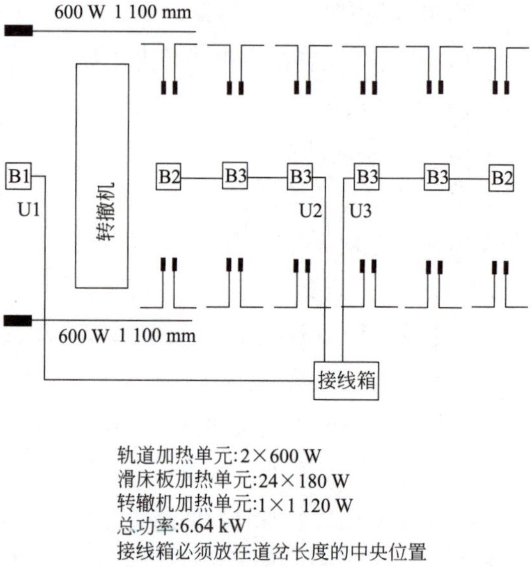

图 3-34　50 kg/m 钢轨 9 号道岔改进后的加热元件分配图(新方案 L 型加热元件)

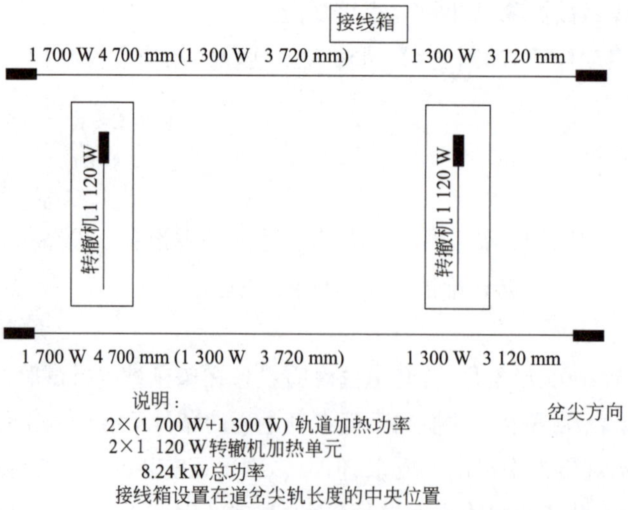

图 3-35　50 kg/m 钢轨 12 号道岔加热元件分配图(原方案直型加热元件)

50 kg/m 钢轨 9 号道岔加热单元设置为转辙机后的第 1 ~ 6 根轨枕共 6 块滑床板，按每块滑床板

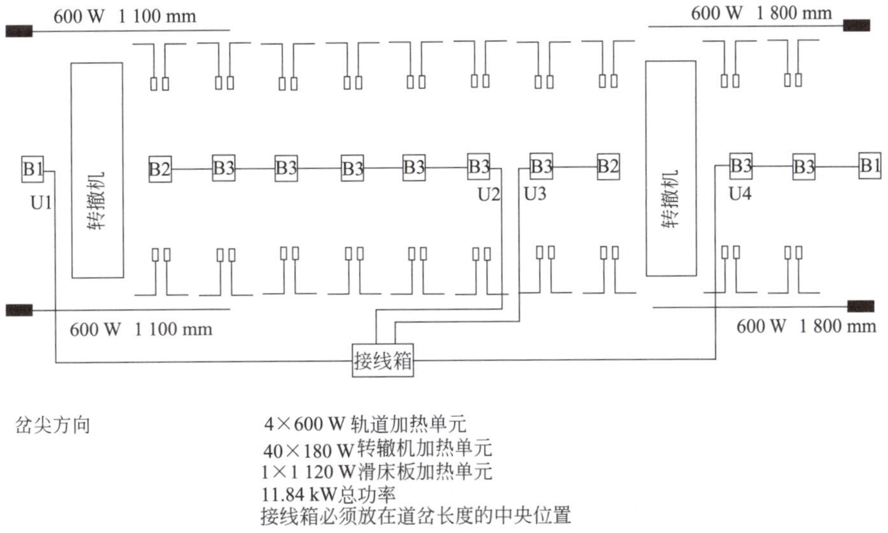

图 3-36 50 kg/m 钢轨 12 号道岔加热元件分配图(新方案 L 型加热元件)

两侧各 180 W 功率设置,同时转辙机处轨腰短加热条按 600 W 设置,总功率为 5 520 W,转辙机轨枕加热功率为 1 120 W,合计功率为 6. 64 kW。

50 kg/m 钢轨 12 号道岔加热单元设置为两转辙机间的 8 根轨枕及第二根转辙机后两根轨枕共 20 块滑床板,按每块滑床板两侧各 180 W 功率设置,同时转辙机处轨腰短加热条按 600 W 设置,总功率为 9 600 W,转辙机轨枕加热功率 2 240 W,合计功率为 11. 84 kW。

表 3-5 为两种道岔前后加热功率对比。

表 3-5 两种道岔前后加热功率对比

道岔类型 / 方案类型	50 kg/m 9 号道岔	50 kg/m 12 号道岔
原方案功率(kW)	4. 52	8. 24
新方案功率(kW)	6. 64	11. 84

从表 3-5 中数据可以看出,新方案较原方案功率增加了约 45% 。但据查阅国外资料,在俄罗斯北方寒冷地区,同样的 9 号道岔融雪功率达到 20 kW,因此青藏铁路道岔融雪系统在满足使用要求的前提下达到了节能环保的要求。图 3-37 是青藏铁路道岔融雪系统室外加热元件安装后的照片。图 3-38 是

图 3-37 青藏铁路道岔融雪系统室外加热元件安装后的照片

图 3-38 L 型加热条安装方式

L 型加热条安装方式图。

7. 展望及启示

自 2006 年 7 月 1 日青藏铁路开通后,全线 32 座车站的道岔融雪设备经过冬季雪天的考验,达到了预期的融雪效果,满足青藏铁路的使用要求。同时,通过青藏铁路道岔融雪系统的使用,为我国北方地区客运专线铁路,干线铁路使用道岔融雪系统提供了成熟的使用经验。

第五节　电气设备系统防雷

一、沿线雷电活动规律

青藏铁路格拉段的大部分地段处于雷电活动频繁地区,尽管其雷电强度较内地小,但由于海拔高,气压低,给电力输电系统、通信、信号及其他电子信息系统的运行带来了一些新的问题,而且其他各专业也采用了大量的电子设备,防雷工程十分必要。

1. 青藏高原雷电的特点

雷云面积小,雷云放电频繁,每次雷云放电电流不大,即年平均雷暴日多,雷电强度小。

2. 沿线雷电形成的机理

雷电是带电云团与大地之间或云团两部分之间的瞬间的放电过程。雷击产生于流动的云层之间正负电荷的分离,当正负电荷的分离而形成的电场击穿空气时造成强大的放电电流。雷电的产生与地理纬度、地理位置、地形和季节有密切的关系。

青藏铁路沿线的雷电活动由于其所属的地理位置、海拔高度以及特殊的气候环境而具有其特点。

①格尔木—昆仑山口段

该段位于昆仑山北麓,柴达木盆地的南缘,典型的大陆性气候,气候十分干燥,7 月份的相对湿度仅为 6.8%,最大绝对湿度 14.0%,年降水量不足 50 mm,空气对流很弱,不足以形成地方性的雷云,加之距海洋距离遥远,海洋的热气流团难以到达,雷电只是少量系统性云系侵入其上空形成的云间放电,故雷击很少,雷电强度不大。

② 昆仑山口—拉萨段

与我国东南部、华北和东北地区不同,青藏铁路的昆仑山—拉萨沿线地区距太平洋遥远,印度洋的暖湿气流由于喜马拉雅山的阻挡很难到达,只有在 6 ~ 8 月,西南的暖湿气流才有可能顺三江和雅鲁藏布江河谷而上,在地形的抬升作用下,不稳性加强而形成雷暴,但是强度较弱。该段雷暴主要是由局部小气候形成的“气团雷暴”和“地形雷暴”。该地区的气候特点是日照强烈,雷季昼夜温差大、多夜雨(在西藏境内尤为明显)。由于其海拔高,空气污染小,白昼太阳辐射强烈,上层的水滴很快被蒸发,云体相对较薄,雷云发展高度只在 1 000 m 左右。由于上升气流弱,云间摩擦翻滚少,雷暴云相对孤立、分散,不利于云内电场的强化。因此雷云带电少,一次雷击放电电流比内地的雷击放电电流低一个数量级以上。但由于高原地区“雷云”与地面的距离与低海拔地区相比要近得多,雷电先导容易到达地面,因此即使“雷云”中的电荷量不大时,也容易达到 2 500 kV/m 的电场梯度,而发生对地雷闪,形成青藏高原特别是西藏境内的多雷暴区。

3. 沿线雷电分布及其特点

格尔木地区位于昆仑山北麓,柴达木盆地南界,为沙漠气候。因此,格尔木的雷电只是系统性云系侵入格尔木的上空，只能形成云中闪电，电击次数是很少的。纳赤台位于格尔木的南部，更靠近昆仑山的北麓，气候和格尔木基本相同，只是地势比格尔木高 1 000 m，因此，雷电日也是很少的。

翻越昆仑山向南，随着纬度的降低，雷暴日的数目也逐渐增加。年雷暴日都在 40 ~ 50 日以上。过了唐古拉山进入西藏境内，雷暴比北部更为频繁，年雷暴日都在 70 ~ 80 日以上，尤其是那曲地区，年雷暴日数极值达 95 日之多。

沿线雷电分布及其特点如图 3-39 所示。高原主要车站雷暴平均初终日期及间隔日数如图 3-40 所示。

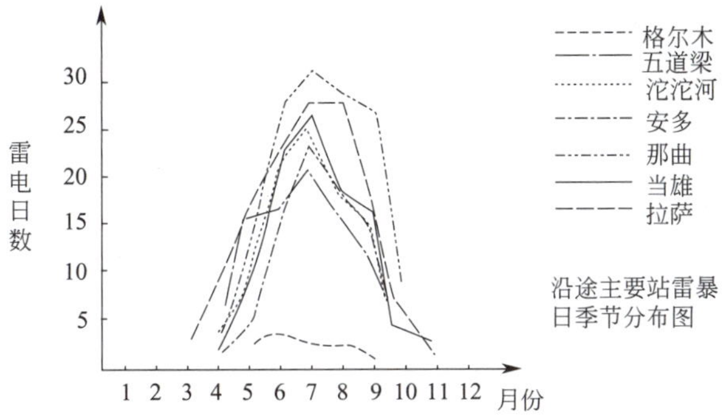

图 3-39　沿线雷电分布及其特点

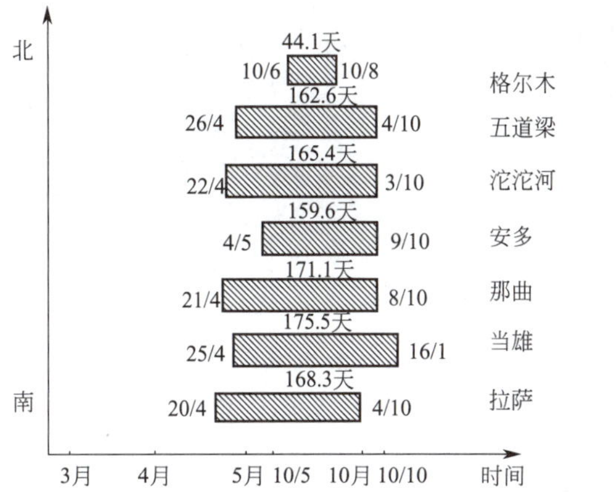

图 3-40　高原主要车站雷暴平均初终日期及间隔日数图

青藏高原雷电活动与平原地区相比较为频繁，具有年平均雷暴日数比同纬度平原地区高的特点。表 3-6 列出了青藏铁路格拉段部分地点的年平均雷电日。虽然青藏铁路沿线雷电活动频繁，但雷电强度不大。

表 3-6　青藏铁路格拉段部分地点的年平均雷电日

地　　点	格尔木	五道梁	沱沱河	安多	那曲	当雄	拉萨
2001 年公布的 10 年年平均雷暴日数	3.3	36.7	47.8	73	79	74	68.1
1974 年公布的 10 年年平均雷暴日数	2.8	43.1	55.1	65.7	82.2	72.8	88

高原上因为零度云层低，常常是冰晶化，水部、冰晶部不是那样分明，另外由于高原上水汽少，地势高，一般都在 4 000 ~ 5 000 m，使雷云发展高度只能在 10 000 m 左右，上升气流弱，造成云体薄，呈浅灰色或半透明状态，很不利于云内电场的强化，所以造成高原上雷电现象比内地弱的特点。

二、青藏铁路电气设备的雷电电磁环境

1. 铁路电气设备耐雷电冲击能力

电子设备耐雷能力极低，而由通信传输线、电源线侵入的感应雷一般可达数千伏、乃至上万伏，这就是说电子设备的耐雷能力和侵入设备的过电压、过电流差距甚大。我们对计算机通信接口中常用的部分集成电路芯片，用 10/700 μs 波形作了冲击试验，其冲击耐压值如表 3-7 所示。

表 3-8 是对部分微电子信号设备的冲击试验。视频卡在波形为 10/700 μs，幅值为 60 V 时便遭损坏。UPS 电源设备用波形为 4/300 μs，幅值为 800 V 时，调整电路便损坏。

表 3-7 部分集成电路芯片冲击耐压表（冲击波形：10/700μs）（试验时间：2004 年 6 月，每样 100 只）

集成电路型号	施加冲击位置	冲击耐压平均值	集成电路型号	施加冲击位置	冲击耐压平均值
MC1488P	输出端	80 V	J274	输出端子之间	50 V
MC1489P	输入端	52 V	J275	输出端子对地	31 V
J274	输出端对地	42 V	J275	输出端子之间	35 V

表 3-8 电子设备冲击耐压表（试验时间：2004 年 6 月）

试品名称	施加冲击波形	施加冲击波形位置	冲击耐压平均值
视频卡	波形：10/700 μs	各输入线与地线间	60 V
开关电源	波形：4/300 μs	相线与地线间	800 V
开关电源	波形：4/300 μs	相线与中性线间	800 V
UPS 电源	波形：4/300 μs	相线与地线线间	700 V（调整电路损坏）
智能化电源	波形：4/300 μs	相线与地线间	1 000 V
智能化电源	波形：4/300 μs	直-直变换电源线与地线间	200 V

2. 铁路电气设备雷电侵入途径

铁路电气设备中采用计算机系统的信号设备目前主要有：区间闭塞系统、车站计算机联锁系统、编组站驼峰控制系统、行车调度指挥系统、列车运行控制系统等设备。这些设备容易受到雷电电磁脉冲的袭击。同样，铁路其他电子设备也易受到雷电电磁脉冲的袭击。

雷电的危害一般可分为直接雷击、间接雷击和地电位反击三类。在雷电多发的地区，各种系统和设备都可能处于雷击的威胁之下，损坏的危险性增大。微电子设备对雷击尤其敏感，很可能造成灾难性的后果。在车站综合楼内的铁路运营设备肯定不会遭直击雷袭击。区间设备或红外轴温探测点设备等一般安置在金属箱柜内，金属箱柜有良好的屏蔽接地，因此柜内的电子设备也不会被雷电直接击中。因此铁路运营设备是以防感应雷击、传导雷击和地电位反击为主。

车站综合楼内各种设备和布线系统全部处于 LPZ1 区或 LPZ2 区，电力馈线和室外进入的信号电缆或其他信号传输线由室外引入，跨越 $LPZ0_B$ 区和 LPZ1 区界面。因此，可能造成雷害的途径如下：

（1）当机房所在建筑物避雷设备（避雷针、避雷网或避雷带）遭直击雷袭击时，在建筑物避雷网或避雷带与接地装置间的引下线，或与避雷设备相连的建筑物钢筋上产生的大电流在周围空间形成很强的感应电磁场，直接感应侵入处于 LPZ1 区或 LPZ2 区的信号设备或感应在 LPZ1 区或 LPZ2 区的电缆上，形成感应过电压，以行波方式侵入信号设备造成雷害。

（2）当机房建筑物附近或车站内的高大建筑物、构筑物（如无线电塔台、投光灯塔、龙门吊）等落雷时，闪电电流产生的电磁场在周围电力线或信号传输线上感应的过电压、过电流沿线路以行波方式侵入信号设备，造成雷害。

（3）机房建筑物外，即在 $LPZ0_A$ 区的线路（包括架空线路和埋地电缆）遭雷电直击时，进入线路的雷电经衰减后以与感应过电压、过电流相同的量级以行波方式向信号设备传输。外引的电力线或通信线从 $LPZ0_A$ 区来，跨越 $LPZ0_B$ 区进入室内。以传导雷方式在电源线、通信线、数据线上感应出过电压。

（4）站内轨道密布极易遭直接雷击，雷电直接击中轨道后，经轨道传输，通过电耦合或电磁耦合传输到轨道电路或信号控制线上。和铜线比较，轨道轨条对雷电的衰耗较大。因此，远处轨道落雷不会从远端对信号设备造成雷害。

(5)机房附近避雷针等避雷装置雷击时,雷电流经引下线和接地装置泄入大地。这时接地装置周围土壤形成喇叭形电位分布,当电子设备的其他接地装置和它靠近时,高地电位便可由此侵入电子设备造成损坏。

(6)建筑物外部防雷系统(包括避雷针、避雷网、引下线和接地系统)遭直接雷击时,雷电流沿接地引下线向大地泻放,使接地电阻周围的地电压升高,这样在设备内线路和地之间就会出现危险的电位差(过电压),造成设备的绝缘和元器件的损坏。对于幅值为100 kA的雷电流,在1 Ω的接地阻上将产生100 kV的过电压,它足以造成各种电子设备的绝缘击穿。

三、综合防雷技术措施

1. 根据地质特点,构建电气设备的综合接地系统

由于青藏铁路多年冻土地段较长,冻土将土壤中用以进行电离子交换的水分固化,在冻土中设置接地装置,不能在接地体和土壤深层形成电离通路,加上土质结构多为砂土、亚砂土结构,土壤电阻率较高,增加了设置优良地线的难度。

在这样恶劣的环境条件下,要解决降低接地装置的接地电阻问题是一个非常关键性的技术难关。从防雷角度来讲,接地电阻的好坏直接影响着防雷效果。电子设备的雷电防护要求防雷接地装置的接地电阻小于4 Ω,计算机系统要求小于1 Ω。

由于青藏铁路格拉段各专业房屋的设置相对集中,所以综合楼的地线按均压、等电位的原理将各专业设备的工作地、保护地和防雷地组成一个联合接地网——共用接地系统。楼内各专业的各类接地线均从接地汇集线或接地网上分别引接。这种共用的共地系统易获得较小的接地电阻,在大楼遭受雷击的情况下,楼层的各点电位分布比较均匀,工作人员和设备的安全会得到较好的保障,且能为楼内的通信、信号等设备提供抗雷电电磁脉冲的运行环境,因而从根本上避免分设接地方式中存在的许多地线之间产生的电位差影响。

根据青藏工程的实际特点,车站综合楼的地网由综合楼地网、铁塔地网构成。若电力变压器置于楼外且距离适宜时,变压器地网宜纳入其内。当铁塔设于楼顶、变压器设于楼内时,其地网可以合用综合楼地网。

综合楼地网沿综合楼散水边外设环形接地装置,同时还利用建筑物基础横竖梁内的两根以上主钢筋共同组成。冻土带的建筑物一般有基础桩,将基础桩内两根以上主钢筋与综合楼地网焊接连通。综合楼旁的铁塔,其地网延伸到塔基四角外1.5 m远的范围。在多雷区地段,网格尺寸不大于3 m×3 m,周边为封闭式。塔基地桩内两根以上的主钢筋作为铁塔地网的垂直接地体。铁塔地网与机房地网之间每隔3~5 m相互焊接连通一次,连通点在两处以上。当通信铁塔位于综合楼顶时,铁塔四角与楼顶避雷带就近焊接连通且不少于4处。地网的接地电阻值按其上所接的系统和设备需求的接地电阻最小值确定。当地网阻值达不到该要求时,可扩大地网的面积,即在地网外再增加环形布置的接地装置。环形接地装置与地网每隔3~5 m相连一次。接地体采用人工石墨接地体。将其埋设在冻土层以下,这在青藏铁路的多年冻土区,永冻层较厚的区域的接地施工是很难做到的。对于这样的地区,除用钻机打孔设置一定数量的垂直接地体外,还可以设置一定数量的水平接地体。在某些铁塔接地装置施工过程中也曾采用过换土的降阻措施,可以减小由于温度变化而带来的对接地电阻值的影响。充分利用青藏铁路沿途夏季和秋初雷暴频繁,但秋末和冬季雷暴相对稀少的特点以及多年冻土区夏秋两季土壤表层有一定深度的融化特性,以期在雷暴频繁的夏秋两季获得较小的接地电阻值,从而提高防雷效果。

根据青藏铁路的特点，使用共用联合接地网，不仅能够保证接地电阻满足要求，而且减少施工难度，降低了成本。但由于设备的工作地、保护地及铁塔防雷地等都接到共用联合接地网上，而各种设备的耐压水平存在差别，因此从防护角度要求，室内所有与外界有联系的信号线都要考虑加装防雷装置，不能够漏防。

2. 改善机房电磁环境及合理布线

改善机房电磁环境及合理布线是综合防雷技术实施的重要措施，按照系统防护的概念，首先要优化运营设备所处场所的电磁环境。青藏铁路为新建高原铁路，对于运营设备的雷电防护应按照新建建筑物的防护要求设计，在规划设计计算机机房时，同时考虑改善微电子运营设备场地电磁环境的最科学最有效的方法。

(1)含计算机信息系统的建筑物，接闪器采用避雷带或避雷网，若该建筑物含有卫星天线或其他无线天线设备，则设置保护天线设备的避雷针，将天线设备置于避雷针的保护范围之内，防止雷电直击无线天线设备时将天线馈线击穿。

(2)接地系统的布局直接影响均压、等电位连接和地电位反击的效果。一般将建筑物基础地网电焊熔接为一体构成基础接地体。此外，在建筑物周围设置环行接地体，并与基础接地体每隔 5 m 焊接一次。

(3)建筑物钢筋混凝土中的钢筋作成屏蔽网，建筑物主钢筋和避雷带或避雷网接为一体，构成由建筑物钢筋、避雷带或避雷网、基础接地体形成的法拉第笼。

建筑物主钢筋和避雷带或避雷网接为一体的做法，以建筑物主钢筋为引下线，可以使入地的雷电流在建筑物主钢筋上比较均匀地分布，减少了每一引下线上的雷电流，既减少了雷电流周围的感应雷电电磁脉冲，同时使地电位上升均匀而量值变小，地电位反击时的反击电压大大变小。

“内部防护”是减少雷电流的电磁感应影响的措施，方法是在建筑物内形成均压等电位的结构，以减少由雷电流引起的电位差。所有引入和引出的电源线和通信线路或其他导体都和等电位搭接导体相连，使雷电流经等电位搭接导体入地。

屏蔽是使建筑物内的各种金属构件接地构成屏蔽体，从而阻挡和衰减电磁干扰能量。对建筑物来说，除了建筑物结构钢筋做成的屏蔽网外，还要和建筑物内的其他金属结构(如金属构架、电缆屏蔽层、防静电地板)等搭接并可靠的接地，组成初级屏蔽网。对于计算机信息设备来说，除了考虑雷电电磁脉冲外，还要考虑防高频电磁波的干扰，则应增加屏蔽网网孔的密度，增加屏蔽层厚度，采用导电性能好的磁性材料。按 EMC(电磁兼容)要求制作的屏蔽网，有最好的屏蔽雷电电磁脉冲的能力。

等电位连接的目的是在建筑物遭雷电直击时，泄放雷电流的接地体会有较大的电位升高。这一高达数十万伏的冲击电压和其他金属构件间形成的电位差，足以威胁人员和设备的安全；若将建筑物内的所有金属物搭接后接地，则各金属物间不会出现电位差，即完成了建筑物内的所有金属物的均压。

根据防雷分区的概念，将电子设备及布线安置在不容易受到感应雷电干扰的地方。因此，设备及布线的摆放要远离建筑物的顶层、外墙、外墙的拐角处，这些地方是产生感应瞬态过电压最大的地方。

系统防雷技术中合理布线是减少相互感应影响的措施之一。电力线和其他弱电线应合理安排，保持一定间距或者采用穿金属管屏蔽。进出综合楼的电力线和各种弱电线缆最好采用屏蔽电缆，屏蔽层要良好接地。非屏蔽电缆在进出综合楼时，要求穿金属管敷设，金属管至少两端接地，并且在建筑物的防雷区界面做等电位连接。

综合楼内的通信信号机房要设置接地汇集线(排)，以汇集机房内各种设备的保护地、工作地。但交流电源的中性线 N 除外。室内的接地汇集线(排)和共地系统只能一点相连。

3. 分级设置防雷装置

为了抑制从引入导线入侵的过电压和过电流,除对可以直接用导体进行等电位直接连接的部分(如金属水管等)外,对无法使用导体直接进行等电位连接的其他部分,分级使用浪涌保护器做瞬态等电位连接保护。

(1)电源系统的防护

由于电源传输线路是雷电侵入设备造成损害的最主要途径,因此雷电综合防护系统要求对供电系统中所有的电源线进行防护。电源系统分为一、二、三级保护,将雷电过电压逐级降到设备能承受的水平。

电源系统的防护分为粗防护和细防护,分别设置不同防护等级的雷电防护装置。引入综合楼的电力线应采用地下电力电缆引入,其埋地长度不小于 50 m。并联型的电源防雷箱用于粗防护,安装在室内配电箱处,在低压电力电缆进入机房交流屏处(即 LPZ0 区与 LPZl 区交界处)加装浪涌保护器(并联型),此处避雷器作为电源第一级保护,选择大功率的防雷器件,且防雷箱具有工作显示、报警及故障自动切断功能。浪涌保护器为可插拔型,便于维修和测试,在雷电流入侵时将雷电压箝制到 1 000 ~ 1 500 V 左右。要求在采用 8/20 μs 模拟雷电冲击时,耐雷电流水平大于 40 kA。

第二级电源防护(串联型防护)设在单相用电设备(如 UPS 等)或三相(单相)的通信交流屏、信号交流屏之前(即 LPZl 区与 LPZ2 区交界处),串联电源防雷箱采用浪涌保护器与低通滤波器组合方式,具有冲击通流容量大,限制电压低的特点,可以有效地保护智能化电源设备和开关电源,低通滤波器还兼有减小噪声的作用。若设备与供电电源间的距离较远,应做第三级防护,或利用上述设备(UPS、交流屏)内的浪涌保护器。若较近且布线距外墙较远,则可只做两级防护。通过这几级保护后,最末级的电源防雷器在雷电流侵入时,将雷电压钳制到被保护用电设备的耐压水平以下。对于使用直流电源的弱电设备,视其工作电压选择适配的直流电源浪涌保护器。

电力变压器不宜设在综合楼内。特殊情况需设在综合楼内时,高压电力线采用电力电缆从地下进楼,电缆长度不小于 200 m。电力电缆与架空电力线连接处三根相线加装氧化锌避雷器,电缆两端金属外护层就近接地。楼内交流电力变压器高压侧的三根相线就近对地加装氧化锌避雷器。变压器机壳、低压侧的交流零线以及与变压器相连的电力电缆的金属外护层就近接地。从楼内引出的所有电力线均在出口处加装避雷器,且使用电力电缆引出。图 3-41 为电源系统防雷设备配置示意图。

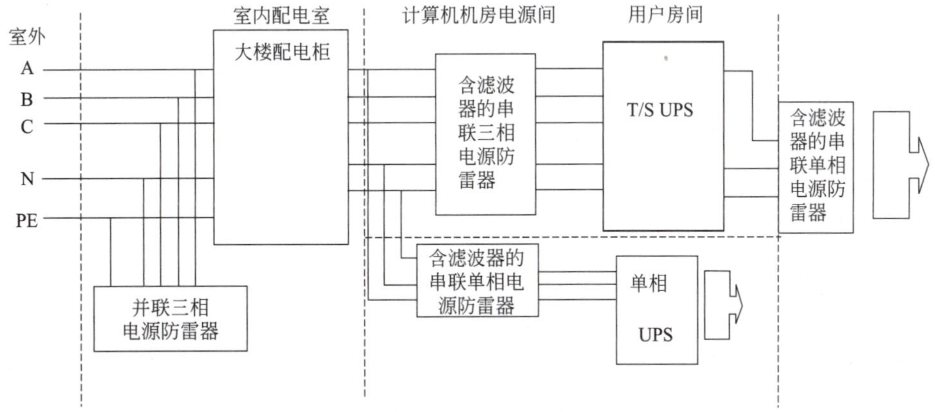

图 3-41　计算机机房附近的用户或单相电源供电的外设电源系统防护设备配置示意图

(2)通信及信号传输线的防护

通信、信号传输线(包括各类埋地或架空敷设的信号传输线路)是雷电侵入电子设备的另外一个主要途径,尤其是架空线。因此,通信、信号等线路采用带金属屏蔽层的地下电缆进出综合楼,金属屏蔽层可靠接地,在站区内不要布放架空缆线。从系统综合防护的角度考虑,在这些线路和与之相连的设备间装设浪涌保护器,以切断雷击过电压侵入的途径,保障系统设备的正常工作。

(3)站内局域网的防护

网络通信系统的雷害主要是通过网络传输线感应雷电压后经过网络接口引入引起的,因此网络系统防护也就是针对接口进行防护。计算机信息网络不仅速度快,而且可靠性要求也很高,这就意味着网络系统的防护必须满足更高的技术条件。针对不同的网络结构采取不同的防护措施,以达到安全可靠和经济实用的目的。

青藏铁路部分车站设有各种用途的局域网,重点加以防护。凡与室外设施有接口的金属线,在引入处均加装通道防雷器,如站内电动转辙机、信号机、计轴传感器、摄像头、可变应答器、环境监测设备等。室内局域网的金属线,如 RS-232 串口线、485 总线、控制线、数据采集线、视频传输线等。若长度小于 50 m,在线路靠主要设备一侧加装通道防雷器。若长度大于 50 m,在线路两端加装通道防雷器。所有电源设备都和信号设备一样设串联型电源防雷设备。

(4)无线移动通信系统和电视监视系统的防护

无线通信系统基站的收发天线铁塔顶部设避雷针,发射塔选择在距通信、信号设备机房 15 ~ 20 m 的一侧,将发射天线置于避雷针保护范围以内。发射塔避雷针的接地装置独立设置,并与信号设备机房的共用接地系统任一点距离大于 20 m。图 3-42 是无线通信系统防护设备配置示意图。

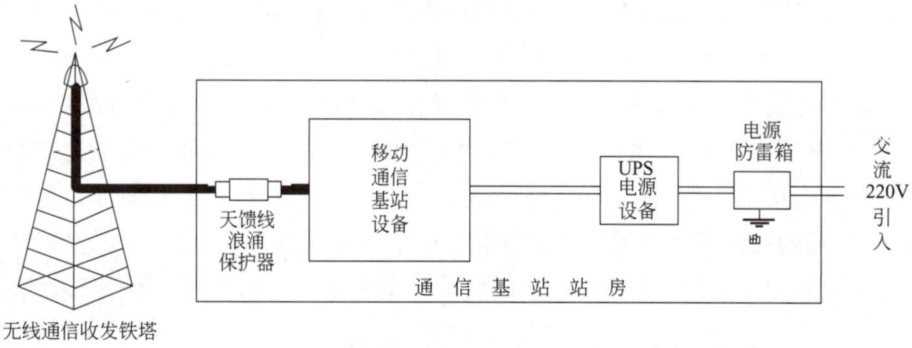

图 3-42 无线通信系统防护设备配置示意图

无线通信通道是无线移动通信系统、无线机车信号和列车运行控制系统的信息传输通道。所涉及的无线电台电源纳入电源系统雷电防护。天线塔设避雷针,将天线置于避雷针保护范围内。同轴电缆馈线进入楼内后与电台的连接处加装同轴馈线浪涌保护器,以防来自天馈线引入的感应雷。馈线浪涌保护器的接地端子就近引接到室外馈线引入口的接地线上。选择天馈线浪涌保护器时,除考虑通流量外,还考虑同轴线的阻抗、衰耗、工作频率及驻波回损等指标,以适应无线电台的要求。

电视监视系统的防护须考虑视频/控制信号传输线防护和摄像机供电电源的防护。电源防护采用在摄像机供电线路两端加装电源浪涌保护器。对于视频/控制信号传输线,如果采用光纤电缆,则只对光端机进行电源防护;若采用视频同轴电缆传送视频和控制信号,在摄像头视频信号输出端和控制室视频采集设备的输入端,分别安装视频同轴信号线浪涌保护器,浪涌保护器的接地端就近与引接到室外馈线入口处的接地线连接,同轴电缆的金属外护层,在其上部、下部及经走线架进入机房的入口处就近接地,所有接地线就近与地网的接地线连通。

(5)无线通信基站及其他电子设备的防护

对于设在区间的无线通信基站的防雷,可参照车站综合楼系统防雷技术方案的原则进行考虑。但由于设在区间的无线基站目标孤立,如采用交流外电源供电时,最好采用优质的串联型电源防雷装置作浪涌保护(雷电细防护)。

对于其他室外电子设备,如计算机联锁室外设备、电动转辙机控制模块、融雪设备控制模块及其这些设备的供电部分,都参照相应的铁路信号设备雷电防护的有关规定进行防护(加装浪涌保护器)。

四、加强防雷设备的维护,确保防护效果长期有效

根据高原地区海拔高、气压低、雷电活动频繁,但雷电强度相对平原地区小的特点,结合青藏铁路广泛采用的通信信号等设备集成度高、耐过电压和过电流能力低的特殊要求,以及现场维护困难等因素,对防雷设备的特殊要求如下:

(1)可靠性要高、不易老化和劣化、耐雷击次数多、寿命长;

(2)耐流合适,以保证较低的限制电压;

(3)适应于低气压的长期工作环境;

(4)电源防雷设备应具有工作/故障显示功能。

区间电源或无人值守的电源室,为防止金属陶瓷三极放电管动作后续流和压敏电阻器因漏流出现的劣化短路,采用金属陶瓷三极放电管和压敏电阻器串联的电路。

选择防护装置时,电源和通道防雷器的通流量应适当。电源防雷器的通流容量应大于 40 kA(8/20 μs 模拟波形测试),通道防雷器的通流容量应大于 10kA(8/20 μs 模拟波形测试)。

为了保证避雷器和浪涌保护器能在高海拔、低气压的环境下长期可靠的工作,必须对浪涌保护器按 GB 2423.21—1991《电工电子产品基本环境试验规程 M:低气压试验方法》进行低气压试验。低气压数值应相当于 5 000 m 海拔高度的大气气压值。此外,对装在室外的浪涌保护器的低温测试亦是必要的,最低温度可按 -40 ℃进行。

电源和信号防雷设备都具有工作/故障显示功能,在雷雨季节前对防雷设备进行巡视,发现出现故障的防雷设备及时更换,以确保防护效果长期有效。

第六节 主要技术成果与经验

青藏铁路信号方案设计初期(2001 年 6 月),主要以电锁器、继电联锁、半自动闭塞等为主体构建传统型系统。随着技术交流、方案论证的不断深入,尤其是结合高原铁路工程所开展的计算机联锁、计算机通信、网络技术等科研项目与室内仿真所取得的技术成果,为信号系统实现集成化、信息化、智能化提供了可能。确定为以卫星定位(GPS)技术实现列车定位、以铁路数字移动通信系统(GSM-R)为车地信息传输平台,实现集联锁、闭塞、列车超速防护功能于一体的信号系统方案。方案将 GSM-R 系统、GPS 系统、ITCS 原型系统、CBI 联锁系统、CTC 系统、监测系统等六大系统经分解、组合、优化、局部二次开发后,将多个复杂的子系统有机地集成为一体并经工程运用后证明,技术先进、系统工作稳

定。同时经设计、运用、科研等相关技术人员协助并配合 GE 公司，对系统自开通运营后，不断改进、完善和优化，使得系统的稳定性、可靠性和功能性得到显著提升，达到了安全、可靠、稳定运行的运输需求，实现了青藏铁路建设之初所确定的信号总体技术目标，主要收获有：

一、取得了丰硕的技术成果

青藏铁路信号系统的实施过程中，取得了大量的技术成果，对铁路信号技术进步起到了巨大的促进作用。

（1）将多个复杂的子系统有机地集成为一体，形成了青藏铁路独特的信号设计方案，积累了信号系统集成经验。

（2）利用 GPS 和 EOT 设备，不设轨道占用检查设备，实现了区间占用检查和列车完整性检查。

（3）GPS 与地面差分定位技术、车载速度传感器相结合的列车定位方案，既提高了列车定位精度，又满足列车运行和虚拟闭塞系统控制的安全需求，开创了信号控制技术的先例，具有很强的示范效应。

（4）取消地面信号机和车站及区间轨道电路，在完成车站联锁和站间闭塞功能的基础上，与同等功能的常规系统相比，既节约工程费用，又减少现场设备维护工作量。

（5）利用 GSM-R 无线通信技术完成车地双向信号安全信息传输，开创了利用 GSM-R 技术传输列控信息的先例，为我国客运专线实现地车之间列控系统数据的传输提供借鉴。

（6）针对高原铁路工程建设，首次编制了信号设计暂行规定，填补了高原铁路技术标准规范的空白。

（7）编制完成了国内第一套基于 GSM-R 和 GPS 信号系统的验收测试程序。

（8）提出了联锁列控一体化集成系统在高原应用的技术指标和参数。

二、科学高效的运用维护

青藏铁路信号维护人员数量在国内同比是较低的，这得益于联锁列控一体化系统的采用和轨旁设备的合理配置，还在于建立了科学高效的运营管理维护体系。

设置电务试验室，负责新技术的推广应用、CTC 系统的维护管理、设备的远程监测、系统升级、联锁管理及设备维修的技术指导，定期对信号设备的运用状态进行测试、检查、指导。

设置相应信号车间，负责车站设备故障处理和设备维护、应急抢险、施工配合等工作。根据业务，组建工区，担当辖区设备的巡视、维修工作和设备故障处理。成立集中整修组，负责辖区内计算机联锁设备和其他车站设备的日常检修和集中整修工作，故障器材更换、设备补强、整治和发生灾害后的抢修工作等。

三、系统完善与技术进步

青藏铁路开通运营以来，青藏铁路公司牵头组织设计、科研、院校等相关部门，在铁道部的统一领导下，配合并协助 GE 公司，大力开展对系统和设备惯性故障攻关，历经 22 次车载设备、8 次地面设备的软硬件升级，多次车载设备、地面设备的硬件升级更换使得系统无论是在稳定性、功能性、安全性等方面得到了极大的加强和全面提升，系统和关键设备的故障率在可控之内，确保了运输安全稳定和高效率。

四、经　验

青藏铁路建设之初，铁道部认识到从系统方案设计、工程实施直至运营管理所面临的巨大困难和挑战，为此，整合国内资源，召集路内科研院校、运营管理的广大工程技术人员，打破部门、单位之间的技术保护壁垒，发挥各自技术特长，集思广益，开展了一系列技术交流、学术研讨、方案论证、现场试验等工作。为方案制定、设计联络、合同谈判、工程实施、试验验证、联调联试等过程提供了专家咨询和科学管理手段，这是信号方案最终确定和工程顺利实施的根本保证。这种跨专业、跨部门的技术大联合模式是取得重大技术突破和工程建设成功最值得借鉴的经验。

第四章　通信技术

青藏铁路通信系统，是世界一流高原铁路的重要组成部分。为了适应青藏铁路严酷的自然环境，满足特殊的运营要求，广大中国铁路工程技术人员充分发挥聪明才智，构建了铁路移动数据传输体系架构，实现了利用 GSM-R（铁路数字移动通信系统）的 CSD 模式传送列控信息，利用 GSM-R 的 GPRS 模式传送铁路调度命令、车辆运行状态监测数据等，在国际上首次实现了 GSM-R 双交换机、同站址双基站、双层网络覆盖的高可靠网络结构，并自主研制了有线/无线融合的一体化数字调度通信系统设备。青藏铁路通信系统是智能化、信息化、网络化的综合传送系统，特别是 GSM-R 的成功开通，全面验证了 GSM-R 的调度通信功能、列车控制数据传输功能和铁路信息化数据传输功能，为我国铁路 GSM-R 技术的发展奠定了技术基础。

第一节　系统方案的研究过程

一、通信需求的特点

1. 高海拔、低气压环境对通信系统的影响

青藏铁路格拉段的高海拔、低气压，将使通信设备内空气流通缓慢，造成热量聚积，温度升高，影响通信设备的稳定性。因此，在保证室内环境要求的同时，须保证室内空气流通。高海拔、低气压对电池阀门开启也有一定影响，需作调整。

2. 低温、冻土环境对通信系统的影响

由于通信设备多为半导体元器件，气温过低或变化剧烈都将引起其特性的飘移，从而影响通信设备的稳定性。多年冻土对直埋光（电）缆产生影响，其危害可分为冻胀和热融两个方面。由于热融引起光（电）缆在土层中的沉降位移，其危害性不大，而冻胀是影响光（电）缆线路正常运营的主要危害因素。另外，冻土环境主要对设备接地有影响，在冻土地区，通信地网不易达到设计阻值。

3. 雷电活动对通信系统的影响

青藏铁路格拉段为雷电多发地段，雷击主要有直击雷和雷电电磁脉冲（LEMP）两类。直击雷以强大的冲击电流、炽热的高温、猛烈的冲击波、强烈的电磁辐射损坏放电通道上的通信线路及设备。而雷电电磁脉冲是由于雷雨云的静电感应或放电时的电磁感应以及雷电电磁脉冲辐射的作用，使建筑物上的金属部件，如管道、钢筋、电源线、信号线、天馈线等感应出雷电高电压，通过电源线、信号线、天馈线等引入机房造成放电，破坏通信设备。这些危害需尽力避免。

二、对国内外通信技术的借鉴

1. 有线通信

在全球信息化浪潮的推动下,电子信息产业发展迅猛,通信技术和产品日新月异,趋势正由数字化、智能化、小型化,进一步向宽带化、综合化、网络化的方向发展,要求通信网络能够支持各类窄带和宽带、实时和非实时、恒定速率和可变速率,尤其是多媒体业务。而通信技术、计算机技术和电视技术的互相渗透,互相作用,也逐渐走向技术的综合与融合,从而逐渐形成以智能多媒体信息业务为特征的巨大的全球网络,以 SDH(同步数字体系)为主要制式的宽带光传输系统在国内外电信业普遍应用。

2. 无线通信

我国铁路无线通信主要是以 450 MHz 列车无线调度通信系统为主,即无线列调,属于单信道模拟通信系统,在全国铁路沿线的场强覆盖已经达到 96% 以上。随着技术发展及需求的变化,无线列调已不适应现代铁路运输的要求。在国外,尤其是在欧洲,近年来大量使用了 GSM-R 系统,正处于从模拟系统向数字系统的转型阶段。我国铁路近年来虽然也进行了数字移动通信系统方面的一些研究工作,但尚无工程应用实例。特别是在高海拔、低气压、高寒缺氧地区,缺乏数字移动通信设备的使用经验。据调查,中国移动通信集团公司(以下简称"中国移动")和中国联合网络通信集团有限公司(以下简称"中国联通")的全球移动通信系统(GSM)、码分多址(CDMA)系统已有在青藏铁路沿线建成和运用的先例,如德令哈、格尔木(海拔 2 828 m)、南山口(海拔 3 080 m)、安多(海拔 4 686 m)、那曲(海拔 4 513 m)等,说明在高海拔地区采用数字移动通信系统是可行的。

GSM-R 数字移动通信系统,是当今铁路移动通信的发展趋势。其在全球的发展,大致分为三个阶段:

第一个阶段为标准制定阶段。1993 年,UIC(国际铁路联盟)提出了欧洲各国铁路下一代无线通信以 GSM phase2 + 为标准的 GSM-R 技术。

第二个阶段为 GSM-R 系统试验阶段。从 1997 年至 2000 年间,欧洲铁路移动无线电通信(MORANE)组织分别在法国 SNCF 试验线(30 km)、意大利 FS 试验线(78 km)和德国 GTS 试验线(27 km)上对 GSM-R 系统进行严格的测试。

第三个阶段为 GSM-R 工程实施阶段。1999 年,第一个 GSM-R 网络在连接瑞典到丹麦的铁路上建成并投入运营。2002 年 8 月,世界上第一条 GSM-R 商业运营线——德国的法兰克福至科隆(180 km)高速铁路开始运行,运行速度超过了 300 km/h。瑞典、法国、英国、意大利、瑞士、荷兰、西班牙、匈牙利等国家也相继建设了自己的 GSM-R 系统。

早在 1995 年,中国就开始跟踪研究欧洲 GSM-R 和 ETCS(欧洲列车运行控制系统),通过对 GSM-R 和 TETRA(陆地集群无线通信系统)的研究和比选,认为 GSM-R 具有成熟和适应铁路运输特点的技术优势,可以支持铁路移动通信的可持续发展,符合通信信号一体化技术发展的需要。因此,中国铁路在选择新一代数字移动通信制式的时候,可以考虑将 GSM-R 作为发展方向。

三、方案论证决策过程

1. 传输系统方案的论证

根据青藏铁路在铁路网中的作用,通信传输系统采用成熟、先进、稳定、可靠并在世界各国通信网中得到广泛应用的 SDH(同步数字体系)。

借鉴既有铁路传输系统采用骨干、中继和接入三层组网结构的经验,根据格拉段的业务特点,传输系统由干局线传输网和接入网构成。干局线传输设备采用 SDH-622M(1+1)光传输系统设备,系统采用 1+1 线性复用段保护。通过与中国网络通信集团公司(以下简称"中国网通")置换两个 155M 电路的方式构成不同物理路由的电路保护环,为与行车相关的 GSM-R、CTC(调度集中系统)、ITCS(增强列车控制系统)、FAS(固定用户接入系统)等系统业务提供负荷分担式的传输系统电路保护，以避免本线光缆中断和传输设备故障对行车造成的影响。

2. 无线通信系统方案的论证

2002 年，铁道部科技司立项《青藏铁路通信信号方案一体化研究》，目的是根据青藏铁路的特点，研究适合现场的通信信号一体化方案。该项目由中铁第一勘察设计院（以下简称“铁一院”）主持，在铁道部、北方交通大学、铁道部科学研究院（以下简称“铁科院”）、中国铁通集团有限公司（以下简称“中国铁通”）、青藏铁路公司的支持下和路内外专家的共同努力下，经过详细分析和技术比选以及现场试验验证，一致认识到青藏铁路地处高原冻土区，减少地面设备，减少维护作业，必须依靠多信道、可靠性高的无线通信系统才能满足列控系统、CTC 系统的功能要求和沿线生产作业人员的通信需求。研究结论认为：在青藏铁路上采用基于 GSM-R 数字移动通信系统的列车控制系统，是建设世界一流高原铁路的必然选择。同时，铁道部组织路内外专家对铁路移动通信发展的技术制式选择进行了大量的研究分析，认为 GSM-R 数字移动通信技术经过了欧洲铁路的应用检验，符合铁路移动通信的应用需要。2003 年 8 月，铁道部向原信息产业部提出了 GSM-R 使用频率申请。2003 年 9 月获得批准，标志着中国铁路数字移动通信技术制式确定。2004 年《铁路主要技术政策》规定将 GSM-R 系统作为中国铁路无线通信的主体技术制式。这些工作为青藏铁路无线通信技术选型奠定了政策基础。

青藏铁路 GSM-R 数字移动通信系统按照满足 ETCS-2 级的技术标准建设，在西宁和拉萨建立 GSM-R 无线交换中心，场强覆盖采用同站址双层网络冗余覆盖方案。该方案应用于青藏铁路这种艰苦环境中，较欧洲普遍采用的基站交叉冗余覆盖方案，大大减少了铁塔、机房、传输接入设备及电力供电设备的投入，有利于节省建设和运营的综合投资。

3. 直流电源系统方案的论证

通信开关电源是通信系统正常运营的基础，其主要部件是高频开关整流器。为保证高海拔、低气压环境下电源设备的有效散热，选用采用风扇和自然冷却相结合的冷却方式的通信开关电源。这种散热方式既能在环境温度高的情况下，有效地降低整流器内部的工作温度，延长器件的使用寿命，又能在环境温度低及负载低的情况下，使整流器的风扇降低转速工作，延长风扇的使用寿命。

在蓄电池组的选择上，优先选用耐低温以及低温放电特性较好的电池。并依据外供交流电的停电时间及抢修时间、通信电源设备本身抢修时间的长短以及通信负载的大小，确定蓄电池的容量。

4. 综合监控系统方案的论证

在传统的通信系统设计中，电源及动力环境监控系统、光缆监测系统、光纤监测系统、通信资源管理系统、电力远动系统一般为独立设计、自成系统，传输资源利用率不高，且不利于运营维护单位的运营维护。在青藏铁路设计过程中，对各类监测系统进行了分解、整合，并融入了视频图像监控技术，构建了集数据、图像处理和传输于一体的跨专业的综合监控平台。

综合监控系统由电源监测子系统、环境监测子系统、风力监测采集子系统、视频监视子系统、光纤监测子系统、通信资源管理子系统等组成。同时，还为信号专业微机监测系统、道岔融雪系统、电力专业电力远动系统、光缆外皮接地及绝缘监测系统提供了传送网络。该系统为各专业提供了一套统一的公共平台，能够实现对全线各车站的通信和信号机房、区间基站以及部分光纤直放站的机房环境、动力设备、非法入侵的实时监测；对沿线部分地点的气温、降雪和大风的实时监测；对各车站站台、候车室的视频监视；对无人站运转室环境、非法入侵的实时监测；对“5T”机房的门禁监测；对光纤运行状况的实时监测和对通信资源的信息化管理。

5. 应急通信系统方案的论证

应急通信系统由救援中心设备、现场设备及连接它们的传输设备组成,利用各种基础通信设施,采用有线和无线相结合的手段,提供话音和图像传输业务。应急中心设置接入设备、应急指挥台、自动电话机、图像服务器、浏览终端或视频终端等;现场终端包括现场接入设备、移动式视音采集设备、移动式无线通信设备等。在车站预留专用2 Mb/s接口,现场至相邻车站采用 $N\times64$ kb/s数字通道,通过光缆、电缆、无线通道或卫星传送,实现机车、调度、现场、指挥中心一体化的应急通信系统。

6. 高海拔、低气压环境下的设备选用

为保证通信系统稳定、可靠、高效地运行,通信系统设备应按照“技术先进、稳定可靠、经济实用、标准成熟”的原则选用,应选用市场信誉好、售后服务佳的国际知名厂商的产品,同时,应优先选用具有高原使用经验,能够在高原低温、低气压环境下稳定工作的产品。重要系统、关键部件应考虑冗余备份,如通信系统组网时传输设备复用段的1+1备份组网,交叉板、时钟板等关键板件的冗余备份等。在通信设备机房内,除有电力专业提供的电源外,还设有UPS(不间断电源)、蓄电池组、柴油发电机组等电源系统的备份,以保证通信系统供电的不间断。

7. 多年冻土地区通信光(电)缆线路防护方案的论证

除普通防机械损伤措施外,为有效防止多年冻土对光(电)缆线路的冻胀损伤,在选择光(电)缆径路时,应有效避开冰锥、冰胀丘、融冻泥流、热融滑塌、热融湖(塘)和冻土沼泽等不良冻土现象地段。

在光缆选型上,多年冻土区设计选用了 $GYTA_{5333}$ 型细钢丝铠装直埋光缆,其短期张力为20 kN、长期张力为10 kN,大于普通 $GYTA_{53}$ 型直埋光缆(短期张力为3 kN、长期张力为1 kN),根据兰西拉光缆多年的使用经验,可以有效地防止冻土冻胀损伤。

第二节 通信系统的建设

青藏铁路格拉段通信系统工程主要包括光缆线路、通信站及中间站通信机械室、地区(站场)通信、GSM-R数字移动通信系统四个单位工程。其中,光缆沟开挖、60芯干线光缆敷设1 212.404 km,区间通信基站光缆沟开挖、8芯分歧光缆敷设187.174 km;新建通信站2个、中间站通信机械室45个;新建地区(站场)通信45处、武警守护通信5处;开挖、浇铸铁塔基础194处、组立铁塔194座;新建GSM-R无线交换中心2个,新建GSM-R无线基站194处387台,新建光纤直放站近端机21处42台、远端机32处64台,新建射频直放站3处6台,架设漏泄同轴电缆13.5 km,安装机车综合无线通信设备136套,新设OPH(作业手持台)300部、通用手持台(GPH)100部;安装机车海事卫星电话125套、海事卫星地面接收站1套,新设应急通信中心1套、现场应急通信4套。工程总投资约10.5亿元。由铁一院承担工程设计工作,由中国铁路通信信号集团公司(以下简称“中铁通号”)、中国中铁四局集团(以下简称“中铁四局”)、中铁五局(集团)有限公司(以下简称“中铁五局”)、中国中铁电气化局集团(以下简称“中铁电化局”)承担施工任务。2003年7月开工,先后经历了格尔木至不冻泉试验段工程建设和全线工程建设两个阶段,工程历时3年,于2006年7月1日开通运行并交付使用。

工程建设过程中,按照“先进、成熟、经济、适用、可靠”和“以人为本”的原则,采用了大量的国内外先进技术。工程建设起点高、标准高,质量控制要求更严格,施工工序要求更规范。4年建设施工期间,各参建单位发扬“挑战极限、勇创一流”的青藏铁路精神,坚持“高起点准备、高标准要求、高速度施工、高质量建成”,在各种严峻考验面前,栉风沐雨、奋力拼搏、挑战极限、超越自我,克服了高寒缺氧对人员身体健康和生命安全带来的危害、高原反应强烈、施工机械劳动率下降、自然条件异常恶劣、生活条件极端艰苦、卫生保障任务繁重、沼泽湿地和草皮等环境保护以及高原冻土施工经验缺乏等种种不利因素和重重困难，针对 GSM-R 等先进技术和多年冻土地带光缆埋设等施工关键技术，广泛开展技术研讨和论证工作，同时严格设备招标程序，紧紧把握施工中的重点和难点问题，不断优化和合理调整施工组织，确保了通信工程各项工作有序、稳步推进和胜利开通。

一、站后工程试验段的建设过程

为了对通信设备高原适应性、系统组网方案、区间机房保温和防尘、阀控式密封铅酸蓄电池组功效、防雷系统可靠性等进行试验、验证，以及全面开展 GSM-R 铁路数字移动通信系统有关试验和研究工作，先期建成了格尔木至不冻泉通信试验段。

1. 试验段的建设内容

格尔木至不冻泉通信试验段全长 187.4 km，涉及格尔木、南山口、甘隆、纳赤台、小南川、玉珠峰、望昆、不冻泉等 8 座车站、24 座区间基站和 4 座直放站。工程内容主要包括 GSM-R 西宁中心建设、干线光缆和区间光（电）缆敷设、车站（区间）设备安装、区间机房安装、浇铸铁塔基础和铁塔组立。通信试验段工程于 2003 年 7 月开工，历时 1 年，2004 年 6 月完成设备安装和调试，为后续各项试验、验证以及研究工作搭建了完整的技术平台。

2. GSM-R 网络结构和系统功能试验

2003 年 11 月，格尔木至不冻泉试验段工程的 GSM-R 试验大纲和试验方案编写完成并通过技术审查。该试验工程的目的是满足青藏铁路对综合数字移动通信的需要，定义、开发、测试和验证 GSM-R 在青藏铁路的应用，评估 GSM-R 技术性能对高原和高寒地区的适应性，评估为列车运行控制系统及铁路信息系统提供的传输通道，辅助全线工程设计。

2004 年 6 月初，随着青藏铁路格尔木至不冻泉通信试验段工程的建成，采用单交换机、双层无线网络冗余覆盖的网络结构形式，GSM-R 终端设备开发、试验方案及关键技术的研究也相继准备就绪，试验工作正式启动。由铁道部科技司和运输局基础部组织，北京交通大学牵头，青藏铁路公司、铁一院、铁科院、北电网络（中国）有限公司（以下简称“北电网络”）、中国铁通等多达 20 余家单位的 200 余人组成测试组，开展了持续近 2 年的 GSM-R 全面试验。测试组编制了网络子系统、基站子系统、运行维护子系统、固定用户接入系统、机车综合无线通信设备、光纤直放站等的功能测试案例 1 500 多个，网络服务质量、机车综合无线通信设备的运行测试案例近 1 000 个，完成了试验段网络及通信设备的全面试验和测试评估。

GSM-R 系统功能试验分三个阶段进行。

第一阶段试验于 2004 年 6 月至 7 月在北电网络的广州实验室进行。通过搭建实验室内 GSM-R 试验环境，开展了机车综合无线通信设备、FAS 及其终端设备（调度台和车站台）的功能性试验及与北电网络 GSM-R 网络的配合性试验。通过第一阶段试验，促进了机车综合无线通信设备、FAS 系统设备与测试配套的仪器仪表等产品的开发，针对中国铁路应用实际，明确了在欧洲 GSM-R 网络和设备基础上进行二次开发的内容和实施方案，同时为青藏铁路格尔木至不冻泉试验段 GSM-R 试验工程的设备选型提供了依据，为后续工作的开展积累了经验。

第二阶段第一部分试验于 2004 年 7 月至 8 月在西宁和格尔木机房进行。该部分试验主要针对 GSM-R 网络功能和业务，评估 GSM-R 交换子系统、基站子系统、网管子系统及固定用户接入交换机等设备的功能和业务。通过该部分试验和测试，验证了 GSM-R 网络业务和功能能够满足青藏铁路调度通信、调度命令和无线车次号信息传送、列车运行控制系统安全信息传送的需要，能够实现与铁路既有通信网的互联互通。

第二阶段第二部分试验于2004年8月至9月在西宁进行。测试组在西宁移动交换机房对应用终端(包括机车综合无线通信设备、调度台、车站台)与网络[包括MSC(移动业务交换中心)、FAS]配合进行了上线前的功能和可靠性摸底测试。通过该部分的试验和测试,检验了终端与GSM-R网络的互联互通功能,确保了投入使用的终端设备和GSM-R网络的功能和业务配合都能满足铁道部技术规范要求,为动态运行测试奠定了坚实的基础。

第二阶段第三部分试验于2004年9月至11月进行。围绕列车控制系统信息传输、调度通信、无线车次号信息传送、调度命令传送、工务移动通信等应用,在格尔木至不冻泉间系统地测试了GSM-R网络静态服务质量和动态服务质量(呼叫建立时间、呼叫建立成功率、传输干扰率、误码率/误帧率、越区切换成功率、越区切换中断时间等)、调度通信系统的功能、机车综合无线通信设备运行功能以及光纤直放站的性能。该部分试验和测试在试验段现场验证了GSM-R网络和终端设备可以满足青藏铁路调度指挥和列车控制的需要,为青藏铁路GSM-R网络的全线工程设计提供了参考依据,为后期建设的其他线路的GSM-R系统设计提供了参考数据。

第三阶段第一部分试验于2005年3月进行,主要进行GPRS(通用分组无线业务)静态试验。围绕调度命令传送、无线车次号传送等需要,在西宁GSM-R机房试验了GPRS网络的移动性管理、会话管理、安全性管理、网络多时隙绑定能力、GPRS网管等功能,验证了机车综合无线通信设备的调度命令与车次号传送等功能。

第三阶段第二部分试验于2005年4月进行,主要进行GPRS动态运行试验。围绕调度命令传送、无线车次号传送等需要,在格尔木至不冻泉对GPRS网络以UDP(用户数据报协议)方式采用不同的编码方式对连续数据传输和间断数据传输的时延和丢包率进行了测试,对GPRS附着/去附着、激活/去激活的时间和成功率、就绪状态失效率、不同编码方案的上/下行吞吐量、小区重选时间、路由区更新时间等进行了测试,验证了GPRS网络功能、移动性管理、网络服务质量能够满足青藏铁路调度数据传送的需要,能够实现机车综合无线通信设备的调度命令传送和无线车次号传送等功能。

经过三个阶段的试验工作,2005年4月,青藏铁路试验段GSM-R测试报告通过铁道部科技司的审查。审查意见认为:试验首次实现了单交换机同站址双基站覆盖的网络功能和业务;首次将GPS(全球定位系统)技术应用于GSM-R呼叫定位,实现了前站及后站的调度呼叫功能;开发了GSM-R路测工具,实时测量GSM-R无线网络参数,对空中接口信令实时跟踪并结合线路图准确地评估出GSM-R网络服务质量;首次在调度台和车站台上准确地反映出列车驶入和离开所辖区域的情况,实现了列车实时定位和对司机的快捷呼叫;测试结论为青藏铁路GSM-R工程终端设备选型提供了重要依据,为全线GSM-R工程设计提供了指导性意见,对全路GSM-R网络工程建设具有重要参考价值,对铁路有关GSM-R应用技术条件的完善提出了有价值的建议;青藏铁路试验段GSM-R功能试验条件艰苦、系统复杂、规模空前、技术先进,测试组克服重重困难,组织有序,积累了约20 GB的测试数据,总结了很多成功经验,在中国铁路建设和科技发展史上系首创。

3. GSM-R与ITCS/CTC系统配合试验

GSM-R与ITCS/CTC系统配合试验分两个阶段进行。

第一阶段试验从2005年10月至11月在格尔木至望昆区段进行。围绕配合ITCS功能试验,开展GSM-R服务质量调试和GSM-R与ITCS车载设备、移动交换中心与ITCS消息转发器之间的联调试验;围绕配合CTC系统功能试验,开展GPRS服务质量调试和CTC至机车综合无线通信设备的调度命令传送、机车综合无线通信设备至CTC系统的无线车次号信息的传送等试验。通过该阶段试验,验证了在 GSM-R 电路交换传输方式下,ITCS 安全信息传送功能;验证了在 GSM-R 分组数据传输方式下,CTC 与机车综合无线通信设备间的调度命令传送、无线车次号校核信息传送等功能。

第二阶段试验于 2006 年 5 月底在格尔木至望昆区段进行。配合 ITCS 和 CTC 功能调试,查找接口存在的问题,进一步开展网络服务质量、双网切换等试验和网络优化工作。通过该阶段联调试验,发现和解决了 ITCS 列车控制数据传输及 CTC 系统调度命令、车次号传输过程中各种影响可靠性的问题,为铁路 GSM-R 相关规范编制和产品开发提出了优化建议,为 GSM-R 网络工程设计提供了科学的基础数据。

4. 试验段 GSM-R 关键技术的研究内容

(1)GSM-R 网络功能和业务试验

GSM-R 网络功能和业务试验,主要评估 GSM-R 交换子系统、基站子系统、智能网子系统等的功能和业务,对已建设完成的网络子系统、基站子系统、维护与管理子系统的功能和业务进行了全面的评测。内容包括与铁路调度通信密切相关的语音呼叫业务、组呼/广播业务、多优先级与强拆、功能寻址、位置寻址、设备维护管理等。通过试验,主要发现并解决了以下问题:

①调度台的 ISDN 号码与功能号应分别设置,以便于号码显示和翻译。测试工作组建议在 GSM-R 编号方案中将调度终端的 ISDN 号码与功能号码分开,功能号码由 MSC/SCP(移动业务交换中心/智能网业务控制点)统一管理,ISDN 号码由 FAS 管理,这样可以简化 FAS 内部的呼叫路由,使不同类型的呼叫区分更加清晰。

②MSC 在向 PRI(基群速率接口)接口送组呼号码和广播号码时,应加送“50”和“51”,以便于 FAS 区分广播和组呼。经过和网络厂商协商,网络进行软件升级后实现。

(2)GPRS 网络功能和业务试验

GPRS 网络功能和业务试验,主要评估 GPRS 网络是否能够在现场环境下满足铁路调度通信对数据传输功能等方面的要求。同时针对采用 GPRS 技术来传送调度命令、车次号等非安全数据,进行了大量的数据传输试验,验证了利用 GPRS 传送数据的可行性,提出了系统实现模型。

试验中发现,进行数据传输时,测试手机偶尔出现无法进行正常小区重选的问题。经过分析,认为测试移动台在进行上行数据传输时处理器负荷较大,易发生计算错误,从而影响小区重选。通过这一发现,测试工作组提出建议,对将来应用于铁路的 GPRS 模块和手机进行数据传输认证测试,保证满足 GSM-R 的实际需求。另外在测试中出现小区乒乓重选以及重选到 B 网的情况,经修改和优化无线参数后解决。对异常的路由区更新现象,认真分析原因,发现是基站广播信息同 SGSN(服务 GPRS 支持节点)存储路由区信息不符所造成,经过重新装载基站系统软件,问题得到解决。在进行 QoS(服务质量)测试中,发现就绪定时器和周期性路由区更新定时器与移动台数据传输性能关系较大,可以通过调整相关定时器,使数据传输丢包率得到改善。

(3)应用终端(机车综合无线通信设备、调度台、车站台)与网络配合性试验及现场运行试验

该试验主要评估机车综合无线通信设备与 FAS 调度台/车站台的界面显示、MSISDN(移动台 ISDN 号码)呼叫、功能寻址、位置寻址、语音组呼、语音广播、紧急呼叫、AC(鉴权中心)确认、呼叫等待、呼叫保持、增强多优先级与强拆、调度命令/车次号传送等业务。

该项试验中,对于 FAS 通过双音多频释放组呼成功率不高的问题,经过多次试验和调整双音多频的持续时间和间隔时间,达到了满意的效果;对 CIR(机车综合无线通信设备)处理多个不同优先级呼叫(包括个呼和组呼)、人机操作界面同步操作和显示不规范问题,提出修改意见,并建议 CIR 技术条件补充规定这些内容。通过测试,还提出了 MSC 与 FAS 间号码传递、功能号传递和显示的规范格

式，经厂家修改软件后，测试通过，为铁路 GSM-R 编号方案的制定提供了实践验证依据。

(4)GSM-R 网络与 FAS 及 PSTN(公众电话交换网络)的互联互通性试验

GSM-R 与 FAS 之间的 PRI 测试内容主要包括接口正常启动、D 信道激活/去激活、语音主叫与被叫信令流程、异常呼叫流程、呼叫释放信令流程、语音组呼、语音广播和多优先级与强拆信令流程等。GSM-R 与铁路自动电话专网之间的接口测试内容包括信令信道/业务信道激活与去激活、基本语音呼叫信令、数据呼叫信令、补充业务信令等。通过测试，规范了网间号码传递和显示规则，验证了技术规范。

(5)GSM-R/GPRS 网络服务质量测试与评估

参考欧洲规范并结合中国铁路的实际情况，在试验段的测试中，提出了适合于中国铁路的服务质量测试和评估方法，包括语音服务质量、电路数据服务质量、分组数据传输服务质量的测试项目和测试方法。确定了主要测试指标，包括：语音呼叫建立时间/成功率、语音组呼建立时间/成功率、上行信道抢占时间/成功率、语音广播建立时间/成功率、越区切换时间/成功率；电路数据连接建立时间、连接建立失败概率、端到端数据传输时延、连接丢失率、传输干扰率、网络注册时延；GPRS 小区重选时长、PDP(分组数据协议)上下文激活/去激活时长/成功率、GPRS 附着/去附着时长/成功率、路由区更新时长/成功率，不同数据包大小的 UDP 传输时延/丢包率、不同编码方式的传输带宽等。测试发现了多处越区切换失败和产生乒乓切换的地段，有效地指导了无线网络的调整和切换参数优化。对测试中出现的传输干扰问题，进行详细地排查分析后，通过调整和优化无线定时器和参数，优化频率规划和覆盖电平，优化基站重叠覆盖深度，减少同频和邻频干扰等手段，使传输质量有了大幅度的提高。

(6)GSM-R 无线覆盖及场强测试方法的研究与试验

①无线覆盖

青藏铁路移动台额定功率有 2 W 和 8 W 两种类型，链路预算以安装在车顶上的 8 W 机车综合无线通信设备和列控车载台进行。由于电磁波传播受地理环境、小区重叠范围以及快衰落等因素的影响，为了保证网络覆盖质量，在工程设计中应留有一定的设计余量。预算中考虑的安全裕度包括：设备老化(基站、电缆、天线等)、植被变化和对未考虑干扰因素的附加保护等。衰落裕度包括：大障碍物(山等)阴影导致的大尺度对数正态衰落和小障碍物(桥梁、建筑物、树木)阴影导致的小尺度对数正态衰落。根据青藏铁路的实际特点，设计余量为 15 dB。相邻两个基站的覆盖重叠区，按照机车运行的速度和允许在越区切换过程中切换失败后重新发起的次数来计算，一般重叠区在几百米范围内。

青藏铁路按照 ITCS 列车控制系统的需求，速度为不大于 120 km/h。为确保成功的越区切换，相邻小区的覆盖重叠需要有足够的长度，场强覆盖要求达到在 95% 的时间地点概率下大于 -92 dBm。

②场强覆盖测量及评估技术

a. 采样间隔

在各种场强测试方案中，最根本的问题是确定采样距离间隔，即每隔多长的距离对场强采样一次。试验段中研究了现行的几种采样间隔，包括根据李氏定律计算的采样间隔、沿用我国无线列调确定的 4 cm 采样间隔、欧洲某些国家采用的 6 cm 采样间隔等，并实地进行测试，进行了充分地试验和对比，为后期的场强覆盖验收测试方法的确定采集了大量有价值的数据。

b. 触发方式

触发方式有时间触发和距离触发两种。时间触发是每隔一定时间(如几毫秒)让测试仪器对场强采样一次，这种方法得到的场强样本在时间间隔上是均匀的，但是样本本身不包含距离信息。距离触发是让仪器每隔一定距离对场强采样一次，这种方法得到的场强样本在距离间隔上是均匀的，每个样本本身就代表了一段固定距离，能准确地反应场强随距离的变化情况。在试验段进行测试时，对这两种触发方式进行了充分地对比和试验，得出 GSM-R 场强测试适宜选择距离触发的方式；但在不具备距离传感器的情况下，可以采用时间触发加 GPS 的方案，利用时间信息和速度信息获得距离信息，转换为和距离相关的数据。

c. 数据统计处理

采集到数据后，需要用合适的统计处理方案提取所需信息，从而达到对网络覆盖的正确评估。试验段对场强覆盖数据的分析，采用了统计窗口为 100 m、步长为 100 m 和统计窗口为 10 m、步长为10 m 两种方式，在数据处理上采用了李氏定律、合格率法和 95% 电平统计法等，为后续验收规范的制定进行了大量的技术储备。试验中所采用的 4 cm 采样间隔、峰值检波方式、统计窗口与步长、95% 累积概率值和同站址双网的场强覆盖测试和评估方法纳入了铁道部相关技术规范。

(7)GSM-R 双层网覆盖的研究与试验

青藏铁路 GSM-R 系统采用双交换机、同站址双层无线网覆盖的方式在国际上属首次。在前期研究过程中，对同站址双网覆盖的业务实现、可靠性、投资评估和稳定性等进行了充分的论证。测试中发现，双层网络均正常的情况下，车载电台在部分地区仍然会发生重选、切换到 B 层网络、切换点提前或滞后等问题，通过对相关参数设置的分析，优化了 A/B 网间切换参数、重选控制参数和定时器后，使这种情况得到有效控制。

在试验段，对单交换机、同站址双层无线网覆盖在正常模式和降级模式下的小区重选和越区切换进行了充分的试验，验证了双网覆盖时的关键参数设置，为全线工程设计提供了重要参考依据。

(8)采用光纤直放站解决隧道和区间弱场区场强覆盖的研究及试验

青藏铁路沿途经过昆仑山、唐古拉山脉，设有昆仑桥、昆仑山、风火山、羊八井等隧道，路堑较多，地形复杂，给 GSM-R 网络无线覆盖及保证网络 QoS 指标造成了很大的困难。在试验段，选取干沟隧道、昆仑桥隧道、昆仑山隧道和望昆—不冻泉间路堑进行了无线直放站与光纤直放站试验，试验内容涵盖直放站覆盖区的场强覆盖和网络服务质量、宽频与选频直放站综合对比，直放站参数设置、越区切换、同频干扰的解决和直放站远程网管等，为全线直放站的设置和参数优化配置提供了重要参考依据。

为解决直放站与基站的相互干扰问题，通过反复调整天线俯仰角、增加衰减器等方式，使得隧道内直放站信号远好于基站直射信号，同频干扰得到了有效抑制。

对直放站覆盖区的乒乓切换问题，进行分析后发现，由于直放站覆盖距离和覆盖电平较大，造成两相邻小区的重叠区域过大，使得移动台在此区域频繁地进行小区重选或乒乓切换问题。通过调整直放站天线方位角和增加衰减器，使得相邻两小区重叠区达到要求，克服了乒乓切换。

(9)GPRS 接口服务器的研制与试验

青藏铁路 GPRS 网络要承载调度数据和安全监控数据等各种应用数据的传送。由于各专业使用 GPRS 业务存在多样性和随机性的特点，必须针对这些实际需求进行二次开发，为各种应用提供统一的平台和接口。在试验段，根据实际需求提出了 GPRS 接口服务器的模型以及和应用数据传输系统的接口协议，研发了 GPRS 接口服务器样机，进行了调度命令/车次号传送、工务信息传送、车辆信息传送、GIS(地理信息系统)信息传送、移动客票信息传送等数据传输试验，完成应用地址与通信地址转换、通信协议转换、数据转发、数据记录等功能，取得的试验数据为技术条件的制定和全线 GPRS 接口服务器工程设备的安装和调试提供了坚实的基础。其中，采用 GPRS 接口服务器的组网结构、

GPRS 接口服务器的设置、工作方式、数据传输内容、数据传输流程以及与 CTC 及 CIR 之间的数据传输协议经试验成功后,均写入了铁道部技术规范。

(10)基于 GSM-R 的列车运行控制数据传输的研究与试验

青藏铁路列车控制信息的传送基于 GSM-R 实现。在试验段,对 GSM-R 网络承载列控电路数据传输的机理、服务质量、双网模式的越区切换和网络参数优化等进行了深入的研究和试验。对 4.8 kb/s和9.6 kb/s 不同速率的承载数据在呼叫建立时间、建立成功率、端到端数据传输时延、误字符率、误帧率、传输干扰率等方面进行了数十个往返的测试,采集了大量的数据,验证了承载列控所需的电路数据传输质量。在青藏铁路 GSM-R 全网及 ITCS 列控系统建成后,进行了 ITCS 系统和 GSM-R 系统之间的兼容性试验,包括数据呼叫建立、承载业务和优先级选择、一个电话号码接入 ITCS 消息转发器、PRI 接口冗余备份、A/B 网切换和 MSC 负荷分担等。测试中发现和解决了以下主要问题:

①ITCS 移动终端发送 Classmark(ITCS 移动终端发送类表)2 信息元不正确,会造成组呼对数据传输的负面影响,通过修改列控所用 SIM 卡的设置可解决上述问题,首次提出了列控专用 SIM 卡的思路。

②通过 A 接口、PRI 和 Abis 接口监测系统,分析和诊断 ITCS 数据传输中断和超时的原因。通过接口监测,发现中断和超时既有 ITCS 自身系统造成的,也有少数网络原因造成的。将问题分类后,指导了 ITCS 进行系统软硬件优化。对网络自身问题,通过调整正常模式和降级模式的越区切换参数、优化频率规划、优化传输网络结构,调整定时器等方式解决。经过通信信号联合优化,基本清除了试验段 ITCS 数据传输中断和超时的故障。

通过试验段的建设、调试和试验过程,获得了大量珍贵的技术资料,经过分析、处理,形成了系列试验和研究结论,为全线通信工程建设提供了决策依据。

二、全网建设过程

1. 工程设计

随着格尔木至不冻泉通信试验段工程的建成和初步试验数据的取得,青藏铁路通信工程设计工作全面展开,工程设计人员先后完成有线通信施工设计图纸 44 册、无线通信施工设计图纸 12 册,并配合了现场施工,为通信工程前期施工及后期系统联调的有序进行奠定了基础。

2. 设备物资采购

工程中采用的设备和器材均以招标方式进行采购,达到设计所要求规格、性能、技术含量、技术指标等标准,同时兼顾高原多年冻土区特殊环境,满足了节约能源、安全耐用、少维护要求,并符合国家和铁道部的现行有关标准和规定。

3. 工程施工技术

青藏铁路采用的全新技术、特殊而复杂的地理环境和极其恶劣的自然环境,给通信工程施工带来巨大困难。工程施工面临一系列的严峻挑战:如何对干线光缆沿线脆弱的生态环境进行有效保护;如何确保恢复植被的成活率;在高原冻土区施工如何确保冻土层的稳定;如何在沼泽湿地进行超深超细桩基(桩径 0.8 m,桩长在 20 m 以上)的开挖;如何有效防止流沙缆沟及铁塔基坑的涌水和坍塌;如何在严寒冬季施工时确保耐久混凝土的施工和养护质量;如何在大风(9 级以下)寒冷天气下进行铁塔和天馈线的安装、GSM-R 系统区间基站和交换中心的安装调试等等。

针对现场实际,青藏铁路建设总指挥部确定了以 GSM-R 网络为核心的通信工程施工分三个阶段实施的施工策略。第一阶段(2005 年 9 月至 2005 年 12 月)为铁塔桩基、承台制作及铁塔安装;第二阶段(2005年12月至2006年3月)为设备安装与调试;第三阶段(2006年3月至6月)为全网优化及QoS测试。与此同时,对多年冻土区光电缆敷设及相应施工工艺等关键技术问题的研究,在青藏铁路建设总指挥部的组织下开始启动。

整个施工过程中,青藏铁路建设总指挥部组织编写了施工工艺工法、先期建设QZ193示范站;统一了施工标准和施工工艺;围绕多年冻土地带光缆埋设等施工关键技术,广泛开展技术研讨和论证;通过制定和规范控制工程进度形象报表,及时了解和掌握工程进展情况,紧紧把握施工中的重点和难点问题,不断优化和合理调整施工组织。经过2005年冬季为期5个月的寒季施工会战,通信工程顺利完成设备安装、加电调试和系统联调,保证了2006年3月1日开行货车,胜利实现了2006年7月1日全线通车运营。

(1)冻土区光电缆敷设技术

在多年冻土地带,光电缆敷设遵循"埋设在多年冻土上限以上、挖沟深度不破坏多年冻土上限"的原则。据有关资料显示,昆仑山口、风火山、唐古拉山口一带,冻土上限仅为0.8~1.0m,此类地段,光缆应在冻土上限10~20cm埋设,即采取浅埋方式。其他地段,冻土上限深度大多在2m以上,光缆埋设按正常埋深,但遇地下冰时宜适当减少埋深。

在海拔4500m以上空气稀薄地带,施工人员高原反应严重。因此,该地区光缆施工宜采用机械挖沟,若采用人工方法施工时,速度不宜过快。

施工季节应选择在融化系数(实测融化深度与最大季节融化深度之比,称作融化系数)最大的月份。融化系数自4月末5月初为零起,至9月末10月初为止,逐月上升。大约在7月中旬,融化系数为0.5。融化系数变化情况说明多年冻土上限以上的地表冻土,7月中旬时能融化一半,9月末10月初全部融化完毕。因此,为避免开挖冻土,减少施工难度,最佳开挖时间应选在8月份。

施工时,应尽量缩短电缆沟暴露时间,挖沟、回填间隔越短越好,以防受气温影响造成冻土上限下降,导致热融沉陷或热融滑塌。同时要求缆沟回土必须夯实,高出地面20~30cm。

在上述研究的指导下,2005年9月,全线光电缆敷设、接续完成。

(2)铁塔基础桩基制作工艺

铁塔基础施工由铁塔基础桩基定位、场地平整、开挖准备、基坑开挖、材料准备、混凝土浇筑前的准备、混凝土搅拌、浇筑和振捣、安装地脚螺栓、混凝土养护等环节构成,每个环节又有其严格的程序。

①铁塔基础桩基定位

包括中心桩、四角桩、辅助桩、根开、对角线尺寸、孔径等必须严格按设计尺寸施工。

②场地平整

对铁塔基础四个桩基任意两者之间原始地面标高差超过0.5m的场地进行平整。以原始地面最低的桩为基准面,对其余三个桩位进行开挖,把高出基准面的泥土取走。

③开挖准备

首先把以桩基中心为圆心、直径1m的圆内的草皮取出,并移至缆沟边规则地堆放好;然后在每个开挖的桩基旁边0.5m以外铺上6m×6m的彩条布,用于堆放挖坑取出的泥土。

④基坑开挖

旋挖钻机进入施工场地前,应先对施工现场进行调查。如现场是湿地或沼泽地,旋挖钻机进入现场时,应先铺设钢板或胶垫,再从钢板或胶垫上进入,尽量不破坏草地环境。旋挖孔洞前,利用经纬仪确定铁塔中心,再根据设计要求测出基础各桩孔中心;利用水准仪测出各桩孔高差,并做好记录。为解决季节融化层冻土融化、滑塌,施工前准备内外双钢护筒。按设计要求制作钢筋笼。同时,钻机的安装应符合下列要求：钻机中心与桩基中心偏差不得大于 50 mm；钻杆中心偏差应控制在 20 mm 以内。钻机底座下方用道木垫实，钻杆用扶正器固定，扶正器用地锚固定，确保钻机找正后不发生移动。安装钻机时，应将机台调平，转盘中心应与钻架上吊滑轮在同一垂直线上。为使钻进成孔正直，防止扩大孔径，应使钻头旋转平衡，力求钻杆垂直无偏晃地钻进，即钻杆尽量在受拉状态下工作。在松软土层中钻进，应根据泥浆补给情况控制钻进速度；在硬土层中的钻进速度以钻机不发生跳动为准。当一切钻杆钻完时，应先停止转盘转动，然后吊起钻头至孔底 200 ~ 300 mm，并继续使用反循环系统将孔底沉渣排净，再接钻杆继续钻进。钻杆连接应拧紧牢靠，防止螺栓、螺母、拧卸工具等掉入坑内。钻进过程应及时校正钻机钻杆，确保不斜孔。泥浆的黏度应符合设计要求。如果发生斜孔、塌孔、护筒周围冒浆时，应停钻并采取措施后再继续钻进。

钻机成孔的注意事项：

①若发现工作平台（基础垫木）下沉或倾斜应及时调整，增大支垫面积。

②应加强泥浆管理，勤清理循环，保持泥浆黏度、浓度及胶体率；泥浆泵放入泥浆池沉没的浓度，应使液面平泵窗口一半即可；泵下端吸水口距泥浆池底不小于 400 mm。

③在一般地质条件下，旋转钻机清孔应优先采用反循环系统；只有在粉砂层和淤泥地质条件下，才采用正循环系统清孔。当孔内泥浆比重小于 1.25，孔底沉渣厚度小于 50 ~ 100 mm 时，清孔为合格。清孔后须将钻杆稍稍提起使其空转，并启动泥浆循环系统，将孔内沉渣排出。

④当有人员在坑内作业时，坑外人员在坑口活动时要小心。车辆或机械等要避免靠近坑口。在歇工期间，要在坑口作警示并用木板进行遮挡，防止人或动物误坠入坑内。

⑤材料准备

在基础开挖的同时，进行混凝土施工的各项材料的准备。钢筋笼提前在基地加工好，待灌注前提前将钢筋笼运至铁塔施工现场。地脚螺栓和定位板等也需要提前加工好。砂、碎石、水泥、外加剂和粉煤灰在混凝土浇筑前由料场、基地运至施工现场。从便道运至基础施工现场时，需要合理组织劳力或机具。按计算的混凝土方量准备足够的材料。当砂石料直接堆放在地面时，砂的备料应增加 3%，石子应增加 2%；当砂石料堆放在塑料编织袋上时，按设计量备料。运至现场的水泥、外加剂和粉煤灰要垫放彩条布，并用篷布进行遮盖，防止因受潮变质或污染环境。

⑥混凝土浇筑前的准备

桩基孔开挖完成时，首先对坑底进行清理和操平，检查孔深和孔壁的垂直度，检查根开和对角线尺寸，所有尺寸均达到设计要求后，方可进行钢筋笼的安装。同一基础的基坑深度相同时，在坑深允许范围之内按最深一坑操平。当同一基础的基坑深度不同时，应分别按设计坑深操平。钢筋笼吊装时应垂直缓慢地放入孔内，防止碰撞护桶和孔壁，入孔后应采取措施固定好位置。吊装安放时应使钢筋笼轴线与桩孔轴线重合。确保混凝土搅拌和浇筑的工机具全部到位，包括：磅秤、运水车、水桶、搅拌机、漏斗、导管、振捣棒、发电机、手推车、试模等。

⑦混凝土搅拌、浇筑和振捣

使用搅拌机前，应将滚桶内浮渣清除干净，启动机器转动正常后，才能投料。投料顺序一般是砂、水泥、碎石、外加剂和粉煤灰，最后加水。混凝土搅拌应严格按给定的配合比进行施工。单方混凝土中各项材料的重量应严格按照给定的配合比计算数量。混凝土搅拌时间：干硬性混凝土搅拌时间不宜少于 1.5 min，塑性混凝土搅拌时间不宜少于 2 min，也不宜超过 5 min。一般搅拌时间控制在 2 ~ 3 min。使用高频振捣棒振捣的时间不超过 20 s。混凝土搅拌好以后，分桩基选取混凝土制作抗氯离子渗透性试模（150 mm × 150 mm × 150 mm，一组三块）。混凝土搅拌好以后，需要对拌合物性能进行检验:坍落度及其损失(180~220 mm)、含气量(3.5% ~6%)、泌水率。可以根据单方气体浓度测试配合比。混凝土下料时先从立柱中心开始,逐渐延伸至四周,应避免将钢筋向一侧挤压变形。混凝土自高处倾落的自由高度,不得超过3 m。如浇灌高度超过3 m时,浇灌时可沿模板内侧放置一个溜滑混凝土坡道的铁板,使混凝土沿坡道流入模板内。浇灌一个塔脚的混凝土应连续进行。在进行水下混凝土施工时,应有足够的混凝土储备量,压水过程混凝土浇注不得中断,使导管下端一次埋入混凝土平面下0.8~1.2 m。压水冲灌所需最小混凝土量应经计算确定。压水冲灌混凝土是水下浇注混凝土的关键,其成功的标志是浇注混凝土后导管内没有泥浆水。压水冲灌成功后应继续将混凝土从导管向孔内浇灌,随着混凝土的上升,应适当提升和拆卸导管。提管时,应保证导管始终埋入混凝土内1.5~2 m,严禁导管提出混凝土表面。每一位置的振捣时间,应能保证混凝土获得足够的捣实程度,以混凝土表面呈现水泥浆和不再出现气泡、不再显著沉落为止。

⑧安装地脚螺栓

安装前必须检查螺栓直径、长度等尺寸,符合设计要求后方准安装。地脚螺栓的安装通常是在地面将丝扣部分先穿入样板孔,用螺帽固定,然后将箍筋扎牢,使每个基础的地脚螺栓形成整体后装入立柱钢筋笼内,调整根开及对角线,符合设计要求后将样板固定在立柱模上。丝扣部分应涂以黄油并用牛皮纸包裹。当浇注至距地面1.2 m时,为保证桩顶浇制质量,一般在钢护筒未拔出前,先用人工将混浆层挖出后,放入规定尺寸的小钢筋笼,调整好方向及中心位置;安装地脚螺栓定位板及地脚螺栓,地脚螺栓放置垂直,间距尺寸符合设计要求;再继续浇注。各地脚螺栓高差不大于10 mm。基础浇灌完毕后,拆去地脚螺栓的丝扣保护套,再一次检查地脚螺栓根开和同组地脚螺栓中心对主柱中心的偏移,检查基础根开及对角线尺寸是否符合设计要求。超出允许误差的,应在混凝土初凝前调整合格并在其周围灌浆。

⑨混凝土养护

混凝土结构拆模后,应迅速用塑料布等材料将刚露出的混凝土表面覆盖,当温度较低时,可增加覆盖塑料布层数或采用棉毯。塑料布内应具有凝结水,养护时间不得少于14天,并应经常检查。应严格控制混凝土的养护温度不低于混凝土外加剂规定的最低适用温度。当环境温度低于-5 ℃时,应采取临时保温养护措施,直至混凝土的强度达到临界抗冻强度,并不得对混凝土洒水。

(3)铁塔、彩钢房和天馈线施工工艺

铁塔基础养生期达到要求后,开始组织铁塔安装。铁塔安装前对4个桩基底部找平,清除地脚螺栓螺纹里的泥沙。铁塔安装时须注意爬梯的安装方向,确保馈缆引入机房的方向一致。铁塔在安装到每10 m的高度时要用经纬仪检查铁塔的垂直度,超过设计要求时随时进行校正。铁塔的地脚螺栓采用两个螺母进行固定,塔身的每个螺母在铁塔校正完毕后均要一一紧固。

铁塔安装完毕后进行彩钢房的安装。彩钢房与基础圈梁固定要牢靠,对接缝要用防水胶进行封堵。彩钢房屋顶和墙壁均要做接地处理。

天线安装时采用吊装方式,不能损坏天线。A、B网天线分上下两层固定,朝向基本与铁路线的方向一致,在做网络优化时再进行精确调整。馈缆布放要特别注意馈缆的安全,弯曲度要符合施工规范,馈缆与塔身采用馈线卡进行等距可靠固定。馈线和跳线接头、接地、避雷器安装严格按厂家要求施工。

馈线引入彩钢房内时,注意做好馈线窗的防水和防尘工作。

针对高原地区风季时间长且风力大对天线方向角影响大的实际问题,制定出了格拉段的基站天线的特殊加固方案:天线固定螺丝由原来的单螺帽加成双螺帽,在加双固定螺母的基础上再加上带有防滑动螺丝的U形固定包箍的方案,对全线基站进行普遍加固。

(4)通信设备安装与单站调试

施工过程中,设备安装与调试分三个阶段实施。第一阶段是2005年12月31日前,完成格尔木至通天河GSM-R单层网调试,满足信号专业ITCS格尔木至通天河的调试工作。第二阶段是2006年1月31日前,完成通天河至底吾玛单层网调试。第三阶段是2006年2月28日前,完成全线双层网BTS设备以及拉萨MSC调试,初步开通GSM-R系统,为全线开行货车提供保障。设备调试主要包括设备加电、本机测试以及在线测试。

与此同时,分两步开展综合监控系统设备的安装与调试:第一步是2005年12月31日前完成格尔木、拉萨中心层和车站层网络设备的安装、调试,为通信、信号、电力专业等提供通道;第二步是2006年3月1日前完成区间层网络设备和所有终端、工作站设备的安装、调试,初步开通综合监控系统。

4. 系统联调和网络优化

(1)系统联调

2005年11月中旬,青藏铁路建设总指挥部在西宁组织相关单位召开了通信系统调试准备会。会上通过了通信系统调试三个阶段的初步方案,即:

第一阶段首先由电化局电信中心组织三个测试组,进行光传输系统调测,一组负责打通干线通道,确保2006年1月1日之前提供西宁至拉萨的2 Mb/s通道,为拉萨的MSC调试提供条件;其他两组进行接入层传输系统的调测工作,为BTS(基站收发信机)及接入网设备调试提供通道。

第二阶段在2006年2月28日之前完成单层BTS调试工作,提供GSM-R网络的单层覆盖,完成FAS系统调试工作,完成拉萨程控交换机的调测,为通行货车提供通信保障。

第三阶段在2006年6月中旬完成GSM-R网络双网覆盖的优化及QoS测试工作,完成综合监控系统的调测工作,确保青藏铁路开通试运营。

受房建、供电等工程进度影响,至2005年12月上旬,光传输系统基本具备调测条件。为了保证第一阶段目标,施工单位、设备厂商和联调单位克服了设备供电紧张、调测工期紧迫、环境严寒缺氧等困难,精心组织、加快进度,于12月31日如期提供了西宁至拉萨的传输通道,并且完成了格尔木至雁石坪的GSM-R网络的单层网调试工作。

第二阶段,各单位再接再厉,于2006年春节前基本完成了全线通信电源设备、光传输设备、程控电话、FAS设备的安装及初调工作;完成了直放站设备安装,并具备加电调试条件;完成了全线车站BTS和综合监控系统试验段的调试工作。2006年2月20日前,完成了全线光传输系统、接入网系统、程控交换机、FAS、移动交换机以及基站收发信机的测试工作,除了保证通信系统所需传输通道外,还为电力专业提供了远动控制通道、电力视频监视通道,为车辆专业提供了红外轴温监测通道,以及信息化、公安等所需通道等。至2006年2月28日,程控电话、FAS、传输及接入网(含迂回保护通道)、综合环境监控设备等有线通信系统全部开通试运行;GSM-R系统进行系统调测及初步网络优化工作,车站、基站附近具备了GSM-R基本通话功能。

根据测试结果,开展了核心网和无线网络的冗余配置、基站参数优化、直放站参数优化、基站天线俯仰(方位)角的调整、基站天线加固、部分频率重新配置等网络优化工作。同时完成了新到机车GSM-R车载台的安装调测工作和海事卫星电话的安装调试工作,为列车安全运行提供了多方保障。

2006年6月下旬至7月中旬,电化局电信中心对GSM-R无线网络覆盖和QoS进行了测试,至此基本完成了全线通信系统的调测工作,为青藏铁路开通试运营提供了充分的通信保障。

(2)网络优化

GSM-R 全网优化和 QoS 测试工作于 2006 年 3 月份开始,共完成了 21 个往返的调试工作。网络优化的主要内容如下。

①优化频率配置

根据对 ITCS 列控车载台进行综合跟踪分析的数据,找出了某些通信中断的原因在于邻频干扰,并确定了发生邻频干扰的地点,进而对基站频率进行了一系列调整和优化。

②场强/QoS 测试和弱场补强

通过对全线无线场强覆盖的测试结果进行分析,对不冻泉、错那湖的三处弱场区通过增加移频直放站进行了补强。同时对 GSM-R 网络承载列控业务的服务质量测试项目进行测试和数据分析,对天线俯仰角和网络参数等进行了优化调整。网络服务质量不断提高改善。

③优化无线参数设置

综合考虑青藏铁路特定地区的地理环境、业务量和测试得到的无线信道特性、列控业务特性、网络拓扑设计、基站选址和频率规划等因素,在实际运行过程中,根据列控数据超时定时器的特点,优化了上/下行无线链路超时定时器等参数;根据发生越区切换异常的原因和地点,优化了切换算法的选择和门限定义。

④直放站设备的优化与调整

根据对 ITCS 呼叫进行的跟踪分析和场强/QoS 测试的结果,针对基站和直放站重叠覆盖区出现的质量恶化,进行上/下行增益或下行功放等参数的调整,克服同频干扰,提高数据传输质量。

⑤优化传输网络保护机制

为最大限度地解决 ITCS 系统通信超时问题,在既有传输资源条件下,改进通道保护机制,减少基站切换引起的 ITCS 系统超时事件,并在 45 座车站增加 2M 支路板和倒换桥接板实现 1:N 的 TPS(支路保护倒换)保护,有效提高了通信传输网络的可靠性,达到列控业务的需求。

⑥接口跟踪与数据统计分析

借助于北京交通大学提供的 Abis、A 和 PRI 接口综合监测系统,对 ITCS 数据呼叫信令、数据传输误码、上/下行电平、定时提前量、无线传输质量、切换流程、中断原因等积极开展数据统计分析工作,及时发现问题,保证 ITCS 列车控制数据可靠传输,确保格拉段全线网络的安全畅通。

5. 临时通信工程

(1)工程建设初期的格拉段临时通信系统

2001 年,青藏铁路建设前期,为满足土建施工单位临时通信需要,决定建设青藏铁路格拉段工程临时通信系统。

2001 年 6 月,铁一院对青藏铁路沿线的通信设施进行了充分调研,提出了基于兰西拉光缆的无线接入方案、光接入方案、微波方案、架空明线方案及卫星通信方案等多种方案及其多种方案的组合方案。经过专家研讨和充分论证,确定采用兰西拉光缆加光接入的技术方案实现青藏铁路格拉段的临时通信。

青藏铁路格拉段临时通信采用新建光接入网方式接入兰西拉光缆通信系统的技术方案,即在甘沟、小南川等沿线车站设 ONU(光网络单元),利用军队既有架空明线杆路架设 4 芯架空光缆线路,通过设在纳赤台、沱沱河等地的兰西拉光缆通信站内的 OLT(光线路终端)分段接入格尔木、拉萨铁通,以满足土建施工单位临时通信、铺架通信及临管通信等的需要。格尔木至南山口的临时通信以既有杆路架设明线载波的方式解决。

纳赤台、沱沱河等地 OLT 的电源利用兰西拉设备的电源,供电等级与兰西拉设备相同;其他各中间站的通信设备电源采用以硅太阳能为主、蓄电池组备用的供电方式。

青藏铁路建设总指挥部委托维护单位(相应电信公司)对铁路架空光缆线路和设备统一维护,并负责通过接入网对临时通信系统进行监控与信息反馈,保证了临时通信工程的畅通。

临时通信的运用,满足了工程建设前期土建施工人员的通信需要,同时也为广大建设者的亲情、友情联络提供了平台,体现了青藏铁路"以人为本"的建设理念。

2006 年 7 月 1 日青藏铁路开通运营后,临时通信系统设备撤除。

(2)保障青藏铁路开通的临时通信措施

为满足 2006 年 3 月 1 日开行货车、2006 年 5 月 1 日开行空载旅客列车的需要,根据当时工程进度状况,青藏铁路建设总指挥部研究确定"450 MHz 调度通信为主、GSM-R 调度通信为辅"的临时调度指挥模式,确保了调度指挥通信畅通和提高了列车运行安全可靠性。主要工作内容包括:

①开通调度所调度电话及沿线车站的自动电话、调度电话;

②本务机车上配发 GSM-R OPH 手机;

③玉珠峰等 13 座有人车站临时加装 450 MHz 模拟无线列调地面设备;调度台、机车上安装海事卫星设备。

这些措施为 2006 年 7 月 1 日青藏铁路格拉段通信系统正式开通运营前为行车指挥提供辅助的手段发挥了重要作用。

6. 工程验收

2006 年 3 月至 5 月,按照《关于青藏铁路工程初验安排的批复》(铁建设函〔2005〕857 号)要求,开展了青藏铁路通信工程验收工作。验收工作包括工程自验、工程初验和工程复验,验收内容主要包括:检查工程建设内容、建设规模是否按鉴定时依据的铁路技术管理规程、设计规范、批准的设计文件(含变更设计)及施工技术规范建成,检查光电缆线路的隐蔽和防护情况,检查设备安装、配线、调试和运行情况,检查工程质量是否符合铁道部颁布的工程质量验收标准,检查工程质量是否符合铁道部批准的有关青藏铁路多年冻土区工程质量验收标准等。

(1)工程自验

在建设过程中,通过自验和监理抽验,全线的干线光缆埋深和防护均达到设计文件要求和验标规范;在光缆接续时,严格根据测试值来判断光缆接续是否需要重接,中继段接续完后,再进行双向的中继段测试,对平均值达不到要求的光纤及时开盒处理。经过自验,全线光缆接续损耗和中继段损耗指标均达到设计文件和验收标准的要求。

在铁塔桩基施工过程中,施工单位对配合比达不到要求的混凝土坚决禁止使用,对不合格的材料坚决禁止进场,对钢筋焊接和绑扎不达标的坚决返工。经过自验整改和权威检测单位的桩基检测,全线的 GSM-R 桩基未出现缩颈、断桩等现象,强度全部达到 C30 以上,Ⅰ类桩的比例达到 94% 以上。

在对通信站、中间站、区间机房设备验收过程中,施工单位对布线不合理、绑扎不规范、设备安装不标准的坚决进行了返工。经过自验整改,设备安装、内部配线、电源指标、传输性能均达到设计文件要求和验标等规范要求。

(2)工程初验

2006 年 4 月 7 日至 4 月 27 日,青藏铁路公司、青藏铁路建设总指挥部组织施工单位、设计单位、监理单位、铁通青海分公司对全线通信工程进行了初验。通过全面的检查和验收,对因受交叉施工、设计、订货、天气等因素影响而未完成的基站正式配电箱倒接,基站电力远动通道开通,无人站 FAS

值班台正式安装，光缆外皮监测设备安装及调试，广播和旅客引导显示设备安装和调试，基站围栏方案设计和安装，铁塔的塔脚包封和桥槽入地包封，个别站数字配线架（DDF）2M 端子运用标识不清，个别基站地网阻值不够，蓄电池单体电压和放电时间不达标，中间站通信机械室防尘不良等问题，向相关施工单位提出了整改意见。

（3）工程复验

工程初验结束后，施工单位针对提出的问题一一进行了整改，于 2006 年 5 月 23 日至 6 月 10 日接受了青藏铁路公司、青藏铁路建设总指挥部组织的对全线通信工程的复验。复验工作主要针对初验整改的问题进行了检查和验收，包括设备配线、标识和芯线端子运用台账、高频开关电源柜参数设置、室外防盗钢槽和走线架整改、塔脚包封和彩钢房体与圈梁之间的缝隙处理等。验收组评定：青藏铁路格拉段全线通信工程各项施工完全达到设计图纸要求，也完全符合《铁路运输通信工程质量验收标准》相关条款的规定和要求，工程合格率为 100%。

2007 年 7 月，青藏铁路格拉段通信系统工程通过国家验收。

三、运营准备

为管好、用好世界一流高原铁路，顺利实施青藏铁路运营接管工作，在铁道部的指导下，经过认真比选，确立了通信委托维修体制，委托中国铁通青海分公司承担青藏铁路格拉段通信系统的维护工作。

1. 建立维护制度

青藏铁路通信系统维护管理的重点和难点在于海拔 5 000 m 高原地区 GSM-R 系统的管理，无论是运营环境，还是网络结构，特别是其承载了列控信息传送功能，在世界范围没有经验可循。

按照铁道部有关文件规定，中国铁通青海分公司在中国铁通集团公司的指导下，结合青藏铁路实际情况，广泛采纳了既有铁路通信系统维护规程、中国联通和中国移动维护商用 GSM 网络的成功经验，参考了国内外各 GSM-R 网络建设公司的意见和建议，制定了《青藏铁路 GSM-R 系统维护管理办法》，建立起涵盖运行维护体系、基本管理制度、故障管理制度、网络优化、后台制度和学习培训等涉及日常运行维护管理各方面的 GSM-R 网络维护管理制度，为青藏铁路 GSM-R 网络的运行维护管理实现科学化、规范化、制度化奠定了基础。

2. 成立运营维护队伍

从 2006 年 2 月起，中国铁通青海分公司就介入工程，提前了解系统设备，并成立网管调度中心和技术支持中心，通过丰富教育培训形式，体现超前性、增强针对性、突出实用性，分层次、分专业、多渠道、大规模地开展教育培训活动，先后培训技术人员和技术管理人员 44 人次 745 人天，为用好、管好世界一流高原铁路创造了条件。

第三节　青藏铁路通信系统的构成和功能

青藏铁路格拉段通信系统主要包括传输系统、电话交换系统、调度及专用通信系统、GSM-R 数字移动通信系统、通信电源系统、光电缆线路（含监测）系统、综合监控系统、车站客运信息系统、应急通信系统等。

一、传输系统

青藏铁路传输系统由干局线传输系统和接入层传输系统构成，为铁路运输指挥部门、管理部门和维护部门的各种业务提供稳定可靠的数字通道，保证各种业务的稳定可靠传输。

1. 干局线传输系统

利用4芯光纤开设SDH-622M(1+1)干局线传输系统，波长1 550 nm，预留升级条件。采用西门子光传输设备，在格尔木、纳赤台、不冻泉、五道梁、江克栋、沱沱河、雁石坪、唐古拉、安多、底吾玛、那曲、古露、当雄、羊八井、拉萨设传输网元ADM(分插复用器)共15套，格尔木、拉萨设传输网网元网管中心共2套。为解决长途音频电路，设置拉萨—格尔木PCM(脉冲编码调制)接入设备8套。干局线传输系统如图4-1所示。

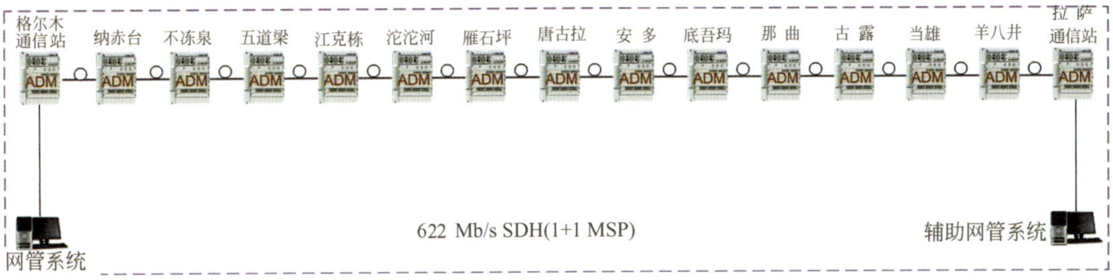

图4-1　干局线传输系统

2. 接入层传输系统

利用6芯光纤开设接入层传输系统，波长1 550 nm和1 310 nm。采用华为MSTP(多业务传送平台)设备，在格尔木、沱沱河、那曲、拉萨设OLT，在格尔木、拉萨设本地网管，在沱沱河、那曲设远程网管，分别管辖格尔木—风火山(含)、风火山(不含)—唐古拉(不含)、唐古拉(含)—乌玛塘(含)、乌玛塘(不含)—拉萨段的各车站的接入网网元。

接入层传输系统由传输接入层SDH-622M(1+0)、车站接入层SDH-622M(1+0)和区间接入层SDH-155M(1+0)组成。接入层传输系统如图4-2所示。

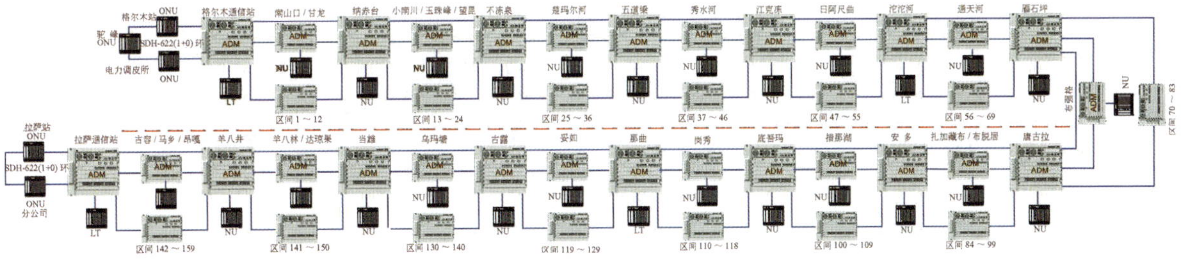

图4-2　接入层传输系统

传输接入层在格尔木、纳赤台、不冻泉、五道梁、江克栋、沱沱河、雁石坪、唐古拉、安多、底吾玛、那曲、古露、当雄、羊八井、拉萨设ADM设备共15套。

车站接入层设SDH-622M(1+0)ADM接入网传输设备45套，区间接入层在各基站设ONU或ADM。接入层传输设备共193套，NU(接入单元)127套，LT(线路终端)4套。在设有传输接入层设备的各车站，传输接入层、车站接入层和区间接入层合设一套ADM。

在格尔木设置基于SDH-622M的本地接入网，电务维修基地、水电维修基地的电力调度所和信号楼设ONU，与格尔木通信站OLT构成二纤接入环；驼峰信号楼设基于SDH-155M(1+0)的ONU，以二纤链状方式从信号楼 ONU 接入本地接入网；拉萨设基于 SDH-622M 的本地接入网，拉萨站房、分公司设 ONU，与拉萨通信站 OLT 构成二纤接入环；电务维修基地、机辆整备基地设基于 SDH-155M(1+0)的 ONU，以二纤链状方式接入通信站 OLT；拉萨 35 kV 配电所设基于 SDH-155M(1+0)的 ONU，以二纤链状方式从分公司 ONU 接入本地接入网。本地接入网纳入全线接入网网管。

纳赤台、五道梁、沱沱河、安多、那曲、当雄、羊八井、马乡、拉萨西、拉萨 35 kV 等配电所设基于 SDH-155M 的 ONU，纳入全线接入层传输系统，提供电力专业所需的通道及业务。

3. 传输系统保护

干局线传输系统采用 1+1 线性复用段保护。

接入层系统通过在拉萨与格尔木间和中国网通置换两个 155M 电路的方式，构成不同物理路由的电路保护环，形成一种负荷分担式的传输系统电路保护，以避免光缆中断和传输设备故障对行车造成的影响。

二、电话交换系统

根据铁路路网规划和既有现状，结合青藏铁路的特点，以格尔木和拉萨为中心组成两个大的本地网。格尔木及其管辖范围（格尔木至唐古拉北）内的中间站及区间用户点纳入格尔木本地网；拉萨及其管辖范围（拉萨至唐古拉）内的中间站及区间用户点纳入拉萨本地网。

拉萨新设 4 000 线交换机，采用华为设备，新设 8 000 线总配线架；格尔木交换机利旧，新设 3 000 线总配线架；西宁既有程控交换机用户线扩容 1 000 线。利用接入网系统解决沿线各站点的公务联络通信需求。拉萨、格尔木、西宁的本地网交换中心设数字中继线，采用 No. 7 信令，设置 2M 信令链路。程控交换机的中继方式如图 4-3 所示。

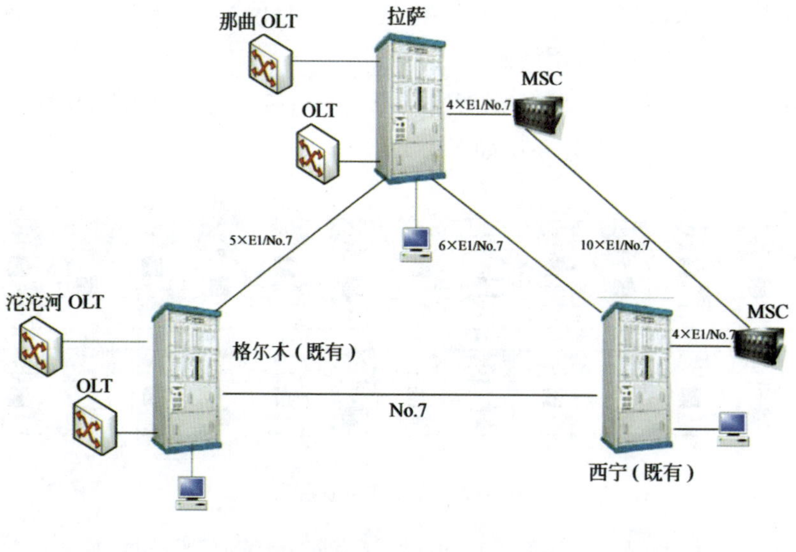

图 4-3　程控交换机的中继方式图

三、调度及专用通信系统

青藏铁路设有行调（列调）、站间行车电话、电力专用（调度）等专用通信系统，利用固定用户接入系统（FAS）组网，设备采用北京佳讯飞鸿电气股份有限公司（以下简称“佳讯飞鸿”）的 FH98-G 系统。

1. 组网方案

行车指挥设格尔木至安多和安多至拉萨两个调度区段，相应设置格安行调和安拉行调。

FAS 主系统（一套）设于青藏铁路公司的西宁调度所，FAS 分系统分别设于沿线各车站，共 45 套。调度所 FAS 主系统分别与西宁、拉萨的 GSM-R MSC 通过两个 PRI 接口互联，和车站 FAS 分系统之间通过数字传输通道（E1）连接。根据传输网的实际情况，结合 GSM-R 网络的通信业务需求，采用多数字环的组网方案，以满足资源分配的合理性与调度通信的可靠功能。在 FAS 组网设计中，每 5 座车站分系统与主系统间构成一个数字环，45 座车站分系统与主系统间共组成 9 个数字环。在设备调试开通过程中，根据实际话务量的大小、FAS 系统的硬件特点以及运营需求，每 5 ~ 8 个车站分系统与主系统间构成一个数字环，45 个车站分系统与主系统间共组成 6 个数字环。FAS 系统构成如图 4-4 所示。

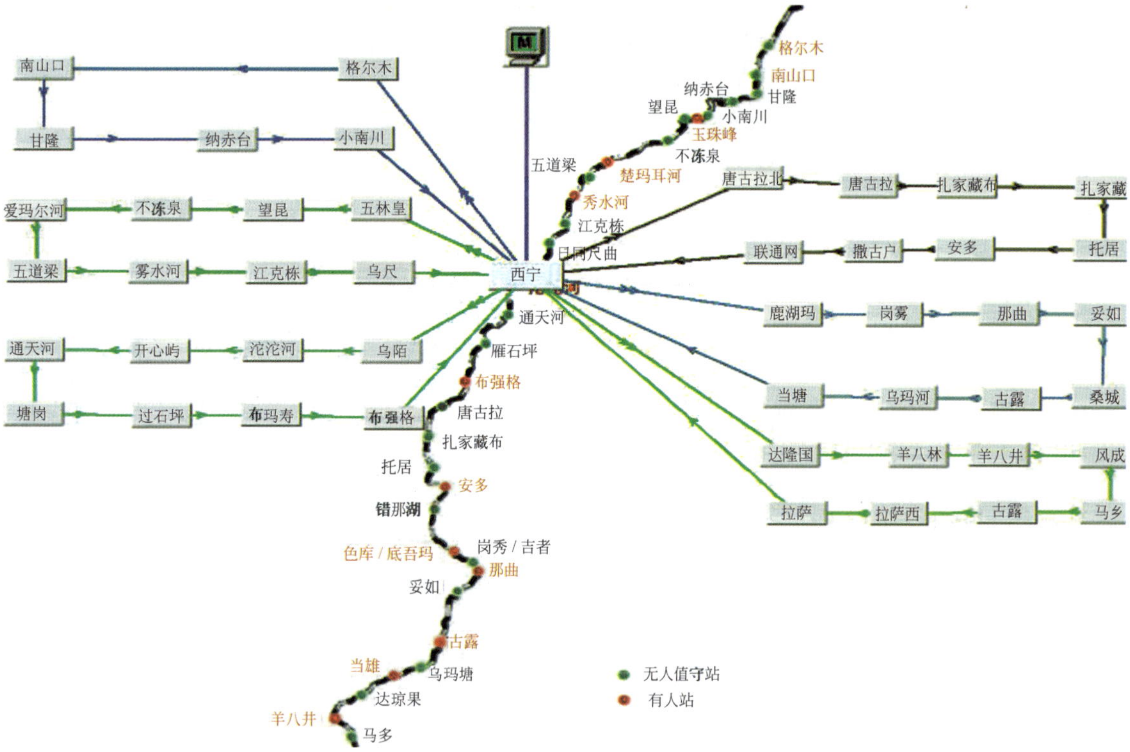

图 4-4 FAS 系统构成

西宁调度所设行车调度台，沿线 45 座车站行车室设车站值班台（45 台）；格尔木电调中心设电力专用调度台，专用值班台 2 台（车、电），配电所设专用分机。

2. 系统功能

青藏铁路 FAS 系统的业务主要有无线调度业务、有线调度业务、站间业务和站场业务等。其主要调度通信功能如下：

（1）呼叫优先级划分功能。

（2）组呼功能。可以设置多个不同优先级的组呼；可以同时发起多个不同优先级的组呼；同一用户允许被设置在不同优先级的组呼组内，当多个组呼同时发生时，该用户被接至优先级最高的组呼内通话。

（3）强插功能。高优先级的呼叫可以对低优先级的呼叫进行强插；同优先级的组呼和个别呼叫间不允许强插。

（4）调度呼叫接续无阻塞。

（5）区别振铃。

四、数字移动通信系统(GSM-R)

青藏铁路采用数字移动通信系统(GSM-R)作为承载调度通信、列车控制数据传送、调度及安全监控信息传送等的平台。

1. 全线组网方案及设备配置

青藏铁路GSM-R数字移动通信系统包括交换子系统、基站子系统、GPRS子系统、智能网子系统、网管子系统、GPRS接口服务器、直放站系统和移动终端等。系统结构如图4-5所示。

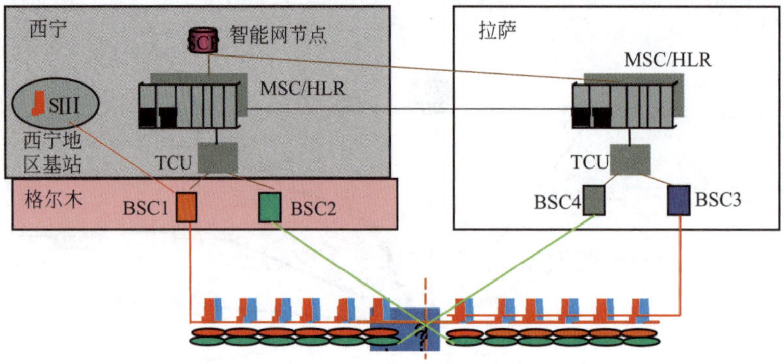

图4-5 GSM-R系统结构图

其中,交换子系统、基站子系统、GPRS子系统、智能网子系统和网管子系统采用了北电网络的产品,GPRS接口服务器采用了北京交通大学的产品,直放站设备采用了南京泰通科技有限公司(以下简称"南京泰通")的产品,机车综合无线通信设备采用了北京世纪东方国铁科技股份有限公司(以下简称"北京世纪东方")和北京首科中系希电信息技术有限公司(以下简称"北京首科中系希电")的产品,作业手持台与通用手持台采用了法国SAGEM集团公司的产品。

(1)交换子系统

青藏铁路GSM-R系统采用两个交换中心的双层网络结构。GSM-R交换子系统共两套,分别设置于西宁青藏铁路公司调度楼和拉萨无线交换中心。以唐古拉北站分界,西宁交换子系统连接格尔木至唐古拉北站的A层网和唐古拉北站至拉萨站的B层网;拉萨交换子系统连接拉萨至唐古拉北站的A层网和唐古拉北站至格尔木站的B层网。

(2)无线子系统

无线子系统主要包括BSC(基站控制器)、BTS和直放站设备。

格尔木和拉萨各设基站控制器两套,沿线采用同站址双基站冗余覆盖,两层基站之间采用主备用方式。格尔木两台基站控制器分别挂接格尔木至唐古拉山上层网基站和唐古拉山至拉萨下层网基站,拉萨两台基站控制器分别挂接格尔木至唐古拉山下层网基站和唐古拉山至拉萨上层网基站。GSM-R无线网络确保移动台优先选择主用层,当主用层发生故障时,网络使移动台重选到备用层。

西宁地区设一个S8000型基站(6载频),站型为S222,基站设置在青海铁通的西宁通信站寻呼设备机房内,天线采用铁塔架设方式。在西宁通信站院内新设45 m铁塔,在铁塔二层平台上架设3根双极化板型定向天线,天线间角度120°,主要覆盖青藏公司调度楼及其周边地区。

格尔木至拉萨段沿线车站、缓开站及区间设置193处基站设备。其中,格尔木和拉萨车站均设置2个S8003基站,1个基站是3载频O3站型,另一个是1载频O1站型。其余191处均设置2个S8003基站,1个基站是2载频O2站型,另1个是1载频O1站型。频率规划是采用5小区频率复用,并设置机动频率,有效抑制同频干扰和邻频干扰。新设双层平台铁塔,上层平台架设 O2 基站的 2 根天线,在平台上新设分/合路器,将基站过来的 2 路射频信号合路后分成两路连到 2 根天线上。天线角度满足基站两侧沿铁路线方向的覆盖。

BTS 与 BSC 之间通过光传输网络连接,2M 传输通道从基站机房(或通信机械室)的传输设备或接入设备上引入。光传输网络由多层传输系统构成,并与中国网通传输系统构成迂回保护。BTS 与 BSC 之间的 E1 通道环,传输系统提供两条不同方向的路由,由 GSM-R 系统设备择优选取。BSC 与 BTS 通道构成如图 4-6 所示。

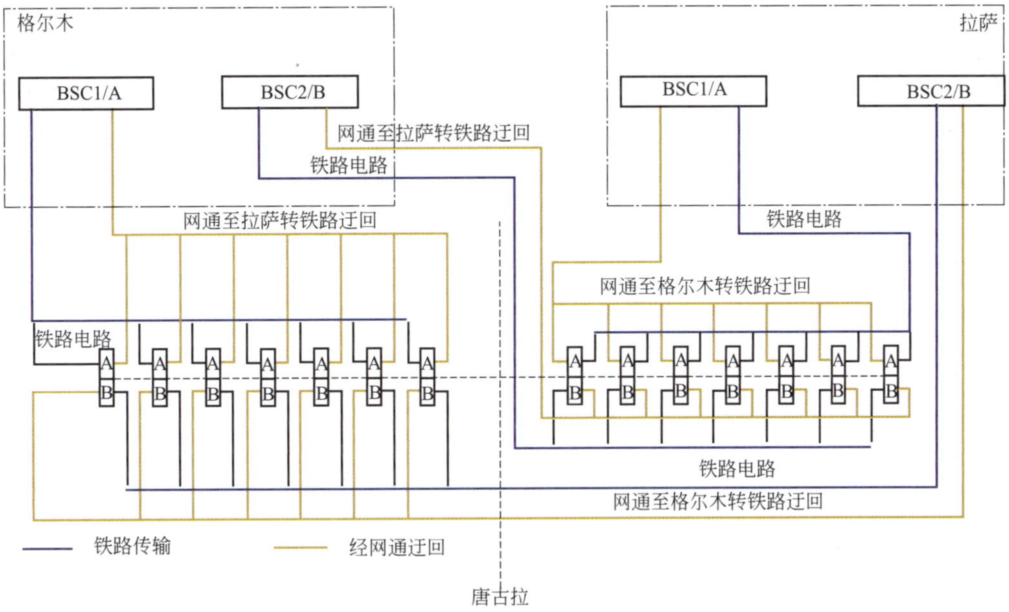

图 4-6　BSC 与 BTS 通道连接图

格尔木至拉萨区间隧道、地堑地区弱场补强采用增加光纤直放站、射频直放站及漏泄同轴电缆解决。由山体阻挡及路堑等造成的弱场强区,采用增加光纤直放站或射频直放站解决;对于隧道弱场强区,采用增加光纤直放站加漏泄同轴电缆解决。光纤直放站的近端站、远端站也采用冗余配置,分别对应上层网和下层网,合路器、天馈系统和漏泄同轴电缆等不易损坏的无源器件合用一套。全线共有直放站 21 处,共设置近端机 42 个,远端机 64 个。

(3)GPRS 子系统

GPRS 子系统主要包括 SGSN、GGSN(网关 GPRS 支持节点)和 PCU(分组控制单元)等,用于提供分组 GPRS 业务。SGSN 共两套,分别设置于西宁青藏铁路公司调度楼和拉萨无线交换中心;GGSN 一套,设置于西宁青藏铁路公司调度楼;PCU 两套,分别设置于格尔木通信机房和拉萨无线交换中心,格尔木 PCU 分别与格尔木两个 BSC 相连,拉萨 PCU 分别与拉萨两个 BSC 相连。

(4)智能网子系统

智能网子系统主要包括业务交换点(SSP)和业务控制点(SCP),其中 SSP 两套,与 MSC 合设;SCP 一套,设置于西宁青藏铁路公司调度楼。智能网子系统主要提供功能号注册/注销/查询/强制注销、功能寻址、基于位置的寻址和接入矩阵等功能。

(5)GPRS 接口服务器

GPRS 接口服务器包括数据转发单元、数据记录单元、外域名解析服务器和 RADIUS 服务器等,内部设备采用双机冗余备份。青藏铁路设 GPRS 接口服务器一套,设置于西宁青藏铁路公司调度楼,提供 GPRS 用户安全接入、调度命令、车次号、工务晃车信息、移动客票、TCDS(铁路客车运行安全监控系统)车辆检测信息等应用数据的存储转发、应用层地址与网络层地址的转换和协议转换等功能。

(6)网管子系统

网管子系统主要包括西宁无线网管中心、拉萨无线网管中心和格尔木无线网管中心。

西宁无线网管中心设在西宁 GSM-R 无线交换中心机房内,为一级网管中心。网管中心包括 OMC-S(交换子系统操作维护中心)工作站、OMC-R(无线子系统操作维护中心)(A)工作站、智能网网管终端 IN-OAM(智能网网管终端)、GPRS 网管系统(OMC-D)、路由器和以太网交换机等,与格尔木的 GSM-R 无线网管中心[OMC-R(B)]采用以太网连接。OMC-R(A)用于重要参数的设置和修改,OMC-R(B)用于日常的维护管理;对于重要参数的修改,OMC-R(B)需要 OMC-R(A)的授权。

拉萨无线网管中心设在拉萨通信站 GSM-R 无线监控室,为二级网管中心。网管中心 PWI 远程维护终端包括:OMC-S 远程维护终端、OMC-R 远程维护终端和 OMC-D 远程维护终端。远程维护终端通过以太网和西宁相应的网管服务器相连。OMC-S 远程维护终端负责管理拉萨无线交换中心的 GSM-R 交换机,OMC-R 远程维护终端负责管理 GSM-R 无线子系统(拉萨本地的 2 台 BSC 以及 BSC 所挂接的 BTS),OMC-D 远程维护终端负责管理拉萨无线交换中心的 GPRS 设备。

西宁无线网管中心与拉萨无线网管中心构成以太网连接,西宁无线网管中心的以太网交换机与拉萨无线网管中心的以太网交换机之间通过 E1 传输通道相连。

格尔木无线网管中心为二级网管中心,通过路由器与西宁无线网管中心通过以太网相连,格尔木网管中心设路由器、集线器、OMC-R(B)远端工作站、光纤直放站网管终端。

(7)移动终端

青藏铁路配置 CIR 共 136 套,车站及沿线移动人员配置 GPH 和 OPH,其中 GPH 共 100 台,OPH 共 300 台。

2. 系统功能

(1)调度通信

青藏铁路采用了 GSM-R 数字移动通信系统与 FAS 系统、机车车载终端、GSM-R 手持终端构成的有线通信、无线通信相结合的调度通信系统。青藏铁路的行车组织由西宁调度所统一调度。通过基于 GSM-R 的调度通信业务,机车司机、运转车长、调度员、车站值班员可以随时进行通话,通话质量清晰,保密性高,有利于提高运输生产效率,保障行车安全。

调度通信的功能主要包括:

①个别呼叫

a. 列车调度员按车次号功能寻址/MSISDN 号码方式个别呼叫调度辖区内的机车司机并通话。

b. 列车调度员呼叫调度辖区内车站值班员并通话。

c. 列车调度员呼叫相邻调度区调度员并通话。

d. 列车调度员呼叫相邻调度区分界站车站值班员并通话。

e. 车站值班员按车次号功能寻址/MSISDN 号码方式个别呼叫机车司机并通话。

f. 车站值班员呼叫列车调度员并通话。

g. 车站值班员呼叫相邻车站值班员并通话。

h. 机车司机按位置寻址/ISDN 号码方式个别呼叫当前所在调度辖区的列车调度员并通话。

i. 机车司机按位置寻址/ISDN 号码方式个别呼叫本站/前方站/后方站值班员并通话。

j. 机车司机按车次功能号/MSISDN 号码个别呼叫运转车长并通话。

k. 运转车长按车次功能号/MSISDN 号码个别呼叫机车司机并通话。

l. 助理值班员按车次功能号/MSISDN 号码个别呼叫机车司机并通话。

m. 助理值班员按车次功能号/MSISDN 号码个别呼叫运转车长并通话。

②语音组呼

a. 列车调度员组呼调度辖区范围内的所有或部分车站值班员并通话。

b. 车站值班员组呼所属列车调度员、三站两区间范围内的机车司机并通话。

c. 车站值班员、助理值班员、车站基站区范围内机车司机和运转车长之间按组呼方式通话。

③铁路紧急呼叫

机车司机、助理值班员、工务巡道人员、道口值班人员向所属调度辖区的调度员、相邻的车站值班员以及相邻三小区范围内的机车司机、运转车长、助理值班员、工务巡道人员、道口人员发起铁路紧急呼叫。

(2)基于 GSM-R 的列车运行控制数据传输

GSM-R 网络为 ITCS 车载设备和地面消息转发器之间的列车运行控制信息传输提供数据承载通道。数据承载业务的特点为:

a. 电路交换模式;

b. 非限制数字信息(UDI);

c. 9.6 kbit/s 全速率无线信道;

d. 异步透明传输模式。

除了基本承载业务外,GSM-R 还为 ITCS 列控数据传输提供主叫线识别显示和增强多优先级与强拆等多项补充业务,确保列控数据安全可靠传输。基于 GSM-R 的 ITCS 列控数据呼叫的优先级为 1 级,而普通的调度通信呼叫为 3 级,也就是说,当网络资源拥塞时,列控数据呼叫的优先级高于普通话音呼叫,具备强拆能力,能够将低优先级的话音呼叫拆除,腾出信道资源供 ITCS 列控数据呼叫使用。

青藏铁路 GSM-R 网络还提供与 ITCS 消息转发器之间的关键接口冗余功能。MSC 冗余配置时,两个 MSC 都连接 ITCS 消息转发器。当与 MSC A 相连的两个 ITCS 消息转发器的所有电路都处于脱机、忙或退出服务状态时,MSC A 将新的列控呼叫通过两个 MSC 之间的链路路由传至与 MSC B 相连的另一个 ITCS 消息转发器。

(3)基于 GSM-R/GPRS 的应用数据传输

除能够承载列控安全数据传输外,青藏铁路 GSM-R/GPRS 网络还能够提供分组数据接入和传输,基于 GSM-R/GPRS 的应用数据传输如下:

①CTC 系统应用,即调度命令和无线车次号信息传送。调度命令通过 GPRS 接口服务器和 GPRS 网络由调度员发送给机车司机,无线车次号信息通过机车综合无线通信设备、GPRS 网络和 GPRS 接口服务器传送给 CTC 系统,作为车次号校核使用。

②轨道动态监测数据传送。车载式轨道动态监测系统的车载设备通过 RS-422 通信线路与机车综合无线通信设备连接,由机车综合无线通信设备将监测数据发送给 GPRS 接口服务器,GPRS 接口服务器再将监测数据转发给工务信息系统。

③TCDS 车辆检测信息传送。安装在车厢里的 TCDS 终端通过 GPRS 网络将采集到的数据发送给 GRPS 接口服务器,GPRS 接口服务器将这些信息转发给 TCDS 地面服务器。TCDS 系统可以通过 GPRS 接口服务器和 GPRS 网络将下行数据发送给车厢里的终端。

④GIS 信息传送。GPRS 接口服务器除将机车综合无线通信设备上发的无线车次号信息传送给 CTC 系统外,还将这些信息传送给 GIS,使得 GIS 可以实时显示列车当前位置。

五、通信电源系统

1. 交流电源及供电方式

青藏铁路全线新建 35 kV 电力贯通线路,保证沿线各车站及区间基站有一路稳定可靠的交流电源。沿线各车站电力专业还配置光伏发电系统或柴油发电机组作为备用电源。

除 45 座车站外,所有区间均为 1 路电。西宁无线交换中心配置 80 kW 柴油发电机组;格尔木通信站为既有通信站,既有一路稳定可靠的交流电源,本工程引入第二路交流电源,通信站既有柴油发电机组(50 kW)利旧,后期增设 150 kW 发电机组;拉萨通信站引入两路稳定可靠的交流电源。通信配备一套 80 kW 应急柴油发电机组和一套 40 kW 不间断电源系统;另外在沱沱河、安多、那曲三站设有 1 000 kW 的柴油发电机组(电力专业设),在电力贯通线停电时,为沿线车站设备提供用电。

全线 36 个无人站均设有太阳能电源,功率为 13 kW,蓄电池容量为 1 400 A · h(有道岔融雪的车站为 2 800 A · h)。

由于通信信号负荷电流较大,交流停电后的瞬间倒接电流与太阳能设计容量不匹配。后期对车站通信直流电源的供电方式进行了优化,即由单相供电改为三相供电,以减小每一相的电流,保证太阳能供电系统的倒接。

2. 通信直流电源设备

直流电源系统为全线通信传输设备、GSM-R 移动通信设备、专用通信设备等直流用电通信设备提供稳定可靠的 -48 V 直流电源。全线各通信站、开放中间站、缓开站及区间通信设备采用不等容量的直流 -48 V 高频开关电源,蓄电池采用阀控式密封铅酸蓄电池组。直流电源系统按在线充电方式以全浮充制运行,蓄电池容量按车站 8 h、区间 24 h 供电考虑。

根据青藏铁路供电条件,为延长外电停电情况下通信设备的供电时间,通信电源采用了“一/二次下电”的工作方式,即:外部交流电源中断后,高频开关电源首先切离 GSM-R 系统 B 层 BTS 的供电,切离电压全线统一为 -50 V;其他传输设备、综合监测设备以及 GSM-R 系统 A 层 BTS 保持正常供电,直至设定的蓄电池组放电至中止电压,再实施全部设备切离。

全线增开的 10 座车站(不含唐古拉南站)及错那湖站,高频开关电源控制模块设定的蓄电池组放电中止电压为 -43.9 V,蓄电池组端电压(放电中止电压)为 -44.65 V。其他车站及区间基站,高频开关电源控制模块设定的蓄电池组放电中止电压为 -42.4 V,蓄电池组端电压(放电中止电压)为 -43.2 V。

直流电源设备及蓄电池容量配置如表 4-1 所示。

3. 接地及防雷

通信设施接地采用合设接地体的方式,即各类通信设备的联合接地、保护接地、无线通信设备防雷接地、铁塔和建筑防雷接地合用一组接地体。通信站接地体的接地电阻为 1 Ω,车站通信机械室、基站、光纤直放站接地体的接地电阻为 4 Ω。

接地体的接地电阻利用接地体及光缆绝缘自动监测系统自动监测。

青藏铁路雷电活动频繁,为了防止雷电对通信系统造成危害,设计遵循“综合考虑、整体防御、多重保护、层层设防”的综合防雷原则,采用屏蔽、等电位连接、共用地线系统、合理布线、加装电子避雷器(浪涌抑制器)等有效方法,将雷电电磁脉冲的影响降低到通信设施可以承受的限度。

表 4-1 直流电源设备及蓄电池容量一览表

类别 容量 设置地点	交流配电盘 (A)	−48 V 高频开关电源 (含直流配电) (A)	−48 V 蓄电池组 (Ah)	柴油发电机组 (一组) (kW)
格尔木通信站	利旧	利旧	利旧	利旧
拉萨通信站	200	1 000	1 000/两组	80
格尔木车站信号楼	—	150	600/一组	—
格尔木驼峰信号楼	—	50	100/一组	—
格尔木电力调度所	—	50	150/一组	—
格尔木电务维修基地	—	50	150/一组	—
中间站①	—	150	400/两组	—
中间站②	—	150	600/一组	—
近期缓开站	—	150	600/两组	—
区间基站	—	150	600/两组	—
光纤直放站	—	50	200/一组	—
拉萨站房	—	50	200/一组	—
中国铁通拉萨分公司	—	50	150/一组	—

注:①纳赤台、不冻泉、五道梁、江克栋、沱沱河、雁石坪、唐古拉、安多、底吾玛、那曲、古露、当雄、羊八井等 13 站。

②除以上 13 座中间站的其他中间站。

六、光电缆线路

1. 干线光缆线路标准

全线新建一条 60 芯直埋单模光缆,其中 20 芯光纤(G. 652)为基建工程需要,40 芯(G. 655 光纤 12 芯,G. 652 光纤 28 芯)为中国铁通扩展业务需要,增加 40 芯光纤所需费用由中国铁通承担。至区间基站的分歧光缆、基站至直放站的光缆线路采用 8 芯直埋单模光缆。纳赤台至沱沱河、玉珠峰车站间与电力公司合建光缆,在铁路 60 芯光缆基础上增加 4 芯,供电力部门使用。增加 4 芯光纤的工程费用由电力部门承担。

全线不同型号的光缆使用区段如表 4-2 所示。

表 4-2 全线不同型号的光缆使用区段一览表

序号	区段	规格型号	光缆芯数	备注
1	格尔木至纳赤台	$GYTA_{53}$	60	
2	纳赤台至玉珠峰	$GYTA_{53}$	64	含青海电力公司 4 芯
3	玉珠峰至沱沱河	$GYTA_{5333}$	64	含青海电力公司 4 芯
4	沱沱河至乌玛塘	$GYTA_{5333}$	60	
5	乌玛塘至拉萨	$GYTA_{53}$	60	
6	区间基站及直放站	$GYTA_{53}$	8	

2. 光缆监测

光缆监测包括光纤监测系统和光缆绝缘自动监测系统。

(1)光纤监测系统

光纤监测系统纳入综合监测系统,格尔木通信站和拉萨通信站设监测中心。

光纤监测采用分光功率监视 OTDR(光时域反射仪)测试的监测方式。本线传输系统采用 1 550 nm波长,光纤监测系统采用 1 625 nm 测试波长。对全线的 1 芯干局线传输系统光纤、1 芯接入层光纤、1 芯备用光纤进行实时动态监测。系统以自动方式为主,也可以人工方式进行监测。全线在格尔木、不冻泉、江克栋、雁石坪、安多、那曲、当雄、拉萨设远端监测单元(RTU)。全线光纤监测段划分如图 4-7 所示。

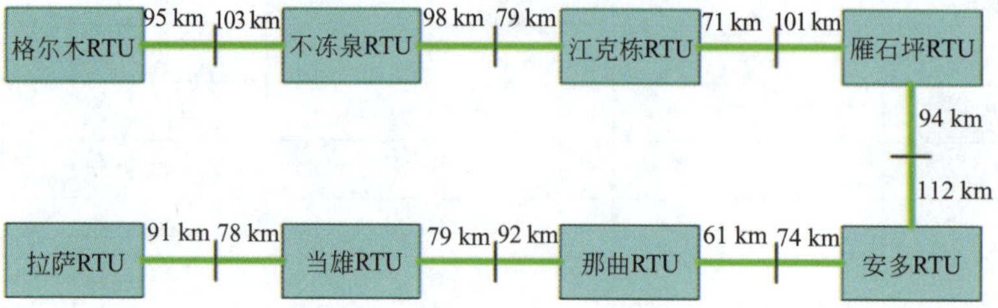

图 4-7　光纤监测段划分示意图

远端监测单元主要配置为:光时域反射仪 1 台、光开关 8 口、合波器(WDM)4 个、光滤波器 4 个。

(2)光缆绝缘自动监测系统

光缆绝缘自动监测系统能够自动监测并发现光缆外皮损伤及被测光缆绝缘性能,并具有自动监测被测试接地体的阻抗的功能。

光缆绝缘自动监测系统由监测中心、监测主站和前站(含线路终端装置)等组成。系统在格尔木通信站、拉萨通信站设监测中心,在甘隆、不冻泉、五道梁、日阿尺曲、通天河、布强格、扎加藏布、错那湖、那曲、古露、达琼果、拉萨等 12 座车站设置监测主站,每个车站通信机械室和区间基站机房设前站(线路终端装置)。系统监测主机通过光缆铠装层与大地构成的回路自动测试光缆外皮绝缘阻抗,通过前站(线路终端装置)测试接地体接地电阻的阻值。

光缆绝缘自动监测系统自成系统,通过综合环境监控平台实现测试数据的透明传送。

3. 站场光电缆线路

地区及站场电缆线路采用 HEYFLT 型填充式低频对称电缆和 HYAT 型填充式全塑电缆,光缆线路采用 GYTA 型单模光缆。

七、综合监控系统

青藏铁路综合监控系统的设计,充分考虑了青藏铁路通信系统点多线长、沿途人烟稀少、条件恶劣、基本为无人维护的客观条件,具有高可用性:核心应用服务器采用热备冗余结构;西宁—拉萨—格尔木中心之间采用网状路由结构,两两互为备用;链路级联的区间节点采用多传输环结构,任意单点故障不影响系统正常通信;在常规监控内容的基础上,叠加视频监控功能,远程直观地确认异常报警。综合监控系统通过一个软件和硬件平台,实现了多种类、多专业监控对象的统一数据采集、处理、关联、管理、分发与表示。

1. 组网方案

综合监控系统构架为:西宁设置管理中心,格尔木和拉萨设置维护管理中心,维护管理中心下设区域管理中心。格尔木、拉萨维护管理中心以唐古拉为界分段管理管辖区域内所有站点。格尔木中心具有作为拉萨监控维护中心的辅助中心功能。

全线各车站、区间基站和部分光纤直放站设置监控前端采集平台，共计 227 处，监控机房数量为 355 处。

全线传输网络的构成为：车站接入点利用传输系统提供的 MSTP 功能，直接接入中心；沿线基站组成环形自愈以太网，每个中心连接 4 个环。沿途直放站以分支的形式通过光缆直接就近接入基站节点。全线网络拓扑如图 4-8 所示。

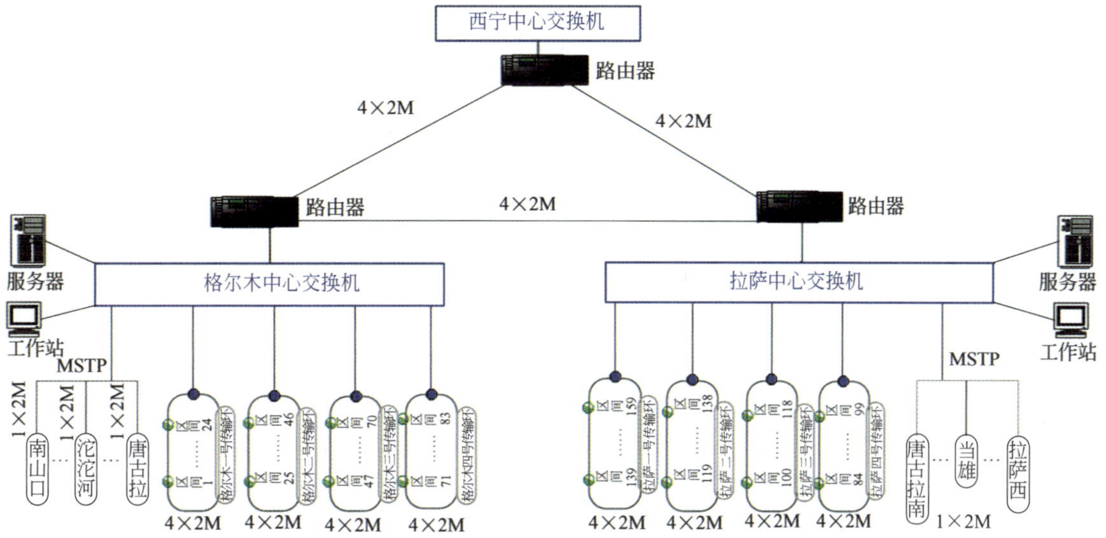

图 4-8　青藏铁路综合监控系统构成示意图

全线工作站设置如下：西宁中心设电务段信号监控终端，西宁车辆段设车辆专业监控终端，青藏铁路公安局设公安监控终端，青藏铁路公司调度楼设综合监控终端、视频解码矩阵和视频终端、风监测工作站，西宁设光纤监测工作站。沿线各专业工区设置相应的专业工作站。

2. 系统功能

综合监控系统利用一个公共的监控平台，通过相关监控对象的接入，满足各不同专业对设备、环境对象的监控管理需求。各系统可以按专业设置自己的管理工作站，如通信专业监控维护管理工作站、信号专业监控维护管理工作站、行车监控维护管理工作站、车辆专业监控维护管理工作站等；也可以同时设置综合维护工作站，对管理范围内的各种业务进行统一的管理。系统监控对象涵盖了通信、信号、电力、车辆、行车指挥、站场安全等多个领域，为通信、信号、电力、车辆、行车、公安等专业提供安全监控服务，在设备安全管理方面发挥了重要作用。

系统主要功能如下：

（1）通信电源监控。对通信电源、电池组进行在线监测与远程管理。

（2）环境监控。包括温度、湿度、门禁等。

（3）光纤监测。可以在线和离线方式对光缆线路中被监测光纤的全程传输损耗及光纤的光学长度、光纤的接头损耗、两接头之间的光纤衰减系数等状态进行监测。

（4）视频监控。在站台、行车室、设备机房设置了视频监控设备，用户可以通过系统平台对镜头、电动云台进行控制，系统与室内照明、其他监控系统联动。

（5）通信资源管理。对电话号码、电缆/光缆、配线架、交接箱、地理地形信息等基础信息进行静态管理，提供手动、自动配线配号，电话、电路径由查询，派工单管理，电缆、配线架/交接箱信息编组，工程图纸电子版管理等功能。

八、车站客运信息系统

拉萨车站日最大聚集人数大于2000人，属于大型客运站。结合运营管理需求，拉萨车站设置集成管理、到发通告、客运广播、旅客引导及综合显示屏、旅客问询、安全监控、行包安全检查以及时钟系统等客运信息子系统。那曲车站日最大聚集人数大于600人，属于中型客运站。那曲车站设置集成管理、客运广播、旅客引导显示、电视监视等客运信息子系统。沱沱河、安多、当雄等车站属于小型客运站，设集成管理、自动广播及旅客引导子系统，采用集中控制方式。客运信息系统中心设于青藏铁路公司西宁调度所。

1. 客运集成管理信息系统

集成管理信息系统以计算机信息管理系统为核心，通过车站综合布线系统使各弱电系统之间根据管理业务的分工需要，共享信息，统一管理，集中控制，确保各项客运业务高效、可靠地运行。

集成管理信息系统平台由系统数据服务器、系统管理工作站、系统录入工作站及通信网络等构成。

拉萨集成管理信息系统在站房客运监控中心机房内设置信息网络系统录入工作站、管理计算机、数据库服务器等，通过服务器群交换机实现各服务器间的信息交换；另设汇聚交换机，采用双机热备方式，通过千兆捆绑，实现负载均衡；设入侵检测设备，对系统中的非法入侵进行监测，屏蔽不安全访问。

那曲设置系统集成服务器，与CTC、TMIS（铁路运输管理信息系统）、PMIS（铁路客票发售与预定系统）等系统互联，实现系统信息资源共享。

南山口、不冻泉、沱沱河、安多、当雄、羊八井、马乡等7站采用集中控制方式，系统集成服务器设在西宁，与CTC、TMIS、PMIS等系统互联，实现系统信息资源共享。

系统能够实时接收CTC、TMIS、PMIS等的有关信息，实现系统信息资源共享，能完成对客运各子系统（到发通告系统、客运广播系统、旅客引导及综合显示屏系统、信息查询系统等）的信息发布和数据更新。车站客运集成管理信息系统集中管理列车服务信息（包括列车计划、列车动态）、生产运营管理信息等，根据列车信息等统一指挥、调度及管理各个工作子系统的运行。各工作子系统之间的信息交流和共享均通过车站集成管理信息系统平台统一完成。

2. 到发通告系统

拉萨车站设置列车到发通告系统。列车到发通告系统能够完成对各运营部门即时发布列车到发信息。

列车到发通告系统在客运信息机房设置通告显示系统服务器、数据库服务器及信息输入服务器，在一区售票室、检票员室、广播室、三区行包办公室及值班站长、客车整备所、机务运转楼设置工作站，利用综合布线组成辐射式星型网络。能够实现从车站值班员处得到列车到发时刻信息并及时、准确地传递给本站其他相关值班人员，以便迅速地为旅客提供乘降车以及其他服务。系统具有自动运行、半自动运行和手动运行三种模式。

拉萨站到发通告系统如图4-9所示。

3. 客运广播系统

（1）拉萨、那曲车站客运广播系统

系统由广播室内广播控制、机械设备和外部喇叭、扬声器组成。广播室内广播控制、机械设备由信源、操作台、功放系统、控制检测系统、自动广播语音编辑播发系统等构成。外部主要由喇叭、扬声器等组成。

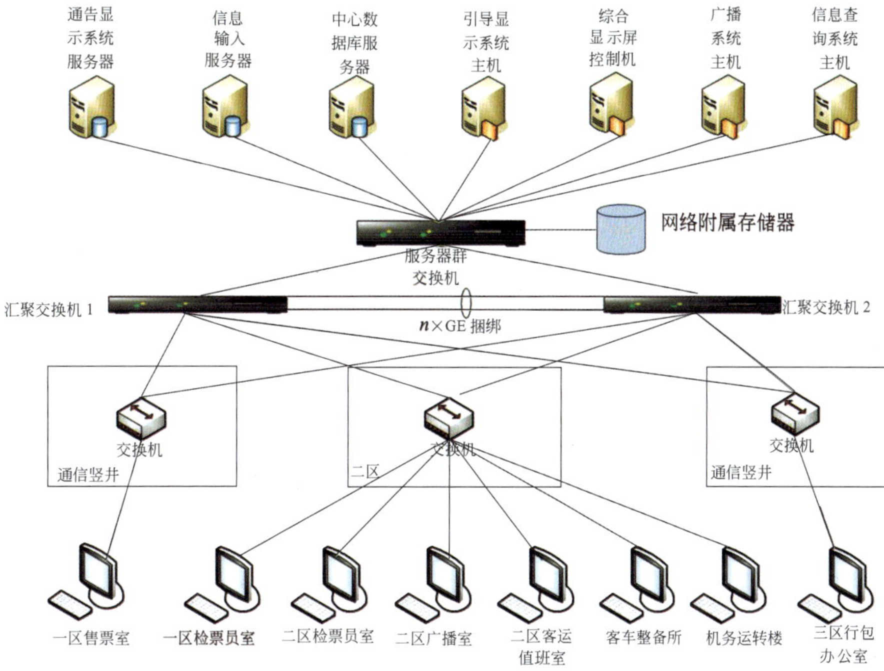

图 4-9 拉萨站到发通告系统图

拉萨车站在客运监控中心设置自动广播控制柜及功放柜，在公共区域和办公场所设置扬声器。广播分区分为进站大厅、候车室、售票厅、出站厅、行包房、办公区、站前广场及站台等共 19 个区。

那曲车站在广播室设置自动广播控制柜，在广播机械室设置功放柜，在广厅通廊、候车室、售票厅、检票室、行包托取厅、站台等处设置扬声器。

系统具有以下功能：

①人工话筒广播、数字语音作业广播、其他信源播放（收音、CD、卡式磁带）、火灾紧急报警广播、候车厅现场作业寻呼广播、其他方寻呼广播、主系统故障后的应急广播等基本广播功能。

②语音合成设备能够完成接发车、旅客乘降及候车的全部客运技术作业广播。

③能实现多信源、多通道、多广播区同时广播。

④系统优先级别由高到低分别为：消防紧急广播 > 其他紧急事故广播 > 自动多分区广播 > 自动单分区广播 > 本地多分区广播 > 本地单分区广播 > 背景音乐。

⑤半自动广播功能，系统可根据时刻表，预制生成广播文件。

⑥三种语种的语音合成（普通话、英语、藏语），并可同时播出三套语音合成内容。

⑦插播功能，背景音量可调，插播结束后背景音量自动恢复。

（2）中间站自动广播系统

中间站自动广播系统由中心和远程广播设备组成。自动广播中心设于西宁（青藏公司），沱沱河、安多、当雄 3 座车站各设置远程广播系统设备。广播系统采用集中控制方案，由中心对远程车站的设备进行控制。在一般情况下实现自动语音广播，当有特殊情况发生时，也能够人工接入，进行人工广播。

中心广播设备与车站广播设备之间采用传输通道连接，音频为 3.4 kHz 带宽的通道，控制为 RJ45 接口，实现控制中心对各车站的广播遥控操作。

控制中心的广播设备包括广播中央处理器、网络交换设备、广播话筒、液晶显示器、键盘、鼠标等。

在控制中心的设备中设置有与传输设备的接口、与时钟系统的接口及与 CTC(TDCS)系统的接口等。

车站广播设备包括广播中央处理器、功率放大器、检测倒机控制器、电源控制器、广播机柜及备用广播话筒、扬声器等设备。

自动广播系统为具有二级控制的广播系统，即：控制中心通过中心广播设备可以控制各车站的广播；本车站根据需要能够进行单独广播。系统主要具备以下功能：

①语音合成自动广播功能；

②控制中心话筒广播功能；

③控制中心监听功能；

④车站广播功能；

⑤时间同步功能。

4. 旅客引导及综合显示屏系统

车站旅客引导及综合显示屏系统是为旅客和车站工作人员提供列车动态信息、候车引导和指示信息、办理检票引导信息、乘降引导信息等，是保证车站工作人员协调工作、提高工作效率、科学合理组织全站客流及客运作业的重要客运管理信息系统。

(1)系统构成

拉萨旅客引导及综合显示屏系统分为 LED(发光二极管)显示屏系统和 PDP(等离子显示通道)显示屏系统，服务器设于客运信息机房，由相应控制主机及前端显示设备(屏)组成。旅客引导及综合显示屏系统前端由动态显示系统和固定显示标识组成。在售票厅、进站大厅、出站厅、检票口、天桥、地道、站台上设置动态 LED 显示屏，在候车厅内设置 PDP 显示屏，在公共场所出入口处设置固定信息标识，引导旅客完成购票、候车、乘车、下车的全部流程。

那曲车站旅客引导及综合显示屏系统由相应服务器及前端显示设备(屏)组成。系统服务器设于广播机械室，各候车厅、售票厅、站台上设置动态显示屏，引导旅客完成购票、候车、乘车、下车的全部流程。

南山口、不冻泉、沱沱河、安多、当雄、羊八井、马乡设置集中控制的旅客引导及综合显示屏系统，系统中心设在西宁，南山口、不冻泉、沱沱河、安多、当雄、羊八井、马乡等7站设客运显示引导屏，利用综合监控平台构成系统。显示引导屏设于各站候车室进站检票口的上方和站台风雨棚下。

(2)系统功能

①能够实现灵活设定的逻辑屏功能。

②显示屏的显示信息能够单页更新或局部更新。

③根据计划列表播放显示内容。

④可以显示时钟、日期信息，位置、字体、大小可以随意设置，时钟可以接受外部时钟统一授时。

⑤票额显示与售票网络连接，自动读取售票余额数据功能，并可设置显示票额的天数，根据需求自行修改。

⑥PDP 显示屏能够发布多媒体信息、列车到发通告信息及 CATV(有线电视)视频信息，并能接收系统主机的控制。

5. 旅客问询系统

拉萨车站设置旅客问询系统，包含多媒体查询系统和电话查询系统。

多媒体查询系统由查询服务器、触摸显示屏等组成。系统服务器设于客运信息监控中心，在站房售票大厅、左广厅、右广厅、贵宾候车室、软席候车室、行包托取厅等处设触摸屏查询终端，通过声、像、图、文解答旅客问询。

电话查询系统由播放机、管理机、录音机、服务器、人工话务台及市话中继线(10 条)、路话中继线(5 条)等构成。

电话查询系统能存储列车运行时刻表、车站业务及旅客常识等信息,可由值班员键控检索调出,用语音合成装置回答用户查询。对于接入自动应答电话查询的用户,系统以声音通报检索目录及操作提示,并根据用户选择调出有关信息,用语音合成装置回答。系统可以转接人工话务台由人工服务,可采用中文、藏语和英语三种语言播放。

6. 安全监控系统

(1)拉萨车站安全监控系统

拉萨车站安全监控系统包括电视监控系统和防盗监控系统。安全监控系统能够同时满足电视监视和安全监控的需要。系统在候车室、重要通道等处设置闭路电视摄像系统,对站房内现场情况进行监控,将现场的图像信息及时传给各个控制中心。在客票售票室、总账室、票务办公室和货运票据室设置报警装置及防盗双鉴探测器,防止夜间非法入侵。遇突发事件可及时报警,通知有关部门作出反应。

安全监控系统分为多个监控报警区域,分区控制,分区供电。系统主机可与其他相关业务楼实现视频图像联网使用,从而实现对整个车站的生产、公安监控联网。

安全监控系统的视频信息能够通过综合监控网络上传至西宁调度中心,调度中心可以有选择地调用图像。

(2)那曲车站安全监控系统

那曲车站安全监控系统分别在候车室、售票窗口等处设置闭路电视摄像系统,对站房候车室、重要通道等现场情况进行监控,将现场的图像信息及时传给各个控制室。

系统主机放在广播机械室内,公安室为系统主控,广播室、行车控制室设置 2 个分控,各个分控具有不同的优先级别。

该系统具有与报警系统的接口和联动功能。系统为集中供电。

7. 时钟系统

拉萨站房内设置子母钟系统。时钟系统主要由监控终端、中心母钟、子钟组成。监控终端及中心母钟设在通信机械室,12 台子钟分别设置在贵宾候车室、软席候车室、母婴候车室、军人候车室及检票员室等房间。系统时间同步信号由 GPS 提供。

8. 行包安全检查系统

拉萨车站在主要进站口设两套旅客行包安全检查仪,联系廊设一套旅客行包安全检查仪,行包房设一套行包安全检查仪,实现对旅客随身行李和托运行李的安全检查。

那曲车站在站房入口设置一套行包安检仪。

九、应急通信系统

1. 组网方案

根据青藏铁路的特点,结合青藏铁路既有的通信基础条件,在青藏铁路公司所在地西宁建立应急指挥中心,配备应急指挥中心设备、宽带 VSAT(宽带甚小地球站)卫星地面接入系统和海事卫星地面接入系统。海事卫星地面接入系统采用平板天线,柱式方式固定安装在楼顶,用于接收从现场海事卫星终端设备传输过来的语音、图像和数据信号;在格尔木、沱沱河、那曲和拉萨配备现场应急接入设备。系统采用VSAT宽带卫星、便携式窄带卫星通信以及利用基站现有数字传输通道的野战光纤接入方式,实现有线通信与卫星通信相结合,构建快速反应和互为保障备用的应急通信网络。

2. 系统功能

(1)西宁应急通信指挥中心设备

①接收并显示现场上传的照片及视频图像。

②与现场进行实时语音和图像通信;能组织调度中心、救援中心、运营机车、现场等同时进行多方语音会议通信。

③应急通信系统的数据库间实现资源共享,预留与地理信息、客运信息、图像监控等系统的接口条件。

④可实现与铁道部应急通信救援中心的信息传输,并可接入铁道部远程数字会议系统。

⑤在格尔木、沱沱河、那曲和拉萨设置现场应急接入设备4套,由窄带卫星、宽带卫星通信和光传输通信系统提供应急通信的传输通道,并完成以下功能:

a. 采集现场图像信息,上传至应急指挥中心。

b. 与应急指挥中心进行语音通信,支持远程多路语音会议。

c. 与应急指挥中心进行数据通信。

d. 可为现场组建临时指挥通信系统,使用无线终端设备实现内部无阻塞通信和多人共享外部通信信道。

(2)VSAT卫星系统

在青藏铁路应急通信系统中,VSAT卫星系统为应急通信提供2 048 kb/s卫星传输通道,实现语音、动图和数据的传输。

(3)海事卫星系统

在青藏铁路应急通信系统中,海事卫星系统为应急通信提供窄带卫星传输通道,实现应急指挥中心与现场的双向通信,并与机车海事卫星传输系统兼容,可实现应急中心与现场的语音、静图和数据的传输。

现场海事卫星通信终端设备(包括卫星终端设备和一体式图像数据终端设备)的主要功能如下:

①采用海事卫星便携式多媒体终端,可在救援现场和西宁救援中心之间建立64 kb/s带宽的卫星通道。

②卫星终端设备具有串口、ISDN、USB(通用串行总线)等多种标准接口,可实现数据包、图片、可视电话、慢扫描图像、DECT(数字增强无绳通信)电话等的传送。

③卫星终端设备具有可靠性高、体积小、质量轻、便于携带、易于操作等特点,可在几分钟内快速建立通信。适于在要求快速建立通信,实现现场语音、静图及数据上传至救援中心,进行交换式通信的情况下使用。

④海事卫星一体式图像数据终端设备具有内置麦克风、内置扬声器、内置液晶显示器、内置摄像头、2路视频输入接口、3路视频输出、2路音频输入、3路ISDN输入和1路无线网络接口,支持H. 320和H. 323协议,内置锂电池,容量不小于7 Ah。

第四节　主要技术成果、经验与启示

经过五年的工程设计、建设和一年的开通运营,2007年7月1日,青藏铁路经国家正式验收合格。青藏铁路通信工程采用成熟可靠的光同步数字传输系统、先进的GSM-R数字移动通信技术、信息技术以及综合监测等技术,通过严谨的设计、大量的科研试验研究、高质量的建设和完善的调试,保证了系统的先进性、成熟性和可靠性,为铁路运输指挥、运营管理以及各种业务的传送提供了综合的应用平台,成为世界一流高原铁路的重要组成部分。

一、主要技术成果和经验

1. 青藏铁路GSM-R系统的成功开通,为我国铁路GSM-R技术的发展奠定了技术基础。

青藏铁路GSM-R系统是世界上第一条在长大干线采用同站址双层网络冗余覆盖方式承载列控信息传送的移动通信系统,系统的成功运用为我国铁路乃至世界铁路GSM-R技术的发展奠定了技术基础。

青藏铁路GSM-R系统的建设和试验以及相关关键技术的研究开发,验证了GSM-R调度通信功能、列车控制数据传输功能、铁路信息化数据传输功能,并创造性地采用了GSM-R同站址双网覆盖结构,在频率规划、网络参数优化、基站设置距离等方面为后续工程建设提供了建设性的借鉴。

在总体网络规划、编号方案制定、列控安全数据传输业务实现、智能网新业务及基于GPRS的调度数据传输业务实现、FAS与调度台车站台设备、机车综合无线通信设备、GSM-R手持台、SIM卡以及网络功能业务测试、终端功能测试等方面,为相关标准的编制和改进积累了大量丰富的实践数据,推动了我国铁路GSM-R标准体系的建设。

青藏铁路基于GSM-R网络的ITCS应用,首次验证了GSM-R系统支持ITCS列车控制信息传输的可行性,在参数优化、双层网络结构、冗余切换、网络QoS指标测试、接口综合监测等方面,为后续客运专线CTCS-3级(中国列车控制系统3级)列控系统的研究和GSM-R网络的规划、建设积累了经验。

青藏铁路GSM-R系统的开通运营,为我国铁路移动通信设备的研究和开发提供了良好的试验场地,积累了大量的宝贵数据和经验,同时也促进了固定用户接入系统(FAS)、机车综合无线通信设备(CIR)及其出入库检测设备、GPRS接口服务器(GRIS)、GSM-R场强测试及分析系统、GSM-R/GPRS网络服务质量测试和评估系统、GSM-R接口综合监测系统等一系列适应我国GSM-R业务、运营、维护实际的新产品、新设备的诞生,带动了其他GSM-R业务的开发,为GSM-R植根于中国铁路打下了坚实的国产化基础。

2. 建设站后试验段,为全线通信工程的成功设计、建设和开通提供了重要条件。

青藏铁路站后试验段选择在格尔木至不冻泉,较完整地体现了青藏铁路高原、缺氧和严寒的地理特点,涵盖了桥、隧和路基等线路特点,光电缆、传输、调度、GSM-R等主要通信系统平台的元素基本完备。通过试验段的建设和试验工作,主要取得了以下成果:

(1)验证了高原、高寒环境下通信设备的选型要素。

(2)为全线的通信系统设计,特别是GSM-R双网覆盖设计提供了充分的实测数据。

(3)为GSM-R的配套产品开发、网络优化提供了现场试验环境和改进方案建议。

(4)锻炼了一批工程管理人员、技术指挥人员和GSM-R工程技术人员。

在长大干线采用新技术之初进行试验段建设,用较少的投资对有关技术、数据进行验证和测试,避免了整体工程实施期间可能造成的浪费,是值得后续工程借鉴的有益实践。

3. 采用独特的施工工艺,完善了高原高寒地带光电缆敷设技术规范。

青藏铁路通信缆线在选择路径时尽量绕避了冻胀丘、冰锥、融冻泥流、融冻滑塌、热融湖(塘)等不良冻土地带。在特别困难地段,光缆采用$GYAT_{5333}$型直埋光缆,并部分采用硅芯管或波纹管防护,避免了由于热融塌陷以及冻胀对通信缆线造成的影响。多年冻土地带光缆采用浅埋方式,即光缆线路埋设在多年冻土上限以上 10 ~ 20 cm,避免了光缆线路对多年冻土的影响和破坏。

4. 建成综合监控系统,提供了多专业共用的监控平台。

青藏铁路格拉段在设计阶段就对各类监控系统进行了全面规划,在全路第一次成功建成综合监控平台。通过一个软件和硬件平台,实现了多种类、多专业监控对象的统一数据采集、处理、关联、管理、分发与表示,大大减少了每个系统分别维护带来的繁重工作量,有效地降低了用户承担的单位成本。通过监控系统的综合化,改变了以往各专业分散设置监控系统的局面,提高了监控信息的整合程度和利用率。

5. 采用接地体及光缆外皮绝缘监测系统,提高了光缆线路维修效率。

常规工程中对长途光电缆的维护,一般利用接地电阻测试仪通过人工测试的方法测试接地体阻抗,测试效率低、准确度低、测量误差大、维护工作量大。青藏铁路沿线大部分车站为无人值守站,且站间距离较大,全线设置了光缆护套对地绝缘自动监测系统,通过对光缆完整性的监测,能够及时发现光缆破损及接头盒进水等故障,及早维护,使维护由被动的“事后抢修”变为“事前预知”,有效地提高了维修效率。

二、重要启示

通信网络是铁路的基础设施,基础通信网络的可靠与否,直接影响铁路的运输效率和行车安全,影响铁路的现代化管理水平。青藏铁路通信工程的成功设计、建设和开通,带给我们三点重要启示:

1. 适应实际、成熟先进的设计方案是根本。通信网络设计方案一定要在充分调研和归纳本线运营特点的基础上提出,并在对各种需求的特点、性质、容量进行充分研究论证的基础上提出具体量化指标。要选用成熟先进的技术,使通信网络具有有效的迂回保护措施并留有一定余量,才能保证通信网络开通后稳定可靠运行。

2. 科学有序的建设管理是保障。如果在不具备施工条件的前提下,通信工程冒险开工,那么站前方案稍有变动,就会造成通信光缆线路的废弃、损毁或迁移,造成光缆传输质量下降。若通信机械房屋装修工程未完工即进行通信设备安装,粉灰等杂尘容易造成设备板件接触不良、光传输性能参数下降等故障,影响整个通信工程的传输稳定性,给铁路运输指挥、行车安全造成隐患。所以,设计方案没有最终确定,不能开工;站前系统没有完工,站后工程不能开工;房屋建筑等土建工程不具备安装条件,不能进行设备安装。

3. 联调联试是开通前的必要工序。通信系统内部、通信系统与应用系统之间的联调联试,为工程交付后的正式运营创造良好条件。青藏铁路格拉段 GSM-R 网络调试及其与 CTC 系统、列控系统的配合试验,首次实践了系统集成联调联试的基本思想,取得了较好的实际效果,为后续客运专线系统集成提供了很多可资借鉴的经验。

第五章　电 力 技 术

第一节　概　　述

一、青藏铁路的用电负荷和供电需求

青藏铁路行车指挥以自动化、信息化装备技术为载体,基本实现了“无人化”管理,全线采用了GSM-R数字无线移动通信系统和基于无线通信(GSM-R)与卫星定位(GPS)技术的列车控制系统(ITCS);沿线自然条件恶劣,高原生存环境严酷,为保证安全正常行车,设有道岔融雪装置等;环境控制设备也是十分重要和必需的。

高度的自动化、信息化、安全有序的运输组织有赖于可靠的电力保证,青藏铁路的特殊性决定了青藏铁路的电力负荷等级。保障行车安全和人员生存条件的通信、信号、机车电动上油设施、红外线轴温探测设备、道岔除雪、管道保温等负荷均为重要负荷。

二、外部条件

1. 沿线公网电源

(1)公网电源简况

青藏铁路格拉段所经过的地区公用电网覆盖率极低,大部分地段处于电网盲区。青藏铁路建设初期除格尔木、拉萨、羊八井有相对稳定的电源外,沿线约900 km的地段无可利用电源。

2002年8月,为解决青藏铁路供电问题,国家发展计划委员会批准国家电力公司在青海、西藏境内铁路沿线新建纳赤台、五道梁、沱沱河、安多、那曲、当雄6座110 kV变电站,新建格尔木—纳赤台—五道梁—沱沱河和直孔—当雄—那曲—安多110 kV电力线路共915 km,基本形成青藏铁路可资利用的公用供电网络。

(2)公网电源的可靠性

格拉段沿线的110 kV公用供电网络由青藏铁路两端的格尔木电网和拉萨电网接引电源,单方向长距离输送,网架十分薄弱。在正常和故障检修运行方式下的供电可靠性如下:

在正常方式下,系统平均供电可用率为99.74%,系统平均年停电2.89次,系统年停电累计时间22.51 h;故障检修方式下,系统平均供电可用率最低为98.09%,系统平均年停电20.88次,系统年停电累计时间166.87 h。

2. 沿线环境条件

青藏铁路格拉段沿线广泛分布高原多年冻土,线路在西大滩至安多间经过连续多年冻土地带约550 km。多年冻土区不良冻土现象主要包括:冰椎、冻胀丘、厚层地下冰、高含冰量冻土、融冻泥流、热融滑塌、热融湖塘、热融洼地和冻土沼泽等。

线路经过地区海拔高、空气稀薄、气压低。海拔高程大于4 000 m地段约960 km,年平均气压为58 kPa。唐古拉山垭口海拔5 072 m,为全段最高处,气压54.4 kPa,含氧量约为海平面的50% ~60%。

沿线格尔木—西大滩,年平均气温 -3 ℃ ~5 ℃,极端最高气温33 ℃,极端最低气温 -29 ℃ ~ -27 ℃;年平均降水量41 ~276 mm;年平均大风日数9 ~22 天。西大滩至安多段,年平均气温 -6 ℃ ~ -3 ℃,极端最高气温23 ℃ ~25 ℃,极端最低气温 -45 ℃ ~ -36 ℃;年平均降水量260 ~430 mm;年平均大风日数120 ~160 天;年平均雷暴日数42 ~71 天;最大积雪厚度14 ~40 cm。安多至拉萨段,年平均气温 -2 ℃ ~8 ℃,极端最高气温23 ℃ ~30 ℃,极端最低气温 -41 ℃ ~ -16 ℃;年平均降水量410 ~ 470 mm;年平均大风日数38 ~115 天;年平均雷暴日数68 ~82 天;最大积雪厚度12 ~21 cm。

三、青藏铁路供电方案简介及特点

1. 供电方案决策的发展过程

青藏铁路沿线公网电源匮乏,建设初期除格尔木、拉萨、羊八井有相对稳定的电源外,沿线约900 km的地段无可利用电源,保障供电十分困难。根据公网电源条件,研究了多种供电方案,其中包括分散柴油发电站供电方案、集中柴油发电站供电方案、太阳能光伏发电系统供电方案等,但都不能满足青藏铁路的供电要求。为此,铁道部与国家电网公司多次研究、磋商,结合当地电网建设需求,决定沿青藏铁路建设电网,解决青藏铁路外部供电电源问题。2002年8月19日,国家电网公司开始建设纳赤台110 kV变电站、五道梁110 kV变电站、沱沱河110 kV变电站、安多110 kV变电站、那曲110 kV变电站、当雄110 kV变电站和拉萨柳梧110 kV变电站及其相关的110 kV供电线路,基本解决了青藏铁路的外部电源问题。根据电网建设情况,研究确定了青藏铁路的供电方案,采用架空敷设为主。

2. 供电方案简介

(1)主电源供电方案

根据审查批准的设计文件,沿线格尔木至拉萨间新建35 kV电力贯通线;2006年5月下旬,又在沱沱河至那曲间,新增建了35 kV电力电缆敷设贯通线路(原架空线工程简称"一贯",新增电力电缆简称"二贯")。

利用既有格尔木35 kV/10 kV铁路变配电所,新建纳赤台、五道梁、沱沱河、安多、那曲、当雄、羊八井35 kV铁路配电所及拉萨35 kV/10 kV铁路变配电所向电力贯通线及车站供电。如图5-1所示。

图5-1 格拉段供电示意图

车站和区间用电负荷由35 kV变配电所或35 kV电力贯通线路供电。各车站设35 kV/0.4 kV变电所供电,设有配电所的车站其变电所与配电所合建,负荷较大且分散的车站,根据负荷分布情况,就近设置箱变供电。区间通信负荷设

35/0.23 kV 箱变供电；区间隧道照明、桥隧守护等负荷设 35 kV/0.4 kV 箱变供电。

（2）35 kV 一贯运行方式

正常运行时，一贯青海境内由格尔木向唐古拉方向主供，西藏境内由拉萨向唐古拉主供。

35 kV 电力贯通线检修或故障时，通过贯通线上设于各车站的分段开关将检修或故障线路隔离，非故障线路即可恢复供电，检修或故障段的重要负荷可由备用电源供电。

35 kV 配电所检修或故障时，电力贯通线由相邻配电所供电。

地方电源检修或故障，导致连续 2 个 35 kV 配电所停电时，可由相邻的 35 kV 配电所通过长距离供电装置实现跨所越区供电。

（3）备用电源供电

全线除格尔木、拉萨外共设有 43 座中间站。有 33 座车站不具备从公网取得备用电源的条件，其中：无人值班车站 30 座，有人值班车站 3 座。

备用电源设置的具体情况如下：

①南山口、甘隆、昂嘎、马乡、古荣、拉萨西就近接引公网 10 kV 电源作为车站备用电源。

②纳赤台、那曲、当雄、羊八井车站，从地方 110 kV 变电所接引了两路互为备用的 35 kV 电源。

③不冻泉、沱沱河、安多车站，采用柴油发电机组作为车站备用电源。

④30 座车站采用太阳能发电系统作为通信、信号负荷的备用电源。每座太阳能发电站容量为 13 kWp，蓄电池组容量为 1 400 A · h。

⑤区间 GSM-R 基站和光纤直放站，由通信专业设置备用蓄电池组。

⑥为保证公网发生严重故障时的供电，于不冻泉、沱沱河、安多、那曲和羊八井设置了 5 座较大容量的集中柴油发电站，升压至 35 kV 用于特殊情况下向一贯供电，供电范围自纳赤台至羊八井。

（4）电力远动系统

针对铁路点多、线长的特点，借鉴电网电力调度自动化系统，吸取路内信号电源监控系统的成功经验，全线建设了电力远动系统。将变电所高低压系统全部纳入远动监控，实现全线电力设备集中监控及发、变、配电所无人值班。

3. 电力工程的特点

青藏铁路地处高原，平均海拔达 4 500 m，高原环境对电气绝缘等存在着显著的影响，电力工程和电力设备均需要进行高原适用性方面的修正或改造。通过试验研究，电力工程中采取的主要措施有：依据试验取得的外绝缘修正系数，修正了电气工程和设备的外绝缘强度；选择适应于高原环境条件的材料和器件；对电力设备从绝缘、电晕、温升、密封、开关开断能力等方面进行高原适应性改造；采用 SF_6 气体绝缘技术和固体绝缘技术，使电气设备绝缘免受高海拔气象条件的影响，实现了免维护；改善设备运行环境，主要设备安装在室内。

青藏高原具有独特的雷电活动规律，冻土区土壤电阻率高。电力工程中应用了等电位连接技术，立体地网技术和物理降阻技术，有效地防止了雷击灾害和系统过电压灾害的发生，保障了电力设施和铁路运输设施安全。

35 kV 长距离送电装置的应用解决了铁路 35 kV 电力线路长距离送电问题，保证了铁路电力系统的供电质量，提高了供电的可靠性。

预制混凝土管桩电杆基础的应用有效保证了电力线路安全稳定运行。

充分利用青藏铁路丰富的太阳能资源，成规模建设了太阳能发电站和能覆盖全线大部区段的柴油发电站，形成了我国铁路中较完备的自备电源系统。

建设了覆盖全线、功能完善、技术领先的电力远动系统。

概括而言，青藏铁路电力工程的特点是：高质量、无人化、免维护、全程控、集中管理。

四、电力工程建设的主要技术问题

1. 海拔4 000 m以上电力工程建设没有相应的标准和规程规范可循，需要进行试验验证。

2. 冻土地区电力杆塔基础需要通过试验获得有效的技术措施。

3. 青藏高原具有特殊的气候环境和雷电活动规律，冻土区土壤电阻率普遍较高，一般其冬季土壤电阻率为夏季土壤电阻率的2～10倍左右，在2000～5500 Ω·m，个别达7000 Ω·m。防雷接地涉及设备和人身安全，需要通过试验获得有针对性的技术方案。

4. 如何保证长距离、高质量供电。

5. 备用电源的实施方案。

6. 电力设备全面监控的系统方案。

第二节　高原冻土地区电力线路建设技术

一、多年冻土区电力线路杆塔基础处理技术

青藏高原广泛分布着高原多年冻土，铁路经过地区北起于昆仑山北麓西大滩，南至安多县城北边为连续多年冻土地段，长度为546 km，占线路总长的48.2%。多年冻土区不良地质现象主要包括：冰椎、冻胀丘、厚层地下冰、高含冰量冻土、融冻泥流、热融滑塌、热融湖塘、热融洼地和冻土沼泽等。

在青藏高原低纬度、高海拔、昼夜温差大、多年冻土区架设输电线路，无成功经验可以借鉴，最大的难题就是如何解决电力线路杆（塔）基础冻胀问题。多年冻土是处于长年冻结状态，但其上表层由于受到太阳辐射热年际变化的作用，形成了寒、暖季的交替。暖季的辐射能加热地表而形成一定融化厚度，就是季节融化层。季节融化层在寒季冻结时将会对杆（塔）基础产生冻拔力，如果埋入多年冻土的基础不够深，则季节融化层部分的基础侧壁产生的切向冻胀力大于下部基础的冻结力，电力杆（塔）就会被拔起，随着冻融周期的增加，电力杆（塔）将会被拔出。因此在多年冻土区建造电力输电杆塔，其基础形式及其稳定性是关键的问题。

国内外曾经在高纬度寒冷地区建设电力输电杆塔，但由于对冻土的性质认识不深入，其基础均采用大开挖换填直埋式技术，埋置深度较浅，这类基础一直没有解决冻胀力对杆塔的上拔作用，经过几个冻融循环后，地基土与杆塔基础的相互作用，产生冻拔现象，作用在基础侧面的切向冻胀力甚至会使基础被拔出而破坏，造成输电杆塔变形甚至倾覆，而且一旦产生冻拔现象，在自然应力的作用下，冻拔会逐步加剧，且不能恢复原位。产生冻胀力（法向、水平向及切向）的条件与基础周围地基土的类别、地下水的活动、大气环境温度、地温等条件相关。尤其进行大开挖后破坏原冻土的热工平衡，填土无法回复原状，导致水分迁移，冻土上限人为加大，并且大开挖对周围环境和植被破坏较大，加剧高原冻土退化。

1. 基础处理方案

电力杆塔基础分混凝土电杆（以后简称电杆）基础和铁塔基础两类，其中电杆荷载45 kN，铁塔荷载130 kN，一般地区电杆基础采取直埋式基础（埋深2.5 m），铁塔基础采取台阶式现浇混凝土基础（深度3 m左右），均可满足电力线路杆塔荷载的强度要求，而青藏高原多年冻土地区的上限（冻结深

度）大都达到3 m左右，电力杆塔基础必须穿透冻土上限且达到能抵抗上限冻土产生的切向冻拔力的深度（切向冻拔力约210 kN），也就是说在多年冻土地区，电力杆塔基础要解决的不仅是承载力（荷载），而主要是上限冻土产生的切向冻胀力对杆塔基础的稳定问题。

穿透冻土上限，桩基础是最理想的基础形式。根据青藏高原冻土地区的特点，结合国内外的成功和失败的经验，采取预制混凝土管桩和灌注桩穿透冻土上限的技术措施，解决冻土产生“冻胀”和“融沉”引起的杆塔稳定性问题。

（1）灌注桩基础

灌注桩基础是冻土地区电力铁塔采用的基础型式，由于铁塔荷载较大，其基础型式较大，适合采用灌注桩，每基铁塔有4个灌注桩，桩直径一般为0.8 m和1.0 m，基础深度根据冻土上限和冻土类型确定，一般为冻土上限的3～4倍，在灌注桩顶部0.5 m范围内做缩径处理，既减少了夏季热量通过灌注桩向下传递，防止多年冻土发生融化，又降低了冬季冻土冻胀对灌注桩产生的冻拔力，确保基础的锚固力大于上拔力，更好地保证了基础的稳定性。

直线铁塔采用ϕ800灌注桩，桩身强度为1206 kN，8 m桩抗拔力为565 kN，抗压力658 kN，用于冻土上限深度在2～4 m的地区；10 m桩抗拔力为804 kN，抗压力734 kN，用于冻土上限深度在4～6 m的地区。

转角铁塔采用ϕ1000灌注桩，桩身强度为1 508 kN，10 m抗拔桩抗拔力为905 kN，8 m抗压桩抗压力1 122 kN，用于冻土上限深度在2～4 m的地区；12 m抗拔桩抗拔力为1 005 kN，10 m抗压桩抗压力1 202 kN，用于冻土上限深度在2～4 m的地区。

（2）预制混凝土管桩基础

预制混凝土管桩基础是冻土地区电杆采用的一种新型基础，由于电杆荷载小，其基础较小，经计算采用直径0.5 m的基础足可满足要求，但0.5 m直径的灌注桩现场施工很难控制质量，加之电杆每120 m左右就有一基，点多、线长、面小、量少使得现场灌注混凝土更难控制，因此电杆基础采取预应力混凝土管桩，只需将预制好的管桩插入钻孔内回填土即可。管桩长度根据冻土上限深度和冻土类型确定，管桩下部处于冻土永冻层内，并在管桩上节3 m（冻土上限）范围内涂工业凡士林以减小冻胀力，确保基础的锚固力大于上拔力。

ϕ500管桩的桩身强度为634 kN，抗裂弯矩为110 kN · m，管桩长度有6 m和8 m两种，其中6 m管桩抗拔力为212 kN，用于冻土上限深度在2～3 m的地区，8 m管桩抗拔力为377 kN，用于冻土上限深度在3～4 m的地区，10 m管桩抗拔力为377 kN，用于冻土上限深度在4 m及以上的地区。

（3）热棒基础

对于高温极不稳定的冻土区，可采用在混凝土管桩或灌注桩基础周围插入1～2根热棒来降低基础周围冻土地温，提升冻土上限，作为一种加强措施以更利于杆塔基础的稳定。

2. 施工工艺要求

冻土区电力杆塔基础施工主要是避免人工大面积开挖对冻土造成扰动，人为加大冻土上限。预制混凝土管桩和灌注桩均采用机械钻孔技术，其施工简便，对冻土的扰动小，永冻层回冻迅速，能有效保护环境。

（1）桩基础钻孔宜采用螺旋钻孔机成孔，不宜采用普通冲击钻成孔，且每根桩的钻孔施工连续进行。

（2）每个基础的钻孔和灌注混凝土（或插入管桩）两道工序间隔不超过24 h，以减小对冻土的扰动。

（3）钻孔灌注混凝土桩，其混凝土应采用低温早强耐久混凝土，混凝土浇筑时入模温度控制在5 ℃左右。

（4）冬季浇筑的混凝土在未达到受冻临界入模强度前不得受冻，受冻临界强度：当室外最低温度不低于－15 ℃时不得小于4.0 MPa，当室外最低温度不低于－30 ℃时不得低于5.0 MPa；

（5）在负温条件下使用的钢筋，施工时应加强检验，尤其当温度低于－20℃时不得对钢筋进行冷弯操作，钢筋在运输加工过程中防止撞击，以避免造成钢筋脆断。

(6)钻孔插入混凝土管桩钻孔直径应比预制桩径大 10 ~ 20 cm，管桩插入到位后应采取措施固定桩顶，直到桩周空隙回填料基本回冻，以保证管桩的准确位置，基坑和管桩之间回填应密实，回填土选择黏土砂浆，黏土∶ 砂 = 1∶ 7.8，含水量 8% ~10%；灌浆时黏土砂浆的温度宜控制在 0 ~ 5 ℃。

(7)为防止水的侵蚀，电力杆塔基础施工完毕后，应及时做好周围排水，并将基础周围填土高出地面 300 mm，周围做散水，防止杆塔基础周围积水。

3. 成果及应用

在多年冻土地区，电力杆塔基础要解决的不仅是承载力(荷载)，而主要是上限冻土产生的切向

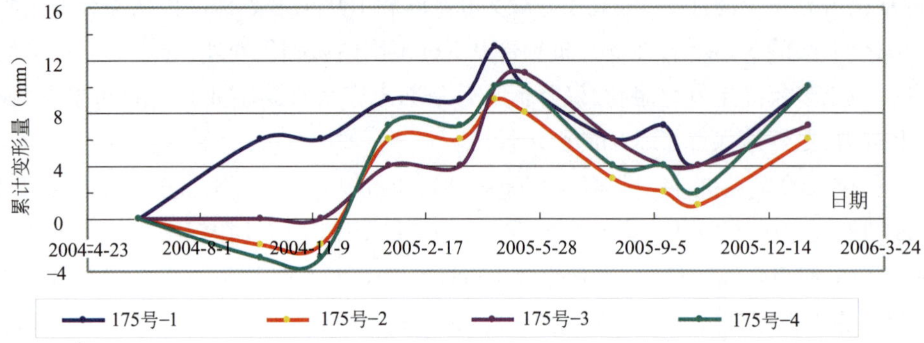

图 5-2　电力铁塔钻孔灌注桩(未加热棒)基础累计变形量曲线

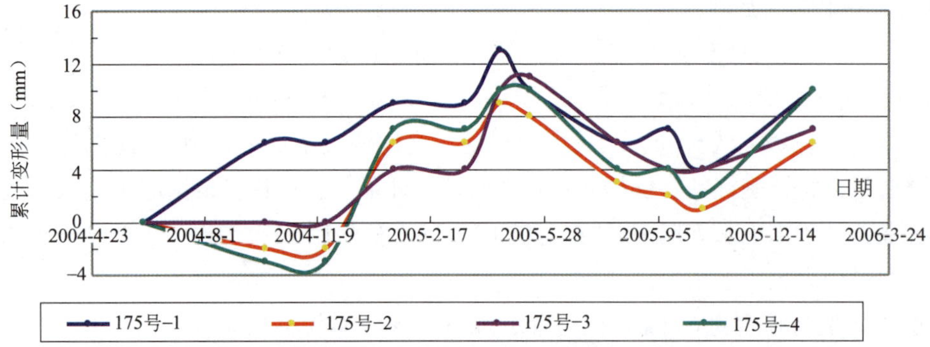

图 5-3　电力铁塔钻孔灌注桩(加热棒)基础累计变形量曲线

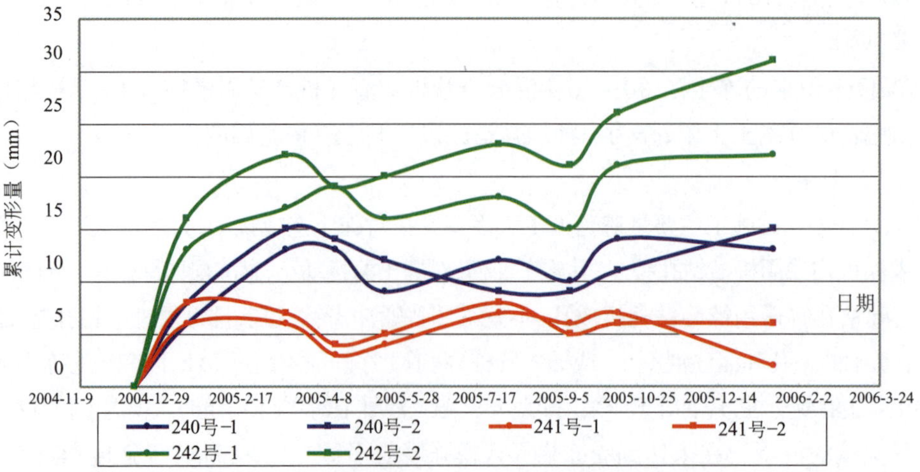

注:(240 号(加 2 组热棒)241 号(加 1 组热棒)242 号(未加热棒)

图 5-4　电力门型杆钻孔插入桩基础累计变形量曲线

冻胀力对杆塔基础的稳定问题，因此电力杆塔基础必须穿透上限、达到能抵抗上限冻土产生的切向冻拔力的深度。穿透冻土上限只有桩基础是最理想的基础形式，并采用机械化（钻孔插入）施工方法，无人工大面积开挖对冻土的扰动和对环境的破坏。这项技术从根本上解决冻土的"冻胀"和"融沉"，保证了电力杆塔在高原冻土地区的安全可靠。

铁塔基础变形造成的铁塔倾斜度小于2‰。

表5-1 门型杆顶沿拉萨方向纵向和横向偏移量累计值

杆塔编号	240 号		241 号		242 号	
测点编号	1	2	1	2	1	2
X	11′53″	−4′53″	−15′53″	−9′43″	16″	−7′09″
Y	2′01″	54″	4′50″	7′47″	2′43″	6′32″

注：1. 顺拉萨线路方向 X，垂直线路方向 Y。沿拉萨方向，左侧电杆为1，右侧电杆为2。

2. X 方向偏角计算为底端减顶端，正值表示向左倾，负值表示电杆向右倾；Y 方向偏角计算为电杆1底端减顶端，电杆2顶端减底端。正值表示电杆顶端倾向拉萨方向，负值表示顶端倾向格尔木方向。

3. 变形量计算为本次偏角减上次偏角。

电杆基础变形造成的电杆倾斜度小于电杆稍径的一半。

这项技术2003年在昆仑山到不冻泉试验段多年冻土使用后，效果很明显，之后推广至全线，经过两年多的运行，效果明显，没有出现电力杆塔因冻土冻胀作用导致的倾斜倒杆现象。

二、高原地区电力线路建设技术

1. 高原环境对电力线路的影响

高原环境对电力线路的影响主要体现在：随着海拔的增高，空气密度降低，其介电强度也随着降低，导致以空气为绝缘的外绝缘的放电电压下降；低温使金属和高分子材料（如塑料、橡胶）的机械性能降低，变硬发脆；强紫外线使有机材料（如塑料、橡胶、涂料）劣化，机械强度下降，表面粉化，性能变脆。

对于海拔4 000 m以上地区的电力线路绝缘如何加强和修正，国内外尚无相应的标准、研究结果和设计可供参考，更无实际运行经验。在设计中只能参照现有国标对海拔4 000 m以上进行外推，但应用这种方法确定的外绝缘设计是否满足运行要求一直是国内外关心的焦点和未能解决的技术难题，因此正确确定海拔4 000 m以上地区的电力线路绝缘修正，合理选择绝缘子、金具类型，对提高线路运行的稳定性、供电可靠性，有着极为重要的作用。

2. 高原地区电力线路建设的技术措施

（1）主要气象条件

根据沿线气象资料，电力线路气象条件按最大值考虑，其中：

最低气温：昂嘎—拉萨为 −20 ℃，江克栋—唐古拉为 −45 ℃，其余均为 −40 ℃；

最大设计风速：格尔木—玉珠峰为30 m/s，其余均为35 m/s；

导线覆冰根据向当地电力和通信部门调查显示，由于青藏铁路地处内陆，气候较为干旱，蒸发量远大于降水量，电力部门对导线覆冰一般按5 mm考虑，为提高青藏铁路电力线路安全，导线覆冰按10 mm考虑。

（2）导线及排列型式

35 kV架空线路导线采用耐腐蚀性好、抗拉断力大、质量轻的铝包钢芯铝绞线JL/LB20A-120/25 mm^2，安全系数采用4.0，避雷线采用钢绞线GJ-35 mm^2/1 * 7-6.0-1270-A，安全系数采用5.0。考虑高海拔对绝缘的影响以及导线风偏的因素，导线采用水平排列，线间距修正为3.5 m，为提高线路抗大风能力，耐张段的长度采用3 km左右，并每隔5基左右装设1处防风拉线。

（3）杆塔型式

35 kV架空线路杆塔以预应力钢筋混凝土电杆为主，根据沿线气象资料，电力线路气象条件按最大值考虑，线路按抗35 m/s风速、10 mm覆冰考虑，在最不利情况下，导线垂直于线路产生的风荷载最大达到113 kN·m，顺线方向的最大弯矩为25 kN·m。其中垂直于线路的荷载已超过单基电杆的允许弯矩，因此采用双杆型式，直埋电杆采用ϕ190拔梢电杆，冻土地区管桩基础采用ϕ300等径电杆，双杆基础垂直线方向的抵抗弯矩为210 kN·m，顺线方向的抵抗弯矩为60 kN·m。承力杆塔采用自立式铁塔。

（4）绝缘子的选用

目前，在架空输电线路上有三种材料的绝缘子——瓷、钢化玻璃和有机复合绝缘子。有机复合绝缘子，由于其尺寸小、质量轻、耐污性能好，属于一种很有发展前途的产品。然而，由于有机材料易于老化，迄今仍面临着不能预测其寿命周期的难题，特别是在青藏铁路的高原气候环境下，有机复合绝缘子对低温和强紫外线辐射的耐受程度，目前还没有确切的研究结论，因此暂不宜在青藏铁路电力线路上采用。钢化玻璃绝缘子相对于瓷绝缘子来说，由于其爬电比距大、耐受闪络电流大、失效率低、失效检出率高、振动疲劳耐受性高、事故率低和运行可靠性高，而被广泛采用。

通过对六种不同型式和材质的绝缘子（分别为XP-70、XP-160、XWP2-70型瓷绝缘子和LXY-70、LXHY-70型钢化玻璃绝缘子以及FXBW-10/70型复合绝缘子）的工频湿闪试验、工频干闪试验得到结论：钢化玻璃绝缘子干闪、湿闪电压受气压的影响最小。如表5-2、表5-3所示。

表5-2　工频湿闪情况下绝缘子修正系数

绝缘子型式	修正系数	海拔高度（m）				
		1000	2000	3000	4000	5000
XP-70	k	1.0	1.03	1.06	1.09	1.11
XP-160	k	1.0	1.03	1.06	1.09	1.11
LXY-70	k	1.0	1.01	1.01	1.02	1.02
LXHY-70	k	1.0	1.00	1.01	1.00	1.00
XWP2-70	k	1.0	1.01	1.02	1.03	1.03
FXBW-10/70	k	1.0	1.02	1.05	1.07	1.09
各绝缘子中最大值	k	1.0	1.03	1.06	1.09	1.11

表5-3　工频干闪情况下绝缘子修正系数

绝缘子型式	修正系数	海拔高度（m）				
		1000	2000	3000	4000	5000
XP-70	k	1.0	1.09	1.19	1.29	1.41
XP-160	k	1.0	1.12	1.23	1.36	1.51
LXY-70	k	1.0	1.11	1.21	1.34	1.47
LXHY-70	k	1.0	1.10	1.21	1.32	1.45
XWP2-70	k	1.0	1.12	1.24	1.37	1.53
FXBW-10/70	k	1.0	1.09	1.18	1.28	1.39
各绝缘子中最大值	k	1.0	1.10	1.21	1.33	1.46

（5）35 kV电力贯通线绝缘子串长的确定

通过绝缘子的工频污闪试验、冲击放电试验得到结论：海拔5000 m及以下地区，从绝缘子串的污秽耐压来考虑，与1 000 m相比，绝缘子串长增加不超过20%；从绝缘子串的操作过电压来考虑，与1 000 m相比，绝缘子串长增加不超过60%。如表5-4～表5-6所示。

表5-4 工频污闪情况下绝缘子修正系数

修正系数	海拔高度(m)				
	1 000	2 000	3 000	4 000	5 000
k	1.00	1.05	1.09	1.14	1.19

表5-5 正极性雷电冲击压下绝缘子串长修正系数

修正系数	海拔高度(m)				
	1 000	2 000	3 000	4 000	5 000
k	1.00	1.11	1.23	1.37	1.52

表5-6 正极性操作冲击电压下绝缘子串长修正系数

修正系数	海拔高度(m)				
	1 000	2 000	3 000	4 000	5 000
k	1.00	1.11	1.25	1.39	1.56

因此青藏铁路35 kV电力贯通线绝缘子串长，在海拔小于3 500 m的地区，悬垂绝缘子串采用4片，耐张绝缘子串采用5片，海拔大于3 500 m的地区，悬垂绝缘子串采用5片，耐张绝缘子串采用6片。并在悬垂绝缘子串上部的第一片绝缘子采用大伞裙绝缘子，以提高绝缘子串的防污、抗冰能力。

(6)空气间隙

根据青藏线铁路研结果，对空气间隙进行高海拔修正，修正后雷击过电压最小间隙为0.65 m，内过电压最小间隙为0.50 m，运行电压最小间隙为0.2 m。

(7)金具

主要考虑青藏高原环境低温对金属机械性能的影响，对于最低温度低于-25 ℃时，各种受力钢构件应采用16 Mn钢或Q235镇静钢。

第三节 高原冻土区防雷接地技术

一、高原地区雷电活动的基本规律

1. 青藏铁路雷暴特点

格拉段沿线雷暴具有出现次数频繁，生命史短的特点，73.3%的雷暴持续时间小于30 min。表5-7、表5-8所示为格拉段与同纬度华东地区及华南地区5～9月平均雷暴活动情况对比数据。

表5-7 格拉段铁路沿线雷暴活动情况对比数据

	格尔木	五道梁	沱沱河	安多	那曲	当雄	拉萨
雷暴日数(d)	2.6	43.1	55.1	65.7	82.2	72.8	72
雷暴小时(h)	4.2	105.1	129.1	163.1	216.3	151.4	153.4
维持时间(min)	10.9	30.0	28.1	33.4	24.5	27.0	23.2
雷暴次数	3.2	86.5	102.0	101.7	203.6	94.3	142.1

表 5-8　同纬度华东地区及华南地区雷暴活动情况对比数据

	常州	武汉	玉林	南宁	广州	湛江
雷暴日数(d)	32.5	27.3	87.3	76.2	64.2	84.8
雷暴小时/(h)	112.3	90.4	383.5	296.5	291.9	336
维持时间(min)	66.6	45.2	68.6	39.1	44.9	75.7
雷暴次数	67.4	65.8	238.7	252.5	142.1	173.8

从表中可以看出，就雷暴日数来看，格拉段大部分地区与我国南方地区相当，就雷暴小时来看，相对来说较南方地区小。为了更清楚说明，表 5-9 所示为合计雷暴小时与雷暴日的比值表。

表 5-9　各站 5～9 月合计雷暴小时与雷暴日的平均比值(雷暴小时/雷暴日)

	格尔木	五道梁	沱沱河	安多	那曲	当雄	拉萨	常州	武汉	玉林	南宁	广州	湛江
比值	1.6	2.4	2.3	2.5	2.6	2.1	2.1	3.5	3.3	4.4	3.9	3.4	4.0

可以看出格拉段各站平均每个雷暴日的雷暴小时比内地站少。格拉段各站每个雷暴日平均有 2.2 个雷暴小时，而对比内地站每个雷暴日平均有 3.8 个雷暴小时。

2. 格拉段雷暴活动规律

青藏高原雷暴中心多出现在高原中东部地区，其中大致自班戈、那曲到索县、丁青一带，与青藏高原山脉地形走向一致。铁路沿线雷电活动的峰值出现月份在东西向上差别不是很大，而在沿线的南北向上的变化比较明显，雷暴天气由北到南增加。以那曲为中心，以北地区雷电活动的最活跃期都在 7 月份，而在高原中南部地区，雷电活动的最活跃期出现在 7 月前，越往南，这种时间上的提前变的越显著。图 5-5 所示为拉萨、那曲、格尔木雷电活动的对比图。

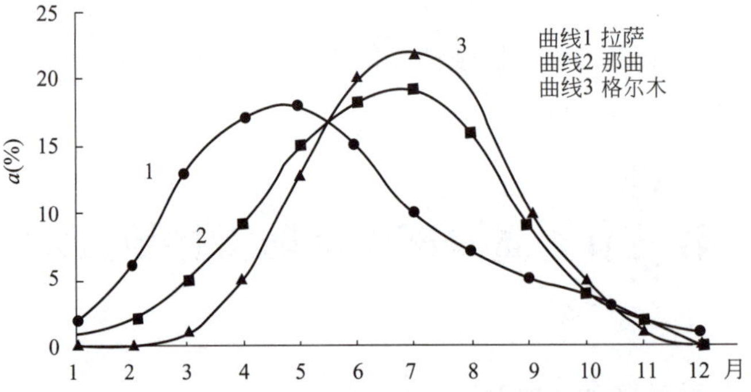

图 5-5　不同地区雷电活动对比图

青藏高原的雷暴活动同时也遵循季节变化。高原上 95% 的雷暴发生在 5～9 月，夏季 6～8 月达到峰值，如表 5-5 所示。高原强雷暴云从 5 月月均达到 10 次后逐月增加，6 月猛增到 20 次左右，7 月最多月均达到 25 次以上，8 月较多达到 20 次以上，9 月减少到 20 次。

受青藏高原大地形和特殊的热力作用的影响，高原气候一个显著的特点是气温的日变化大，高原的雷暴也呈现出明显的日变化，主要发生在白天，以午后 13～18 点为最多，占 65% 左右，夜间至清晨最少，不足 10% 。青藏铁路沿线日变化峰值出现时间基本都在 13 点到 19 点，高原中部地区在 16 点左右出现，高原东南部地区以及格尔木东部塔里木盆地地区出现时间相对比较晚，主要在 17 点左右。同时受地理因素影响，部分地区(如拉萨)在晚间又会出现一个雷电活动峰值出现。

二、高原冻土地区土壤电阻特性

土壤电阻率是在进行各种接地设计时必不可少的参数。影响冻土土壤电阻率的因素很多，包括土壤的结构、类型、土质的紧密程度、湿度、温度以及土壤中含有可溶性电解质的成分（如酸、碱、盐）等，其中土壤的含水量与环境温度是影响土壤电阻率的两个主要因素。当土壤温度降低到0 ℃以下，土壤中的水分冻结，形成冻土层，土壤中溶解盐的水分大部分由液态变为固态，土壤电阻率在 -1 ℃至0 ℃之间有一突然的阶跃，土壤电阻率明显升高。

青藏高原海拔平均在4 000 m以上，气温低，冻土期长，其结果导致土壤电阻率普遍较高。格拉段沿线多年冻土北界位于西大滩断陷盆地，南界位于安多谷地，线路通过多年冻土区总长550 km左右。按土壤自身的条件和物理性质，冻土由地表向下可分为三层：活动层、沉积层和恒温层。活动层又称季节融化层，厚度一般在0.3 ~5 m范围内，该层随季节变化水分相应发生相态变化。根据青藏铁路两季勘测数据表明：格拉段冻土区冬、夏两季表层电阻率相差较大，夏季表层电阻率普遍低于500 Ω·m（个别地区受地形、地势影响偏高），随着天气变冷，地表的土壤电阻率有明显增加，冬季土壤电阻率高达3 000 ~5 000 Ω·m，通常为非冻结期的10倍左右，但是深层的土壤电阻率变化不大。通过测试数据可以判断，冻土地区可以认为为2层土壤结构，且随着深度的增加，土壤电阻率有增大的趋势。

通过试验发现，冲击接地电阻随着土壤电阻率增加而增加，但是有一定的饱和趋势。而工频接地电阻随土壤电阻率的增加而线性增加。

三、高原冻土地区防雷接地技术

对于高原地区仅仅用雷电日的多少来评定该地区雷电活动情况是不够全面的，应该以雷电日和雷电强度加以综合考虑的。从格尔木到拉萨的雷暴活动虽多可是强度不大，格拉段地区雷暴可列为中等强度。格尔木至纳赤台可划为轻雷区，其他地段均划为中雷区，仅是那曲地区稍强。

1. 建筑物防雷保护

建筑物防雷保护可根据国标《建筑物防雷设计规范》的要求做好防直击雷、防雷电波侵入和防雷电感应的措施，对于室内有大量重要电子设备的建筑物，还应做好防雷击电磁脉冲措施，设置各级电涌保护器（SPD）起到泄流、限压的作用；做好等电位连接，减小防雷空间内各金属导电部件之间和各系统之间的电位差，达到均压的目的；采用公用接地，防雷、交流电源、安全和电子设备使用一个接地体，各种用途的接地极都应纳入等电位连接范围而形成一个共同接地系统。

2. 电力装置防雷保护

对于电力装置防雷保护，可按现行规范《交流电气装置过电压保护和绝缘配合》DL/T 620—1997执行。变电站的防雷等级，除那曲地区个别变电站可定为二级防雷标准外，其他地区的变电站可按三级防雷标准来防护。

（1）通过采取降低杆塔的接地电阻、增加绝缘子串片数等综合措施提高线路的耐雷水平，使35 kV电力贯通线的耐雷水平不低于20 kA的要求。

（2）35 kV架空线路在变、配电所1 ~2 km的进线段架设避雷线，避雷线保护角采用20° ~30°，此段范围内的杆塔接地电阻不宜大于10 Ω，使35 kV架空线路局部的耐雷水平提高到40 kA。

（3）35 kV变、配电所电缆进线段，在电缆与架空线的连接处设一组避雷器，其接地端与电缆金属外皮连接，接地电阻不受限制。连接电缆段的1 km架空线路应架设避雷线。

（4）35 kV变、配电所的每段母线上都应设避雷器。

通过上述综合措施，有效地提高了电力供电系统的防雷水平，降低了因雷击引起的跳闸，确保了沿线各变电所的供电可靠性。

3. 接地措施

根据沿线土壤电阻率的测量分析，冬季土壤电阻率明显大于夏季，青海境内冬季土壤电阻率普遍在 200 ~ 500 Ω · m，个别达到 2 000 Ω · m，西藏境内冬季土壤电阻率普遍在 700 ~ 1 500 Ω · m，个别达到 3 500 Ω · m；连续多年冻土地段冬季土壤电阻率普遍在 2 000 ~ 5 500 Ω · m，个别达到7 000 Ω · m。

针对冻土地区土壤电阻率高的特点，在工程设计中应采取以下措施：

(1)采取联合接地体

由于青藏铁路土壤电阻率普遍较高，建筑物的体量普遍较小，同一建筑的防雷接地、保护接地、工作接地等接地装置若分开设置，相互距离很难保证，因此应采取联合接地体，将车站若干建筑物、配电装置、线路杆塔的接地装置连接在一起，设联合接地网，增大复合接地网面积，可有效地降低接地电阻。

(2)充分利用自然接地体

对于建筑物的基础，由于深埋在地中，与大地接触面大，同时混凝土比普通岩石吸湿性大，在湿润状态电阻率相当低，因而，在建筑物的基础，混凝土的电阻率相当低，亦比周围土壤的电阻率低一点。充分利用钢筋混凝土结构中的钢筋骨架、金属结构物以及金属水暖管道等自然接地体，是减小接地电阻、节约钢材、均衡接地电位的有效措施。

(3)采用立体地网

埋设以水平接地体为主的立体接地网，在条件允许的情况下尽可能的扩大水平接地网面积，当下层土壤电阻率较低时，可利用长垂直接地体增加散流。

(4)采用物理降阻剂

由于气温低，海拔高，交通不便，且土壤易冻结，在平原地区常使用的换土降阻方式，在青藏高原冻土地区不易达到降阻效果，而化学降阻剂也会因冻结致使降阻效果降低，另外存在一定的环境污染问题，对于青藏高原脆弱的生态环境易造成影响。因此推荐采用物理降阻剂。物理降阻剂由导电的非电解质固体粉末及起固化作用的水泥组成，其电阻率低，主要靠导电粉末起到降阻作用，降阻性能不受环境 pH 值、温度及湿度的影响，其使用效果已在青藏铁路上得到验证，降阻模块的接地电阻仅为金属接地体的 40% ~50% 。

第四节　35 kV 长距离供电技术

一、长距离供电的主要技术

青藏铁路只能从格尔木、纳赤台、五道梁、沱沱河、安多、那曲、当雄、羊八井和拉萨等九个地方接引公网电源，电源点少，电源点之间距离大，平均间距达 142. 75 km，其中，沱沱河至安多电源点间距最长，达 300 km。在任一电源点停电的情况下，实际运行的电源点间距更大，最大可达 445 km(沱沱河变电站停电，五道梁至安多之间)。

如此稀少的电源在国内铁路供电史上是罕见的。

根据对青藏铁路供电方案和运行方式的研究，在考虑连续两个电源点故障时，35 kV 电力贯通线路覆盖青藏铁路全线，最长的越区(纳赤台供电至沱沱河)供电距离达 342 km。

青藏铁路35 kV电力贯通线路是迄今为止供电距离最长的35 kV电力线路。其特点是负荷点分散,负荷波动大,负荷点分布在铁路沿线,负荷随季节、昼夜的变化大。目前国内35 kV电力线路供电距离一般在200 km以内,且负荷相对集中、稳定。

基于青藏铁路35 kV电力线路供电的特点,当负荷小时,由于线路电容累计效应的作用,线路末端电压升高;当负荷增大时,由于线路阻抗累积的作用,负荷电流在线路上产生的压降增大,末端电压降低。负荷电流的不同,末端电压波动范围就不同,根据仿真计算结果,青藏铁路35 kV电力线路电压波动最大可达±17%,远大于规范规定的±5%。

电压过低或过高,都会导致设备无法正常工作,降低设备使用寿命,甚至直接损坏供用电设备,为此,铁道部专门立项研究解决措施,并在青藏铁路站后试验段进行了试验。研究35 kV电力线路超长距离供电技术的基本要求是保证送电线路总的电压波动限定在规定的范围之内。采用的技术方案是,利用高电压等级输电系统的无功功率平衡理论,研究一种技术经济合理的长距离供电装置,根据线路负荷变化实时投切相关电抗和电容补偿装置,达到稳定电压的目的。

1. 长距离送电装置的构成

长距离送电装置由并联电抗器支路、并联电容器支路、串联电容器支路、电压互感器支路、控制保护屏等构成,接线如图5-6所示。

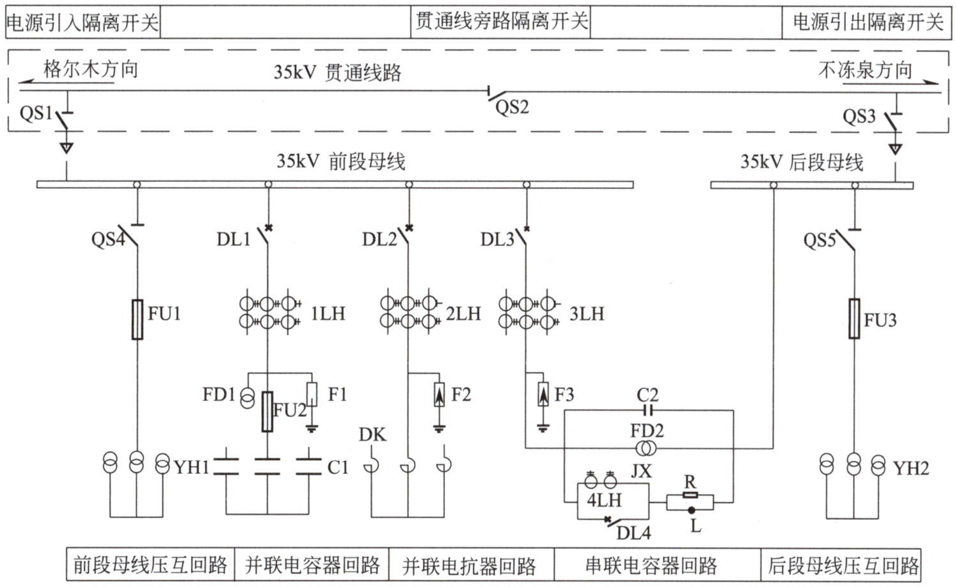

图5-6　送电装置接线示意图

QS—隔离开关;DL—真空断路器;F—氧化锌避雷器;LH—电流互感器;YH—电压互感器;FU—熔断器;FD—放电线圈;C1—并联电容器;C2—串联电容器;DK—并联电抗器;JX—放电间隙;R—阻尼电阻;L—阻尼电抗

2. 长距离送电装置的工作原理

电力线路空载或轻载时,智能控制器发出下限动作信号到可编程控制器,经可编程控制器判断处理后发出合闸指令,断路器DL2合闸投入并联电抗器DK,抵消线路分布式电容容抗,抑制线路末端电压上翘。

电力线路重载时,智能控制器发出上限动作信号到可编程控制器,经可编程控制器判断处理后发出分闸指令,断路器DL2分闸切除并联电抗器DK,串接在线路中的串联电容器出力,抵消线路的部分感抗从而抬高线路的末端电压。

3. 长距离送电装置的性能及特点

装置具有随负荷的变化而瞬时调节的性能，能自动维持线路末端的电压值的上下波动在10%以内，且使电流按指定的路线流动，达到功率经济分布的目的，改善电网的功率因数。

二、长距离送电试验

1. 现场测试

2004年6月至2005年7月，在青海境内对综合试验段的长距离供电线路进行了测试，测试内容包括线路参数、运行电压和电流，以及长距离送电装置的运行效果等。试验的主要项目有线路空载运行及小负载过程测量、长线路空载分、合闸试验电压、电流波形记录、长距离送电器带电及投切测试。

纳赤台至沱沱河35 kV电力线路长度为342 km，纳赤台35 kV配电所母线电压为35.6 kV时，不带35 kV长距离送电装置空载送电至沱沱河时，沱沱河末端电压达42 kV，是标准电压的1.2倍；当投入五道梁35 kV配电所长距离送电装置后，末端电压下降为38.7 kV，为标准电压的1.1倍；当同时投入五道梁和沱沱河5 kV配电所长距离送电装置后，末端电压为36.1 kV，在额定电压的35×(1±5%)之内。

2. 试验结论

35 kV超长距离送电线路空载和轻载时沿线电压按照余弦规律分布，末端电压最高；在带负荷运行时，随着负荷的增长，末端电压迅速降低，当采用长距离送电装置时可以有效稳定线路电压，将线路电压控制在额定电压的35×(1±5%)之内。

长距离送电装置在国内110 kV以下供电系统中首次采用。

三、成果的应用

2005年8月青藏铁路沿线八座配电所均选配了长距离送电装置，投运至今，装置稳定可靠。在跨所越区供电342 km的情况下，投入超长距离送电装置后，线路末端电压的波动控制在国标规定的范围内。

第五节　电力设备高原适用性技术

一、高原对电气绝缘强度的影响

随着海拔的升高，大气压降低、空气密度变小，空气介电强度、冷却效应以及弧隙空气介质恢复强度低，引起电工设备空气绝缘强度降低。

1. 高海拔地区空气间隙和绝缘子放电特性

(1)国内外现状

关于高海拔地区空气间隙和绝缘子放电特性，早在20世纪60年代国内外就开始研究，但研究的海拔高度一般集中在3 000 m以下，研究取得的成果大都应用于海拔3 000 m或3 500 m以下。青藏铁路平均海拔在4 000 m以上，对于海拔4 000 m以上地区的电气外绝缘如何加强和修正，国内外尚无标准、规程可参考。为保证青藏铁路供电可靠性，利用青藏铁路的试验线段对高海拔地区空气间隙和绝缘子放电特性进行了试验研究。

(2)模拟及现场试验

青藏铁路格拉段针对空气间隙和绝缘子放电特性先后进行了以下试验：

①在人工气候室模拟高原环境条件进行了空气间隙和绝缘子放电特性试验,确定了隧道净空电气绝缘修正系数。

②在青藏铁路沿线格尔木(海拔2820 m)、望昆(海拔4485 m)、玉珠峰(海拔4120 m)、纳赤台(海拔3550 m)、风火山(海拔5050 m)和拉萨(海拔3648 m)等地进行了高海拔地区空气间隙和绝缘子放电特性的现场试验。

③在西藏电力试验研究所的高压试验大厅(海拔3768 m)进行了空气间隙和绝缘子串的操作冲击和雷电冲击放电特性试验。

④在望昆车站(海拔4448 m)和纳赤台车站(海拔3575 m)对空气间隙的交流放电特性、雷电冲击放电特性、操作冲击放电特性以及绝缘子串的交流、雷电冲击、操作冲击放电特性进行了试验。

⑤在格尔木(海拔2820 m)、纳赤台(海拔3575 m)、玉珠峰(海拔4120 m)、望昆车站(海拔4448 m)、风火山口(海拔5050 m)对空气间隙的操作冲击、雷电冲击、绝缘子的工频放电特性进行了试验。

⑥在人工气候室模拟高海拔的大气条件,对1 m的棒—板空气间隙的操作冲击放电特性进行了试验,分析了空气间隙放电特性与大气参数之间的关系,提出了校正方法。

2. 高海拔地区电气放电特性试验取得的成果

(1)掌握了空气间隙的工频、雷电和操作冲击放电特性与气压、温度和湿度等因素之间的关系:

①除雷电冲击正极性外,放电电压与间隙距离是非线性关系。

②湿度对空气间隙放电电压影响的特征指数在0.25~1.0之间。

③温度对放电电压会产生附加影响,其影响系数在0.05~0.15之间,湿度对空气间隙放电电压的影响与电压类型和间隙距离有关,考虑温度的附加影响后,气压对空气间隙放电电压影响的特征指数均小于1,利用IEC标准进行海拔修正有一定的裕度。

(2)掌握了绝缘子污闪电压与气压、温度、湿度、绝缘子型式等因素的关系:

①污闪电压与绝缘子型式有关,结构和材质均影响电弧的发展和放电路径。

②温度对绝缘子污闪电压有明显影响,温度影响指数 $w=0.16\sim0.21$。

③盐密影响特征指数 $c=0.26\sim0.36$,灰密影响特征指数 $d=0.10\sim0.16$ 之间,灰密的影响小于盐密,但在污秽绝缘设计中,必须考虑灰密的影响,灰密对绝缘子污闪电压有明显影响。

④气压影响特征指数 $n=0.50\sim0.60$ 之间,不同型式绝缘子的气压影响特征指数有差异,但不明显。

(3)提出了绝缘子干闪、湿闪电压与其影响因素:

①湿闪电压受湿度的影响不明显,可以不考虑湿度的影响。

②湿闪电压与环境温度和气压有关。

③绝缘子干闪电压与气压、绝对湿度和环境温度等大气参数有关。

(4)取得了海拔4000 m以上外绝缘修正方法和修正系数。各种修正系数如表5-10~表5-14所示。

表5-10 空气间隙修正系数

电压类型	海拔高度 H(km)							
	1	2	2.5	3	3.5	4	4.5	5
操作冲击	1.0	1.11	1.18	1.24	1.31	1.39	1.46	1.55
雷电冲击	1.0	1.09	1.15	1.20	1.26	1.32	1.38	1.44
工频	1.0	1.12	1.20	1.27	1.34	1.42	1.51	1.60

表 5-11　不同海拔高度下污秽绝缘子串长的修正系数

修正系数	海拔高度 H(km)							
	1	2	2.5	3	3.5	4	4.5	5
k_0	1.07	1.12	1.14	1.17	1.19	1.22	1.24	1.27
k_{1000}	1.00	1.05	1.07	1.09	1.12	1.14	1.17	1.19

表 5-12　工频湿闪情况下绝缘子的修正系数(k_{1000})

修正系数	海拔高度 H(km)							
	1	2	2.5	3	3.5	4	4.5	5
	1.0	1.03	1.04	1.06	1.07	1.09	1.10	1.11

表 5-13　工频干闪情况下绝缘子的修正系数(k_{1000})

修正系数	海拔高度 H(km)							
	1	2	2.5	3	3.5	4	4.5	5
	1.0	1.10	1.15	1.21	1.27	1.33	1.39	1.46

表 5-14　操作冲击下绝缘子串长修正系数

电压类型	海拔高度 H(km)							
	1	2	2.5	3	3.5	4	4.5	5
正极性操作	1.0	1.11	1.19	1.25	1.32	1.39	1.47	1.56

3. 成果的应用

研究成果被青藏铁路预留电气化条件的隧道净空间隙选择和电力工程建设中广泛应用。

(1)根据试验研究结果隧道净空从 7.2 m 降到 6.95 m。

(2)根据试验成果修订了室内外配电装置的安全净距,如表 5-15、表 5-16 所示。

表 5-15　室内配电装置的安全净距(mm)

序号	海拔高度(m) / 额定电压(kV) / 适用范围	2 001 ~ 3 000			3 001 ~ 4 000			4 001 ~ 5 000		
		<1	10	35	<1	10	35	<1	10	35
A_1	带电部分至接地部分之间	26	160	385	30	185	440	35	210	500
	网状遮栏向上延伸线距地 2.3 m 处与遮栏上方带电部分之间	—			—			—		
A_2	不同相的带电部分之间	26	160	385	30	185	440	35	210	500
	断路器和隔离开关的断口两侧带电部分之间	—			—			—		
B_1	栅状遮栏至带电部分之间	—	910	1 140	—	935	1 190	—	960	1 250
	交叉的不同时停电检修的无遮栏带电部分之间									
B_2	网状遮栏至带电部分之间	126	260	485	130	285	540	135	310	600
	板状遮栏至带电部分之间	56	190	415	60	215	470	65	240	530

续上表

序号	海拔高度(m) 额定电压(kV) 适用范围	2001~3000			3001~4000			4001~5000		
		<1	10	35	<1	10	35	<1	10	35
C	无遮栏裸导体至地(楼)面之间	2500	2500	2700	2500	2500	2750	2500	2550	2800
D	平行的不同时停电检修的无遮栏裸导体之间	1875	1960	2185	1875	1985	2240	1875	2010	2300
E	通向室外的出线套管至室外通道的路面	3650	4000	4000	3650	4000	4000	3650	4000	4000

表 5-16 室外配电装置的安全净距(mm)

序号	海拔高度(m) 额定电压(kV) 适用范围	2001~3000			3001~4000			4001~5000		
		<1	10	35	<1	10	35	<1	10	35
A_1	带电部分至接地部分之间	80	240	480	80	260	535	85	285	600
	网状遮栏向上延伸线距地 2.5 m 处与遮栏上方带电部分之间	—			—			—		
A_2	不同相的带电部分之间	80	240	480	80	260	535	85	285	600
	断路器和隔离开关的断口两侧带电部分之间	—			—			—		
B_1	设备运输时,其外廓至无遮栏带电部分之间	—	990	1250	—	1010	1285	—	1035	1350
	交叉的不同时停电检修的无遮栏带电部分之间									
	栅状遮栏至绝缘体和带电部分之间									
B_2	网状遮栏至带电部分之间	180	340	580	180	360	635	185	385	700
C	无遮栏导体至地面之间	2500	2740	2980	2500	2760	3035	2500	2785	3100
	无遮栏导体至建筑物、构筑物顶部之间	—			—			—		
D	平行的不同时停电检修的无遮栏带电部分之间	2000	2600	2600	2000	2600	2600	2000	2600	2600

(3)根据试验成果确定了 35 kV 电力线路在海拔 2500~5000 m 的绝缘子串片数,如表 5-17 所示。

表 5-17 35 kV 电力线路绝缘子串片数选择表

海拔高度 h(m)	绝缘子串片数(只)	
	悬垂绝缘子	耐张绝缘子
2500 m < h < 3500 m	4	5
3500 m ≤ h < 5000 m	5	6

二、电气设备高原适用性

1. 高原对电气设备的影响

高原对电气设备的影响主要表现在以下方面:

(1)随着海拔升高、气压的降低,会使电气产品的电晕电压降低,电晕会增加电能损耗,加速绝缘老化和金属腐蚀。

(2)随着气压的降低,空气密度也相应减小,会使散热能力下降,导致以自然对流,强迫通风或空气散热器为主要散热方式的产品温升增高。

(3)气压降低,会使以自由空气为灭弧介质的开关电器产品灭弧能力、通断能力降低,电寿命缩短。

(4)气压降低,空气介电强度、空气冷却效应以及弧隙空气介质恢复强度低,会使产品空气绝缘耐压降低。

(5)气压降低,会使产品的密封容器内外压力差增大,引起外观变形、爆裂、绝缘气体或液体泄漏。

(6)高温、低压、大温差易造成产品绝缘老化、变形、保护层脱落。

(7)紫外线辐射随海拔升高的增加率比太阳热辐射的增加率高得多,海拔 3 000 m 已达平原地区相应值的 2 倍。紫外线使有机绝缘材料加速老化,使空气易于电离而导致外绝缘强度及电晕起始电压降低。

2. 高原电力设备适用性试验

(1)高原电力设备存在的主要问题

现行高原设备在运行中存在以下问题。

①油浸变压器变形漏油现象比较普遍。

②变压器绝缘支柱易击穿。

③阀型避雷器爆炸问题多,氧化锌避雷器也会发生爆炸现象。

④低压继电器、接触器等电器触头易粘连。

⑤部分高压设备采用提高电压等级等大马拉小车的处理方式,过度提高产品等级和建设标准,造成浪费。

⑥开关等设备寿命缩短。

⑦低温会使 SF_6 气体液化(-33.6 ℃)。

⑧电缆、电线在强紫外线照射下,易于老化。

⑨低温下蓄电池的实际放电能量降低。

(2)高原电力设备应用现状

国内正在运行的输变电设备多在海拔 3 500 m 以下,缺乏海拔 3 500 m 以上的建设和使用经验。

3. 主要电力设备试验研究

(1)电力变压器

电力变压器是保证青藏铁路供电可靠的重要设备,且受高海拔影响大,为此,在青藏铁路站后试验工程中进行了重点试验研究。

高原对电力变压器的影响是多方面的,但主要影响为:海拔升高,空气绝缘强度降低,变压器耐压降低;绝缘油随温度变化热胀冷缩加剧;缠绕式干式电力变压器绕组空气气隙内电晕增强发热,致使气隙内绝缘损伤。

试验的变压器根据青藏铁路的运行环境,从结构、温升、绝缘、材料、维护等多方面进行了改进。2004 年 1 月在青藏铁路站后试验段各通信基站安装了试验用 35 kV/0.23 kV 密闭式油浸式电力变压器,该变压器的特点是体积小、质量轻、安装方便,内部绝缘不受高海拔影响;在望昆车站、玉珠峰车站、小南川车站安装了试验用 35 kV/0.4 kV 缠绕式干式电力变压器,该变压器的特点是制造工艺简单,维护工作量小,绝缘材料不易龟裂。

试验变压器于2004年7月开始运行,运行一段时间后,通信基站部分变压器内部熔断器多次熔断,车站的电力变压器先后烧损,为此,青海省电力试验所对电力变压器进行了解剖和试验,于2004年12月完成了变压器故障试验报告,并于2004年12月13日~14日在西宁组织召开了变压器故障分析及专家研讨会,邀请沈阳变压器研究所和武汉高压电器科学研究所的专家参加。经过研究认为:

35 kV/0.23 kV 密闭式油浸式电力变压器熔断器熔断主要是因为变压器内部高压引线、融丝(管)对地及相互间的距离过于紧凑,容易引起对地放电和相间短路,其次变压器油位受环境温度影响收缩下降,使高压引线从油中暴露在空气之中,引起放电。

35 kV/0.4 kV 缠绕式干式电力变压器烧损主要是因为变压器采用的是有纬玻璃纤维布补强、玻璃短纤维天窗,聚酰亚胺薄膜作层间绝缘,诺迈克斯纸外部统包,然后进行绝缘漆(环氧树脂)真空浸渍的结构。故障变压器内部绝缘漆没有充分填充,造成局部放电导致线圈匝间短路,并认为该型式的变压器不宜在高原运行。

2005年1月27日至1月28日在北京召开了“青藏铁路高原电力变压器产品制造技术研讨会”。会议对云南赛格迈、山东金曼克、德国西门子 GEAFOL 公司提交的高原铁路线35 kV 专用干式电力变压器的技术方案和工艺措施进行了研究分析,提出相关参数修改意见。干式电力变压器除具有机械强度高、绝缘性能好、耐腐蚀、抗老化、寿命长、无污染特点外,其免维护和无火灾威胁的特点,特别适合青藏铁路的运行要求。最后确定青藏铁路变压器采用环氧树脂浇铸式干式电力变压器,并确定由山东金曼克、德国西门子各生产4台变压器在青藏铁路试运行。

环氧树脂浇铸式电力变压器绕组由环氧树脂包封,不会受到气压变化的影响,克服了缠绕式干式电力变压器的缺点。

同时对试运行变压器进行了全方位的高原适用性改造,主要参数如下:

①变压器类型:环氧树脂浇铸式干式电力变压器。

②额定电压:一次侧35kV,二次侧0.4 kV或0.23 kV。

③连接组别:D,yn11,或Y,D,Yn12。

④额定频率:50 Hz。

⑤调压范围:35×(1±5%)kV。

⑥最高工作电压:40.5 kV。

⑦内绝缘水平:(1 min)工频耐压(有效值)70 kV,(截波)冲击耐压(峰值)145 kV。

⑧外绝缘应根据海拔高度进行修正,在高海拔地区的试验电压应能达到(1 min)工频耐压(有效值)120 kV、(截波)冲击耐压(峰值)245 kV。

⑨局部放电量:小于5 PC。

试运行变压器于2005年5月初在试验段玉珠峰车站进行试运行,经观察,变压器均运行稳定。2005年6月16日~2005年6月25日,青海电力试验研究所高海拔试验大厅完成了对两个厂家的干式电力变压器电气试验,认为试运行变压器均能满足青藏铁路的运行环境,并于2005年6月28、29日在西宁召开的“青藏铁路35 kV 干式电力变压器试验成果报告会”上提出了改进意见。据此参数制造的干式变压器分别在现场和青海电力试验研究所高海拔试验大厅进行了电气试验,试验结果符合拟定的技术条件。

a. 对其变压器高压引线端子进行处理,使出线部位场强均匀,接线方便;低压引线增加热缩套管,加强绝缘,提高安全系数;改进铁芯的夹件材质和装配工艺;尽快对其产品进行型式试验,保证设备的安全稳定和可靠。

b. 应考虑现场施工等因素，适当增加三相变压器极间距离或适当增加绝缘强度；提交完整的型式试验报告。

c. 应充分考虑青藏铁路安装使用环境条件，提出高低压绕组散热、冷却的具体措施。

改进后的干式电力变压器自2006年运行以来，运行稳定。

(2)高压开关设备的选型

在试验工程中于望昆车站分别对经高海拔修正的空气绝缘开关柜和SF_6气体绝缘开关柜进行了对比高原适用性试验。

高海拔地区用35 kV空气开关柜没有现成的标准产品，其柜体、柜内真空断路器、隔离开关和其他元器件都需要进行高原适用性改造，或利用现行高一级电压等级的设备替代。在青藏铁路西格段的10 kV电力设备采用了第一种方式。其缺点是开关柜体机大，柜内非标产品因研究周期短，其寿命、可靠性差，维护、维修工作量大；设备备品备件短缺，维修周期和费用高；自动化程度低。

试验工程在望昆车站安装了新研制的两台35 kV空气绝缘开关柜，其中一台开关柜内装35 kV/1 200 A隔离开关和真空断路器，另外一台内装35 kV/1 200 A隔离开关和电压互感器，其外形体积(宽×高×深)均为2 118×3 625×3 460，比较标准空气绝缘产品外形体积(宽×高×深)1 400×2 260×2 640大了很多。该开关柜于2004年12月至2005年元月《电气装置安装工程电气设备交接试验标准》GB 50150—1991和《电力设备预防性试验规程》DL/T 596—1996进行了试验，各项技术参数均达到了标准要求，但经过4个月运行后，于2005年5月试验时，其工频耐压只有60 kV(标准耐压75 kV)，严重影响运行安全，一旦空气绝缘击穿，将对供电和列车运行带来严重影响。

SF_6气体绝缘开关柜是将开关设备的高压导体部分全部置于封闭的SF_6气体中，出线电缆接头采用专用电缆密封终端，所有的高压绝缘均在六氟化硫气室内和固体绝缘内，使开关内电气设备不受海拔、污秽、凝露等恶劣气候的影响。具有设计紧凑、安全性高、免维护等优良品质。

SF_6气体绝缘开关柜密封设计满足IEC 62271—200《额定电压1 kV及以上至52 kV交流金属封闭开关设备和控制设备》标准，对高海拔低气压给予了充分的考虑，其整体结构满足IEC 60694(GB/T 11022)《高压开关设备和控制设备标准的共用技术要求》的要求。

SF_6气体绝缘开关柜自投入运行后，经过2004年12月、2005年5月和2006年元月多次试验，各项指标均满足标准要求，始终运行正常。

SF_6气体绝缘开关柜在运行过程中，于2006年3月曾经出现过几台开关柜SF_6气体气压表指针下降的现象，但都在开关正常运行的表压范围内。据分析主要原因是主要原因是安装过程中由于电缆气室下部安装电缆的空间较小，在安装电缆过程中强行安装电缆终端，导致电缆气室密封法兰受损，其次SF_6气体绝缘开关柜适应环境等级为IR1级(室内1级)，即环境温度+5 ℃至+40 ℃，相对湿度5%至85%，表压下降是由于青藏铁路开通前，因调试等原因，使室内温度长时间过低，表压有所下降。经现场补压后，至今运行稳定。

SF_6气体绝缘开关柜主要技术参数如下：

①适用海拔高度：5 000 m。

②环境温度：最高温度+40 ℃，最低温度−30 ℃，最大日温差30 ℃。

③相对湿度：90%。

④地面倾斜度：不超过3°。

⑤振动:水平加速度 0.5g,垂直加速度 0.3g。

⑥地震裂度:8 度。

⑦系统额定电压:35 kV。

⑧系统最高电压:40.5 kV。

⑨额定频率:50 Hz。

⑩接地方式:中性点不接地。

⑪连接方式:全绝缘电缆连接。

(3)电缆附件的选用

电力电缆终端及中间连接附件是电力线路的重要组成部分,也是电力线路的薄弱环节。青藏铁路试验工程中分别对交联热缩和冷缩电力电缆终端及中间连接附件进行了比对试验。热缩附件时有烧毁现象,环境温度低于 -20 ℃时,烧毁现象更为严重,而冷缩附件性能相对稳定。

青藏铁路试验工程主要采用热缩电缆附件,在实际运行中,烧损严重,仅 2004 年 11 月至 2005 年 5 月就烧损 20 多个。经试验研究发现,海拔升高,电缆附件电晕现象严重,在对铁路供电工程中的 35 kV 交联聚乙烯电缆的电晕检测中发现,部分电缆头电晕放电现象严重。原因主要是两个方面造成的:一是电缆相邻两相之间导体有交叉现象,致使交界面上场强增大,发生沿面放电;二是制作工艺不良,由于热缩不紧密,内部存在气泡,气泡处局部放电强烈;三是电缆附件安装位置于海拔 1 000 m 以上时,由于空气气压降低,气体介电强度随着下降,终端的长度必须增长,海拔每增加 300 m,长度应增加 3%,实际生产中没有对电缆附件的长度进行修正,导致电缆附件的耐压水平降低。

进一步分析研究认为,热缩电缆附件的制作工艺在高海拔地区存在适用性问题。一是热缩工艺操作流程要求比较严格,如剥除外护层、钢铠、铜带和半导电层时,不可伤及主绝缘,屏蔽端部要平整光滑,不要有毛刺棱角;绝缘表面要清洁;切割热缩管时端面要平整不要有裂口防止收缩时开裂等等,而高海拔地区条件恶劣,热缩过程中如果附件收缩的不均匀,会在绝缘层内残留气泡,而这些气泡很容易产生强烈的局部放电和电晕,损坏绝缘;二是热缩材料经 20% ~30% 的限制性收缩后,抱紧力不变,在高原大温差的情况下,不能与电缆热胀冷缩时同“呼吸”而产生间隙放电。

为此 2005 年 7 月开始,研究应用了冷缩电缆附件。

冷缩电缆附件的特点决定了其在高海拔地区具有较好的适用性。

①采用能与电缆体的表面和电缆附件表面都能粘接很牢固的密封胶,该种胶具有高弹性、环境适用范围广等高性能。

②冷缩电缆附件是“弹性电缆附件”,具有良好的弹性,可以避免由于大气环境变化、电缆运行中负载变化等因素产生绝缘之间的间隙,避免击穿事故。

③具有良好的绝缘性能。全冷缩附件可采用美国道康宁的液体硅橡胶作为原料,其性能指数为 2.4 kV/mm;热缩电缆附件是多种复合材料混合而成,经辐照、加工具有热收缩功能,其性能指数为 1.8 ~2.0 kV/mm。

④冷缩电缆附件具有良好的弹性,无论发生热涨和冷缩,冷缩材料都紧紧抱紧被抱的部位。有效防止水和潮气的进入,内爬电绝缘得到很好的保证。热缩电缆附件的收缩温度为 100 ~140 ℃,只有在安装时才可以满足它的收缩条件,在运行时,由于不同材料热膨胀系数的不同,不同材料之间有可能产生脱层,出现裂隙,造成水和潮气的进入而破坏绝缘。

⑤冷缩电缆附件的电场处理时应用几何法,通过应力锥改变电场分布,比较容易控制和检验,在

工厂就可以实现;而热缩电缆附件的处理方法是用线形参数法改变电场的分布,其安装工艺复杂,对环境要求较高,会对附件的质量稳定产生影响。

青藏铁路应用的冷缩电缆附件长度进行了加长,自2005年应用以来,运行一直稳定。

(4)高原低压电气设备技术要求

普通低压设备的适用海拔高度为2000 m及以下,当海拔高于2000 m时,GB/T 16935.1—1997《低压系统内设备的绝缘配合第一部分:原理、要求和试验》规定了电气间隙的海拔修正系数,如表5-18所示。

表5-18 低压电气间隙海拔修正系数

海拔(m)	正常气压(kPa)	电气间隙的倍增系数	海拔(m)	正常气压(kPa)	电气间隙的倍增系数
2000	80	1.00	4000	62	1.29
3000	70	1.14	5000	54	1.48

根据海拔修正系数,当额定绝缘电压415 V的单相开关设备修正后其额定绝缘电压为280 V,可以用于海拔5000 m的系统单相电压为220 V的电力系统中,同理,绝缘电压660 V以上的三相开关设备可以用于海拔5000 m的系统三相电压为380 V的电力系统中。

如果开关设备的电气间隙大于2.3 mm,则该开关设备可用于海拔4000~5000 m地区,污染等级3级及以下的场所。

具有隔离功能的开关设备当用于海拔4000~5000 m地区,污染等级3级及以下的场所时,其断开的触头间电气间隙应达到12 mm(污染等级为三级)。

低气压对以空气为灭弧介质的开关电气产品通断能力有一定的影响,近年来,随着低压电气生产工艺的不断提高,分断能力不断提高,通过采用高分断能力的断路器、接触器是可以满足青藏铁路使用的低压电器的分断能力要求。

海拔对开关使用电流有一定的影响,不同的设备其降容系数不同,青藏铁路统一按表5-19选用低压设备。

表5-19 低压短路器海拔降容系数

序号	海拔高度	降容系数	序号	海拔高度	降容系数
1	2200	0.88	6	3300	0.82
2	2400	0.87	7	3500	0.81
3	2500	0.86	8	4000	0.78
4	2700	0.85	9	4500	0.76
5	3000	0.83	10	5000	0.74

根据以上原则选用的低压电气设备在青藏铁路运行基本正常。

2005年5月,试验段个别中间继电器触头烧损,经分析该设备为开放式设备,触头内进入了沙尘,导致触头接触不良而烧损,因此,全线低压设备均采用了密闭型设备,避免了类似事故的再次发生。

青藏铁路低压设备根据以上原则确定,根据现场反馈的运行情况,运行良好。

综上所述,青藏铁路低压电气设备应用原则为:

①三相额定绝缘不低于660 V。

②采用防护等级和污秽等级较高的设备。

③选用高分断能力开关。

④设备额定电流应大于运行电流 2 级及以上。

第六节　备用发电站应用技术

根据公网电源分布情况、重要负荷的供电需求，充分利用沿线自然能资源，30 座无人值班车站建设了太阳能发电站及蓄电池作为通信、信号、道岔融雪装置等重要负荷的备用电源。不冻泉、沱沱河、安多 3 座有人值班车站，新建柴油发电机组作为站区重要生产生活负荷的备用电源。

基于青藏铁路沿线公网电源相对薄弱的状况，在不冻泉、沱沱河、安多、那曲和羊八井建设了 5 座集中式较大容量的柴油发电站，升压至 35 kV 后向一贯供电，其供电范围可覆盖纳赤台—羊八井间的沿线的重要负荷。

一、柴油发电站

1. 柴油机的选型

(1)高原环境对柴油机的影响

高原地区气压低，空气稀薄，柴油机的输出功率降低，试验表明在海拔 4 000m 不带高原增压器的柴油发电机功率最大损耗可达 59%，采用高原增压器后，功率最大损耗仍达 30% 左右。

(2)站区用柴油机选型

站区用小容量柴油机主要技术参数：

①型式：直喷式；

②缸数：6；

③冷却方式：风冷；

④额定功率：99 kW；

⑤额定转速：1 500 r/min；

⑥调速器：机械调速器；

⑦启动方式：DC 24 V 电启动；

⑧燃油消耗率：不高于 212 g/(kW · h)。

(3)集中式大容量柴油机选型

集中式大容量柴油发电站采用集装箱式整体组合结构，能实现远程监控，无人值守。

集中式大容量柴油机主要技术参数：

①型式：V 形，中冷，增压；

②缸数：16；

③气缸直径：159 mm；

④活塞行程：159 mm；

⑤冷却方式：闭式水冷、散热水箱风冷；

⑥额定功率：1 000 kW；

⑦额定转速：1 500 r/min；

⑧调速器：电子调速器；

⑨启动方式：电启动。

⑩燃油消耗率(g/kW·h):不高于249;

⑪机油消耗率:≤1%。

2. 发电机的选型

(1)站区用发电机主要技术参数:

①型式:自励,无刷,自散热;

②额定容量:50 kW;

③额定电压:400/230 V;

④额定电流:90.2 A;

⑤额定频率:50 Hz;

⑥额定功率因数:0.8(滞后);

⑦效率:90.9%;

⑧绝缘等级:F级;

⑨过载特性:允许2倍发电机额定电流过载20 s;

⑩短路特性:允许承受3倍额定电流的持续时间为3 s。

(2)集中式大容量发电机主要技术参数:

①型式:无刷、自散热;

②额定功率:650 kW;

③额定电压:400/230 V;

④额定电流:1 200 A;

⑤额定频率:50 Hz;

⑥额定转速:1 500 r/min;

⑦额定功率因数:0.8(滞后);

⑧效率:≥93%;

⑨绝缘等级:F级;

⑩防护等级:IP23。

3. 集中式大容量柴油发电站的供电能力

集中式大容量柴油发电站建成以后,通过向一贯送电试验表明:

(1)每台发电机组带500 kvar电抗可送电120~140 km架空线路。

(2)基本满足公网电源停电时向纳赤台—羊八井间的负荷供电。

(3)发电机组不能向二贯线路供电。

二、太阳能发电站

太阳能发电站由太阳能光伏电池板、控制器、蓄电池、逆变器和监控系统组成,青藏铁路太阳能发电站为并网式系统。青藏铁路太阳能发电站一是要充分考虑逆变器和其他电器元件的高海拔适用性;二是要最大程度地使用太阳能发电站发出的电能,研究并网式发电系统。

1. 电池板的选择

太阳能电池板分为单晶硅、多晶硅和非晶硅,商业应用的电池板光电转换率均比较低,非晶硅电池一般为7%~8%,单晶硅电池一般为13%~15%,多晶硅电池一般为11%~13%。青藏铁路太阳能发电系统采用了光电转换率相对较高的单晶硅和多晶硅电池板,各站总容量为13.5 kWp。

2. 蓄电池的选择和分组

蓄电池组总容量为1 400 A·h(C100 h放电率),分为2组。

主要技术参数:

(1)蓄电池组额定电压:DC 220 V(由逆变器柜定)。

(2)单体蓄电池容量:700 A·h(C100 h放电率)。

(3)单体蓄电池浮充电压:DC 2.25 V(25 ℃)。

(4)单体蓄电池均充电压:DC 2.35 V(25 ℃)。

(5)低温性能:0 ℃时可正常供电。

(6)浮充寿命:大于10年(25 ℃)。

(7)正板栅厚度:大于6.0 mm。

(8)80%放电深度(10 h率放电),循环寿命大于600次。

(9)20%放电深度,循环寿命大于3 600次。

3. 电池板的安装方式

根据站房建筑与太阳能电站的匹配程度,沿线电池板的安装方式有在建筑物屋顶安装和落地安装两种。

屋顶安装具有占地少,配线距离短,可有效减少人为对电池板的破坏等特点,其缺点是维护不便,影响屋面结构,不利于防水,且电池板安装方向受屋面形状的影响,难以以最佳安装方位角安装,电池板发电效率降低;落地安装维护方便,电池板发电效率高,其缺点是配线距离长,占地面积大。

三、成果的应用

全线共有30座无人值班车站采用太阳能光伏发电系统作为通信、信号、道岔融雪装置等重要负荷的备用电源。

第七节 电力调度系统

一、建设需求

青藏铁路沿线经过的地区平均海拔4 000 m以上,是世界上海拔最高的高原铁路。为保障铁路负荷的用电,全线架设了一回35 kV电力贯通线,并设有45座变、配电所为车站供电,在区间设有251个箱变为区间负荷供电。沿线恶劣的气候,严酷的自然环境,对其电力设施的运行和维护带来极大的困难。

采用先进、成熟、可靠的技术,提高电力供电的自动化水平,不但可改善运行人员的劳动条件,实现"无人化",而且可以减少人为误操作的可能,提高运行可靠性,对确保青藏铁路安全运营十分重要。为此,需要建成一套适合青藏铁路的电力调度系统,对全线电力变配电设施、供电状态进行监控,实现全线变、配电所无人值班和远程电力调度。

二、青藏铁路电力调度系统

1. 既有铁路电力调度系统情况

电力调度就是对电力设备进行远程监视和控制,电力调度系统主要由调度主站、远动终端、远动通道组成，随着计算机技术、通信技术、控制技术以及系统集成技术的迅速发展，电力调度系统也向着微机化、模块化、分布式结构、通信网络化的方向发展。电力系统的调度分输电网调度系统和配电网调度系统，均是针对高压系统，其技术发展较快，自动化程度较高，相对成熟；而对于低压配电系统，由于其规模大，对设备要求高，发展较慢，自动化程度较低，尚无成熟可靠的使用经验。

针对铁路线长、点多的特点，铁路电力调度系统有自己的特色，首先，远动通道采用铁路通信专用通道，为远动通信提供了可靠保障，目前铁路电力调度系统多采用点对点的数字通道，实时性好，但占用通道数量多，造成通道资源浪费。其次，铁路运输对与行车密切相关的设备供电要求较高，铁路供电部门针对信号供电设置了信号电源监控系统，其监控对象已涉及了低压系统，并且在功能要求上高于电力系统的要求，具有成熟的运行经验，但铁路车站和配电所多为有人值班，并在沿线配置有电力工区，因此电力调度系统尚未对车站变电所和区间供电点的全部低压部分实施监控。

目前，全路已投入运行的电力调度系统其管辖的范围一般为400 km左右，包括调度主站、配电所综合自动化和信号电源监控，主要对高压和信号低压电源进行监控。由于监控站点少，数据量不大，调度系统多采用服务器 + 微机的型式，远动通道多采用点对点的数字通道。另外路内尚无在海拔3 000 m以上运行电力调度系统的经验。

2. 青藏铁路电力调度系统的特点

青藏铁路电力调度系统的特点是：监控对象多、数据量大、可靠性要求高、功能完善、自动化程度要求高。主要体现在以下几个方面：

(1)监控对象多、数据量大

青藏铁路全线设有45个变、配电所为车站供电，在区间设有251个箱变为区间负荷供电，各变、配电所和箱变又包含高压和低压部分，要对全部高低压开关和回路实施监控，其数据量很大，模拟量约3万点，开关量约5万点，控制约8 000，电度量约6 500点，远远超出路内任何一条铁路。

(2)可靠性要求高

随海拔的增高，温升、绝缘和分断能力呈下降趋势，现有设备的适应条件均不大于海拔4 000 m，必须采取措施提高设备耐低温、抗干扰水平，才能保证设备在高原气候环境条件下可靠运行。

(3)功能完善、自动化程度要求高

因全线各变、配电所均按无人值班、无人值守考虑，要求系统的自动化水平非常高，不但要实现对变配电设备、各供电回路供电状态的监控，还需要考虑和其他辅助系统的连接与控制，如直流系统、后备电源系统(包括太阳能系统和柴油发电机系统)等，对于低压系统，不但要实现全部开关的远程控制，还要对各回路的电源、电流进行监测，实现远程抄表和故障录波。

3. 青藏铁路电力调度系统构成及功能

系统由设在格尔木的电力调度指挥中心、各车站变配电所远动终端、区间箱变远动终端和远动通道组成。主要功能有：

(1)实现变配电所、箱变全部高低压开关的遥控，调压器有载调压分接开关位置调整；

(2)实现各供电回路主要运行参数的遥测量采集及远程抄表；

(3)实现各遥控对象位置信号、保护动作信号、设备故障信号等遥信量采集；

(4)完成功率、电能、功率因数等各类电量参数的计算；

(5)实现包括断路器跳合闸、保护动作和其他开关投切及操作的各种事件顺序记录，并具有统计和查询功能；

(6)当供电系统及供电设备出现非正常运行或事故时，发出相应声光报警，并自动推出报警画面，调出相应接线图，自动将故障信息保存、备查，能按优先等级和先后顺序处理同时发生的多个故障；

(7)当贯通线发生故障跳闸时，系统应自动判断故障类型及区段，并能进行自动或手动快速隔离，恢复无故障区段的供电，对保护定值进行远程修改；

(8)人机交互，生成各类图表，支持画面拷贝，报表打印；

(9)提供 WEB 服务功能；

(10)对变、配电所进行视频监控。

4. 电力调度中心

采用两层系统结构方式：总系统和子系统方式，其中按监控的对象不同，子系统分为高压子系统、低压子系统、区间子系统和视频子系统等 4 个子系统，各子系统不依赖于总系统，完全独立工作，从而有效的分担了整个系统的负荷，降低了系统的平均负荷率，提高了系统的性能。总系统集中各子系统的信息，具备各子系统的全部功能。在子系统发生故障，不能正常工作时，总系统可作为子系统的后备系统运行，从而构成 $N+1$ 的系统结构方式，提高了系统的可靠性。

电力调度中心系统采用小型机 + 工作站的调度结构方式。利用小型机强大的数据处理能力，及时处理各采集终端上传的信息。采用大型商用数据库 ORACLE，进行数据库管理。采用 UNIX 操作系统作为核心操作系统，利用其优异的网络处理性能和高可靠性、高稳定性以及优秀的防病毒功能，为系统的安全性和可靠性提供有力的保证。

青藏铁路电力调度中心主要设备配置：

(1)总系统：

①实时数据库服务器

实时数据库服务器采用 2 台 Sun Fire V40z 小型机(2 个 AMD Opteron 870 双核 CPU，4 GB 内存)，互为备用，主要用于对子系统实时服务器处理过的数据进行全局后处理，构建实时数据内存库，提供基于标准网络接口的实时数据服务、文件服务及 HTTP/FTP 服务，在子系统服务器出现明显故障时候，主动重新构建 SCADA 服务系统。

②历史数据库服务器

历史数据库服务器采用 2 台 Sun Fire V40z 小型机(2 个 AMD Opteron 870 双核 CPU，4 GB 内存)，互为备用，主要用于对实时数据服务器传输来的实时数据进行存盘预处理，构建关系型/文件型数据库，提供基于标准网络接口的历史数据查询服务和报表服务，在历史数据中根据预定义的数据关系进行数据挖掘，为决策提供数据素材。

③调度工作站

调度工作站采用 2 台 Sun Ultra 20 工作站(1 个 AMD Opteron 152 处理器，2 GB 内存)，互为备用，主要供当班调度人员使用，运行基于图形界面的 SCADA 工作站软件，提供各类基于图形的人机会话服务，集中显示全线实时数据情况，提供历史数据查询界面。

④维护工作站

维护工作站采用 1 台 Sun Ultra 20 工作站(1 个 AMD Opteron 152 处理器，2 GB 内存)，主要供技术库人员使用，除了具备监视实时数据和历史数据查询功能外，还具有参数修改、图形修改、配置管理、网络管理、系统管理等一系列功能。

⑤WEB 服务器

WEB 服务器采用 1 台 Sun Fire V40z 小型机(2 个 AMD Opteron 870 双核 CPU，4 GB 内存)，主要用

于提供其他单位对调度系统的浏览访问,为各类远程复式终端提供标准 HTTP 服务,提供基于图形的 HTTP 服务,提供自动刷新以及人工查询方式等各类图形化、表格查询,提供各类标准兼容格式的报表下载,供使用者进一步处理。

(2)各子系统

①前置机

前置机采用 2 台 Sun Fire V40z 小型机(2 个 AMD Opteron 850 CPU,4 GB 内存),互为备用,主要用于对高压供电系统进行监控数据的传输。

②服务器

服务器采用 2 台 Sun Fire V40z3U 小型机(2 个 AMD Opteron 870 双核 CPU,4 GB 内存),互为备用,主要用于对前置机处理过的数据进行全局后处理,构建实时数据内存库,提供基于标准网络接口的实时数据服务、文件服务及 HTTP/FTP 服务。

③调度工作站

调度工作站采用 2 台 Sun Ultra 20 工作站(1 个 AMD Opteron 152 处理器,2 GB 内存),互为备用,主要供当班调度人员使用,运行基于图形界面的 SCADA 工作站软件,提供各类基于图形的人机会话服务,集中显示全线实时数据情况,提供历史数据查询界面。

5. 远动终端

青藏铁路电力调度系统的远动终端由车站 RTU 和区间 FTU 构成。

车站 RTU 采用变、配电所综合自动化系统,按无人值守和远方实时控制设计,采用综合自动化实现控制、保护、测量、远动等功能;综合自动化系统由高压微机保护子系统、低压配电智能监控子系统和视频安全监控子系统构成。除实现变、配电所内的高压断路器、隔离刀闸和接地刀闸的远方控制和保护功能外,还实现了全部低压配电装置的远程监控,对所内所有低压开关进行远方分/合闸操作,所有低压回路进行状态监测,实现分辨率为 20 ms 的实时曲线采集绘制,实现远程抄表和故障录波。高压微机保护子系统采用集中式布置,保护装置集中组屏;低压配电智能监控子系统采用分散式布置,监控装置分散设置在低压配电屏中;视频安全监控子系统采用集中式布置。

区间 FTU 的主要功能是实现对区间供电点处高压线路负荷开关的远程控制和低压供电电源状态监测及远程抄表等监控功能。

6. 远动通道

为保证远动数据传输实时性的要求,电力调度中心与变配电所、区间通信基站供电点的远动通信采用网络型式,利用青藏铁路综合监控网(各站为 2 M 带宽),给电力调度各子系统提供 1 个 RJ-45 网络接口和 2 个 IP 地址,其中高、低压子系统的网络接口可形成互备关系。由于视频数据量大,为确保远动通信的畅通,将视频子系统单独组建 4 个 2 M 环行通道,青海、西藏境内分别各设 2 个 2 Mbit 环形通道与调度中心通信。

三、成果的应用

2006 年 4 月 30 日青藏铁路电力调度系统投入运行,2006 年 7 月 1 日青藏铁路格拉段建成通车,到 2007 年 7 月,一年多的实际运行表明,该系统完全达到了设计目标,系统建成后经过测试,平均负荷率小于 5%,极限情况下的负荷率不超过 30%。

青藏铁路电力调度系统在路内首次采用 $n+1$ 的系统结构,总系统是全系统的信息集中所在,具备各子系统的功能,同时是各子系统的后备系统,首次采用小型机 + 大型商用数据库的系统结构,为系统的高性能提供了有力的保障。该系统结构在有效地分担系统负荷、提高系统性能的同时，也提高了系统的安全性和可靠性，保证了系统今后扩容的可能性。在路内首次将低压系统纳入远动，实现了全线变配电所无人值班及电力设备集中监控。

在电力系统建设初期，格拉段电力发生故障时，完全靠人工进行故障查找、切除和恢复供电，平均时间在 8 h 左右；在自动化系统建设初期，故障切除恢复供电时间缩短为 30 min；投入运行后，该时间缩短到 3 ~ 5 min。自开通以来，实现了电力调度对全线电力设备远动监控和运行指挥，保证了全线无人值班、无人值守情况下的操作、监控和运行，体现了铁路电力运行的经济、高效和规范。

第八节 贯通电缆线路

青藏铁路格尔木—拉萨铁路输配电网络中那曲—安多—沱沱河段全长 460 km，地处无人区，沿线自然环境恶劣，天气变化无常，交通不便，尤其在恶劣天气下架空供电线路发生崩溃性故障时，抢修人员难以及时到达现场进行抢修，给铁路安全运行带来影响。2006 年 5 月，部内有关方面在沱沱河—那曲段增设 35 kV 电缆贯通线（简称二贯），作为架空线路的备用送电线路。

那曲—安多—沱沱河间的第一贯通线为架空线路，第二贯通线为电缆线路，两者既起到互为备用的作用，又降低了因天气原因导致全线电力供应同时崩溃的概率。

二贯分为三个供电臂，即那曲—安多—布强格—沱沱河。电缆线路长度分别约为：那曲—安多 131 km，安多—布强格 159 km，沱沱河—布强格 146 km。

第二贯通线电缆采用 YJV43 - 26/35 kV - 3 * 70 型三芯电缆，于 2006 年 8 月完成铺设工作。

由于三芯电缆存在较大的相间及相对地电容，电缆贯通线中电容电流较大，如何对电缆贯通线进行无功补偿则是二贯面临的技术难题。同时，安全可靠的补偿方式也是确保二贯电缆线路接入电网后满足青海、西藏供电电网可靠运行的关键。

鉴于在国内尚无长距离高电压电缆线路运行先例，无任何成熟经验可以借鉴。为此青藏铁路公司邀请西南交通大学、北京交通大学协助设计单位对二贯进行了仿真计算，提出了无功补偿方案。2006 年 12 月，依据仿真计算，对安多—托居—扎家藏布近 70 km 电缆贯通线路进行了送电试验。同时，根据现场试验数据，对补偿参数进行了进一步优化，最终确定了补偿方案。

2007 年 1 月至 9 月，根据电业部门提出的要求，青藏铁路公司委托国家电网公司武汉高压研究院对青藏铁路二贯方案、接入电网后 110 kV 电网安全稳定性以及过电压的影响进行了分析研究和安全评估。2007 年 9 月，武汉高压研究院提出了评估报告，青藏铁路公司会同青海省电力公司、西藏电力公司对武汉高压研究院提交的研究成果进行了专题评审。

评估报告结论：只要补偿方案合理，二贯电缆投入运行是能够满足电网运行安全的。同时，对二贯接地方式及具体补偿方案提出了明确意见。

2007 年 10 月，铁道第一设计院根据评审意见对二贯方案进行了修改和补充。

二贯最终采用小电阻接地系统，增设隔离变压器，二贯电缆经隔离变接入 35 kV 电力系统。

在沱沱河、安多、那曲配电所增设二贯母线（Ⅳ段），在二贯母线（Ⅳ段）和进线母线（Ⅰ段）间增设 35 kV/35 kV、△/Y 接法的隔离变压器，Y 侧接二贯电缆线路，Y 中性点经 33 Ω 小电阻接地。

电气接线如图 5-7 所示。

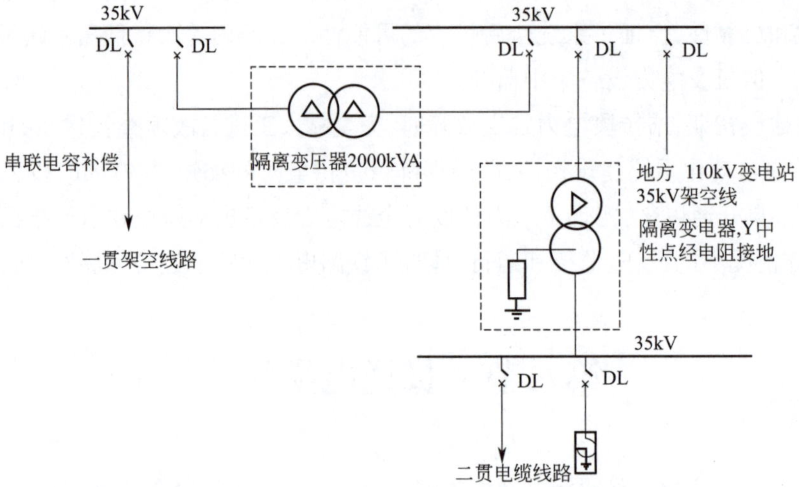

图 5-7　电气接线图

隔离变压器采用干式变压器,三相双绕组,额定容量 2 500 kV · A,额定电压 35 ±2 ×2.5% kV/35 kV,接线组别 D,yn0,无载调压,阻抗电压 6.5% 。

电抗器采用油浸电抗器,额定电压 35 kV,额定容量 550 ~1 000 kvar。

接地电阻采用不锈钢金属电阻器,阻值 33Ω,额定电压 35 kV,额定电流 600 A。

2008 年 5 月,应青海、西藏电力公司要求,青藏铁路公司委托国家电网公司,中国电力科学研究院对二贯最终方案进行评审。2008 年 10 月,中国电力科学研究院完成评审报告,2008 年 12 月,最终评审报告提交青藏铁路公司。

至今,一贯架空贯通线路运行良好,二贯电缆贯通线路尚未投入运行。

第六章 信 息 工 程

第一节 信息系统工程综述

一、工程概述

信息系统工程是青藏铁路工程的重要组成部分,是支撑青藏铁路稳定可靠运营不可或缺的技术手段,是体现青藏铁路世界一流的重要内涵和具体表征。

青藏铁路建设面临多年冻土、高寒缺氧、生态脆弱三大难题,施工环境极为恶劣。在铁道部党组的正确指挥下,在铁道部青藏办、信息办的具体领导下,在铁道部有关业务司局的支持下,青藏铁路信息系统工程各参建单位密切合作、奋力拼搏,发扬"挑战极限、勇创一流"的青藏铁路精神,精心组织、精心设计、精心施工,圆满完成了建设任务。青藏铁路信息系统工程是铁路信息化建设几十年取得巨大成就的一次集中体现。

青藏铁路信息系统工程是完全自主创新的典型工程,在采用先进设备和技术打造 1 个处理中心、5 个基础平台的同时,自主开发 21 项应用系统,覆盖范围之广,实现功能之完善,系统集成度之高均达到行业先进水平。信息系统工程在青藏公司的西宁、格尔木、拉萨三个地区及格拉段沿线 27 处,安装计算机及网络设备 21 173 多台(件),设置信息源点 2 800 个,城域网、局域网综合布线 17 万米。

二、工程建设依据

青藏铁路信息系统工程建设遵守青藏铁路工程有关规程、规范,精心组织、精心设计、精心施工,实现了以信息化推进铁路现代化,以信息技术支撑世界一流高原铁路运营的信息系统建设目标。

工程建设的主要依据包括:

1. 铁道部信息技术中心《青藏铁路信息系统建设项目总体方案》。
2. 铁道部《关于青藏铁路格尔木至拉萨段站后工程补充初步设计的批复》(铁鉴函〔2005〕241 号)。
3. 青藏铁路公司《新建铁路青藏铁路信息系统工程总承包招标书》。
4. 铁道部信息技术中心《新建铁路青藏铁路信息系统工程建设投标书》。
5. 青藏铁路公司《青藏铁路信息系统实施方案》。
6. 铁道部《关于青藏铁路格拉段信息系统实施方案的批复》(铁鉴函〔2005〕873 号)。
7.《青藏铁路信息系统建设总承包合同书》。

三、工程建设的范围及内容

青藏铁路信息系统工程在青藏铁路格尔木至拉萨段沿线有人值守车站(含沿线职能工区)建立

信息系统，在格尔木和拉萨地区各业务站段建立信息系统，配套改造公司总部及西宁地区部分站段信息系统。工程具体范围如表 6-1 所示。

表 6-1　青藏铁路信息系统工程建设范围

序号	单位类型	数量	单位名称
1	车务段	2	西宁车务段、格尔木车务段
2	机务段	2	西宁机务段、格尔木机务整备车间
3	车辆段	2	西宁车辆段、格尔木车辆维护基地
4	工务段	2	西宁工务段、格尔木工务段
5	电务段	2	西宁电务段、格尔木电务维护基地
6	水电段	2	西宁水电段、格尔木水电维护基地
7	基地	1	拉萨机辆整备基地
8	车站	11	拉萨、拉萨西、马乡、羊八井、当雄、那曲、安多、沱沱河、不冻泉、南山口、格尔木
9	公司总部	1	青藏铁路公司
10	办事处	1	青藏铁路公司拉萨办事处
11	医保中心	1	青藏铁路公司拉萨医保中心

青藏铁路信息系统工程建设包括新建格拉段信息系统工程、既有线相关系统配合改造、过渡性机房建设三项内容，具体包括：

1. 青藏铁路公司总部处理中心及数据中心建设。
2. 网络与安全、外部门户、地理信息、基础数据维护等 4 个平台的建设。
3. 服务于青藏铁路运输组织、客货营销、经营管理三大应用领域的 21 项应用系统的研发和实施。

四、工程建设的组织及建设过程

1. 工程建设组织

青藏铁路信息系统建设是在铁道部党组的统一指挥下，在铁道部青藏办、信息办的指导下开展的。青藏铁路工程建设总指挥部为工程建设管理单位。信息系统工程建设采用系统集成总承包方式，由工程建设单位负责组织，面向社会公开招标，选择系统集成总承包商。铁道部信息技术中心组织在铁路信息化领域颇具实力的多家单位，联合投标，成为青藏铁路信息系统工程系统集成总承包单位。工程建设中用到的技术装备、工程材料，由建设单位面向社会公开招标采购。铁科院（北京）工程咨询有限公司为工程监理单位。

2. 工程建设过程

青藏铁路信息系统与青藏铁路工程同步建设。铁道部自 2002 年起先后委托北京交通大学、中铁第一勘察设计院开展了信息系统建设方案前期研究工作，在广泛调研的基础上，积累了宝贵的第一手材料。

2003 年 8 月，铁道部信息办、青藏办对青藏铁路信息系统建设项目总体方案的研究和设计工作进行了部署，明确了责任分工。

2004 年 2 月，经铁道部青藏铁路科技领导小组研究通过，青藏铁路信息系统建设项目总体方案研究列入铁道部科技研究开发计划。2004 年 7 月开始，在前期研究工作的基础上，受铁道部信息办、青藏办委托，铁道部信息技术中心牵头组织，相关单位参加，开展信息系统方案的深层次研究，并于 2004 年 11 月形成《青藏铁路信息系统建设项目总体方案》初稿。初稿经多次征求意见，修改完善，于 2005 年 2 月通过铁道部组织的审查，成为青藏铁路信息系统建设的基础依据。

2005 年，铁一院负责，开展青藏铁路信息系统的初步设计工作。2005 年 4 月，铁道部鉴定中心对青藏铁路公司报铁道部的《关于青藏铁路格尔木至拉萨站后工程补充初步设计》进行了批复，明确了信息系统建设内容。

2005 年 5 月，按铁道部领导指示，由铁道部青藏办牵头，组建成立了青藏铁路建设站后工程联络协调小组，协调推进站后工程各项工作。

2005 年 8 月，青藏铁路公司对"新建青藏铁路格拉段信息系统工程"公开招标，铁道部信息技术中心牵头组织的联合体中标，成为青藏铁路信息系统工程系统集成总承包单位。联合体主要成员及分工如下：

(1)铁道部信息技术中心：系统总集成商，负责技术方案制定、施工设计、基础平台建设；计划调度、车号自动识别、货运管理、货运营销及运力配置、办公、工务管理、人力资源管理等应用系统的研发、实施。

(2)西南交通大学：行车组织策划系统的研发、实施。

(3)北京交通大学：行包管理、电务管理、地理信息系统的研发、实施。

(4)中国铁道科学研究院：客票发售与预定、客运服务、行车安全监控系统的研发、实施。

(5)北京京天威科技发展有限公司：车辆管理、机务管理系统的研发、实施。

(6)北京金京铭科技有限公司：机务水电管理系统的研发、实施。

(7)铁道部资金清算中心：财务会计管理系统的研发、实施。

(8)北京中铁远光软件技术有限公司：货运保价、货运服务系统的研发、实施。

(9)创智和宇信息系统有限公司：医疗保险系统的研发、实施。

从 2005 年 9 月开始，铁道部信息技术中心组织联合体各成员单位，赴青藏铁路现场调研，配合青藏铁路公司编写实施方案、开展施工设计。11 月 22 日，铁道部鉴定中心对《青藏铁路格拉段信息系统实施方案》进行了批复(铁鉴函〔2005〕372 号)，施工设计于 11 月 24 日通过建设单位评审。

2005 年 9 月中旬，青藏铁路站后工程调研组对格拉段全线站后工程实施情况(相关的房屋、通信、信号、电力、电源等)进行了调研和检查，对信息系统建设工期、质量、进度提出了具体要求。

2005 年 12 月，建设单位启动信息系统工程设备招标采购工作，并于 2006 年 3 月底完成全部设备的采购、验收工作。

2006 年 3 月，施工单位开始设备安装、调试工作，至 5 月底基本完成 4 个基础平台的搭建工作。

从 2005 年 10 月开始的应用系统研发改造工作，至 2006 年 4 月基本结束，并按照铁道部党组提出的"2006 年 3 月 1 日开行货运列车，5 月 1 日开行不载人客运列车，7 月 1 日全线试运营"的目标，进行现场部署实施。

2006 年 3 月，实现第一阶段目标，开通货运管理相关系统。

2006 年 5 月，完成并开通了主要的运营生产系统。

2006 年 7 月 1 日，青藏铁路开通前，21 项应用系统除医保系统、人力资源管理系统、货运营销及运力配置系统、大客户管理功能不具备施工条件，未完成实施外，其他应用功能均部署实施完成，投入应用。工程建设基本完成。

2007 年 2 月,医保等三个应用系统相继实施、投产,工程建设全部完成。

工程建设过程中,铁道部有关领导亲临现场视察,听取信息系统建设情况汇报,并做出重要指示。铁道部青藏办、信息办多次派员到现场检查、指导,组织对关键技术及施工方案的评审、论证,协调各专业关系,协助解决工程建设中遇到的重大问题,对工程建设起到了推进作用。广大工程技术人员弘扬“挑战极限,勇创一流”的青藏铁路精神,以不畏艰险的英雄气概和求真务实的科学态度,在“生命禁区”挑战生理和心理极限,攻克了一个又一个难关,创造了一个又一个奇迹。监理单位恪尽职守,严格把关,为工程建设保驾护航。

第二节 信息系统工程技术方案

青藏铁路信息系统工程是一项复杂的系统工程和软件工程,系统涉及面广、作业点多,既有技术上的难点要攻克,又有管理和组织上的问题要解决。方案设计上,一方面,青藏铁路信息系统是全路信息系统的组成部分,系统总体框架应符合铁路信息化总体规划的要求;另一方面,对于这种新部署的信息系统,应在充分利用铁路信息化既有建设成果的基础上,融入最新的信息技术,使青藏铁路公司信息化水平跨上一个台阶,真正体现世界一流高原铁路的技术价值。

青藏铁路信息系统技术方案设计以集中处理、分散操作为基本原则,追求稳定、可靠、安全、实用、可管理、易维护,很好地适应了“列车通过高原时间最短,全线设备免维修,沿线基本实现‘无人化’管理”的青藏铁路建设要求。

一、系统总体框架

青藏铁路信息系统总体框架如图 6-1 所示。

运输组织、经营管理、客货营销是铁路信息化的三大应用领域,也是青藏铁路信息系统的重点应用领域。这三大应用领域的各应用系统构成了信息系统总体框架中的应用层。

系统总体框架中,支撑应用运行的是 5 个公共基础平台。这些平台为业务应用层的各应用系统提供公用的基础环境。公共基础平台包括:

1. 通信网络平台

构建完善的青藏铁路宽带高速通信网络,满足信息系统语音、数据、图像传输的要求;建设安全可靠的计算机网络,满足应用系统互联互通和社会化服务的需要。

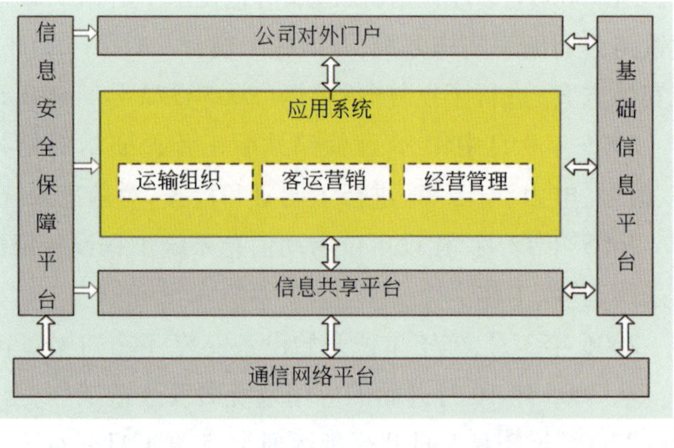

图 6-1 青藏铁路信息系统总体框架图

2. 信息共享平台

遵循统一的铁路信息系统交换、共享原则,建立信息系统的信息传输交换及共享机制,实现各应用系统间信息共享。

3. 基础信息平台

实现基础编码、铁路空间信息、运输基础信息等公用基础信息的统一维护,为各信息系统提供标准的中间件服务。

4. 信息安全保障平台

按照铁道部统一的信息安全方案，建立支撑青藏铁路信息化的完备的信息安全保障体系，为各信息系统的安全和系统间数据交换的准确可靠提供安全保障。

5. 公司对外门户

提供青藏铁路公司统一的对外信息服务平台。

二、技术体系架构

青藏铁路沿线自然环境恶劣，必须采取先进技术手段，适应青藏高原特点，满足青藏铁路建设要求。青藏铁路信息系统技术体系架构设计充分考虑了青藏铁路这些特点，在充分体现技术先进性的同时，兼顾技术的成熟性。体系架构既传承了既有铁路信息系统的优势，又根据青藏铁路公司组织机构及运输生产管理模式进行了适应性改造，着重强调了集中与整合。

集中是指将信息系统所需的信息处理、数据存储等设备和功能集中部署在青藏铁路公司西宁总部，基层站段只配置 PC 机、打印机等终端设备。员工使用终端设备，通过计算机网络访问信息系统，运用集中统一的系统提供的各项应用功能开展日常作业，指挥运输生产。

整合是指从网络平台、安全平台、信息处理平台、数据库平台、存储平台、用户界面等方方面面，对所有 IT 资源进行统一规划、整合和配置，最大限度实现资源共享，提高效率，节省投资。

青藏铁路信息系统的技术体系架构如图 6-2 所示。

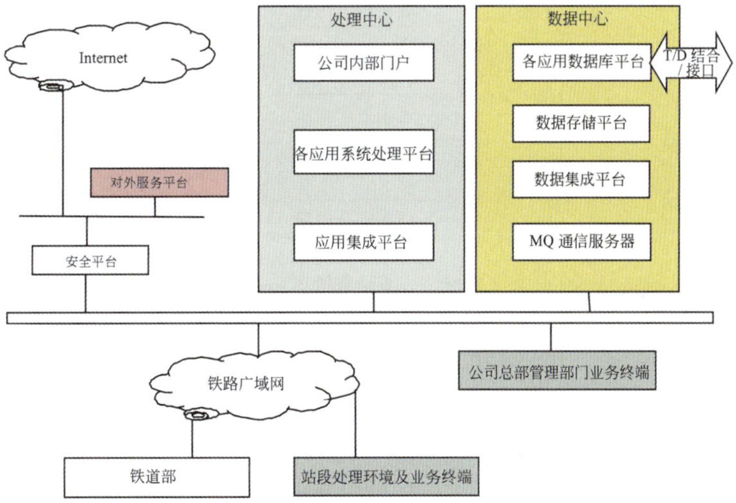

图 6-2 青藏铁路信息系统技术体系架构示意图

系统运行环境分为四部分：处理中心、数据中心、用户终端（含站段处理环境）及对外服务平台。

1. 处理中心

处理中心提供系统与用户的交互，实现各应用系统的业务逻辑，完成对应用数据的加工处理，包括：

（1）公司内部门户，实现公司各应用系统的统一用户管理及界面的集成。

（2）应用系统处理平台，实现各应用系统的业务处理逻辑，包括各类应用中间件及开发处理程序。

（3）应用集成平台，实现各应用系统间统一框架下的互联互通和集成。

2. 数据中心

数据中心实现应用数据的收集、存储、共享及备份，提供安全、可靠的大容量存储能力及较强的数

据吞吐能力,包括:

(1)应用数据库平台,基于 UNIX 平台及 WINTEL 平台的数据库服务器。

(2)数据存储平台,数据备份服务器、磁盘阵列及磁带库等。

(3)数据集成平台,构建公司统一数据平台,实现数据集成。

(4)MQ 通信服务器,支撑应用集成平台,实现应用间信息交换;另一方面,还负责站段、青藏铁路公司、铁道部之间的信息传输和交换。

(5)T/D 结合接口,按照铁道部统一 T/D 结合技术方案,通过安全机制的控制,实现计划调度系统与 TDCS 系统间的信息交换(此接口已部署实施,不属于本工程范围)。

3. 用户终端

用户终端是指分布在公司总部及站段的 PC 机终端。运输生产指挥及管理人员通过终端设备访问信息系统,实现各种运输生产业务功能。

4. 对外服务平台

对外服务平台是青藏铁路公司对社会服务的窗口和与外界交互的统一途径。该平台集成各种应用服务,利用互联网、电话、手机短信等通信技术为旅客、货主、合作伙伴提供互动式信息服务。

三、系统功能结构

青藏铁路信息系统覆盖了青藏铁路运输生产和经营管理等各个业务领域,建设了 21 个应用系统,功能结构如图 6-3 所示。

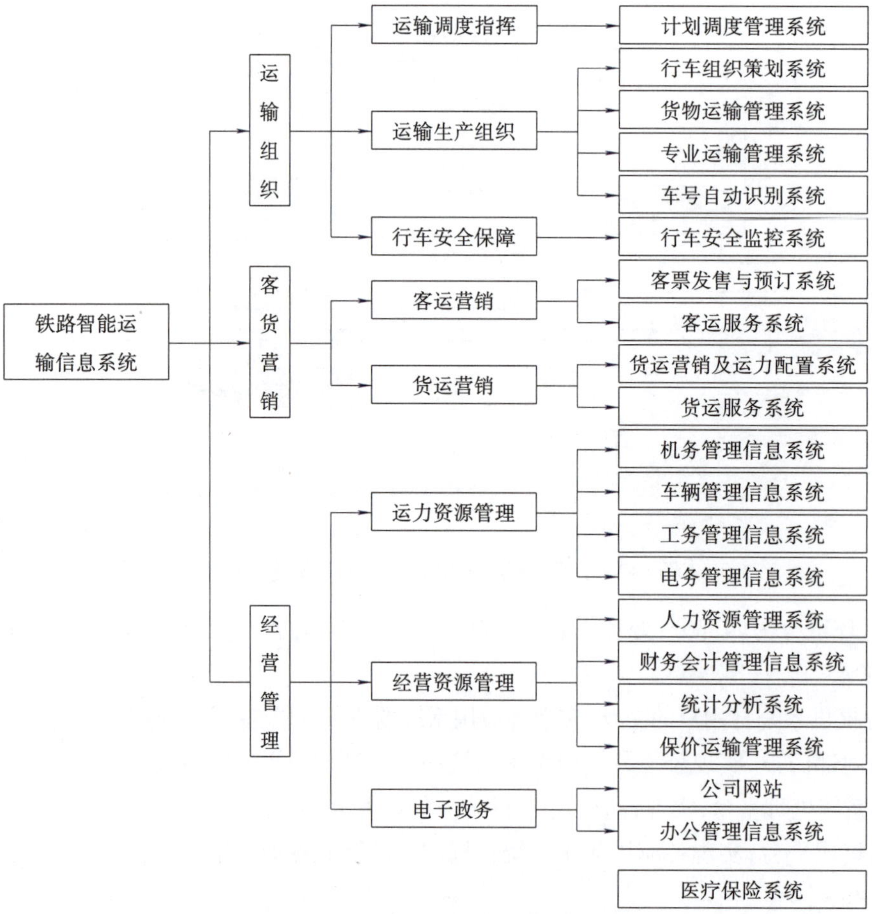

图 6-3　青藏铁路信息系统功能结构图

1. 计划调度:包括计划调度、货运调度、客运调度、机车调度,实现与车站系统、铁路局调度系统、中央追踪系统的信息交换。

2. 行车组织策划:实现客货列车运行图的编制和调整,建立列车运行图的分析与评价体系,对生成的列车运行图进行评价,为管理人员提供决策的依据。

3. 货物运输管理:大、中型车站和小型区段站的综合管理,实现现车管理、列车预确报、货运管理、货票管理、货运营销、生产管理和货车的节点式追踪。

4. 专业运输管理:包括集装箱管理和行包管理,通过对集装箱和行包原始数据的采集实现集装箱和行包信息的全程追踪。

5. 车号自动识别:实时准确地采集列车车次、车辆车号等信息,实现对机车、车辆、列车的动态追踪管理,可对车辆使用费按小时进行准确清算,对车辆厂段的维修时间进行跟踪,可结合红外轴温探测信息对车辆的运行状态进行更准确的故障监测定位。

6. 行车安全监控:通过采集、传输、处理和分析各种现场安全设备检测的动态监测数据,在发现当前或近期影响行车安全的各种设备故障和安全隐患后,及时向相关人员通告报警/预警信息,并收集现场核查和处置情况及其他反馈信息,实施全面、全程的综合安全监控和管理。

7. 客票发售与预订:实现联网站段客票发售和预订,

8. 客运服务:实现旅客自动语音服务、短消息服务、网页查询和人工服务。

9. 货运营销及运力配置:包括货运计划和技术计划,实现装卸车计划、空车调整计划、指标计划等各项计划的上报、审批和大客户管理。

10. 货运服务:实现货运信息的货运统计分析、到达预测、货运跟踪、营销查询、价规查询、品名价号查询、货运报价、货运信息发布、规章文电查询、业务流程咨询和新闻发布等。

11. 机务管理:包括机务运用安全、机车维修质量、能耗、物资、水电、给水的管理,提高机务对运输安全和运输效率的保障能力和经营管理现代化水平。

12. 车辆管理:包括了客货车配属、检修和运用生产的技术、物流、成本管理,延伸到生产现场,渗透到管理全过程,为各级管理和技术人员提供大量产品质量与工作质量的监控数据和经营管理决策的依据,建立车辆成本管理、配件供应管理、设备能力管理、安全质量管理、生产能力资源管理、检修工作量清算管理和验收管理。

13. 工务管理:实现工务设备的动静态管理,利用地理信息技术实现对工务基础信息的整合、共享和展示,为决策提供辅助支持功能。

14. 电务管理:包括各种电务设备的维修管理、台账管理,实现了电务段信息化管理。

15. 人力资源管理:通过网络实现站段、青藏铁路公司、铁道部各级单位之间数据、统计信息的上报和下发,帮助各级人力资源管理部门实时动态掌握人力资源现状,并为分析、决策提供技术支持。

16. 财务会计管理:实现财务的全面预算管理,包括会计核算、资金、收入、成本、清算的管理,并实现财务分析和资本监管。

17. 统计分析:主要包括日常运输统计分析(即十八点运输统计)、客货运输精密统计、机车统计、劳动统计、固定资产投资统计和运输设备统计等。

18. 保价运输管理:实现铁路货物运输的保价、事故管理,保留完整的货物事故记录。

19. 公司网站:实现公司的对外宣传,利用 Internet、电子商务等技术服务手段开展客货运营销服务,主要包括门户服务、货运营销和客运营销功能。

20. 办公管理:包括电子公文、综合办公、内部门户、电子邮件、会议管理、远程培训和视频会议,代替纸面文件和材料,逐步做到“无纸办公”,通过综合分析加工提供辅助决策参考依据,使办公管理信息系统成为各级领导管理和指挥的重要手段。

21. 医疗保险:包括基金征缴、个人账户管理、医疗待遇管理、医保目录管理、医保证和医保卡管理、医疗服务机构、基金核算和财务管理、综合统计分析、基层单位医保管理。

第三节　信息系统工程的技术特点

在青藏铁路信息系统建设过程中,充分考虑高原铁路特点,采用当今世界上先进、成熟的硬件设备,坚持自主创新,在体系构造、平台搭建、软件设计等方面有突破性创新。青藏铁路信息系统是一个功能相对完善、资源充分整合、信息最大程度共享、安全可靠的系统。

一、应用系统功能达到国内先进水平

青藏铁路信息系统全部采用自主研究开发的应用软件,覆盖了青藏铁路的各个业务领域。在运输组织方面,实现列车调度运行图的自动铺划,车流信息的局、站一体化;在货运组织和服务方面,实现计划、承运、制票、统计等的全过程管理,为货运客户提供了到达货物的查询服务;在客运组织和服务方面,实现全国联网售票,为旅客提供了联程票、往返票电话预订及票额查询等功能;在公司运力资源和经营管理方面,运用地理信息系统(GIS)实现了对机车、车辆等移动设备的动态追踪和管理,建设了支撑人事、劳资、计划、财务及办公管理的信息系统;在保证运输安全方面,部署了红外线轴温探测(THDS)、货车运行状态地面安全监测系统(TPDS)、货车滚动轴承早期故障轨边声学诊断系统(TADS)、货车运行故障动态图像检测系统(TFDS)及客车运行安全监控系统(TCDS)。在青藏铁路公司西宁总部部署综合监控中心,及时反馈全线运输生产、行车安全以及经营管理状态信息,为领导指挥和决策提供了现代化手段。所有这些应用功能均达到了国内领先水平。

二、支撑“集中处理、分散操作”作业模式的体系架构

为适应青藏铁路自然条件恶劣,技术人员、业务人员精简配属的特点,青藏铁路信息系统构建了支撑“集中处理、分散操作”作业模式的体系架构。

该体系架构强调信息处理能力及数据存储能力的全线上移,实现处理平台及存储平台的集中和统一管理。在西宁总部部署处理中心和数据中心,集中配备高性能、大容量的计算机设备,负责全公司范围内运输生产、客货营销、经营管理数据的存储和处理。在基层站段,只配备管理简单、易于维护的终端类设备。这种体系架构既传承了既有铁路信息系统的优势,又很好地适应了青藏铁路公司组织机构及运输生产管理模式,在增强系统可靠性、稳定性、安全性、易用性和可管理性的同时,最大限度地节省了基层站段和管理部门的人力、物力,具有较明显的优势。

三、IT 资源充分整合

青藏铁路信息系统建设充分利用了信息系统全新部署这一契机,从网络平台、安全平台、处理平台、存储平台、应用等多个层面对 IT 资源进行了全方位整合,简化了 IT 应用架构,提高了资源利用率,也使得系统更加易于管理和维护。

1. 网络平台和安全平台整合

青藏铁路信息系统搭建了一套网络平台和安全平台，统一规划 IP 地址，统一规划广域网带宽及安全机制，应用系统共享同一套物理设备及传输通道。技术上，通过采用 VPN、虚拟网络等措施，建立逻辑分网，保证了各应用系统的特殊安全要求，既实现了资源共享，又有效提供了业务隔离功能。

2. 处理平台与存储平台整合

采用目前世界上最先进的分区技术，将处理中心的 2 台核心小型机，划分成多台逻辑层面的计算平台，同时为 11 个应用提供应用平台。这些应用，物理上共享 2 台小型机，而在逻辑上相互隔离，互不干扰，在提高资源有效利用率的同时，保证了安全，也方便了维护。

同样，数据中心的 2 台核心小型机划分为 8 个逻辑分区，为应用系统提供多达 18 个数据库平台。系统采用存储局域网（SAN）技术，为各应用系统提供统一共享、安全可靠的海量存储平台。

3. 应用整合

运用门户（Portal）技术，实现用户管理与应用界面整合。通过构建门户平台，统一了系统入口，规范了用户界面，实现了多个应用功能共享一套用户管理体系。提供的单点登录机制既保证了安全、方便了使用，又简化了系统管理工作。

以 MQ 中间件为基础，开发统一信息传输平台，实现应用系统间的互联互通，数据格式自动转换、映射，方便灵活的信息传输和交换，业务流程同步等。

建立数据集成平台，规范数据格式及标准，有效管理各个业务系统的数据，构建公司共享信息平台。

四、应用信息广泛共享

在加大应用系统整合力度的同时，强化系统间信息交换、数据共享机制的建设，实现综合应用，充分发挥了信息系统的综合效益。

基础数据维护平台通过对各应用系统所共用的基础信息进行归纳整理、统一编码、统一维护、统一发布，保证了基础数据的一致性和应用系统间所交换数据的可用性，在实现基础数据共享的同时，大大提高了数据维护水平，缩短了基础数据更新周期，减轻了基础数据维护工作量。

统一信息传输平台规范了应用系统间的信息交换接口，为系统间互联互通、信息交换、业务流程同步提供了方便的技术手段。

开发跨系统、跨领域的综合应用。在公司办公信息系统平台上部署公司综合信息查询系统以及客运服务、综合监控大屏显示等系统，打破了不同应用领域、不同开发单位的界限，实现了各应用系统间信息的充分共享。

五、系统安全可靠

为确保青藏铁路信息系统安全，引用先进的信息安全理念，配以完整的安全体系设计，部署了安全可靠的信息系统纵深防御体系，最大程度地减小了信息系统的安全风险，也为公司对内、对外开展各种类型的信息增值服务、拓展客货营销市场创造了条件。

防御体系实现了局域网上安全生产网、内部服务网和外部服务网的三网分离，以及广域网上骨干网与基层网的分离。基于动态隔离技术，采用数字证书认证和代理机制，实现了内部网与互联网之间可控、安全的数据交换。通过建立数字证书代理机构，实现了青藏铁路公司管辖范围内数字证书的申请和发放，统一了用户管理机制。自上而下的立体防病毒体系，可有效地抑制计算机病毒的感染和传播。

第四节　信息系统工程建设的体会与启示

青藏铁路穿越世界屋脊，恶劣的生态环境给工程建设带来了极大的困难，也对青藏铁路建成后的安全可靠运营提出了严峻挑战。信息系统建设责任重大，任务艰巨。

铁路行业信息系统建设经过数十年的历程，已经取得了巨大成就，在实现客运高速、货运重载、提高客户服务水平、提升企业盈利能力、实现铁路运输安全可靠等方面发挥着越来越重要的作用。青藏铁路信息系统充分借鉴铁路信息化几十年的建设成果，并发展创新，在保障青藏铁路安全可靠运营方面拥有不可替代的重要地位。青藏铁路信息系统的成功建设与投产运营是落实科学发展观，实施以信息化带动铁路现代化发展战略的一次成功实践。

建设过程中，信息系统工程各参建单位针对青藏铁路特点，在方案制定、施工组织、工程管理等方面进行了大量有益的探索，为高原铁路信息系统建设积累了宝贵的经验。

一、精心策划，为工程顺利开展奠定基础

青藏高原恶劣的生态环境以及青藏铁路对信息系统的特殊要求，极大地增加了信息系统工程的施工难度和建设成本。任何由于前期策划不周而引起的返工，给工程带来的影响将远大于其他信息系统工程。青藏铁路工程建设拥有极其特殊的历史地位和远大的政治影响，影响青藏铁路按时通车是任何一家工程参建单位无法承受之重。

铁道部、青藏铁路公司以及各施工单位，对青藏铁路信息系统建设工程前期策划工作均给以了高度重视。铁道部信息技术中心与其他联合体成员一起，不畏艰险，挑战极限，在青藏铁路公司及其管内详细调查需求，认真研究建设方案，广泛征求铁道部有关业务司局的意见，几易其稿，完成了《青藏铁路信息系统建设项目总体方案》的调研和编制工作。铁道部信息办和青藏办会同各业务主管单位，组织有关专家，认真审查，严格把关，对《青藏铁路信息系统建设项目总体方案》提出了很好的修改意见。方案满足青藏铁路公司信息系统建设需求，提出了数据集中、处理集中的技术方案、汇接星型连接组网方案和网络安全保障措施，符合信息系统资源共用、信息共享的原则。

精心策划、缜密部署以及卓有成效的前期工作，为工程后续工作的顺利开展，确保工程按期完成，奠定了坚实的基础。

二、精心组织，充分发挥联合团队综合优势

青藏铁路信息系统工程覆盖范围广、涉及专业多、工程量大，是任何一个企业都不能独立完成的。为了建设这样一个举世瞩目、具有深远意义的重大项目，铁道部信息技术中心、中国铁道科学研究院、西南交通大学、北京交通大学、北京京天威科技发展有限公司、北京金京铭科技有限公司、铁道部资金清算中心、北京中铁远光软件技术有限公司、创智和宇信息系统有限公司等系统集成及软件开发单位达成一致共识，优势互补，联手创造辉煌。

工程建设过程中，从联合竞标、施工设计、软件开发、系统集成、工程实施、安装调试，直到交付验收等各个阶段，联合体牵头单位精心组织、合理调配、高效整合各成员单位，有效地调动了工程建设参与各方的积极性；联合体各成员单位不推诿、不扯皮，密切合作、协同奋战，为探索多方协同建设大型、

综合性铁路信息系统建设开展了大量有益的尝试，共同开创了强强联合、多方共赢的信息系统建设新模式。

三、精心管理，切实践行项目管理方法

在青藏铁路信息系统工程建设中，施工联合体运用项目管理方法和质量控制体系，与工程实际相结合，很好地适应了青藏铁路建设特点，有效保证了工程建设任务的顺利完成。

在组织协调方面，成立联合体各方参与的工程领导小组，下设项目经理办公室和西宁、格尔木、拉萨等地现场经理部，统一领导，精心部署，按步骤推进计划，迅捷沟通实施信息，积极协调解决出现的问题，严格控制工程进度和工程质量，做了大量艰苦细致的组织和管理工作。在工程建设的关键时期，2006 年 2 月 8 日和 4 月 5 日分别召开誓师动员会，对如期实现铁道部领导提出的“三、五、七”三阶段目标进行精心安排和部署，为系统的顺利建成发挥了积极作用。

在质量控制方面，施工联合体充分考虑青藏铁路信息系统特点，为工程量身定制了高效实用的质量控制体系，周例会报告、问题跟踪关闭、三方确认变更等一系列管理制度，对监控工程进展情况，动态跟踪问题处理状态，有效控制工程变更发挥了重要作用。针对高原铁路特殊要求制定的综合布线工程标准、信息系统设备环境条件指南以及青藏铁路信息系统验收条件等一系列标准规范，对指导工程施工，提升工程质量起到了很好的促进作用。

四、精心施工，打造一流高原铁路信息系统工程

信息化是铁路现代化的重要组成部分，没有信息化就没有铁路的现代化。青藏铁路是世界上海拔最高的高原铁路，多年冻土、高寒缺氧、生态脆弱的自然环境，要求青藏铁路全线设备免维护、运营管理人员精简配置。与其他铁路工程建设、运营管理相比，信息技术在保障青藏铁路按期通车、稳定运行所发挥的重要作用更加突出。

青藏铁路信息系统建设以打造一流高原铁路信息系统工程为目标，采用当今 IT 领域核心技术与先进设备，运用集成创新理念，结合青藏铁路特点，满足特殊需求，在总体架构设计、资源整合、信息共享、安全管理方面重点突破，强化基础设施，突出综合应用，注重运行质量和效率。系统提供的强大功能覆盖青藏铁路运营管理的方方面面，对提升青藏铁路公司运输指挥智能化、客运营销社会化、经营管理现代化水平发挥了重大作用；对减少青藏铁路沿线人员配属，提高青藏铁路运营管理整体效率功不可没。

高原恶劣的自然条件，极大地增加了信息系统工程的建设难度。参加系统建设的全体干部职工和工程技术人员，抗高寒，战缺氧，精心施工，齐心协力谱写了铁路信息化建设史上又一壮丽篇章。联合体各成员单位派出了阵容强大的技术队伍，青藏铁路公司信息技术所全员参战，风餐露宿，日夜奋战在青藏高原。沈阳、北京、呼和、济南、上海、兰州等铁路局和广铁集团信息部门也派出了精兵强将，增援青藏铁路信息系统建设，各路队伍协同作战，共同谱写了一曲铁路信息化建设的高原赞歌。

参　考　文　献

[1]　铁道部. 铁路信号维护规则[M]. 北京:中国铁道出版社,2008.

[2]　刘朝英. 中国铁路分散自律调度集中[M]. 北京:中国铁道出版社,2009.

[3]　铁道部运输局. 铁路列车调度指挥系统(TDCS)[M]. 北京:中国铁道出版社,2006.

[4]　孙永福主编. 青藏铁路建设卫生保障研究[M]. 北京:中国铁道出版社,2007.

[5]　《飞机设计手册·生命保障和环控系统设计》总编委会编. 飞机设计手册·生命保障和环控系统设计[M]. 北京:航空工业出版社,1999.

青藏阅历最珍惜

——写在《青藏铁路》付梓之际

中国铁路总公司党组成员、副总经理　卢春房

5 年建设，10 年运营，评说有谁堪记？作为青藏铁路建设和运营全过程的亲历者，我为《青藏铁路》的问世感到由衷高兴，并对参与编撰的有关单位和全体人员表示诚挚感谢！

这部《青藏铁路》，为五卷八册 600 余万字的鸿篇巨制，热情赞颂了党中央、国务院的伟大决策和对青藏铁路建设者的亲切关怀，全面展示了几代铁路人半个世纪多建设青藏铁路的曲折历程和取得的辉煌成就，系统升华了青藏铁路的技术管理创新成果，生动体现了青藏两省区各级政府、沿线各族人民群众和国家各有关部门对青藏铁路建设的大力支持，集中概括了青藏铁路通车运营管理的成功实践，热情讴歌了“挑战极限、勇创一流”的青藏铁路精神，为社会各界深入了解青藏铁路提供了翔实文献，也为创新冻土铁路修建技术和高原基础设施建造技术积累了宝贵经验。今日列车飞驰过，青藏阅历最珍惜，我们为有幸参建这项宏伟工程和参与青藏铁路运营管理，感到十分骄傲和自豪。

透过这部《青藏铁路》，恍若穿行在一座时光隧道。这条凝聚党中央、国务院伟大决策和各族群众百年期盼的钢铁大动脉，经过广大铁路建设者连续五年的艰苦奋战和顽强拼搏，攻克重重险阻，穿越亘古高原，跃上世界屋脊，在地球之巅横空出世，向世人彰显出强大的综合国力和科技实力。广大建设者依靠自力更生和自主创新，在条件异常艰苦的雪域高原上顽强奋战，打破了外国人“只要昆仑山在，铁路就不可能修到拉萨”的预言，用汗水和心血创造了建成世界一流高原铁路的非凡业绩，谱写了人类铁路建设史上的辉煌篇章，展现了中华民族屹立于世界先进民族之林的能力和气魄。

透过这部《青藏铁路》，如同驻足在一座历史丰碑。从 2006 年 7 月 1 日青藏铁路通车至今，历经 10 个寒暑。全体运营管理者按照党中央、国务院关于“管好用好青藏铁路”、“青藏铁路运营管理要创世界一流水平”和“最大限度地挖掘青藏铁路的巨大发展潜力，最大限度地发挥青藏铁路的强大辐射作用”的要求，大力弘扬挑战极限、勇创一流的青藏铁路精神，克服高寒缺氧等困难，采取一系列有力措施，积极探索高原铁路运营规律，大胆创新青藏铁路运营管理工作，不断加强安全管理基础，积极建立应急救援体系，实现了调度指挥集中统一、运输组织管理先进、设备设施运行稳定、行车方案不断优化，确保了全线运

输生产的安全平稳有序。10年的运营实践充分表明,青藏铁路线桥隧涵设计科学、技术可靠,工程坚固、质量优良,多年冻土路基沉降变形可控,线路、设备、人员和管理经受住了四季变化的考验。列车运行一直保持冻土区100公里、非冻土区120公里的设计时速,做到了安全持续稳定、运量不断增加,进出西藏的列车四通八达,旅游季节趟趟爆满,一票难求,货运已达设计能力。青藏铁路已成为青藏两省区名符其实的经济发展线、百姓致富线、民族团结线和巩固边防线,得到了中央领导的高度肯定,受到了社会各界和国内外乘客的广泛赞誉。青藏铁路通车运营取得的显著成绩,充分验证了青藏铁路工程质量优良、运营安全可靠、卫生保障先进、环保持续达标、作用意义深远,有力证明了建设青藏铁路的决策伟大、工程伟大、实践伟大和精神伟大! 正如中央电视台2005年度《感动中国》授予青藏铁路工程的颁奖词那样:每当汽笛声穿过唐古拉山口的时候,高原上的雪山、冻土、冰河,成群的藏羚羊,都会想念他们,想念那些有力的大手和坚强的笑容。他们能驱动钢铁,也会呵护生命。他们,是地球之巅的勇者,他们,缔造了世界上最伟大的铁路!

透过这部《青藏铁路》,恰似徜徉在一座精神宝库。“丹心一片报祖国,微命三尺献高原”的峥嵘岁月虽然渐行渐远,但“一日四季阴转晴,轻步线桥如爬山”和“长卧难入梦,久思转成空”的难忘日夜仍历历在目。“英雄筑天路,敢为天下先”的豪情,始终无法割舍,让人难以释怀。遥想当年,大家用“缺氧不缺精神,海拔高斗志更高、风暴强意志更强”的情怀相互鼓舞激励,用“白天劳累扯块白云擦把汗——爽,夜晚孤寂摘颗星星点盏灯——酷”的乐观态度搏击各种艰险,用挑战极限、勇创一流的精神兑现忠诚誓言,用尊重客观规律、依靠科技创新的务实作风攻克冻土难题,用以人为本、保障健康的有力举措战胜高寒缺氧,用珍惜高原一山一水、一草一木的执着追求保护生态环境。做到了工程优质、干部优秀,高原病“零死亡”、鼠疫疫情“零传播”,江河湖泊未受污染,野生动物自由觅食、迁徙、繁衍,路基植被如茵,形成一道道“绿色长廊”,再造出高原新景观,涌现出拉有玉、李金城、余绍水、丁太环等一大批奋战高原、奉献高原、立功高原的先进典型和劳动模范,一批又一批工程技术专家和优秀人才锻炼成长,继续在各自岗位上发挥着骨干中坚作用。

潮平两岸阔,风正一帆悬。“出国容易进藏难”的历史一去永不复返,便捷、舒适、安全的高原列车满载着人流、物流、资金流和信息流,为青藏铁路沿线经济社会发展带来了勃勃生机,注入了强劲活力,雪域天路正在使青藏高原发生翻天覆地的巨变。展望未来,寄托着几代中国人梦想与期待的青藏铁路,在实现中华民族伟大复兴“中国梦”的征程上,更加蓄势待发,更加大有可为。青藏铁路的重要延伸线拉萨至日喀则铁路通车运营,格尔木至敦煌铁路开通了货物列车,以青藏铁路为主骨架的一批涉及国计民生的铁路正在不断延展,拉萨至林芝、库尔勒至格尔木等铁路工程进展顺利。按照国家“十三五”规划,还将建设川藏铁路等重点工程,随着“东接成昆、南连西藏、西达新疆、北上敦煌”的铁路发展蓝图逐步变为现实,沿线各族群众必将依托四通八达的高原铁路网,进一步加快改革开放步伐,促进经济社会发展,为全面建成小康社会,实现中华民族伟大复兴的“中国梦”的宏伟目标作出新贡献!

2016年6月

后　记

经过《装备篇》编写组全体人员的共同努力，凝聚着众多单位、部门和人员智慧与心血的《青藏铁路·科学技术卷·装备篇》现已完成。全篇内容分为机车技术、车辆技术、信号技术、通信技术、电力技术、信息工程，共六章。

青藏铁路建设取得了巨大成功，创造了许多国际领先的工程技术成果，为我国乃至国际重大工程建设积累了宝贵财富。全面系统地总结好青藏铁路建设工作非常重要，意义重大。

根据分工，铁道部运输局具体负责组织《青藏铁路·科学技术卷·装备篇》的撰写工作。

本篇撰写人员主要有：

第一章"机车技术"：运输局张大勇负责，铁科院周虹伟执笔。

第二章"客车技术"：运输局刘刚负责，四方股份罗宾、高玉功、于学辉执笔。

第三章"信号技术"：运输局李凯负责，铁一院张守利、卡斯柯信号公司杨志、通号公司张玉林、铁科院付茂金执笔。

第四章"通信技术"：运输局马芳负责；铁一院骆友曾、王丹、路长平，北京交大丁建文，青藏铁路公司赵隆青、郭跃林执笔。

第五章"电力技术"：运输局周伟、李焱负责，铁一院王建文、青藏铁路公司唐金胜执笔。

第六章"信息工程"：信息中心邢智明负责，信息办唐日红和信息中心李舒扬、王磊执笔。

全篇统稿和审核工作由运输局综合部李军负责，张才春、王健飞、杨建国参与统稿。

青藏办铁春林参加了机车、客车两章的编写讨论工作，胡书凯参加了信号、通信、电力、信息四章的编写讨论工作并审读了全篇书稿。

这部《青藏铁路》总结，于2007年完成初稿，于2009年完成第一次送审稿。之后，增加了《运营管理卷》，并于2011年完成了第二次送审稿。2016年3月，为了确保出版质量，又再次组织了一次审核，该《科学技术卷》之《装备篇》的再审核负责人为李军。

本篇从收集资料、形成初稿到最终审核定稿，期间经过多次讨论、反复征求意见，进行了十余次重大修改，参与撰写工作人员付出了大量的艰辛和努力。本篇撰写过程中，得到了铁道部有关部门和铁一院、北京交大、青藏铁路公司、卡斯柯信号公司、通号公司、铁科院、四方股份、铁通公司、电化局、南京泰通、世纪瑞尔公司等有关单位的大力支持和配合，在此一并表示衷心感谢。

编者

2016年6月

国家出版基金资助项目《青藏铁路》(五卷八册)
项目负责人:田京芬
项目联系人:赵　静

《青藏铁路》(五卷八册)编辑出版小组

组　　长　田京芬　钟加栋

副 组 长　薛　淳　杨新阳　王俊法

组　　员　(按姓氏笔画)

王　亮　王风雨　叶　娟　江新锡　许士杰

吴　军　武亚雯　金洪泽　孟　萧　赵　静

洪学英　黄　燕　崔　欣　崔忠文　傅希刚

熊安春　魏京燕

图书在版编目(CIP)数据

青藏铁路·科学技术卷·装备篇/《青藏铁路》编写委员会编著.—北京:中国铁道出版社,2012.8
ISBN 978-7-113-11385-8

Ⅰ.①青… Ⅱ.①青… Ⅲ.①青藏高原-铁路工程—建设—概况②青藏高原—铁路工程—机械设备—建设—概况③青藏高原—铁路工程—电气设备—建设—概况 Ⅳ.①U21

中国版本图书馆CIP数据核字(2010)第103996号

书　　名:青藏铁路·科学技术卷·装备篇
作　　者:《青藏铁路》编写委员会

策划编辑:田京芬　赵　静
文字编辑:王风雨　魏京燕　孙　楠　　**电话:**010-51873139　　**电子信箱:**tdpress@126.com
封面设计:崔　欣
责任校对:王　杰
责任印制:郭向伟

出版发行:中国铁道出版社(100054,北京市西城区右安门西街8号)
网　　址:http://www.tdpress.com
印　　刷:北京盛通印刷股份有限公司
版　　次:2012年8月第1版　2016年6月第2次印刷
开　　本:889 mm×1 194 mm　1/16　印张:17.25　字数:422千
书　　号:ISBN 978-7-113-11385-8
定　　价:98.00元
